HIPPOCRATE

ŒUVRES COMPLÈTES

DE LA GÉNÉRATION
DE LA NATURE DE L'ENFANT
DES MALADIES IV
DU FŒTUS DE HUIT MOIS

COLLECTION DES UNIVERSITÉS DE FRANCE
publiée sous le patronage de l'ASSOCIATION GUILLAUME BUDÉ

HIPPOCRATE

ŒUVRES COMPLÈTES

TOME XI

DE LA GÉNÉRATION
DE LA NATURE DE L'ENFANT
DES MALADIES IV
DU FŒTUS DE HUIT MOIS

TEXTE ÉTABLI ET TRADUIT

PAR

ROBERT JOLY

Professeur au Centre Universitaire de Mons
et à l'Université Libre de Bruxelles

Deuxième tirage

PARIS

LES BELLES LETTRES

2003

Conformément aux statuts de l'Association Guillaume Budé, ce volume a été soumis à l'approbation de la commission technique, qui a chargé M. Antoine Thivel d'en faire la révision et d'en surveiller la correction en collaboration avec M. Robert Joly.

95 boulevard Raspail, 75006 Paris
www.lesbelleslettres.com

Première édition 1970

ISBN : 2-251-00156-5
ISSN : 0184-7155

DE LA GÉNÉRATION
DE LA NATURE DE L'ENFANT
DES MALADIES IV

NOTICE

I

L'unité d'auteur

Les trois œuvres *De la génération*, *De la nature de l'enfant* et *Des maladies IV* sont distinctes dans la tradition manuscrite. Depuis Littré cependant, on admet généralement qu'elles ne forment qu'un seul tout. Cela pose deux problèmes : celui de l'unité d'auteur et celui de l'unité de l'œuvre. Voyons d'abord le premier, qui est de toute façon le plus important.

L'unité d'auteur éclate avec tant d'évidence qu'elle est admise, depuis Littré, sans contestation ou presque[1].

Tout d'abord, ces trois textes ont en commun un style fort personnel et très caractéristique. La première personne, un « je » fort affirmatif, se maintient d'un bout à l'autre. Ce sont partout aussi les mêmes formules d'introduction, de transition et de conclusion, uniformément et maladroitement présentes comme nulle part ailleurs. L'examen détaillé en a été fait par O. Regenbogen[2] ; nous n'y revenons pas.

L'esprit qui anime ces textes est lui aussi original et

1. Un des rares opposants est W. Kahlenberg, *Die zeitliche Reihenfolge der Schriften* περὶ γονῆς, περὶ φύσιος παιδίου *und* περὶ νούσων *IV und ihre Zusammengehörigkeit*, in Hermes, t. 90, 1955, p. 252-256. L'auteur croit que l'ensemble est de la même école, mais que *Maladies IV* n'est pas du même auteur ; de plus, les chapitres LIV-LVII seraient une addition postérieure. Les arguments avancés ne nous convainquent pas ; nous en rencontrerons l'essentiel dans les notes de la traduction.

2. *Eine Forschungsmethode antiker Naturwissenschaft*, Studien zur Geschichte der Mathematik, I, 2, 1930, p. 130-182. *Beilage* I.

commun aux trois œuvres. Les comparaisons développées, empruntées au monde de la matière inerte, à l'expérience courante, à la matière vivante, sont foison. Elles instaurent dans certains cas de véritables expérimentations et constituent autant de preuves par analogie. Le vocabulaire qui traduit la notion de « preuve concluante » est lui aussi typique des trois traités : ἱστόριον, ἀνάγκη, διάγνωσις, λόγος[1]...

Il se trouve dans la *Nature de l'enfant*[2] une longue digression botanique ; il s'en trouve une, également assez longue, en *Maladies IV*[3]. D'autre part encore, la *Génération*, ch. III, renvoie assez sûrement à *Maladies IV* : « En effet, l'homme possède ce nombre d'humeurs congénitales en lui et c'est d'elles que proviennent les maladies. J'ai traité de ces humeurs, j'ai montré pourquoi les maladies en proviennent et, au sortir des maladies, leurs crises. » Certes, ce renvoi pourrait être contesté en lui-même, mais, s'insérant dans tout un faisceau d'indices convergents et fort pressants, il devient lui-même très probable.

Aussi bien nous paraît-il oiseux de refaire ici en détail une démonstration qui a été fort bien conduite par O. Regenbogen. Une lecture même rapide apporte la certitude à cet égard.

II

L'unité de l'œuvre

Nous optons aussi pour l'unité de l'œuvre, du moins de l'œuvre écrite et publiée.

Nous venons de citer un passage du chapitre III de la *Génération*. On y a vu que l'auteur fait, *au passé*, allu-

1. O. Regenbogen, *o. l.*, p. 133 sqq.
2. Ch. XXII-XXVII.
3. Ch. XXXIII-XXXIV.

sion à *Maladies IV*. Ermerins et Fredrich[1] en ont conclu que *Maladies, IV* est antérieur à *Génération*.

C'est donner à un détail une force probante qu'en l'occurrence il n'a pas. En effet, ces textes étaient d'abord des ἀκροάσεις et le texte publié ultérieurement a pu garder telle quelle une allusion devenue sans portée ; il suffit de penser que ce renvoi a pu être fait lors de la xe ἀκρόασις de la *Génération* pour voir qu'il ne saurait rien prouver en ce qui nous occupe.

Personne ne conteste que la *Nature de l'enfant* est la suite absolument naturelle de la *Génération*. Le problème ne se pose que pour les *Maladies IV*.

La dernière phrase de la *Nature de l'enfant* paraît bien terminer l'œuvre : c'est ce qui a fait hésiter Littré assez longtemps. Mais lui-même a observé ensuite qu'il est d'autres formules semblables à l'intérieur même des textes étudiés ici[2] et, cet obstacle levé, il a conclu à l'unité de l'œuvre.

Le début de *Maladies IV* s'enchaîne parfaitement avec la fin de la *Nature de l'enfant*, sans qu'il s'agisse uniquement de la première phrase. Plus loin aussi[3], il est question du sperme et de la formation de l'être vivant. Si on croit que *Maladies IV* a été écrit avant la *Génération*, il faut aussi admettre que tout le paragraphe 1 du chapitre XXXII a été écrit pour faire de *Maladies IV* la suite de la *Nature de l'enfant*. Il est manifeste ainsi que l'auteur a voulu publier une œuvre une.

A partir du chapitre LIV, l'auteur, contrairement à ce qui précède, traite de maladies particulières : le ver solitaire, la lithiase ; puis, il réfute la doctrine qui veut que la boisson aille au poumon et termine par l'hydro-

1. *Hippocratis... reliquiae*, t. II, 1862, *Praefatio* ; C. Fredrich, *Hippokratische Untersuchungen*, Berlin, 1899, p. 48, n. 1.
2. Littré, VII, p. 542, n. Cf. *Maladies IV*, XLVIII, fin.
3. XXXII, fin.

pisie. Il s'agit là, en somme, d'appendices, surtout pour les deux derniers chapitres.

Mais on n'a pas assez remarqué combien les deux premières maladies, ch. LIV et LV, se rapportent encore étroitement à la grossesse et à l'enfant. Le ver plat naît dans l'enfant *quand il est dans la matrice* (LIV, 1) ; quant à la lithiase, « le principe de cette maladie est *dans le lait, quand l'enfant tette un lait impur* » (LV, 1).

Il n'est pas étonnant que les deux derniers chapitres soient si peu prévisibles par ce qui précède : l'auteur du *Régime* consacre une dernière section bien plus longue aux rêves, qu'il n'avait pas annoncée dans le plan qu'il donne de son œuvre au chapitre II. Le fait remarquable, c'est que les deux chapitres précédents, qui entament l'étude de points particuliers, se rattachent si clairement aux thèmes de la *Nature de l'enfant* : ils se justifient moins bien dans l'opuscule *Maladies IV* pris isolément que dans l'ensemble, où leur place est tout à fait naturelle.

Il reste cependant les citations mêmes de l'auteur, dont on tient trop peu compte pour le point que nous étudions. La *Génération*, III, semble bien faire allusion à *Maladies IV* comme à une œuvre distincte et le cas est encore plus net pour les *Maladies des femmes* citant la *Nature de l'enfant*[1].

Il nous semble donc que *Maladies IV* a d'abord été une œuvre séparée, peut-être uniquement comme ἀκρόασις. La *Génération*, elle, n'a jamais dû être distincte de la *Nature de l'enfant* dont elle est l'introduction tout indiquée. Par contre, lors de la publication (définitive ?), l'auteur a pu éventuellement retoucher son texte à quelques endroits (ch. XXXII) : en tout cas, il a voulu donner une œuvre une et il y a réussi[2].

1. Cf. *infra*, p. 24.

2. N'admettent pas l'unité de l'œuvre : M. Wellmann, in Archeion, 1929, p. 17, ni K. Blersch, *Wesen und Entstehung des Sexus im Denken der Antike*, Stuttgart, 1937, p. 17.

Nous faisons donc comme Littré, qui a numéroté les chapitres des trois opuscules de façon continue.

III

Analyse de l'œuvre

Première section (I-XI).

La première section de l'œuvre, intitulée dans les manuscrits *De la génération*, traite de l'origine et du cheminement du sperme (ch. I), de ceux qui n'ont pas de sperme — les eunuques, les hommes qui ont subi des incisions derrière les oreilles, les enfants (II) — et fait allusion aux quatre humeurs — sang, bile, eau, flegme — origine des maladies (III). Après quoi l'auteur aborde le rôle sexuel de la femme, son comportement dans le coït et l'influence bénéfique de ce dernier sur la santé (IV). La conception a lieu si la matrice retient la semence (V). L'homme et la femme ont chacun la semence mâle et la semence femelle, le sexe de l'enfant étant déterminé par la semence qui prédomine (VI). L'auteur fournit de ces affirmations des preuves qui ne sauraient paraître concluantes (VII). C'est à partir de cette doctrine et de celle de l'origine du sperme, venant du corps entier, qu'est expliquée la ressemblance des enfants et des parents (VIII). L'enfant anormalement mince et faible a souffert dans la matrice (IX), soit d'une contusion, soit de l'étroitesse de la matrice (X). La conséquence rigoureuse de la doctrine exigerait que des parents estropiés aient des enfants estropiés, mais l'auteur sait bien que c'est le contraire qui se produit ; il se tire assez mal de cette difficulté (XI).

Seconde section (XII-XXXI).

La seconde section suit le développement de l'embryon depuis la conception jusqu'à l'accouchement. Les deux semences se mêlent ; le produit s'épaissit, s'échauffe, acquiert du souffle, ce qui aux yeux de l'auteur est capital, et s'enveloppe d'une membrane (xii). L'auteur a vu un jour une semence de six jours ; il le croit du moins, raconte l'incident et donne une description dont la précision est illusoire (xiii). La semence est nourrie par le sang qui, en dehors de la grossesse, fournit les règles (xiv). Le cordon ombilical apparaît, véhicule du souffle et du sang. La suppression des règles est normale chez la femme enceinte, mais dangereuse pour celle qui ne l'est pas (xv). Le chorion se forme (xvi), l'embryon se développe et se ramifie comme un arbre ou grossit comme une baudruche (xvii). Le garçon est formé à trente jours, la fille à quarante-deux : c'est pourquoi les lochies ont la même durée respectivement après naissance d'un garçon ou d'une fille (xviii). Le développement de l'embryon s'achève par les extrémités (xix), les cheveux et les poils ; la théorie de la pilosité explique pourquoi les eunuques ne deviennent pas chauves et pourquoi les cheveux blanchissent (xx). Le garçon commence à remuer à trois mois, la fille à quatre, et le lait se forme (xxi).

L'état de santé de l'enfant dépend de celui de la mère : l'auteur fait appel à une comparaison, celle de la plante qui dépend du sol, et cela l'entraîne dans une longue digression botanique (xxii-xxiv), qui en entraîne elle-même une autre sur la chaleur relative du sol et du sous-sol en hiver et en été (xxv-xxvi). Cette théorie générale du végétal, la première à notre connaissance en Grèce, s'achève par l'étude de la formation du fruit et de la greffe (xxvi), et la conclusion de tout cet ensemble affirme un parallélisme complet entre le développement de l'embryon et celui de la plante (xxvii).

L'auteur décrit ensuite la position de l'enfant dans la matrice (xxviii) et compare le développement de l'embryon humain à celui du poulet (xxix). L'accouchement se produit quand l'enfant, ne trouvant plus qu'une nourriture insuffisante, se remue, brise les membranes et chemine. L'accouchement est normal et facile si la tête se présente la première. La grossesse ne peut durer plus de dix mois ; le premier accouchement est le plus douloureux (xxx). La naissance de jumeaux s'explique ainsi : la semence s'est divisée et répartie dans deux poches de la matrice (xxxi).

Troisième section (XXXII-LVII)

Dans la dernière section, *Maladies IV*, l'auteur repart de la doctrine des quatre humeurs, dont l'excès ou le défaut produit les maladies (xxxii). Il y a dans le corps une « source » respectivement pour les quatre humeurs : la tête pour le flegme, le cœur pour le sang, la vésicule pour la bile et la rate pour l'eau. Ces πηγαί puisent dans le ventre, où arrive la nourriture (xxxiii). Ici réapparaît la botanique : chaque végétal puise dans la terre son humeur spécifique, comme chaque source puise la sienne dans le ventre (xxxiv). Les quatre humeurs sont alors envisagées séparément ; l'humeur nouvelle chasse l'ancienne ; sinon, il y a maladie. C'est d'abord le flegme (xxxv), puis la bile (xxxvi), l'eau (xxxvii) et le sang (xxxviii) qui sont examinés. L'humeur va et vient du corps à son réservoir et de ce réservoir au corps selon les besoins et selon le principe des vases communiquants (xxxix). La vésicule ne reçoit que la bile, mais les trois autres « sources » reçoivent toute l'humeur, avec prédominance de l'humeur spécifique ; c'est une occasion de maladie, sauf pour le cœur, qui est plus résistant (xl). L'humeur surabondante peut être évacuée par quatre voies : la bouche, la narine, l'anus et l'urètre (xli). La nourriture et l'humeur obéissent dans le corps à un cycle de trois jours (xlii), indispensable à la vie (xlii). Si ce cycle est perturbé, il y a maladie (xliii). Le repos comme le travail peuvent provoquer le déséquilibre des humeurs, engendrant la fièvre (XLV). Les jours impairs sont essentiellement critiques (XLVI); c'est aux jours impairs que l'on meurt et les anciens médecins avaient le grand tort de purger aux jours impairs (XLVII). Le même cycle s'applique aux plaies (XLVIII).

L'auteur revient encore à la surabondance d'une humeur et traite assez obscurément d'une maladie due à toute l'humeur et qui se reconnaît à sept signes (XLIX). Il distingue trois causes générales des maladies : la pléthore, traitée auparavant, la violence et les intempéries. Il analyse la violence, la blessure (L), les intempéries, qui échauffent (LI) ou refroidissent (LII). Mais, au chapitre LI, l'auteur disserte surtout sur la maladie en général; pour lui, il y a avant tout la Maladie; c'est la localisation dans le corps qui lui fait donner des noms différents. Après avoir étudié la fièvre (LIII), l'auteur traite avec bonheur du ver solitaire (LIV), de la lithiase de la vessie (LV). Il réfute ensuite la doctrine qui fait passer une partie de la boisson dans le poumon (LVI) et termine par un exposé sur l'hydropisie (LVII).

IV

Influences et datation

La biologie et en particulier l'embryologie ont préoccupé très tôt les philosophes grecs[1] : les fragments et la doxographie nous l'attestent encore avec précision.

La *Génération* est le premier exposé d'ensemble qui nous ait été conservé; il présente des points de contact avec la doctrine de divers penseurs.

1. Pour une esquisse, voyez P.-M. Schuhl, *Les premières étapes de la philosophie biologique*, Revue de l'histoire des sciences, t. 5, 1952, p. 197-221.

Empédocle. Fredrich[1] et Ilberg[2] ont cru pouvoir ramener la doctrine de notre auteur à celle d'Empédocle. Ce point de vue a été combattu avec raison par Wellmann[3] : la comparaison des textes montre que la parenté des doctrines est exceptionnelle et très générale ; les divergences, par contre, abondent.

Comme notre auteur, Empédocle croit que la femme aussi fournit une semence[4], mais plusieurs autres Présocratiques partagent également ce point de vue : Alcméon, Parménide et Démocrite[5], peut-être Anaxagore[6]. On ne trouve pas non plus d'autre doctrine dans le *Corpus* hippocratique.

Pour Empédocle, la femelle se forme quand la semence rencontre le froid, et le mâle dans la partie la plus chaude du corps[7] ; pour notre auteur, le sexe est déterminé par la prédominance d'une semence[8].

L'embryon, selon l'Agrigentin, est formé après « sept fois sept jours[9] », ce qui ne correspond à aucun des chiffres avancés par la *Nature de l'enfant*[10].

1. *O. l.*, p. 128 et n. 3 et 4.

2. *Die Aerzteschule von Knidos*, Berichte ueber Verhandlungen der Saechsischen Akad. der Wissenschaften, Philos.-hist. Klasse, 76, 3, 1924, p. 12. Cf. aussi J. Jouanna, *Présence d'Empédocle dans la Collection hippocratique*, Lettres d'humanité, XX, 1961.

3. *Spuren Demokrits im Corpus Hippocraticum*, Archeion, t. 11, 1929, p. 304 sqq.

4. *Présence d'Empédocle dans la Collection hippocratique*, Lettres d'humanité, XX, 1961, p. 456, n. 33.

5. Censorin, V, 3 (Diels-Kranz, 24 A 13), qui ne cite pas Démocrite, mais Épicure.

6. Cf. nos *Recherches sur le traité pseudo hippocratique Du Régime*, Liège-Paris, 1960, p. 78 sq. Censorin, V, 3, nomme Anaxagore.

7. Diels-Kranz, *Vorsokratiker*, B 65 et 67. Sur ces a priori, cf. notre *Niveau de la science hippocratique*, p. 39-40. A. Thivel nous rappelle en outre *Épidémies*, VI, 2, 25 et 4, 21 ; *Aphorismes*, V, 38 ; *Superfétation*, 31, et *Prorrhétique*, II, 24.

8. *Génération*, VI.

9. B 154.

10. XVIII, 1.

Les explications botaniques d'Empédocle[1] ne recouvrent pas non plus celles de la *Nature de l'enfant* ou des *Maladies IV*, si ce n'est que la même comparaison générale se retrouve, qui rapproche la plante et l'embryon, la terre et la matrice[2].

La doctrine que le semblable attire le semblable est commune aussi[3], mais ce fait n'implique pas certainement non plus une influence directe[4].

M. Jouanna[5] allègue aussi la théorie des quatre humeurs, qui serait, comme dans la *Nature de l'homme*, adaptation, transposition des quatre éléments d'Empédocle. Mais si la *Nature de l'homme* est le seul texte de Cos à consacrer un exposé systématique aux quatre humeurs, d'autres œuvres de l'École semblent bien supposer la même théorie. La doctrine qui affirme l'existence de quatre humeurs, d'ailleurs différentes d'un texte à l'autre[6], est une sorte de bien commun, souvent implicite, qui n'impose pas l'idée d'une influence directe d'Empédocle sur tel texte en particulier.

Il est vrai encore que certaines comparaisons d'Empédocle — la fameuse clepsydre[7] ! — révèlent un esprit

1. *Aétius*, V, 26, 4 ; cf. Diels-Kranz, 31 A 70 ; *Doxographi*, p. 438.

2. A, 70 ; cf. J. Burnet, *L'aurore de la philosophie grecque*, trad. Reymond, Paris, 1909, p. 275.

3. Empédocle, B, 90 et 109 ; π. φύσιος παιδίου, XVII, 3 et 4.

4. Voyez pour Anaxagore : Diels-Kranz, 59 A 41 (Simplicius), l. 25 : τὰ συγγενῆ φέρεσθαι πρὸς ἄλληλα, et 42, l. 4-5 ; pour Démocrite, 68 A 38 ; A 165, l. 29-30, et A 128 ; cf. aussi Philolaos, 44 A 29 ; d'après Albinus (14, 2) et Calcidius, *Commentarius in Timaeum*, LI, cette doctrine est en effet pythagoricienne. Le plus clair est que ce thème ὅμοιον πρὸς ὅμοιον est un lieu commun de la pensée présocratique. Il vient d'être analysé de façon intéressante à travers toute cette période par Carl W. Müller, *Gleiches zum Gleichen*, Wiesbaden, 1965. Il y étudie notamment les passages en cause de la *Nature de l'enfant* (p. 113-122) et de *Maladies IV* (p. 126-138). M. Müller est amené, comme nous, à souligner l'influence de Démocrite, mais il l'estime plus large encore et plus exclusive : nous n'allons pas aussi loin.

5. *O. l.*, p. 455 sq.

6. Cf. p. 84.

7. B 100.

apparenté à celui de notre auteur[1]. Mais cette méthode analogique nous paraît refléter le *niveau mental* de toute l'époque et non celui d'un philosophe en particulier. Wellmann, par un argument analogue, y retrouvait d'ailleurs la manière typique de Démocrite[2]. Il nous semble au contraire que notre auteur est un témoin très systématique et personnel de cet esprit.

Démocrite. Bien plus précis en tout cas apparaissent les contacts avec l'Abdéritain.

Le sperme provient de tout le corps : telle est la doctrine de base du περὶ γονῆς ; telle est celle de Démocrite[3].

Le sexe est déterminé, selon lui, par la prédominance (ἐπικράτεια) de la semence soit du père, soit de la mère[4], doctrine de la *Génération*. Plus précisément, Démocrite croit que, pour chaque partie du corps, l'une des deux semences l'emporte nécessairement sur l'autre et donne à l'enfant la ressemblance avec l'un ou l'autre de ses parents[5] : c'est l'explication donnée dans le περὶ γονῆς[6], sauf en ce qui concerne le sexe, déterminé ici par une ἐπικράτεια globale[7].

Le rapprochement le plus textuel concerne la portée des animaux. Démocrite expose que certains animaux ont plusieurs petits à la fois parce que la semence se répartit dans plusieurs matrices. C'est la doctrine de la *Nature de l'enfant* abordant le problème posé par les

1. Jouanna, *o. l.*, p. 456 sq.
2. *O. l.*, p. 319.
3. A 141 : Aétius, V, 3, 6.
4. Wellmann, *o. l.*, p. 306 ; Diels-Kranz, A 143 (= Aristote, *Génér. an.*, IV, 1, 764 a 6 ; Censorin, VI, 5 ; Aétius, V, 7, 6).
5. A 143.
6. Ch. VIII. Même sur ce point, il est possible cependant que les deux théories ne soient pas absolument identiques : dans le détail, la question est obscure et délicate.
7. Περὶ γονῆς, VI, 1.

jumeaux, et l'auteur cite aussi comme exemple la truie et la chienne[1].

Wellmann fait aussi état d'une allusion d'Aristote[2] qui donne tort « à ceux qui, comme Démocrite, pensent que ce sont les parties externes des animaux qui se différencient d'abord, et que les parties internes ne viennent qu'ensuite », doctrine qui serait à rapprocher du περὶ φύσιος παιδίου, xv.

Les Présocratiques se posaient volontiers la question de savoir quel organe se différencie le premier[3], mais l'originalité de notre auteur semble bien au contraire qu'il ne veut pas se prononcer sur ce problème. Il n'y a dans son exposé du développement de l'embryon aucune indication chronologique à cet égard : la différenciation est progressive, sous l'action du πνεῦμα, mais elle affecte tout l'embryon à la fois. Ajoutons que même si le rapprochement était valable, le ὥσπερ qui introduit le nom de Démocrite dans le passage en question d'Aristote laisserait subsister quelque doute.

Ainsi, l'influence de Démocrite porte sur des points fort précis, ce qui n'était pas le cas pour Empédocle. Est-ce à dire que notre auteur soit disciple, au sens strict, de l'Abdéritain? Certainement pas. L'influence de Démocrite est partielle; il est d'autres aspects de la doctrine qui font penser à d'autres Présocratiques.

Les pythagoriciens. Olerud[4], comparant l'embryologie du περὶ γονῆς à la cosmologie et à l'embryologie pythagoriciennes, constate que le rôle du πνεῦμα comme élément séparateur et de sa

1. A 151 ; περὶ φύσιος παιδίου, xxxi, 2.
2. *Génér. an.*, B, 4, 740 a 13 = Démocrite, A 145.
3. Fredrich, *o. l.*, p. 128, n. 3 ; pour le *Régime*, cf. nos *Recherches*, p. 78.
4. *L'idée de macrocosmos et de microcosmos dans le Timée de Platon*, Uppsala, 1951, p. 50 sqq.

chaleur comme principe de vie[1] se retrouvent nettement dans la doxographie pythagoricienne[2].

Le développement de l'embryon, selon les pythagoriciens, répète dans le microcosme la formation du monde, le développement de la monade[3]. L'embryologie du περὶ γονῆς apparaît comme l'un des volets d'un diptyque : en spécialiste d'esprit plus positif, l'auteur fait abstraction du macrocosme, alors que le *Régime* lie encore très nettement les deux aspects[4]. Il est curieux enfin de constater que selon le *Timée*[5] le sperme respire : la source commune au *Timée* et au περὶ γονῆς serait très naturellement pythagoricienne.

Anaxagore. Quelques points de doctrine pourraient faire penser aussi à une influence indirecte d'Anaxagore.

Le περὶ γονῆς partage avec le *Régime* l'idée que l'homme et la femme peuvent émettre chacun une semence tantôt mâle, tantôt femelle. Dans le *Régime*, cette doctrine pourrait être liée à celle qui découvre de l'humide dans le feu et du sec dans l'eau : la toile de fond serait peut-être la doctrine d'Anaxagore[6], lequel fait également intervenir la chaleur éthérique dans le développement de l'embryon[7].

Enfin, la doctrine botanique de notre auteur affirme

1. Περὶ φύσιος παιδίου, XII, XVII, 1, etc.
2. Olerud, *o. l.*, p. 52-53 ; A. Delatte, *La vie de Pythagore de Diogène Laërce*, Bruxelles, 1922, p. 216.
3. Olerud, *o. l.*, p. 52, et nos *Recherches*, p. 52.
4. *Régime*, IX et X ; cf. nos *Recherches*, p. 35 sqq.
5. 91 b.
6. Cf. nos *Recherches*, p. 21-22.
7. A 109. Nous avions admis dans nos *Recherches*, p. 33-34, que l'origine pangénétique du sperme, si elle était démocritéenne, pouvait remonter en fait à Anaxagore. Nous abandonnons cette hypothèse à la suite d'une correspondance avec M. H. De Ley, de Gand, qui poursuit des recherches dans ce domaine : le pangénétisme serait superflu chez Anaxagore ; il ferait double emploi avec la doctrine que tout est dans tout.

que la terre contient « des qualités (= *humeurs*) de toute nature et innombrables. Elle fournit à tout végétal l'humeur conforme à chacun...[1] » Dans le même esprit, l'auteur croit que, si le corps contient quatre humeurs, c'est que les aliments les contiennent déjà[2]. Ce qualitativisme si naturel au bon sens a été érigé en système par Anaxagore, pour qui tout est dans tout : sa doctrine peut fort bien avoir inspiré ou étayé, au moins indirectement, les thèmes que nous relevons ici.

Diogène d'Apollonie. L'influence de Diogène d'Apollonie, si on l'exagère parfois[3], reste fort probable.

Pour Diogène, le sperme est une écume[4], mais une écume du sang[5]. L'enfant naît ἄψυχον, ce qui n'est pas l'avis de notre auteur[6], mais la même notice[7] ajoute ὅθεν τὸ ἔμφυτον θερμὸν εὐθέως προχυθέντος τοῦ βρέφους τὸ ψυχρὸν εἰς τὸν πνεύμονα ἐφέλκεσθαι, ce qui correspond au mécanisme général exposé par la *Nature de l'enfant*[8].

L'Apolloniate partage l'opinion que le fœtus mâle est formé plus vite que le fœtus femelle, erreur commune à l'époque, et les chiffres qu'il avance, quatre et cinq mois[9], ne sont pas ceux de notre auteur. Son intérêt pour la botanique paraît certain[10], mais toute confrontation de détail est impossible. Il croit que l'humidité est attirée par le soleil[11] et le verbe ἐξατμίζεσθαι, employé

1. Ch. xxxiv, 1.
2. Ch. xxxiii, 2.
3. Cf. Regenbogen, *o. l.*, p. 173-174.
4. Cf. περὶ γονῆς, i, 1.
5. Diels-Kranz, 64 A 24 (= Clément d'Alex., *Pédag.*, I, 6, 48).
6. Cf. xii, 1.
7. A 28 (= Aétius, V, 15, 4).
8. xii, 2.
9. A 26 (= Censorin, ix, 2).
10. A 19 et 32.
11. A 17 et 18 (= *Schol. Apoll. Rhod.*, IV, 269).

par notre auteur[1], se retrouve dans sa doxographie[2]. Il emploie aussi de façon privilégiée le mot ἰκμάς et le verbe ἕλκειν, comme notre auteur : on se trouve ici sur un terrain plus solide et il faut accepter, comme Diels-Kranz[3], que le chapitre xxxiv des *Maladies IV* est influencé par Diogène.

Ce qui est assuré, par contre, c'est que les problèmes posés et les solutions apportées sont fort semblables et supposent une même attitude, un même climat intellectuel.

Éclectisme. En conclusion, quoique l'influence philosophique la plus nette soit celle de Démocrite, l'auteur paraît avoir pris son bien là où il le trouvait et utilisé la pensée présocratique de manière éclectique.

Cette pensée lui est manifestement bien connue ; par contre, on ne découvre dans son œuvre aucune trace de doctrine ultérieure. Comme pour le *Régime*, nous pensons que c'est là un critère valable de datation. Si on ajoute d'autre part que le style de cette prose est nettement archaïque[4], on sera forcé d'admettre la datation traditionnellement reçue : la fin du ve siècle[5].

1. Par exemple, XLVII, 1-2.
2. A 17 (= Alex., *in Meteor.* B, 1, p. 67, 1 Hayduck : κἄπειτα τὸ μέν τι τῆς ὑγρότητος ὑπὸ τοῦ ἡλίου ἐξατμίζεσθαι...).
3. Diels-Kranz, 64 C 3 b, avec renvoi à C 1 (= Aristophane, *Nuées*, 231 sq.).
4. Et influencé aussi par la sophistique et la rhétorique ; cf. Ilberg, *o. l.*, p. 14-15, et Regenbogen, *o. l.*, Beilage I.
5. M. Wellmann (*op. cit.*, p. 329) opte pour une datation qui nous paraît peu étayée et trop basse : vers 350. Les considérations doctrinales fort intéressantes d'A. Thivel, *La doctrine des περισσώματα et ses parallèles hippocratiques*, Revue de philologie, t. 39, 1965, p. 275, nous paraissent plutôt en accord avec notre position.

V

Tendance médicale et milieu de l'auteur

Érotien attribue à Hippocrate la première moitié de l'œuvre, mais non *Maladies IV*. Galien, lui, hésite entre Hippocrate et Polybe[1]. On sait que ces opinions antiques n'emportent pas la conviction des modernes.

Littré pense que notre auteur est aussi celui des *Maladies des femmes*, des *Maladies des jeunes filles* et des *Femmes stériles*[2]. Il fait de tout cet ensemble la sixième des classes qu'il distingue parmi les œuvres de la *Collection hippocratique.*

Il nous paraît impossible de ne pas admettre cette attribution.

D'une part, les *Maladies des femmes* renvoient par trois fois au περὶ φύσιος παιδίου comme à une œuvre du même auteur :

§ 1 : εἴρηταί μοι ἐν τῇ φύσει τοῦ παιδίου τοῦ ἐν τόκῳ (= π. φ. π., XXX, fin) ;

§ 44, début : τὸ δὲ γάλα ὅκως γίνεται εἴρηταί μοι ἐν τῇ γενέσει τοῦ παιδίου τῇ ἐν τόκῳ, et

§ 73, début : τὸ δὲ γάλα ὅκως γίνεται εἴρηταί μοι ἐν τῇ φύσει τοῦ παιδίου τοῦ ἐν τόκῳ (= π. φ. π., XXI).

D'autre part, l'œuvre que nous éditons renvoie à *Maladies des femmes* :

π. γονῆς, IV, fin : εἰρήσεταί μοι ἐν τῇσι γυναικείῃσι νούσοισι (= *Maladies des femmes*, I, 2-3 ; L VIII, 14 sqq.) ;

π. φ. π., XV, fin : εἰρήσεται γὰρ ἐν τοῖσι γυναικείοισι νοσήμασιν (= *id.*, *ibid.*) ;

π. νούσων Δ', LVII, 6 : ἀποπέφανται δέ μοι ἐν τοῖσι γυναικείοισι νοσήμασι περὶ αὐτοῦ (= *Maladies des femmes*, I, 59-60).

Le flottement dans le titre des œuvres et le temps des verbes n'a rien d'étonnant à l'époque et pour une litté-

1. IV, 653, et XVII, A, 445 K.
2. I, p. 373 sq., et VIII, p. 6.

rature surtout orale, nous l'avons déjà rappelé. Nous sommes en face de renvois multiples et contrôlables qui apportent une évidence difficile à écarter. Les hésitations de Ilberg nous paraissent exagérées sur ce point[1].

D'autres faits viennent encore appuyer l'identité d'auteur[2]. Nous ne nous étendrons pas ici sur les multiples concordances doctrinales, qui ne sont pas décisives en la matière[3]. Plus intéressant et non signalé à notre connaissance est le passage des *Maladies des femmes*, § 72, Littré VIII, 152, 3-12, textuellement identique, ou peu s'en faut, à *Nature de l'enfant*, XVIII.

MAL. DES FEMMES, 72.

Χωρεῖ δὲ τὰ λοχεῖα τῇ ὑγιηρῇ γυναικὶ ἱκανὸν ὅσον ἀττικὴ κοτύλη καὶ ἡμίσεια τὸ πρῶτον ἢ ὀλίγῳ πλέονα, ἔπειτα ἐπὶ ἐλάσσονα κατὰ λόγον τούτου μέχρι παύσηται (*sic* θ). Χωρεῖ δὲ οἷον αἷμα ἀπὸ ἱερείων, ἣν ὑγιηρή, ὡς ἔφην, ἡ γυνὴ καὶ μέλλῃ ὑγιαίνειν καὶ ταχὺ πήγνυται · καὶ καθαίρεσθαι μετὰ τὸν τόκον ὡς ἐπὶ τὸ πλέον τὴν ὑγιηρὴν συμβαίνει, ἐπὶ μὲν τῇ κούρῃ ἡμέρας τεσσεράκοντα (*sic* θ) καὶ δύο τὴν χρονιωτάτην κάθαρσιν, ἀκίνδυνος δέ ἐστι καὶ εἴκοσι καὶ πέντε ἡμέρας καθαιρομένη · ἐπὶ δὲ τοῦ κούρου ἡμέρας τριήκοντα ἡ κάθαρσις γίνεται ἡ χρονιωτέρη, ἀκίνδυνος δέ ἐστι καὶ εἴκοσιν ἡμέρας γενομένη.

NATURE DE L'ENFANT, XVIII.

§§ 3-4. ἔπειτα... χωρεῖ ἡ κάθαρσις, ἕως τοῦ εἰρημένου χρόνου, πλῆθος ἀττικὴ κοτύλη ὅλη καὶ ἡμίσεια τὸ πρῶτον, ἢ ὀλίγῳ πλεῖον ἢ ὀλίγῳ ἔλασσον, κατὰ λόγον τούτου μέχρι λήξῃ. Χωρεῖ δὲ αἷμα οἷον ἀπὸ ἱερείου, ἣν ὑγιαίνῃ ἡ γυνὴ καὶ μέλλῃ ὑγιαίνειν, καὶ ταχὺ πήγνυται...

§ [illegible]. Καὶ γὰρ ἡ κάθαρσις γίνεται τῇσι γυναιξὶ μετὰ τὸν τόκον ὡς ἐπὶ τὸ πολύ, ἐπὶ μὲν τῇ κούρῃ ἐν ἡμέρῃσι τεσσεράκοντα καὶ δύο · οὕτως ἡ χρονιωτάτη καὶ τελείη, ἀκίνδυνος δ' ἂν εἴη καὶ ἐν εἴκοσι καὶ πέντε ἡμέρῃσι εἰ καθαίροιτο · ἐπὶ δὲ τῷ κούρῳ ἡ κάθαρσις γίνεται ⟨ἐν⟩ ἡμέρῃσι τριήκοντα · οὕτως ἡ χρονιωτάτη καὶ τελείη, ἀκίνδυνος δ' ἂν εἴη καὶ ἐν εἴκοσιν ἡμέρῃσιν εἰ καθαίροιτο · ...

1. *O. l.*, p. 20, 23 ; p. 10, il admet l'identité d'auteur pour le livre I des *Maladies des femmes*.

2. *Maladies des femmes*, I, 41 (L VIII, 100, 10-11) : ὅκως καὶ ἐς τὸν πλεύμονα, ὡς εἴρηται. Cf. Littré, I, p. 378-379.

3. Cf. *Maladies des femmes*, 2 (p. 20, 24), 11 (p. 46 sqq.), 24, 25, 61, etc.

L'étude du vocabulaire et du style confirmerait pleinement, croyons-nous, l'unité d'auteur.

Si les comparaisons sont beaucoup moins fréquentes dans les *Maladies des femmes*, il en est deux cependant qui témoignent de la même tendance :

Au paragraphe I, 1, l'auteur veut montrer que la femme est plus humide que l'homme : il les compare respectivement à de la laine et à un tissu dense que l'on humecterait[1] ;

en I, 33, dans un accouchement difficile, l'enfant est comparé à une grosse olive prise dans un goulot étroit ; la petite expérience préconisée sur les règles, en I, 22, est typique également.

Si on ne retrouve pas davantage en *Maladies des femmes* la manière de notre auteur, il reste loisible d'attribuer ce fait à l'intervalle de temps qui a pu séparer l'élaboration des œuvres et surtout à la différence profonde du sujet, *Maladies des femmes* étant une œuvre très largement thérapeutique et pratique, l'autre étant un exposé scientifique beaucoup plus synthétique.

Il suit de ce qui précède que notre auteur est apparenté à l'école cnidienne, puisque le fait est évident pour les traités gynécologiques[2]. Ilberg rapproche avec raison *Mal. IV*, XLIX, 1, de la doctrine du cnidien Euryphon conservée par l'*Anonyme de Londres*, IV, 85[3].

Il ne saurait d'ailleurs s'agir d'une obédience étroite et stricte, mais plutôt d'un milieu qui laisse place à des opinions personnelles.

Notre auteur développe une doctrine de quatre hu-

1. Ce rapprochement est noté par Louis Bourgey, *Observation et expérience chez les médecins de la Collection hippocratique*, Paris, 1953, p. 54, n. 3.

2. Littré, VIII, p. 6 sqq. ; Ilberg, *o. l.*, p. 20 ; Bourgey, *o. l.*, p. 53 sqq.

3. Εὐρυφῶν γάρ τοι ὁ Κνίδιος οἴεται τὰς νόσους ἀποτελεῖσθαι τρόπῳ τοιούτῳ · ὅταν ἡ κοιλία, φησίν, τὴν ληφθεῖσαν τροφὴν μὴ ἐκπέμπῃ, ἀπογεννᾶται περισσώματα, κ. τ. λ. Ilberg, *o. l.*, p. 17, et Mewaldt, in Gnomon, 1927, p. 139 sq.

meurs qui s'écarte de celle de Cnide (n'admettant que la bile et le flegme) et qui n'est pas non plus celle de Cos (admettant le sang, le flegme et les biles jaune et noire). Peut-être y a-t-il là un point de contact avec l'école italienne[1].

Maladies IV consacre tout un « appendice » à combattre la croyance assez répandue selon laquelle la boisson va au poumon. L'école de Cnide restait attachée à ce préjugé, d'où elle avait tiré le procédé — spécifiquement cnidien — de l'infusion dans le poumon. On serait tenté à première vue d'en déduire que l'auteur n'est pas cnidien, mais ce serait une erreur. Nous reproduisons sur ce point une note très judicieuse de Louis Bourgey : « Il faut remarquer deux choses : l'insistance que l'auteur met dans sa démonstration, n'apportant pas moins de huit preuves différentes, et la mention qu'il fait du grand nombre (πολλοὶ κάρτα τῶν ἀνθρώπων) de ceux qui sont attachés à la thèse adverse ; celle-ci constitue l'opinion commune (608, 17-19). Ces deux faits montrent une atmosphère cnidienne, car dans l'immense majorité des livres de la *Collection hippocratique* l'infusion dans le poumon n'apparaît pas[2]. »

VI

Le niveau scientifique

La présentation d'une œuvre de ce genre pourrait se terminer avec le précédent chapitre. Il nous paraît cependant indispensable d'analyser rapidement l'attitude scientifique de l'auteur, le niveau de sa science, l'âge de son intelligence, comme dit Léon Brunschvicg.

Non pas que ce niveau soit particulier à notre auteur. Nous croyons, au contraire, que toute la science médicale

1. Wellmann, *o. l.*, p. 299.
2. Bourgey, *o. l.*, p. 55, n. 4.

grecque, à peu de chose près[1], se situe au même niveau préscientifique, qui se perpétue d'ailleurs, parfois en s'aggravant, jusqu'au XVIIIe siècle. La biologie et la médecine de l'*Encyclopédie* ne valent pas mieux que la science hippocratique ; peut-être même valent-elles moins. Mais, d'une part, une telle analyse n'est pour ainsi dire jamais tentée dans le domaine hellénique et, d'autre part, l'œuvre que nous présentons offre des prises particulièrement favorables à cet examen.

A la vérité, les savants qui s'occupent de la science grecque ne s'abstiennent pas toujours de porter un jugement sur la valeur de cette science, mais leur jugement nous paraît souvent beaucoup trop rapide ou bien superficiel et trop optimiste[2].

Nous trouvons quelques bonnes remarques dans l'article récent de W. J. Verdenius[3]. Cet helléniste distingué constate que les savants grecs se laissent guider par leur propre raison plus que par l'observation des phénomènes ; l'expérimentation méthodique joue chez eux un rôle secondaire[4] ; la spéculation l'emporte sur l'observation critique et sur le souci des relations quantitatives[5]. Le savant grec s'intéresse davantage au pourquoi[6]. A propos de *Nature de l'enfant*, XVII, l'auteur écrit : « Cette idée lui était si chère qu'il a négligé les exigences de l'observation critique[7]. »

Tout cela nous paraît assez juste, mais ce ne peut être qu'un point de départ. Si les savants grecs se laissent

1. Nous songeons aux médecins empiriques du IIe siècle de notre ère, à Ménodote notamment.

2. Cf. E. Sigerist, *Die antike Heilkunde*, Tusculum Schriften, 7, Munich, 1927, p. 9 sq. ; J. Needham, *A History of Embryology*, 2e éd., Cambridge, 1959, p. 30 sq.

3. *Science grecque et science moderne*, Revue philosophique, t. 77, 1962, 3, p. 319-336.

4. P. 320.

5. P. 322, 323.

6. P. 324.

7. P. 321.

guider par leur propre raison, c'est précisément cette raison qu'il faut analyser. Gaston Bachelard l'a fait excellemment, croyons-nous, pour les XVIe, XVIIe et XVIIIe siècles[1]. Notre effort consistera à appliquer à la science médicale grecque les analyses de ce grand savant. Nous résumons ici le chapitre II de notre essai *Le niveau de la science hippocratique*[2].

Allons tout de suite au texte le plus admiré de la *Nature de l'enfant*. L'auteur a exposé longuement le développement de l'embryon humain et il conclut par une preuve remarquable : « Si quelqu'un veut mettre à couver vingt œufs ou plus à deux poules ou à plusieurs et, chaque jour à partir du deuxième jusqu'au dernier, où l'œuf éclora, en retirer un et le briser, on trouvera à l'examen que tout se passe comme je l'ai dit, dans la mesure où il s'impose de comparer la croissance de l'oiseau à celle de l'homme. 3. Les membranes, en effet, y partent du cordon ombilical et tout ce que j'ai dit de l'enfant, on le trouvera tel d'un bout à l'autre dans un œuf d'oiseau. En vérité, celui qui ne l'a jamais vu s'étonnera de trouver un cordon ombilical dans un œuf d'oiseau[3]. »

Le rapprochement est certes génial et loin de nous l'idée de refuser toute valeur à ce premier essai d'embryologie comparée. Mais regardons-y de plus près.

On peut déjà être alerté par l'idée d'un cordon ombilical dans l'œuf de poulet. Mais, surtout, l'observation de l'embryon de poulet vient cautionner imprudemment une embryologie humaine fort erronée. Ainsi, l'auteur affirme qu'à un moment donné les membres de l'embryon se détachent l'un de l'autre[4]. Aurait-il observé chez le poulet une patte unique se divisant en deux?

1. *La formation de l'esprit scientifique*, Vrin, 1938.
2. Paris, Les Belles Lettres, 1966, p. 70-119.
3. XXIX, 2.
4. XXVII, 2.

Si on examine l'exposé du développement de l'embryon humain, on verra aisément que ce sont deux *images* qui la commandent globalement : l'embryon, comme une baudruche, *se gonfle* par l'effet du souffle et, d'autre part, il *se ramifie* comme une plante qui croît. Deux images « naturelles », puissamment valorisées comme telles et que, fait capital, aucune observation, même pas l'observation systématique jour après jour d'œufs couvés, ne parvient à infirmer. La théorie est victime de pures images a priori et l'observation est impuissante à y rien changer.

Prenons un autre cas typique où la théorie apporte avec elle une telle certitude qu'elle rend inutile la moindre observation. Victime d'un qualitativisme qui sera celui d'Aristote, l'auteur ne saurait admettre qu'une greffe puisse se nourrir de l'humeur spécifique de l'arbre sur lequel on l'a posée. Il nous explique donc que la greffe projette bien vite des racines qui plongeront finalement dans la terre : la greffe est une plante dans la plante. A ce propos, il n'a pas eu l'idée de faire vingt greffes ou plus et d'examiner le développement de ces racines imaginaires. Le « bon sens » l'emporte. Nous croyons même que s'il avait fait cette expérience, la force de sa fausse conviction était telle qu'il y aurait vu les racines « indispensables », les fibres du tronc l'aidant à tomber dans ce piège.

Un autre a priori tyrannique anime toute la science de l'auteur — et de ses confrères antiques : c'est celui de l'infériorité de la femme. Il explique à lui seul pourquoi, selon l'auteur, le fœtus femelle n'est bien formé qu'à quarante-deux jours, alors que le mâle l'est à trente jours[1] ; que la fille s'agite seulement à quatre mois dans le sein de sa mère, alors que le garçon remue déjà à trois mois[2]. Notons surtout que l'auteur tire de ces

1. xviii, 1.
2. xxi, 1.

« faits » des déductions qu'une observation facile aurait permis d'infirmer. Il croit, en effet, que les lochies coulent quarante-deux jours après la naissance d'une fille et trente jours après celle d'un garçon : son expérience de gynécologue n'a jamais mis en doute ce fait purement chimérique ; elle l'a seulement amené à tempérer la rigueur des chiffres[1], ce qui est un fort mauvais arrangement du point de vue scientifique, mais très fréquent dans la mentalité qui nous occupe[2].

Ainsi, la raison est inconsciemment tyrannisée par des images, par des a priori qui bloquent la démarche objective. Ces a priori ne sont jamais très nombreux ; notons rapidement ceux qui, chez notre auteur, sont le plus apparents.

Il y a tout d'abord l'image si naturelle qui réduit les principaux organes du corps au rôle exclusif de *récipient.* La matrice, par exemple, n'est qu'un récipient. La conception n'a pas lieu s'il est béant ; la grossesse dépend de sa capacité, etc.[3]. La physiologie n'est en somme qu'une physique du récipient.

La notion de force mécanique, de mouvement, au sens banal, est fortement valorisée. Les semences mâle et femelle se mêlent dans la matrice parce que la femme ne reste pas immobile[4]. La pilosité s'explique par l'agitation de l'humeur, qui rend l'épiderme poreux[5]. Le ventre, pressé par la matrice gonflée, laisse s'épancher la partie la plus grosse des aliments, le lait, qui aboutira aux seins grâce aux mouvements de l'accouchée[6].

La respiration, le souffle, n'est pas pour l'auteur une fonction typique de certains êtres vivants. Tout ce qui

1. xviii, 1.
2. G. Bachelard effleure plusieurs fois cette attitude, *o. l.*, p. 107, 147 et 200.
3. v, 1 ; ix, 1 ; 2 ; x, 2.
4. xii, 1.
5. xx, 1 sq.
6. xxi, 1 sqq.

s'échauffe a du souffle, depuis le bois qu'on brûle et le linge que l'on presse[1] jusqu'à la terre et l'eau de la source[2]. Image abusivement étendue que l'auteur prend pour une idée claire et une certitude immédiate.

Nous avons cité plus haut quelques chiffres avancés par l'auteur. Il en est d'autres, comme le cycle de trois jours imposé à l'humeur dans le corps[3] et la conviction que les jours impairs sont critiques, au sens ancien du terme[4]. Nous n'avons nullement l'impression que ces précisions numériques relèvent d'une exigence rationnelle ; c'est en réalité la vieille arithmologie qui réapparaît, rationalisée en surface, et dont l'autorité anéantit toute velléité de vérification sérieuse.

C'est ce dernier point qui est frappant. Le contrôle expérimental, dans les problèmes abordés par l'auteur, était fort possible à l'époque, mais l'auteur l'a souvent jugé inutile ou n'y a pas pensé ; il arrive même qu'il affirme avoir comme preuve l'expérience de tout le monde[5]. Aristote prétend de même que la femme a moins de dents que l'homme.

Si la raison reste incapable d'une démarche vraiment scientifique, ce n'est pas qu'elle serait comparable à une pièce vide, insuffisamment meublée ; c'est parce qu'elle est au contraire dangereusement encombrée de fantômes tenaces qu'il faudra d'abord exorciser.

Par son recours fréquent aux comparaisons d'ordre physique ou biologique, notre auteur nous rend plus sensibles à ces travers de la raison préscientifique, qui ailleurs sont souvent plus discrets. C'est pourquoi son œuvre doit être considérée à cet égard comme un texte très important et hautement typique.

Il faut bien se garder de reprocher à l'auteur son im-

1. XII, 3 ; XXIV, 2.
2. XXIV et XXV.
3. XLII sqq.
4. XLVI, XLVII.
5. Cf. XII, 3 ; XXXV, 1 ; XXXVI, 1 ; XLVII, 2.

puissance à surmonter ce niveau. Il le partage, dans les sciences physiques et biologiques, avec toute son époque. Rien n'y permettait une maturation qui ne se produira qu'après la Renaissance.

On doit au contraire souligner sa vaste curiosité, son appel constant à des preuves, à des faits d'expérience : c'est beaucoup mieux que rien.

Dans de nombreux cas, enfin, son observation et son argumentation sont d'une justesse frappante. Nous n'en voulons pour preuve que son exposé sur le ver solitaire[1] et la réfutation de la doctrine cnidienne selon laquelle la boisson va au poumon[2].

A tout point de vue, ce traité est une des grandes œuvres de la médecine grecque classique. Seule, l'absence d'une édition contemporaine paraît responsable de la négligence relative où l'ont laissé les érudits du xxe siècle.

VII

Manuscrits et éditions

1. *Les manuscrits*

Manuscrits de base. La tradition manuscrite des περὶ γονῆς, περὶ φύσιος παιδίου et περὶ νούσων δ' est nettement inférieure à celle du περὶ διαίτης.

En effet, les manuscrits fondamentaux sont ici également deux, mais ce sont M, le *Marcianus gr.* 269 (περὶ γονῆς : 35 v°-37 v° ; π. φ. π. : 38 r°-47 r° ; π. ν. δ' : 129 r°-142 v°) et V, le *Vaticanus gr.* 276, qui donne le περὶ φύσιος παιδίου (111 v°-117 v°) avant le περὶ γονῆς (117 v°-119 r°) et ne contient pas le περὶ νούσων δ'.

Alors que, pour le περὶ διαίτης, le *Vindobonensis med.*

1. Ch. LIV.
2. Ch. LVI.

gr. 4, θ, représente une tradition fort différente de M; bien que les deux manuscrits remontent à un même archétype[1], le *Vaticanus gr.* 276 est un manuscrit fort voisin de M, leur source commune étant peu antérieure au *Marcianus*[2]. Les divergences des deux manuscrits sont souvent peu importantes ; il est à présumer qu'un certain nombre d'altérations communes deviendraient évidentes si nous possédions le texte dans les manuscrits A (*Parisinus gr.* 2253) ou θ. Pourtant, notre texte est la plupart du temps lisible et ne donne pas l'impression d'être gravement altéré. Pous *Maladies IV*, nous en sommes réduits au seul *Marcianus* : il ne faut pas s'étonner si certains passages ne peuvent être améliorés que par conjecture.

Nous avons collationné M et V sur microfilms.

Le *Marcianus* présente pour le περὶ φύσιος παιδίου une particularité qui, à notre connaissance, n'a pas été mentionnée. Le folio 44 r° et v° ne donne pas le texte attendu, mais bien un passage des *Articulations*[3]. Nous avons cru tout d'abord à un simple déplacement et espéré que le passage du περὶ φύσιος παιδίου se trouverait ailleurs dans le manuscrit, mais l'examen fait à notre demande à la Marciana est resté sans résultat[4]. Nous sommes donc privés du témoignage du *Marcianus* pour le chapitre xxv, à partir de ἔχει δὲ οὕτως [... jusqu'à la fin du ch. xxvi, ...] ἡμιτελέα καταλιπεῖν. Ermerins ne signale pas le fait, quoiqu'il ait dû remarquer que les notes de Cobet sont muettes pour tout ce passage.

Les copies plus ou moins directes du *Marcianus* ont le texte complet.

1. Cf. notre article *La traduction latine du Régime et l'unité de la tradition hippocratique*, in L'Antiquité classique, t. 33, 1964, p. 45-57.
2. Cf. Ilberg, in *Hippokrates*, I, Teubner. *Préface*, I.
3. Ch. xiii, l. 7-xiv, l. 68 Jones.
4. Nous remercions Mme la Directrice de la Biblioteca Nazionale Marciana, qui a bien voulu nous l'écrire.

Recentiores. Les *recentiores* n'apportent rien pour l'édition du texte, si ce n'est que certains, soigneusement revus, contiennent quelques corrections heureuses lorsque leur modèle est manifestement fautif.

Nous n'avons pas revu ceux dont nous avions examiné un échantillon pour le *Régime*.

Ce sont, contenant les trois opuscules :

Cantabrigiensis Caius Coll. 50 (xve-xvie s.);
Laurentianus 74, 1 (xve s.);
Hauniensis ant. fund. reg. 224 (xvie s.);
Mutinensis gr. 220 (II H 5) (xve s.);
Monacensis gr. 71 (a. 1531);
Baroccianus 204 (xive s.);
Urbinas gr. 68 (xive s.);
Vaticani gr. 277 (xiv^e^ s.) et 278 (a. 1512);

et les *Parisini gr.* 2140 (xiii^e^ s.), 2142 (xiie-xiiie s.), 2143 (xive s.), 2144 (xive s.), 2145 (xve s.)[1] et 2255 (xve s.).

Pour le περὶ φύσιος παιδίου seul, le *Vossianus gr. F.* 10 (xvie s.) de Leyde et, pour le περὶ νούσων δ' seul, l'*Ambrosianus* C 85 sup. (xve ou xvie s.).

Quelques *recentiores* ne nous étaient pas connus par notre édition du *Régime*.

Pour les *Parisini gr.* 2146[2], 2147[3], 2320[4] et 2332[5], nous avons fait confiance à Littré.

Diels[6] cite aussi le *Parisinus gr.* 2256 pour le περὶ γονῆς, mais M. Ch. Astruc a bien voulu nous écrire que ce manuscrit ne contient rien de cette œuvre.

1. Toutefois, nous avons examiné le texte du περὶ γονῆς dans les manuscrits 2140 et 2145.
2. Copie de V (cf. Ilberg, in Rheinisches Museum, t. 42, 1887, p. 436 sq.), ce manuscrit C contient le περὶ γονῆς et le π. φύσιος παιδίου.
3. Noté ε, il contient des extraits du π. γ. et du π. φ. π.
4. Il contient un texte paraphrasé et incomplet du π. γ.
5. Noté X, il contient de petits extraits du π. γ. et du π. νούσων δ.
6. *Die Handschriften der griechischen Aerzte*, p. 28.

L'*Holkhamensis gr.* 92 (xvie s.) avait été examiné par Jones[1] et Schubring, qui avait noté sa parenté avec V[2] : nous ne l'avons pas revu, non plus que l'*Ambrosianus* L 110 sup. (xve-xvie s.), copie du *Baroccianus*[3]. Pour les autres, enfin, nous avons obtenu en microfilm des échantillons du texte, souvent le περὶ γονῆς en entier.

Nous avons pu vérifier ainsi que le *Vaticanus Palatinus gr.* 192, qui ne contient pas le περὶ νούσων δ′, malgré l'affirmation de Diels[4], est bien une copie du *Vaticanus gr.* 276, comme l'avaient établi Ilberg[5] et Schubring[6].

Le *Vaticanus Reginensis gr.* 182, contenant les trois opuscules, est un *deterior* qui s'écarte nettement de M et de V.

L'*Arundel* 538 (xve s.) du British Museum, contenant le περὶ γονῆς et le περὶ φύσιος παιδίου, reste plus près de MV. Il est très proche du *Parisinus gr.* 2141 (G; xve s.) avec qui il a en commun une lacune au ch. I : καθάπερ καὶ τἄλλα — ἀφρεῖ. Il contient aussi beaucoup de fautes propres : il est au mieux une copie de G.

Le manuscrit de Karlsruhe 449 (xve-xvie s.), contenant le περὶ γονῆς et le περὶ φύσιος παιδίου, présente de multiples fautes inconnues par ailleurs ; il offre souvent les leçons des *deteriores*, mais parfois aussi conserve celles de MV[7].

1. *Hippocrates*, II, p. LI.
2. Apud K. Deichgraeber, *Ueber Entstehung und Aufbau des menschlichen Körpers*, περὶ σαρκῶν, 1935, p. XII sq.
3. Cf. A. Rivier, *Recherches sur la tradition manuscrite du traité hippocratique « de morbo sacro »* (Travaux publiés sous les auspices de la Société suisse des sciences morales, 3), Berne, 1962, p. 132-133.
4. *O. l.*, *l. l.*
5. *O. l.*, *l. l.*
6. *O. l.*, *l. l.* et aussi K. Schubring, *Untersuchungen zur Ueberlieferungsgeschichte der hippokr. Schrift de locis in homine*, Berlin, 1941, p. 25-26.
7. Il faut encore mentionner le *Bononiensis* 3632, qui contient une partie du περὶ γονῆς. Diels (*o. l.*, *l. l.*) note que le *Vaticanus gr.* 1759, fol. 235 v°, contient un extrait du περὶ γονῆς (de Νόμος μὲν ὰ ἔξωθεν σαρκώδεις). Mais, à la Vaticane, on n'a pas pu retrou-

Enfin, le *Neapolitanus* II C 32 (*gr.* 100), du xve siècle, contient des extraits du περὶ γονῆς et du περὶ φύσιος παιδίου.

Traductions. Une traduction arabe inédite du περὶ γονῆς et du περὶ φύσιος παιδίου a été signalée par H. Ritter et R. Walzer[1]. Elle se trouve à Istanbul, dans le manuscrit du xiiie siècle *Aya Sofya* 3632, et présente ces « deux textes » dans leur ordre naturel, comme le *Marcianus*, et comme une seule œuvre, sous le seul titre *Des embryons*. Elle a donc pu être faite sur un modèle grec qui ne séparait pas encore le περὶ γονῆς du περὶ φύσιος παιδίου, mais où cependant le περὶ νούσων IV se trouvait déjà détaché du reste de l'œuvre. On pressent du moins tout ce que l'édition et l'étude de cette traduction pourraient apporter à la philologie hippocratique.

Diels signale aussi une traduction arabe du περὶ γονῆς à Cambridge (Bibl. Univ., 1386, 1). Pour le περὶ φύσιος παιδίου, il mentionne une traduction latine dans plusieurs manuscrits (*Monac. lat.* 31 (Rome), *Angelic.* 1338, *Vaticani lat.* 2382, 2417, *Marcianus lat.* XIV, 7) et une traduction hébraïque à Parme (150).

2. *Les éditions*

La présente édition est la première à être fondée sur les manuscrits M et V — sur M seul pour le περὶ νούσων IV : Littré ne les connaissait pas et Ermerins ne connaissait M que par des notes de Cobet. Nous ne mentionnons individuellement d'autres manuscrits que dans des cas par-

ver ce texte dont nous demandions le microfilm. Erreur de Diels?
A la lumière des variantes du περὶ γονῆς, nous avons donné à L'Antiquité classique (t. 34, 1965, p. 217-221) une *Note sur trois recentiores hippocratiques*, les *Parisini* I, H et K.

1. H. Ritter und R. Walzer, *Arabische Uebersetzungen griechischer Aerzte in Stambuler Bibliotheken*, Sitzungsberichte der preuss. Akad. der Wissenschaften, Phil.-hist. Klasse, 1934, p. 805 et 839,

ticuliers ; par contre, nous opposons souvent « recc. » à « MV » : cela implique que nos prédécesseurs, et surtout Littré, adoptaient la leçon des *recentiores*.

Depuis Littré (1851) et Ermerins (1862), il n'y a plus eu d'édition de cette œuvre triple.

Avant Littré et en dehors des éditions des œuvres complètes d'Hippocrate, le περὶ γονῆς et le περὶ φύσιος παιδίου ont été l'objet de plusieurs éditions particulières, sans intérêt pour l'établissement du texte. Pour le περὶ γονῆς, en 1542 (Jod. Willichius Argent.), en 1544 (A. Torinus, Bâle) et en 1545 (Jo. Gorraeus, Paris) ; pour le περὶ φύσιος παιδίου, en 1502 et 1518 (Dini de Carbo, Venise), en 1538 (A. Torinus, Bâle), en 1542 (Willichius, Bâle) et en 1545, 1564, 1622 (Gorraeus, Paris)[1].

Le traitement du dialecte suit ici la même doctrine que pour le *Régime*. Seul un détail est à signaler pour sa fréquence : nous avons systématiquement rétabli l'iota souscrit à ζῷον, ᾠόν et πῃ.

Nous avons de même subdivisé les chapitres en paragraphes.

Dans l'apparat critique, nous avons écrit « Joly » beaucoup plus souvent que nous ne l'aurions souhaité, notamment à propos de retouches dialectales. On voudra bien croire que ce n'est pas par vaine ostentation, mais pour ne laisser subsister aucun doute sur l'origine du texte adopté.

La traduction de Littré date d'un siècle : elle a vieilli et il arrive qu'elle soit erronée. Mais elle contient aussi des tours heureux qu'il aurait été dommage d'abandonner ; nous les avons repris dans notre propre traduction.

Il existe une traduction anglaise récente due à Tage U. H. Ellinger de la *Génération* et de la *Nature de l'enfant*, avec une brève introduction et des notes du Dr Alan F. Guttmacher : *Hippocrates. On Intercourse and Pregnancy*, New-York, Henry Schuman, 1952, 127 p. petit

1. Cf. Littré, t. VII, p. 468-469.

in-8°. Intéressante pour le public cultivé, elle n'apporte rien de nouveau à l'édition du texte.

* * *

Nous ne pouvons que louer sans réserve la conscience et le savoir de notre réviseur, M. Antoine Thivel, qui nous a épargné beaucoup d'imperfections. Les quelques occasions que nous avons eues de le citer nommément ne donnent qu'une faible idée de son rôle. Il a droit à toute notre gratitude.

Note de correction. — Nous avons encore le temps de signaler l'œuvre importante de J. Bollack, *Empédocle*, dont les deux derniers volumes parus (*Les Origines. Commentaire*. Paris, 1969) utilisent et étudient plusieurs passages des œuvres éditées dans le présent volume, et l'intéressant article de I. M. Lonie, *On the Botanical Excursus in* De Natura Pueri, 22-27, Hermes, t. 97, 1969, 4, p. 391-411.

SIGLA

M = Marcianus gr. 269, saec. x.
 M¹ = emendatio scribae ipsius.
 M² = manus posteriores.
V = Vaticanus gr. 276, saec. XII.

Raro memorantur :
C = Parisinus gr. 2146, saec. XV-XVI.
E = Parisinus gr. 2255, saec. XV.
F = Parisinus gr. 2144, saec. XIV.
H = Parisinus gr. 2142, saec. XII-XIII et XIV.
I = Parisinus gr. 2140, saec. XIII.
J = Parisinus gr. 2143, saec. XIV.
K = Parisinus gr. 2145, saec. XV.
ε = Parisinus gr. 2147, saec. XVI.
O = Parisinus gr. 1868, saec. XIV.
X = Parisinus gr. 2332, saec. XV.
π = Vaticanus gr. 277, saec. XIV.
K′ = Cod. Imp. Corn. apud Mack.
L = Cod. Serv. apud Foes.
ν = Cod. Venetus apud Mack.
Q′ = Cod. Febr. apud Foes.
recc. = recentiores (alii vel nonnulli vel plerique vel omnes).

Erot. = Erotianus.
Gal. = Galenus.
ps.-Gal. = Γαληνοῦ περὶ αἰτίας παθῶν, ed. G. Helmreich, Programm des Königl. human. Gymnasium in Ansbach, 1910-1911.
Foes = Ed. 1595, Francfort.
Mercurialis = Ed. 1588, Venise.
Lind. = Van der Linden, ed. 1665, Leyde.
Mack = Ed. 1747, Vienne.
Kühn = Reed. Foes, 1825, Leipzig.

Zwing. = Zwingerus, 1579 ; Zwing^{m}. = id. in margine.

Erm. = F. Z. Ermerins, *Hippocratis... reliquiae*, t. II, 1862.

Littré = E. Littré, *Œuvres complètes d'Hippocrate*, t. VII, Paris, 1851.

Coray = Ad. Coray, *Editio libri* περὶ ἀέρων, ὑδάτων, τόπων, Paris, 1800.

Cobet = Mnemosyne, t. 9, 1860, p. 192.

Heidel = W. A. Heidel, *Hippocratea*, Harvard Studies in Classical Philology, t. 25, 1914, p. 139-203.

Ilberg = J. Ilberg, *Die Aerzteschule von Knidos*, Verhandlungen der sächsischen Akademie der Wissenschaften zu Leipzig, Phil.-hist. Klasse, t. 76, 1924.

Regenbogen = O. Regenbogen, *Eine Forschungsmethode antiker Naturwissenschaft*, Quellen und Studien zur Geschichte der Mathematik, t. 1, 1930, p. 130-182.

DE LA GÉNÉRATION

Origine et cheminement du sperme.

I. **1** La loi gouverne tout[1]; quant au sperme de l'homme, il vient de toute l'humeur qui se trouve dans le corps[2]; c'en est la partie la plus forte qui s'est séparée. La preuve que c'est la partie la plus forte qui se sépare, c'est que, après le coït, nous devenons faibles, pour avoir éjaculé une si petite quantité. Voici ce qui en est. Des veines et des nerfs vont du corps entier au sexe; quand ce dernier est frotté, échauffé, rempli, il y survient comme une démangeaison, ce qui fournit à tout le corps plaisir et chaleur. **2** Par le frottement du sexe et le mouvement qu'on se donne, l'humeur s'échauffe dans le corps, devient fluide, s'agite à cause du mouvement et écume[3], comme écument tous les fluides agités. De même, chez l'homme se sépare de l'humeur écumante la partie la plus forte et la plus grasse, qui arrive à la moelle épinière[4]. Car elle y arrive du corps entier et s'écoule du cerveau vers les lombes, le corps entier et la moelle, et de celle-ci partent des voies, de sorte que l'humeur peut y arriver et en sortir. **3** Après être arrivé à la moelle, le sperme passe le long des reins; c'est par là que passe la voie, par des veines; et si les reins sont ulcérés, il arrive que du sang soit véhiculé; des reins, le sperme passe à tra-

1. Ilberg (*o. l.*, p. 10) rapproche ce νόμος (Naturgesetz) de Pindare (fr. 169 Schr.) et d'Hérodote, III, 38. Regenbogen (*o. l.*, Beilage I) voit dans cette première phrase l'influence de la rhétorique.

2. Aristote, *Génér. an.*, I, 721 b sq., réfute longuement cette théorie, montrant ainsi le rôle qu'elle tenait et que le *Corpus hippocratique* atteste bien.

3. Cf. Diogène d'Apollonie, fr. 6, fin : ἀφρῶδες, et Aristote, *Génér. an.*, II, 736 a 14.

4. Deux théories sur l'origine du sperme se contaminent ici : 1° il provient de tout le corps; 2° il provient du cerveau et de la moelle. Sur ces théories dans le *Corpus hippocratique*, cf. l'article de E. Lesky, in *Festschrift Neuburger*, 1948, p. 302-307.

ΠΕΡΙ ΓΟΝΗΣ

I. 1 Νόμος μὲν πάντα κρατύνει· ἡ δὲ γονὴ τοῦ ἀν- VII 470
δρὸς ἔρχεται ἀπὸ παντὸς τοῦ ὑγροῦ τοῦ ἐν τῷ σώματι ἐόντος, τὸ ἰσχυρότατον ἀποκριθέν· τούτου δὲ ἱστόριον τόδε, ὅτι ἀποκρίνεται τὸ ἰσχυρότατον, ὅτι ἐπὴν λαγνεύσωμεν σμικρὸν οὕτω μεθέντες, ἀσθενεῖς γινόμεθα. Ἔχει δὲ οὕτω· φλέβες καὶ νεῦρα ἀπὸ παντὸς τοῦ σώματος τείνουσιν ἐς τὸ αἰδοῖον, οἷσιν ὑποτριβομένοισι καὶ θερμαινομένοισι καὶ πληρουμένοισιν ὥσπερ κνησμὸς ἐμπίπτει καὶ τῷ σώματι παντὶ ἡδονὴ καὶ θέρμη ἐκ τούτου παραγίνεται· 2 τριβομένου δὲ τοῦ αἰδοίου καὶ τοῦ ἀνθρώπου κινευμένου, τὸ ὑγρὸν θερμαίνεται ἐν τῷ σώματι καὶ διαχεῖται καὶ κλονεῖται ὑπὸ τῆς κινήσιος καὶ ἀφρεῖ, καθάπερ καὶ τἄλλα ὑγρὰ σύμπαντα κλονεόμενα ἀφρεῖ· οὕτω δὲ καὶ ἐν τῷ ἀνθρώπῳ ἀποκρίνεται ἀπὸ τοῦ ὑγροῦ ἀφρέοντος τὸ ἰσχυρότατον καὶ πιότατον, καὶ ἔρχεται ἐς τὸν νωτιαῖον μυελόν· τείνει γὰρ καὶ ἐς τοῦτον ἐκ παντὸς τοῦ σώματος, καὶ διαχωρεῖ ἐκ τοῦ ἐγκεφάλου ἐς τὴν ὀσφὺν καὶ ἐς πᾶν τὸ σῶμα καὶ ἐς τὸν μυελόν, καὶ ἐξ αὐτοῦ τείνουσιν ὁδοί, ὥστε καὶ ἐπιέναι τοῦ ὑγροῦ ἐς αὐτὸν καὶ ἀποχωρεῖν. 3 Ἐπὴν δὲ ἔλθῃ ἐς τοῦτον τὸν μυελὸν ἡ γονή, χωρεῖ παρὰ τοὺς νεφρούς· ταύτῃ γὰρ ἡ ὁδός ἐστι διὰ φλεβῶν, κἢν οἱ νεφροὶ ἑλκωθέωσιν, ἔστιν ὅτε καὶ αἷμα

2 ὑγροῦ recc. : ὑγιέος MV || 4 ὅτι — ἰσχυρότατον secl. uoluit Erm. || 5 σμικρὸν M : μ. V || 7 οἷσιν recc. : ᾗσι M ᾗσιν V || 8 πληρουμένοισιν Joly : -ευμένοισι M -ευμένοισιν V || 13 σύμπαντα Joly : ξ. MV (quod in codicibus frequens est neque semper memorabitur) || κλονεόμενα Joly : -εύμενα MV || 15 πιότατον recc. : τὸ π. MV || ἐς I : εἰς MV || 16 τείνει Joly : -νουσι MV || 16-20 τείνει — ἀποχωρεῖν secl. uoluit Erm. || γὰρ M : γὰρ καὶ V γὰρ ὁδοὶ Lind. Mack || 17 διαχωρεῖ O : -χέει MV || ἐς Joly : εἰς MV || 19 τοῦ ὑγροῦ M : om. V || 22 ἑλκωθέωσιν Joly : -θῶσιν MV.

vers le milieu des testicules jusqu'à la verge, non pas par le canal de l'urine, mais par un autre qui y tient[1]. Les pollutions nocturnes se produisent à cause de ceci : quand l'humeur du corps se trouve fluide et échauffée par le travail ou pour une autre raison, elle écume ; et lors de l'éjaculation, on voit (en rêve) une scène érotique ; en effet, l'humeur se comporte alors comme dans le coït. Mais je n'ai plus à m'occuper[2] de ces rêves ni de toute cette affection, ni de ses effets, ni pourquoi elle tient lieu d'orgasme. Voilà ce que j'avais à dire sur ce point.

Cas où le sperme ne peut cheminer.

II. **1** Les eunuques n'ont pas de rapports sexuels parce que, chez eux, la voie du sperme est détruite. C'est précisément la voie des testicules ; des nerfs fins et denses vont des testicules à la verge, qu'ils dressent et abaissent, et ils sont coupés lors de la castration : voilà pourquoi les eunuques sont impuissants. Chez ceux qui ont subi cette mutilation, la voie du sperme est bouchée ; en effet, les testicules durcissent et les nerfs, devenus durs et inertes par la concrétion, ne peuvent plus dresser et relâcher. **2** Ceux qui ont subi une incision près de l'oreille[3] peuvent avoir des rapports sexuels et éjaculer, mais leur sperme est peu abondant, faible et stérile. C'est que la plus grande partie du sperme vient de la tête, le long des oreilles, vers la moelle ; et cette voie, suite à l'incision devenue cicatrice, s'est durcie. Chez les enfants, les veines, qui sont fines et remplies, empêchent le sperme de cheminer et l'excitation ne se produit pas de la même façon. C'est pourquoi l'humeur du corps ne s'agite pas jusqu'à

1. Pour Aristote, *Génér. an.*, I, 726 a 16 sq., c'est le même canal.

2. Le texte de MV, assez différent, en tout ce passage, de la vulgate, indique que l'auteur renvoie à une de ses œuvres qui traitait plus longuement de ce sujet. Les Cnidiens s'y intéressent : *Mal.*, II, 51 ; *Aff. int.*, 53.

3. Cf. *Airs, eaux, lieux*, 22 : c'est en se faisant des incisions derrière l'oreille que, selon l'auteur, les *Anariées*, fameux chez les Scythes, deviennent ἄγονοι. Ce ch. II atteste nettement la survivance de la doctrine qui fait provenir le sperme du cerveau.

συμφέρεται· παρὰ δὲ τῶν νεφρῶν ἔρχεται διὰ τῶν ὀρχίων μεσάτων ἐς τὸ αἰδοῖον· καὶ χωρεῖ οὐχ ὅκη τὸ οὖρον, ἀλλά οἱ ἄλλη ὁδός ἐστιν αὐτῆς ἐχομένη. Καὶ οἱ ἐξονειρώσσοντες διὰ τάδε ἐξονειρώσσουσιν· ἐπὴν τὸ ὑγρὸν ἐν τῷ σώματι διακεχυμένον ᾖ καὶ διάθερμον, εἴτε ὑπὸ ταλαιπωρίης, εἴτε καὶ ὑπὸ ἄλλου τινός, ἀφρεῖ· καὶ ἀποκρινομένου ἀπ' αὐτοῦ ὁρᾶν παρίσταταί οἱ ἡ λαγνείη· ἔχει γὰρ τὸ ὑγρὸν 472 τοιοῦτο ὅπερ λαγνεύοντι· ἀλλ' οὔ μοι περὶ ὀνειράτων καὶ παντὸς τοῦ νοσήματος ἔτι ἐστί, καὶ ὁκόσα ἐργάζεται, καὶ διότι πρὸ μανίης. Καὶ ταῦτα μὲν ἐς τοῦτό μοι εἰρέαται.

II. **1** Οἱ δὲ εὐνοῦχοι διὰ τάδε οὐ λαγνεύουσιν, ὅτι σφέων ἡ δίοδος ἀμαλδύνεται τῆς γονῆς· ἔστι δ' αὐτῶν τῶν ὀρχίων ἡ ὁδός· καὶ νεῦρα τείνει λεπτὰ καὶ πυκνὰ ἐς τὸ αἰδοῖον ἐκ τῶν ὀρχίων, οἷσιν ἀείρεται καὶ καθίεται, καὶ ταῦτα ἐν τῇ τομῇ ἀποτάμνεται, διὸ οὐχ ὑπάρχουσιν οἱ εὐνοῦχοι χρηστοί· τῶν δὲ τάδε ἐκτριβέντων ἡ ὁδὸς τῆς γονῆς ἐμπέφρακται· πωροῦνται γὰρ οἱ ὄρχιες· καὶ τὰ νεῦρα σκληρὰ καὶ μωρὰ γενόμενα ὑπὸ τοῦ πώρου οὐ δύνανται τείνειν καὶ χαλᾶν. **2** Ὁκόσοι δὲ παρ' οὖς τετμημένοι εἰσίν, οὗτοι λαγνεύουσι μὲν καὶ ἀφιᾶσιν, ὀλίγον δὲ καὶ ἀσθενὲς καὶ ἄγονον· χωρεῖ γὰρ τὸ πλεῖστον ἀπὸ τῆς κεφαλῆς παρὰ τὰ οὔατα ἐς τὸν νωτιαῖον μυελόν· αὕτη δὲ ἡ δίοδος ὑπὸ τῆς τομῆς οὐλῆς γενομένης στερεὴ γέγονεν. Τοῖσι δὲ παισὶ λεπτὰ τὰ φλέβια ἐόντα καὶ πληρούμενα κωλύει τὴν γονὴν ἰέναι, καὶ ὁ κνησμὸς οὐχ ὁμοίως παραγίνεται· διὰ ταῦτα οὐδὲ κλονεῖται ἐν τῷ σώματι τὸ

2 ὄκη Joly : ὅπη MV || 6 ὑπὸ V : ὑπ' M || 7 οἱ ἡ λαγνείη MV : οἵηπερ ἐν τῇ λαγνείῃ recc. οἵάπερ ἐν τῇ λ. Littré || 7-8 ἔχει — λαγνεύοντι : secl. uoluit Erm. || 8 τοιοῦτο MV : τοῦτο recc. || ὀνειράτων MV : ὀνειρωσσόντων recc. || 9 ἔτι MV : τί recc. Littré ὅ τι Erm. || 10 μανίης MV : λαγνείης recc. || 11 τάδε MV : ταῦτα recc. || 12 δ' MV : γὰρ δι' recc. || 15 ἀποτάμνεται Joly : -τέμνεται MV || διὸ V : διότι M || οὐχ EK : καὶ οὐχ MV || 19 δύνανται V : δύναται M || 21 πλεῖστον MV Erm. : πλεῖστον τοῦ γόνου recc. Littré || 23 γέγονεν M : -ε V || 24 πληρούμενα Joly : -εύμενα MV.

la séparation du sperme. **3** Chez les filles, tant qu'elles sont jeunes[1], les règles ne coulent pas pour la même raison. Mais quand grandissent la fille et le garçon, les veines qui vont à la verge chez ce dernier et à la matrice chez la première deviennent coulantes à cause de la croissance, et elles s'ouvrent ; un va-et-vient s'y produit à travers des voies (encore) étroites. Alors l'humeur s'agite, puisqu'elle a de la place où s'agiter. Voilà pourquoi le sperme coule chez le garçon quand il est grand, et les règles chez la fille. Telle est mon explication de ces faits.

Les humeurs.

III. **1** Je dis que le sperme se secrète à partir du corps entier, de ses parties solides, de ses parties molles et de toute l'humeur. Il y a quatre espèces d'humeur : le sang, la bile, l'eau et le flegme. En effet, l'homme possède ce nombre d'humeurs congénitales en lui et c'est d'elles que proviennent les maladies. J'ai traité de ces humeurs[2], j'ai montré pourquoi les maladies en proviennent et, au sortir des maladies, leurs crises. Voilà ce que j'avais à dire du sperme : d'où il provient, comment et pourquoi ; et, chez qui il ne se forme pas, pourquoi il ne se forme pas, et des règles des jeunes filles.

Le coït.

IV. **1** Chez les femmes, le sexe étant frotté dans le coït et la matrice en mouvement, je dis que cette dernière est saisie comme d'une démangeaison qui apporte plaisir et chaleur au reste du corps. La femme aussi éjacule à partir de (tout) le corps, tantôt dans la matrice — et la matrice devient humide — tantôt en dehors,

1. Nous supprimons ἄν dans les deux seuls cas (ici et en LI, 6) où μέχρι, selon les manuscrits, est employé avec ἄν et le subjonctif. Dans le passage commun aux *Maladies des femmes* et à la *Nature de l'enfant*, le manuscrit θ confirme cette syntaxe. Ici, le μέχρις de V apparaît comme une seconde normalisation.

2. Cf. *Notice*, p. 10-11. W. Kahlenberg (*o. l.*) ne veut pas reconnaître à ce passage le caractère de « Selbstzitat » sous prétexte qu'ailleurs les références de l'auteur sont plus précises. Il n'y a là rien de contraignant.

ὑγρὸν ἐς ἀπόκρισιν τῆς γονῆς· **3** καὶ τῇσι παρθένοισι, μέχρι [ἂν] νέαι ἔωσιν, οὐ χωρεῖ τὰ καταμήνια δι' αἴτιον τωὐτό. Ἐπὴν δὲ αὔξωνται καὶ παρθένος καὶ παῖς, αἱ φλέβες αἱ ἐς τὸ αἰδοῖον τείνουσαι τοῦ παιδὸς καὶ τῆς παρθένου ἐπὶ τὰς μήτρας εὔροαι γίνονται ὑπὸ τῆς αὔξης καὶ στομοῦνται, καὶ ὁδὸς καὶ δίοδος διὰ στενῶν γίνεται, καὶ τὸ ὑγρὸν κλόνησιν τότε ἴσχει, εὐρυχωρίη γάρ οἱ τότε 474 γίνεται ἔνθα κλονήσεται· καὶ χωρεῖ τῷ παιδί, ἐπὴν ἁδρὸς ᾖ, διὰ τόδε, καὶ τῇ παρθένῳ τὰ καταμήνια. Ταῦτα δέ μοι οὕτως ἀποπέφανται.

III. **1** Τὴν δὲ γονήν φημι ἀποκρίνεσθαι ἀπὸ παντὸς τοῦ σώματος, καὶ ἀπὸ τῶν στερεῶν καὶ ἀπὸ τῶν μαλακῶν, καὶ ἀπὸ τοῦ ὑγροῦ παντός. Εἰσὶ δὲ τέσσερες ἰδέαι τοῦ ὑγροῦ, αἷμά τε καὶ χολὴ καὶ ὕδωρ καὶ φλέγμα. Τοσαύτας γὰρ ἰδέας ἔχει συμφυέας ὁ ἄνθρωπος ἐν ἑωυτῷ, καὶ ἀπὸ τουτέων αἱ νοῦσοι γίνονται· δεδήλωται δέ μοι καὶ περὶ τουτέων, καὶ διότι ἐκ τουτέων αἱ νοῦσοι γίνονται ἢ αἱ ἐκ νούσων διακρίσιες. Καὶ ταῦτα μὲν εἰρέαταί μοι περὶ γονῆς, ὁκόθεν τε γίνεται καὶ ὅκως καὶ διότι, καὶ οἷσιν οὐ γίνεται ἡ γονὴ διότι οὐ γίνεται καὶ περὶ καταμηνίων παρθένων.

IV. **1** Τῇσι δὲ γυναιξί φημι ἐν τῇ μίξει τριβομένου τοῦ αἰδοίου καὶ τῶν μητρέων κινευμένων, ὥσπερ κνησμὸν ἐμπίπτειν ἐς αὐτὰς καὶ τῷ ἄλλῳ σώματι ἡδονὴν καὶ θέρμην παρέχειν. Μεθίει δὲ καὶ ἡ γυνὴ ἀπὸ τοῦ σώματος ὁτὲ μὲν ἐς τὰς μήτρας, αἱ δὲ μῆτραι ἰκμαλέαι γίνονται,

2 μέχρι M : -ις V ‖ ἂν seclusi ‖ 5 ἐπὶ V : καὶ ἐπὶ M ‖ εὔροαι M : εὔροα V ‖ 6 καὶ ὁδὸς : secl. uoluit Erm. ‖ 7-8 καὶ τὸ ὑγρὸν — γίνεται om. V ‖ 8 τῷ παιδί ante χωρεῖ pos. V ‖ ἁδρὸς K'X πν edd. : ἀνδρὸς MV ἀνὴρ recc. ‖ 12 καὶ ἀπὸ τῶν στερεῶν — μαλακῶν om. M sed restituit in margine M¹ ‖ 13 παντός MV : παντὸς τοῦ ἐν τῷ σώματι recc. ‖ τέσσερες Joly : -αρες MV ‖ 14 τε καὶ om. recc. ‖ alt. καὶ om. recc. ‖ 15 συμφυέας M : ξ. V ‖ 16-17 δεδήλωται — γίνονται om. M sed restituit in margine M¹ ‖ 16 καὶ om. V ‖ 19 τε om. recc. ‖ διότι MV : διὰ τί recc. ‖ 20 παρθένων M : καὶ π. V ‖ 21 φημι recc. Littré : om. MVI.

si la matrice est plus béante qu'il ne convient. Et la femme connaît la jouissance dès le début, pendant tout le temps du coït, jusqu'à ce que l'homme la lâche. Si elle éprouve l'orgasme, elle éjacule avant l'homme et sa jouissance n'est plus la même ; si elle n'éprouve pas l'orgasme, sa jouissance finit avec celle de l'homme.
2 Il en va comme lorsque, sur de l'eau bouillante, on en verse de la froide[1] : l'eau cesse de bouillir ; de même, le sperme de l'homme tombant dans la matrice, éteint la chaleur et le plaisir de la femme. Le plaisir et la chaleur ont une flambée lorsque le sperme tombe dans la matrice, puis ils finissent. Il en va comme lorsqu'on verse du vin sur une flamme : il arrive tout d'abord que la flamme s'élance et augmente quand on verse le vin[2], puis elle finit. De même, chez la femme, la chaleur monte au contact du sperme de l'homme, puis elle finit. La jouissance de la femme dans le coït est beaucoup moins forte que celle de l'homme, mais elle dure plus longtemps que celle de l'homme. Pourquoi l'homme éprouve-t-il plus de jouissance? C'est que l'excrétion provenant de l'humeur se fait chez lui brusquement, par un trouble plus violent que chez la femme. **3** Voici ce qu'il en est pour les femmes sur cet autre point. Si elles ont des rapports avec les hommes, elles sont mieux portantes ; sinon, moins bien. C'est que, d'une part, la matrice, dans le coït, devient humide, et non sèche ; or, quand elle est sèche, elle se contracte violemment et plus qu'il ne convient ; et en se contractant violemment, elle fait souffrir le corps. D'autre part, le coït, en échauffant et en humectant le sang, rend la voie plus facile pour les règles ; or, quand les règles ne coulent pas, le corps des femmes devient malade. Pourquoi il devient malade, je le dirai dans les *Maladies des femmes*. Voilà ce que j'avais à dire à ce sujet.

1. C'est la première comparaison typique de cette œuvre ; l'auteur ne se départira pas de cette méthode qu'il croit convaincante, avec tout son temps.

2. Ceci est possible si on tient compte de la forte teneur en alcool de certains vins antiques.

ὁτὲ δὲ καὶ ἔξω, ἢν χάσκωσιν αἱ μῆτραι μᾶλλον τοῦ καιροῦ. Καὶ ἥδεται, ἐπὴν ἄρξηται μίσγεσθαι, διὰ παντὸς τοῦ χρόνου, μέχρι αὐτὴν μεθῇ ὁ ἀνήρ· κἢν μὲν ὀργᾷ ἡ γυνὴ μίσγεσθαι, πρόσθεν τοῦ ἀνδρὸς ἀφίει, καὶ τὸ λοιπὸν οὐκ ἔτι ὁμοίως ἥδεται ἡ γυνή· ἢν δὲ μὴ ὀργᾷ, συντελεῖ τῷ ἀνδρὶ ἡδομένη· **2** καὶ ἔχει οὕτω ὥσπερ εἴ τις ἐπὶ ὕδωρ ζέον ἕτερον ψυχρὸν ἐπιχεῖ, παύεται τὸ ὕδωρ ζέον· οὕτω καὶ ἡ γονὴ πεσοῦσα τοῦ ἀνδρὸς ἐς τὰς μήτρας σϐέννυσι τὴν θέρμην καὶ τὴν ἡδονὴν τῆς γυναικός. Ἐξαΐσσει δὲ ἡ ἡδονὴ καὶ ἡ θέρμη ἅμα τῇ γονῇ πιπτούσῃ ἐς τὰς μήτρας, ἔπειτα λήγει· ὥσπερ εἴ τις ἐπὶ φλόγα οἶνον 476 ἐπιχεῖ, συμϐαίνει πρῶτον μὲν ἐξαΐσσειν τὴν φλόγα καὶ αὔξεσθαι δι' ὀλίγου πρὸς τὴν ἐπίχυσιν τοῦ οἴνου, ἔπειτα λήγειν, ὡσαύτως δὲ καὶ τῇ γυναικὶ ἡ θέρμη ἐξαΐσσει πρὸς τὴν γονὴν τοῦ ἀνδρός, ἔπειτα λήγει. Ἧσσον δὲ πολλῷ ἥδεται ἡ γυνὴ τοῦ ἀνδρὸς ἐν τῇ μίξει, πλείονα δὲ χρόνον ἢ ὁ ἀνήρ· διότι δὲ μᾶλλον ὁ ἀνὴρ ἥδεται; ἀποκρίνεται αὐτῷ ἐξαπίνης ἀπὸ τοῦ ὑγροῦ ἀπὸ ταραχῆς ἰσχυροτέρης ἢ τῇ γυναικί. **3** Ἔχει δὲ καὶ τόδε οὕτω τῇσι γυναιξίν· ἢν μὲν μίσγωνται ἀνδράσι, μᾶλλον ὑγιαίνουσιν· εἰ δὲ μή, ἧσσον· ἅμα μὲν γὰρ αἱ μῆτραι ἰκμαλέαι γίνονται ἐν τῇ μίξει καὶ οὐ ξηραί, ⟨ξηραὶ δὲ⟩ ἐοῦσαι μᾶλλον τοῦ καιροῦ συστρέφονται ἰσχυρῶς, συστρεφόμεναι δὲ ἰσχυρῶς πόνον τῷ σώματι παρέχουσιν· ἅμα δὲ ἡ μίξις τὸ αἷμα θερμαίνουσα καὶ ὑγραίνουσα ποιεῖ ὁδὸν ῥηϊτέρην τοῖσι καταμηνίοισι· τῶν δὲ καταμηνίων μὴ χωρεόντων τὰ σώματα τῶν γυναικῶν ἐπίνοσα γίνεται· διότι δὲ γίνεται ἐπίνοσα, εἰρήσεταί μοι ἐν τῇσι γυναικείῃσι νούσοισιν. Καὶ ταῦτα μέν μοι εἰρέαται ἐς τοῦτο.

3 μέχρι M : -ις V ‖ αὐτὴν Joly : ἂν αὐτὴν V αὐτῇ M ‖ μεθῇ MV : -ίῃ recc. ‖ 4 ἀφίει M : -ίησι V ‖ 7 ἐπιχεῖ V (-έει) : -έῃ M ‖ 8 γονὴ M : γυνὴ V ‖ 12 πρῶτον MV : -τα recc. ‖ 17 ἢ recc. Littré : om. MV ‖ ita interpunxi ‖ 21 εἰ MV : ἢν recc. ‖ 22 ξηραὶ δὲ add. Littré ‖ 28 εἰρήσεται V : εἰρήσσεται M ‖ 29 νούσοισιν V : -σι M.

La conception. V. 1 Si, après le coït, la femme ne doit pas concevoir, d'habitude le sperme provenant des deux (partenaires) sort, quand la femme le veut[1] ; si elle doit concevoir, la semence ne sort pas, mais reste dans la matrice. En effet, la matrice, après avoir reçu le sperme et s'être fermée, le garde en elle, puisque son orifice se resserre sous l'effet de l'humeur, et ce qui provient de l'homme et de la femme s'y mélange. Si la femme a l'expérience des enfantements et constate quand le sperme est resté au lieu de sortir, elle saura quel jour elle a conçu.

Le sexe de l'embryon. VI. 1 Voici ce qu'il en est sur cet autre point. Tantôt, la sécrétion de la femme est plus forte, tantôt plus faible ; il en est de même pour celle de l'homme. L'homme possède à la fois la semence femelle et la mâle ; la femme également[2]. Le mâle est plus fort que la femelle : il faut donc qu'il provienne d'une semence plus forte. Voici ce qu'il en est. Si la semence la plus forte vient des deux partenaires, (l'embryon) est mâle ; si c'est la plus faible, il est femelle. Quelle que soit celle qui l'emporte en quantité, l'embryon lui correspond. **2** En effet, si la semence faible est beaucoup plus abondante que la forte, celle-ci, dominée et mélangée à la faible, tourne à semence femelle ; mais si la semence forte est plus abondante que la faible et que la faible soit dominée, cette dernière tourne à semence mâle. C'est comme si quelqu'un, mélangeant de la cire et de la graisse, mettait plus de graisse et faisait fondre au feu : tant que c'est liquide, on ne voit pas ce qui l'emporte ; mais quand c'est durci, alors il est visible que la graisse l'emporte en quantité sur la cire. Il en va de même pour la semence du mâle et de la femelle.

1. Ce bout de phrase paraît étrange et en contradiction avec l'opinion des femmes mentionnée en XIII, 1. Serait-ce une glose aberrante entrée dans le texte? A moins que ἐθελήσῃ ne soit une erreur de copiste qui nous cache la vraie leçon.

2. Cette doctrine se retrouve dans le *Régime*, ch. XXVIII ; cf. *Notice*, p. 21.

V. 1 Ἐπὴν δὲ μιχθῇ ἡ γυνή, ἢν μὲν δὴ μὴ μέλλῃ λήψεσθαι πρὸς ἑωυτήν, πρὸς τῷ ἔθει χωρεῖ ἔξω ἡ γονὴ ⟨ἡ⟩ ἀπ' ἀμφοτέρων, ὁκόταν ἡ γυνὴ ἐθελήσῃ · ἢν δὲ μέλλῃ λήψεσθαι, οὐ χωρεῖ ἔξω, ἀλλ' ἐμμένει ἐν τῇσι μήτρῃσιν ἡ γονή. Αἱ γὰρ μῆτραι δεξάμεναι καὶ μύσασαι ἔχουσιν ἐν ἑωυτῇσιν, ἅτε συσπασθέντος τοῦ στόματος ὑπὸ τῆς ἰκμάδος, καὶ μίσγεται ὁμοῦ τό τε ἀπὸ τοῦ ἀνδρὸς ἐλθὸν καὶ τὸ ἀπὸ τῆς γυναικός · καὶ ἢν ἡ γυνὴ τόκων ἔμπειρος ᾖ καὶ ἐννοήσῃ ὁκόταν ἡ γονὴ μὴ ἐξέλθῃ, ἀλλ' ἐμμείνῃ, εἰδήσει ᾗ ἡμέρῃ ἔλαβεν πρὸς ἑωυτήν.

VI. 1 Ἔχει δὲ οὕτω καὶ τόδε · ὁτὲ μὲν ἰσχυρότερόν 478
ἐστι τὸ μεθιέμενον ἀπὸ τῆς γυναικός, ὁτὲ δὲ ἀσθενέστερον · καὶ τὸ ἀπὸ τοῦ ἀνδρὸς ὡσαύτως · καὶ ἔστι καὶ ἐν τῷ ἀνδρὶ τὸ θῆλυ σπέρμα καὶ τὸ ἄρσεν, καὶ ἐν τῇ γυναικὶ ὁμοίως · ἰσχυρότερον δ' ἐστὶ τὸ ἄρσεν τοῦ θήλεος · ἀνάγκη οὖν ἀπὸ ἰσχυροτέρου σπέρματος γίνεσθαι. Ἔχει δὲ καὶ τόδε οὕτω · ἢν μὲν ἀπ' ἀμφοτέρων τὸ σπέρμα ἰσχυρότερον ἔλθῃ, ἄρσεν γίνεται · ἢν δὲ ἀσθενές, θῆλυ · ὁκότερον δ' ἂν κρατήσῃ κατὰ πλῆθος, ἐκεῖνο γίνεται · 2 ἢν γὰρ πολλῷ πλέον τὸ ἀσθενὲς σπέρμα ᾖ τοῦ ἰσχυροτέρου, κρατεῖται τὸ ἰσχυρὸν καὶ μιχθὲν τῷ ἀσθενεῖ ἐς θῆλυ περιηνέχθη · ἢν δὲ πλέον ᾖ τὸ ἰσχυρὸν τοῦ ἀσθενέος, κρατηθῇ τε τὸ ἀσθενές, ἐς ἄρσεν περιηνέχθη. Ὥσπερ εἴ τις κηρὸν καὶ στέαρ μίξας ὁμοῦ, πλέον ποιήσας τὸ στέαρ, τήξειε πρὸς πυρί, μέχρι μὲν ὑγρὸν ᾖ, οὐ διάδηλον γίνεται τὸ κρατέον · ἐπὴν δὲ παγῇ, τότ' ἐμφανὲς γίνεται, ὅτι κρατεῖ τὸ στέαρ τοῦ κηροῦ κατὰ πλῆθος · οὕτω δὲ ἔχει καὶ τοῦ ἄρσενος καὶ τοῦ θήλεος τῆς γονῆς.

1 δὴ om. recc. ‖ 3 ἡ addidi ‖ ὁκόταν ἡ γυνὴ ἐθελήσῃ ut glossam secludere malim ‖ 6 συσπασθέντος MV : εἰλυσπ- recc. Littré ‖ 7 ἀπὸ V : ὑπὸ M ‖ 10 ἔλαβεν M : -ε V ‖ 15 δ' ἐστὶ MV : δὲ ἐστὶ recc. ‖ 16 οὖν MV Erm. : γὰρ C Littré ‖ 17 ἀπ' recc. Littré : ἐπ' MV ‖ 18 γίνεται MV : καὶ γ. recc. ‖ 22 ᾖ recc. : om. MV ‖ 25 πυρὶ ε Littré : πῦρ MV ‖ μέχρι K Littré : -ις MV ‖ 27 οὕτω δὲ MV Erm. : οὕτως recc. Littré.

Semence mâle et semence femelle.

VII. **1** Il est permis de conclure de faits manifestes que et la femme et l'homme possèdent à la fois la semence mâle et femelle. En effet, beaucoup de femmes avaient eu des filles avec leur mari, mais, après des rapports avec d'autres hommes, ont eu des garçons. Et ces mêmes hommes, avec qui ces femmes avaient des filles, après des rapports avec d'autres femmes, ont eu des garçons ; et ceux qui avaient des garçons ont eu des filles, après des rapports avec d'autres femmes. **2** Cet argument prouve que et l'homme et la femme possèdent à la fois la semence femelle et mâle. En effet, chez ceux qui avaient des filles, la semence la plus forte était dominée, la plus faible étant abondante, et les embryons étaient femelles ; chez ceux qui avaient des garçons, la semence la plus faible était dominée et les embryons étaient mâles. **3** La sécrétion du même homme n'est pas toujours forte, ni toujours faible ; c'est tantôt l'un, tantôt l'autre et il en est de même pour la femme. Il ne faut donc pas s'étonner si les mêmes femmes et les mêmes hommes engendrent et des garçons et des filles[1]. Il en est de même aussi chez les animaux en ce qui concerne la semence femelle et mâle.

Ressemblance entre l'enfant et ses parents.

VIII. **1** La semence vient dans la matrice[2] du corps entier de la femme et de l'homme, faible des parties faibles, forte des parties fortes. Ces qualités sont fatalement données aussi à l'enfant. Si une partie quelconque du corps de l'homme fournit plus à la semence que celle de la femme, la partie

1. L'auteur ne se rend pas compte que ce § 3 ne cadre pas bien avec l'argument qui précède et qui devient inutile dans ses précisions. Aristote, *Génér. an.*, I, 18, 723 a 27, donne une autre explication : il allègue la « correspondance qui s'établit ou non entre ce qui vient de la femme et ce qui vient de l'homme », ou bien « une autre cause du même ordre » (trad. Louis).

2. Ce début du ch. VIII n'est guère satisfaisant ; c'est que σφι doit logiquement remplacer ἡ γυνή, mais c'est grammaticalement difficile. Le plus clair serait : καὶ ἐν τῇσι μήτρῃσιν ἡ γονὴ... : c'est ce que nous avons traduit.

VII. **1** Συμβάλλεσθαι δὲ παρέχει ὅτι καὶ ἐν τῇ γυναικὶ καὶ ἐν τῷ ἀνδρὶ ἔστι γόνος καὶ θῆλυς καὶ ἄρσην τοῖσιν ἐμφανέσι γινομένοισι· πολλαὶ γὰρ γυναῖκες ἤδη ἐθηλυτόκησαν παρ' ἀνδράσι, παρὰ δὲ ἑτέρους ἄνδρας ἐλθοῦσαι ἐκουροτόκησαν· καὶ οἱ ἄνδρες οἱ αὐτοὶ κεῖνοι παρ' οἷσιν ἐθηλυτόκεον αἱ γυναῖκες, ἑτέρων γυναικῶν ἐς μίξιν ἀφικόμενοι, ἄρσενα γόνον ἐποίησαν, καὶ οἷσιν ἄρσην γόνος ἐγίνετο, ἐς ἑτέρας γυναῖκας μιχθέντες θῆλυν γόνον ἐποίησαν. **2** Οὗτος ὁ λόγος ἐρεῖ καὶ τὸν ἄνδρα καὶ τὴν γυναῖκα ἔχειν καὶ θῆλυν γόνον καὶ ἄρσενα· παρὰ μὲν γὰρ τοῖσιν ⟨οἳ⟩ ἐθηλυτόκεον, ἐκρατεῖτο τὸ ἰσχυρότερον, πλέονος γενομένου τοῦ ἀσθενέος, καὶ ἐγένετο θήλεα· παρὰ δὲ τοῖσιν ⟨οἳ⟩ ἐκουροτόκεον, ἐκρατεῖτο τὸ ἀσθενές, καὶ ἐγένετο ἄρσενα· **3** χωρεῖ δὲ οὐκ αἰεὶ τοῦτο ἀπὸ 480 τοῦ αὐτοῦ ἀνδρὸς ἰσχυρόν, οὐδὲ ἀσθενὲς αἰεί, ἀλλ' ἄλλοτε ἀλλοῖον. Καὶ τῆς γυναικὸς οὕτως ἔχει· ὡς μὴ θαυμάζειν τὰς αὐτὰς γυναῖκας καὶ τοὺς αὐτοὺς ἄνδρας γόνον καὶ ἄρσενα καὶ θῆλυν ποιεῖν. Ἔχει δὲ καὶ τοῖσι κτήνεσιν οὕτω τὰ περὶ γονῆς θήλεος καὶ ἄρσενος.

VIII. **1** Καὶ ἔν σφι ἡ γονὴ ἔρχεται καὶ τῆς γυναικὸς καὶ τοῦ ἀνδρὸς ἀπὸ παντὸς τοῦ σώματος, καὶ ἀπὸ τῶν ἀσθενέων ἀσθενὴς καὶ ἀπὸ τῶν ἰσχυρῶν ἰσχυρή· καὶ τῷ τέκνῳ οὕτως ἐστὶν ἀνάγκη ἀποδίδοσθαι. Καὶ ὁκόθεν ἂν τοῦ σώματος τοῦ ἀνδρὸς πλέον ἔλθῃ ἐς τὴν γονὴν ἢ τῆς

1 συμβάλλεσθαι Joly : ξ. MV ‖ 2 θῆλυς καὶ ἄρσην Joly : θήλεος καὶ ἄρσενος MV ‖ 4 ἀνδράσι MV Erm. : ἀνδράσι ἰδίοις recc. Littré ‖ 5 alt. οἱ om. V ‖ 7 μίξιν V : σμ- M ‖ 9 οὗτος L : οὕτως MV ‖ 10 alt. καὶ om. V ‖ 11 οἳ addidi ‖ 12 γενομένου τοῦ recc. edd. : γενομένης τῆς V γινομένης τῆς M ‖ 13 οἳ addidi ‖ ἐκρατεῖτο τὸ ἀσθενὲς M (sed prius, ut videtur, ἰσχυρὸν scriptum erat) : ἐκρατέετο τὸ ἰσχυρὸν V ἐκρ- ὁ ἀσθενέστερος Erm. ἐκράτεε τὸ ἰσχυρόν Littré ‖ 14 ἐγένετο VE : ἐγίνετο M ‖ 14 et 15 αἰεὶ : ἀεὶ MV ‖ 15 ἰσχυρόν... ἀσθενὲς Kε Zwing. : ἰσχυρή... ἀσθενὴς MV ἰσχυρός... ἀσθενὴς Erm. ‖ 16 ἀλλοῖον K : -οίη MV -οῖος Erm. ‖ 20 ἔν σφι Erm. : ἐν αὐτῇ σφι MV ἐν αὐτῇφι Littré ‖ ἡ γονὴ Erm. : τῇ γονῇ MV Littré ‖ ἔρχεται MV ; ἐξερχ- recc.

correspondante de l'enfant ressemble plus au père ; si c'est une partie quelconque du corps de la femme, la partie (correspondante de l'enfant) ressemble plus à la mère[1]. Il n'est pas possible de ressembler en tout à la mère et en rien au père ou le contraire, ni non plus de ne ressembler en rien à aucun des deux ; **2** au contraire, il est nécessaire de ressembler à tous deux en quelque chose, puisque la semence vient des deux à l'enfant. A celui qui contribue le plus à la ressemblance et du plus d'endroits du corps, l'enfant ressemble le plus. Il arrive qu'une fille pour la majorité des traits ressemble plus au père qu'à la mère et qu'un garçon ressemble plus à la mère qu'au père. Voilà tous les faits qui pour moi sont des preuves de ce que je disais auparavant que et la femme et l'homme ont en eux la procréation mâle et la procréation femelle.

Rôle de la matrice.

IX. **1** Ceci arrive aussi : parfois, des enfants naissent minces et faibles de parents gros et forts. S'il est tel après beaucoup d'autres naissances (normales), il est clair que le fœtus a été malade dans la matrice et qu'une partie de ce qui était destiné à sa croissance s'est échappée de la mère, à cause de la matrice trop béante[2] : voilà pourquoi l'enfant est devenu faible. Tout être vivant est malade en proportion de sa force. **2** Si tous les enfants sont nés faibles, c'est la matrice qui est en cause, étant plus étroite qu'il ne faut. Car, si le fœtus n'a pas la place où se développer, fatalement il sera mince, puisqu'il n'aura pas la place suffisante à son développement[3]. Mais s'il a la place et qu'il ne soit pas malade,

1. Aétius, V, 11, 1, prête cette doctrine à Empédocle, mais la notion d'ἐπικράτεια paraît bien plus conforme à la pensée de Démocrite ; cf. *Notice*, p. 19.

2. Sur cette « physique du récipient », cf. *Notice*, p. 31. M. Thivel nous convainc d'en revenir à Foes, dont la conjecture est plus économique que la nôtre.

3. La traduction souligne autrement que le texte une répétition qui est tout à fait caractéristique de la prose archaïque.

γυναικός, τὸ τέκνον κεῖνο κάλλιον ἔοικε τῷ πατρί· ὁκόθεν δ' ἂν πλέον ἔλθῃ ἀπὸ τῆς γυναικὸς τοῦ σώματος, κεῖνο κάλλιον ἔοικε τῇ μητρί. Ἔστι δὲ οὐκ ἀνυστὸν πάντα τῇ μητρὶ ἐοικέναι, τῷ δὲ πατρὶ μηδέν, οὐδὲ τὸ ἐναντίον τούτου, οὐδὲ μηδετέρῳ ἐοικέναι μηδέν· **2** ἀλλ' ἀμφοτέροισιν ἀνάγκη τίς ἐστιν ἐοικέναι τινί, εἴπερ ἀπ' ἀμφοτέρων τῶν σωμάτων τὸ σπέρμα χωρεῖ ἐς τὸ τέκνον. Ὁκότερος δ' ἂν πλέον συμϐάληται ἐς τὸ ἐοικέναι καὶ ἀπὸ πλεόνων χωρίων τοῦ σώματος, κείνῳ τὰ πλείονα ἔοικε· καὶ ἔστιν ὅτε θυγάτηρ γενομένη τὰ πλείονα ἔοικε κάλλιον τῷ πατρὶ ἢ τῇ μητρί, καὶ κοῦρος γενόμενος ἔστιν ὅτε κάλλιον ἔοικε τῇ μητρὶ ἢ τῷ πατρί. Καὶ ταῦτά μοι καὶ τοσαῦτά ἐστιν ἱστόρια τῷ προτέρῳ λόγῳ, ὅτι ἔνεστι καὶ ἐν τῇ γυναικὶ καὶ ἐν τῷ 482
ἀνδρὶ καὶ κουρογονίη καὶ θηλυγονίη.

IX. **1** Γίνεται δὲ καὶ τόδε· ἔστιν ὅτε τὰ τέκνα λεπτὰ καὶ ἀσθενέα γίνεται, ἐκ πατρὸς καὶ μητρὸς παχέων τε καὶ ἰσχυρῶν ἐόντων· κἢν μὲν πολλῶν ἤδη γενομένων τῶν παιδίων τοιοῦτον γένηται, δῆλον ὅτι ἐν τῇσι μήτρῃσιν ἐνόσησε τὸ ἔμϐρυον, καὶ ἀπὸ τῆς μητρός τι τῆς αὔξης αὐτοῦ ἔξω παρῄει, τῶν μητρέων χανουσέων μᾶλλον, καὶ διὰ τοῦτο ἀσθενὲς ἐγένετο· νοσεῖ δὲ τῶν ζῴων ἕκαστον κατὰ τὴν ἰσχὺν ἑωυτοῦ. **2** Ἦν δὲ πάντα τὰ γενόμενα παιδία ἀσθενέα ᾖ, αἱ μῆτραι αἴτιαί εἰσι, στενότεραι ἐοῦσαι τοῦ καιροῦ· ἢν γὰρ μὴ ἔχῃ εὐρυχωρίην ἔνθα τὸ ἔμϐρυον θρέψεται, ἀνάγκη ἐστὶν λεπτὸν γίνεσθαι τὸ ἔμϐρυον, ἅτε οὐκ ἔχον τῇ αὔξῃ εὐρυχωρίην· ἢν δὲ ἔχῃ εὐρυχωρίην

1 τὸ τέκνον MV : secl. uoluit Littré ‖ 2 δ' ἂν Joly : δὲ ἂν Erm. δὲ MV ἂν δὲ Littré ‖ τοῦ σώματος κεῖνο recc. Littré : κεῖνο τοῦ σώματος MV ‖ 4 μηδέν recc. : μηθὲν MV ‖ 6 τίς : secl. uoluit Erm. ‖ εἴπερ MV : εἴπερ ἄρα recc. ‖ 8 συμβάληται MV : ξ. recc. ‖ 9 ἔοικε V : -εν M ‖ 15 Γίνεται recc. Littré : τείνεται MV ‖ 18 τοιοῦτον M¹ : τοιούτων MV add. ἕν τι Erm. ‖ 19 τι Foes : ἢ MV εἰ Littré secl. uoluit Erm. ἢ παρίει conieceram ‖ 23 στενότεραι MV Littré : -ώτεραι H Erm. ‖ 25 ἐστὶν MV : add. αὐτὸ recc. ‖ γίνεσθαι MV : γενέσθαι recc. ‖ τὸ ἔμβρυον om. recc.

alors il est normal que l'enfant de parents de grande taille soit grand. **3** C'est comme si on mettait dans un godet[1] un concombre déjà défleuri, mais encore petit et tenant à la couche : il sera égal et semblable au creux du godet ; mais si on le met dans un grand vase capable de le contenir sans beaucoup dépasser en volume la grosseur naturelle du concombre, ce dernier sera égal et semblable au creux du vase, car il rivalise dans sa croissance avec le volume du récipient. En général, tous les végétaux se comportent selon la contrainte qu'on leur impose. Il en est de même pour l'enfant : s'il a de la place pour sa croissance, il devient plus grand ; s'il est à l'étroit, (il reste) plus petit.

Malformations.

X. **1** Si l'enfant est estropié dans la matrice, je dis que c'est à la suite d'une contusion, soit que la mère ait été frappée à l'endroit du fœtus ou qu'elle soit tombée ou qu'elle ait subi tout autre violence. S'il y a contusion, l'enfant est estropié à cet endroit ; si la contusion est plus forte, la membrane qui l'entoure se déchire et il y a avortement. **2** Les enfants peuvent être estropiés de cette autre façon encore : si l'endroit de la matrice correspondant à telle articulation du fœtus[2] est étroit, il est fatal que, le corps se mouvant à l'étroit, le fœtus soit estropié à cet endroit. C'est comme les arbres qui dans la terre n'ont pas d'espace, mais sont arrêtés par une pierre ou autre chose : en poussant, ils sont tortus, gros d'un côté, minces de l'autre[3] ; de même, l'enfant,

1. Ἀρυστήρ est d'ordinaire traduit par « coupe », mais ce sens ne convient pas ici.

2. Nous corrigeons ce passage qui nous paraît absurde et donc altéré dans les manuscrits : l'auteur donne une seconde cause d'infirmité et le fœtus ne saurait être dit estropié d'avance, comme la phrase le fait dire dans la tradition manuscrite ; cf. XVII, 1 (ligne 1) et 2. Il n'y aurait qu'un moyen de garder ἐπηρώθη, ce serait d'y voir une anticipation maladroite ou un abus de l'aoriste « gnomique ».

3. Ces malformations sont bien plutôt des maladies de carence que le résultat de la présence d'un obstacle dans le sol.

καὶ μὴ νοσήσῃ, ἐπιεικές ἐστι μεγάλων τοκέων μέγα τέκνον γίνεσθαι. **3** Ἔχει δὲ οὕτως, ὥσπερ εἴ τις σίκυον ἤδη ἀπηνθηκότα, ἐόντα δὲ νεογνὸν καὶ προσεόντα τῷ σικυηλάτῳ, θείη ἐς ἀρυστῆρα, ἴσος ἔσται τοῦ ἀρυστῆρος τῷ κοίλῳ καὶ ὅμοιος· ἢν δέ τις ἐς ἄγγος θῇ μέγα, ὅ τι ἐπιεικές ἐστι σίκυον χαδεῖν, ἀλλὰ μὴ πολλῷ κάρτα μέζον τῆς φύσιος τοῦ σικύου, ἴσος ἔσται ὁ σίκυος τοῦ ἄγγεος τῷ κοίλῳ καὶ ὅμοιος· ἐρίζει γὰρ ἐν τῇ αὔξῃ τῷ κοίλῳ τοῦ ἄγγεος. Σχεδὸν δὲ εἰπεῖν καὶ τὰ φυόμενα οὕτω πάντα ἔχει, ὅκως ἄν τις καταναγκάσῃ αὐτά. Οὕτω δὲ ἔχει καὶ τῷ παιδίῳ, ἢν μὲν εὐρυχωρίη οἱ ᾖ ἐν τῇ αὔξῃ, μέζον γίνεται· ἢν δὲ στενοχωρίη, ἔλασσον.

X. **1** Τὸ δὲ πηρωθὲν ἐν τῇσι μήτρῃσι παιδίον φημὶ 484
αὐτὸ ἢ φλασθὲν πηρωθῆναι τῆς μητρὸς πληγείσης κατὰ τὸ ἔμβρυον ἢ πεσούσης ἢ ἄλλου τινὸς βιαίου παθήματος προσγενομένου τῇ μητρί· ἢν δὲ φλασθῇ, ταύτῃ πηροῦται τὸ παιδίον· ἢν δὲ μᾶλλον φλασθῇ [τὸ ἔμβρυον], τοῦ ὑμένος ῥαγέντος τοῦ περιέχοντος αὐτό, φθείρεται τὸ ἔμβρυον· **2** ἢ ἑτέρῳ τρόπῳ τοιῷδε πηροῦται παιδία, ἐπὴν ἐν τῇσι μήτρῃσι [κατὰ] τὸ χωρίον καθ' ὅ τι καὶ ἠρθρώθη στενὸν ᾖ, ἀνάγκη ἐν στενῷ κινευμένου τοῦ σώματος πηροῦσθαι κατ' ἐκεῖνο τὸ χωρίον· ὥσπερ καὶ τῶν δενδρέων ἅσσα ἐν τῇ γῇ ἐόντα μὴ ἔχει εὐρυχωρίην, ἀλλὰ ὑπὸ λίθου ἢ ὑπό τευ ἄλλου ἀπελήφθη, ἀνατέλλον σκολιὸν γίνεται, ᾗ τῇ μὲν παχύ, τῇ δὲ λεπτόν· οὕτω δὲ ἔχει καὶ τὸ

1 τοκέων M : γονέων V ‖ 2 γίνεσθαι M : γενέσθαι V ‖ 4 ἴσος V : post ἔσται pon. M post κοίλῳ recc. ‖ 6 χαδεῖν Joly : χάδην MV χάδειν Zwing.[m] ‖ 7 ἴσος ἔσται ὁ σ. M : ὁ σ. ἴσος ἔσται V ‖ 9 τὰ φ. οὕτω πάντα ἔχει MV : πάντα τὰ φ. οὕτως ἔχει recc. ‖ 10 οὕτω δὲ ἔχει MV : οὕτω δὴ recc. Littré οὕτω δὲ Erm. ‖ 16 ἢν δὲ MV : ᾗ δ' ἂν Erm. ᾗ δὲ Zwing.[m] Kühn ‖ 17 τὸ ἔμβρυον seclusi, fortasse post πηροῦσθαι (X, 2) transponendum ‖ 19 παιδία MVI : τὰ π. recc. ‖ 20 κατὰ secl. Erm. ‖ ἠρθρώθη Joly : ἐπηρώθη MV ‖ 22 δενδρέων Joly · δένδρων MV ‖ 23 ἅσσα M : ἅσα V ‖ ἔχει V : ἔχῃ M ‖ ἀλλὰ M : ἀλλ' V ‖ 24 ἀπελήφθη Erm. : ἀποληφθῇ MV ‖ 24-25 ἀνατέλλον — λεπτὸν MV : pluraliter Erm. ‖ 25 δὲ M : δ' V δὴ recc.

si un endroit quelconque de la matrice est trop étroit pour la partie (correspondante de l'enfant).

Enfants de parents estropiés.

XI. **1** De parents estropiés, il arrive plus souvent que les enfants naissent normaux ; en effet, la partie mutilée a tous les composants d'une partie saine[1]. Mais s'il lui arrive quelque maladie, les quatre espèces congénitales de l'humeur d'où provient le sperme ne fournissent pas la semence complète, mais ce qui provient de la partie mutilée est plus faible et il ne me paraît pas étonnant que l'enfant soit estropié comme le parent[2]. Voilà ce que j'avais à dire là-dessus ; je reviens au sujet qui m'occupait.

1. Nous comprenons πάντα comme un neutre pluriel et τὸν ἀριθμόν comme un accusatif de relation.

2. Cf. Aristote, *Génér. an.*, I, 721 b 17 sq. et 724 a 3 sq. Il admet les deux cas, mais insiste plus sur le premier ; cf. aussi *ibid.*, II, 737 a 25-26.

παιδίον, ἢν ἐν τῇσι μήτρῃσι κατά τι τοῦ σώματος στενώτερον ᾖ ἕτερον τοῦ ἑτέρου.

XI. 1 Ὅτι δέ, πεπηρωμένων ἀνθρώπων, ὑγιέα γίνονται τὰ παιδία, ὡς ἐπὶ πλεῖον συμβαίνει· ἔχει γὰρ τὸν ἀριθμὸν πάντα τὸ πεπηρωμένον τῷ ὑγιεῖ· ἐπήν τί οἱ νόσημα προσπέσῃ, [καὶ] τοῦ ὑγροῦ αὐτοῦ, ἀφ' οὗ τὸ σπέρμα γίνεται, τέσσερες ἰδέαι ἐοῦσαι, ὁκόσαι ἐν φύσει ὑπῆρξαν, τὴν γονὴν οὐχ ὅλην παρέχουσιν, ἀσθενέστερον δὲ τὸ κατὰ τὸ πεπηρωμένον, οὐ θαῦμα δέ μοι δοκεῖ εἶναι καὶ πηρωθῆναι, καθάπερ ὁ τοκεύς. Ταῦτα δέ μοι ἐς τοῦτο εἰρέαται· ἀναβήσομαι δ' αὖτις ὀπίσω ἐς τὸν λόγον ὃν ἔλεγον.

2 ἕτερον MV : τὸ ἕ. recc. || 4 πλεῖον M : τὸ πλεῖστον V || 5 τί MV : δέ τί recc. || 6 καὶ seclusi, quod uerbum fortasse in αἱ mutandum est || αὐτοῦ VIKH[1] Littré : αὐτῷ M αὐτῶν recc. Zwing.[m] || τὸ om. M || 7 τέσσερες Joly : -αρες MV αἱ τέσσαρες Erm. || ἐοῦσαι M : οὖσαι V || 9 τὸ om. V || 11 δ' V : δὲ M || αὖτις M : -θις V || ὀπίσω ante λόγον pos. V || ὃν ἔλεγον om. V.

DE LA NATURE DE L'ENFANT

Rôle du souffle.

XII. **1** Si la semence des deux parents reste dans la matrice de la femme, d'abord elle se mélange, vu que la femme ne reste pas immobile[1], et, en s'échauffant, elle se condense et s'épaissit. Ensuite, elle prend du souffle, vu qu'elle est au chaud et que la mère respire ; puis, quand le souffle la remplit, il se fait à lui-même un passage et sort du milieu de la semence ; et quand un passage se fait vers l'extérieur pour le souffle qui est chaud, un autre souffle froid y pénètre, venant de la mère, et cela se fait tout le temps. **2** En effet, il s'échauffe, vu qu'il est au chaud et il a du froid par la mère qui respire, et tout ce qui s'échauffe a du souffle. Le souffle fait éruption, se fraye un passage et sort. Mais le souffle échauffé tire à lui un autre souffle froid à travers le passage et s'en nourrit. Ceci arrive aux morceaux de bois, aux feuilles, aux aliments et boissons qui s'échauffent fortement. **3** Vous pourrez l'observer sur du bois qui brûle. N'importe quel bois présentera le phénomène, mais surtout le bois un peu vert. Il émet le souffle par la fente ; et une fois dehors, le souffle s'enroule autour de la fente : nous pouvons l'observer. La conclusion claire[2] est que le souffle chaud qui est dans le bois en attire un autre, qui est froid et dont il se nourrit ; puis, il le rejette. S'il ne l'attirait pas,

1. Cas typique de valorisation du mouvement ; cf. Bachelard, *o. l.*, p. 67 : « ... comme la digestion est essentiellement un mouvement, le docteur M. en arrive à conseiller de faire prendre de l'exercice aux enfants à la mamelle. Effectivement, en agitant un flacon, n'active-t-on pas les mélanges...? Secouez donc les nourrissons après chaque têtée. »

2. Cet exemple montre bien qu'une observation globale et sommaire, mais qui se croit décisive, ne fait qu'entériner un préjugé enraciné, ici, une sorte de panpneumatisme.

ΠΕΡΙ ΦΥΣΙΟΣ ΠΑΙΔΙΟΥ

XII. **1** Ἡν ἡ γονὴ μείνῃ ἀπ' ἀμφοῖν ἐν τῇσι μήτρῃσι 486
τῆς γυναικός, πρῶτον μὲν μίσγεται ὁμοῦ, ἅτε τῆς γυναικὸς οὐκ ἀτρεμεούσης, καὶ ἀθροίζεται καὶ παχύνεται θερμαινομένη. Ἔπειτα πνεῦμα ἴσχει, ἅτ' ἐν θερμῷ ἐοῦσα, [ἔπειτα] τῆς μητρὸς πνεούσης, ἔπειτα δὲ τοῦ πνεύματος ὅταν πλησθῇ, ὁδόν οἱ αὐτὸ ἑωυτῷ ἔξω ποιεῖ καὶ κατὰ μέσον τῆς γονῆς τὸ πνεῦμα ἔξεισιν· ὅταν δὲ ὁδὸς γένηται τῷ πνεύματι ἔξω θερμῷ ἐόντι, αὖτις ἕτερον ψυχρὸν ἐσπνεῖ ἀπὸ τῆς μητρός· καὶ τοῦτο ποιεῖ διὰ παντὸς τοῦ χρόνου. **2** Θερμαίνεται μὲν γὰρ ἅτε ἐν θερμῷ ἐοῦσα· ψυχρὸν δὲ ἴσχει ἀπὸ τῆς μητρὸς πνεούσης· πάντα δὲ ὁκόσα θερμαίνεται πνεῦμα ἴσχει. Τὸ δὲ πνεῦμα ῥήγνυσι καὶ ποιεῖ ὁδόν οἱ αὐτὸ ἑωυτῷ καὶ χωρεῖ ἔξω· αὐτὸ δὲ τὸ θερμαινόμενον ἕλκει ἐς ἑωυτὸ αὖτις ἕτερον πνεῦμα ψυχρὸν διὰ τῆς ῥαγῆς, ἀφ' οὗ τρέφεται. Τοῦτο δὲ γίνεται καὶ ἐπὶ τῶν ξύλων καὶ ἐπὶ τῶν φύλλων καὶ βρωτῶν καὶ ποτῶν ὁκόσα θερμαίνεται ἰσχυρῶς. **3** Ἐννοῆσαι δὲ παρέξει ξύλα καιόμενα· ἅπαντα μὲν γὰρ ξύλα ποιήσει τοῦτο, μάλιστα δὲ τὰ ὑπόχλωρα· μεθίησι κατὰ τὴν τομὴν πνεῦμα· τὸ δὲ πνεῦμα ὁκόταν ἔξω χωρήσῃ, ἑλίσσεται περὶ τὴν τομήν· καὶ τοῦτο γινόμενον ὁρέομεν· δῆλος οὖν ὁ ἐκλογισμός ἐστι τοῦ πνεύματος, ὅτι ἐν τῷ ξύλῳ ἐὸν θερμὸν ἀντισπᾷ ἕτερον ψυχρὸν ἀφ' οὗ τρέφεται, καὶ ἀπὸ ἑωυτοῦ ἀφίη-

Titulus περὶ φύσιος παιδίου MV || 5 ἔπειτα secl. Erm. || 6 καὶ om. V edd. || 7 τὸ πνεῦμα MV : ᾗ τὸ πν. recc. Littré secl. Erm. || 8 ἐσπνεῖ Joly : εἰσπνέει codd. || 10 ἅτε M : ἅτ' V || ἐν V : ἐν τῷ M || δὲ V : δ' M || 13 ὁδόν οἱ MV : οἱ ὁδὸν recc. || 16 φύλλων V : φύλων M || 18 ξύλα MV : τὰ ξ. recc. || 19 μεθίησι MV : add. γὰρ recc. || 21 ὁρέομεν MV : ὁρ- ἀεὶ recc. || 23 ἀφ' recc. : ὑφ' MV || τρέφεται MV : τρ- ἐς ἑωυτὸ recc. || ἀπὸ Littré : ὑπὸ MV.

le souffle ne s'enroulerait pas en sortant. Tout ce qui est chaud se nourrit d'un froid modéré et lorsque s'est échauffée l'humeur qui est dans le bois, devenue souffle, elle sort ; et pendant qu'elle sort, le chaud qui est dans le bois attire un autre souffle froid et s'en nourrit. **4** Les feuilles vertes font la même chose, quand elles brûlent, car elles ont du souffle. Ce dernier fait éruption, se fraye un passage et sort en s'enroulant ; en sortant, il fait du bruit, à l'endroit où se fait l'inspiration. Les légumineuses aussi, le blé et les fruits à écaille, en s'échauffant, ont du souffle, lequel sort en provoquant une fissure. Et si ces matières sont humides, elles émettent plus de souffle et provoquent une fissure plus grande. **5** Mais pourquoi m'étendre sur ce sujet? Tout ce qui s'échauffe émet du souffle[1] et en attire un autre, froid, par le même endroit et s'en nourrit. Voilà les raisons nécessaires[2] que j'avance pour montrer que la semence, en s'échauffant dans la matrice, a du souffle et en émet. En même temps que la mère qui respire, la semence aussi a sa respiration. En effet, lorsque la mère attire en elle un air froid, la semence en profite. Elle est chaude, vu qu'elle est au chaud ; alors donc elle a et émet du souffle. **6** La semence, gonflée, s'entoure d'une membrane ; celle-ci s'étale tout autour à l'extérieur ; elle est continue, puisqu'elle est visqueuse, comme sur le pain qui cuit s'étend à la surface une légère pellicule membraneuse. Chauffé et gonflé, le pain se soulève et c'est à l'endroit où il se gonfle que se forme la pellicule. La semence qui s'échauffe et se gonfle s'entoure toute d'une membrane extérieure. Du milieu de la semence, il y a un passage pour le souffle — entrée et sortie — à travers la membrane. A cet en-

1. La doctrine du *Régime*, II, XXXVIII, 2, est encore plus générale : « Comme il y a du souffle dans tous les êtres vivants, il y en a aussi plus ou moins dans tout le reste. » Cf. Aristote, *De respiratione*, 7, 473 b 1 sq. ; G. Bachelard, *o. l.*, p. 67 : « La pensée préscientifique ne limite pas son objet : à peine a-t-elle achevé une expérience particulière qu'elle cherche à la généraliser dans les domaines les plus variés. »

2. Ἀνάγκη est un des termes typiques de notre auteur, par lequel il désigne une évidence rationnelle inébranlable.

σιν· εἰ μὲν γὰρ μὴ ἀντέσπα, οὐκ ἂν εἱλίσσετο τὸ πνεῦμα ἔξω ἰόν· πᾶν γὰρ τὸ θερμὸν τῷ ψυχρῷ τρέφεται τῷ μετρίῳ· καὶ ὁκόταν διαθερμανθῇ τὸ ὑγρὸν τὸ ἐν τῷ ξύλῳ ἐνεόν, πνεῦμα γενόμενον χωρεῖ ἔξω· καὶ τῇδε ἐξιόντος ἔξω τὸ θερμὸν τὸ ἐν τῷ ξύλῳ ἐνεὸν ἀντισπᾷ ἕτερον ψυχρὸν ἀφ' οὗ τρέφεται. **4** Ποιεῖ δὲ τοῦτο καὶ φύλλα χλωρά, ὅταν καίηται, πνεῦμα γὰρ ἴσχει· ἔπειτα ῥήγνυσι τὸ 488 πνεῦμα καὶ ὁδὸν ποιεῖται καὶ χωρεῖ ἔξω ἑλισσόμενον, χωρέον δὲ ψόφον παρέχει, ᾗ τὴν ἐσπνοὴν ποιεῖται· καὶ χέδροπα καὶ σῖτος καὶ ἀκρόδρυα θερμαινόμενα πνεῦμα ἴσχει, καὶ ἔξω ἔρχεται ῥαγὴν ποιησάμενον· καὶ ἢν νοτερὰ ᾖ, πλέον τὸ πνεῦμα ἀφίησι καὶ τὴν ῥαγὴν μέζω ποιεῖται. **5** Καὶ τί δεῖ μακρηγορεῖν; πάντα γὰρ ὁκόσα θερμαίνεται πνεῦμα ἀφίησι, καὶ ἕτερον ψυχρὸν κατὰ τοῦτο ἀντισπᾷ, ἀφ' οὗ τρέφεται· καὶ αὗταί μοι ἀνάγκαι προσηγμέναι εἰσὶν ὅτι ἡ γονὴ θερμαινομένη ἐν τῇσι μήτρῃσι πνεῦμα ἴσχει καὶ ἀφίησιν· ἅμα δὲ καὶ ἀπὸ τῆς μητρὸς πνεούσης πνοὴν ἴσχει καὶ ἡ γονή· ὁκόταν γὰρ ἡ μήτηρ ψυχρὸν ἑλκύσῃ ἐς ἑωυτὴν ἀπὸ τοῦ ἠέρος, ἐπαυρίσκεται ἡ γονή· θερμὴ δ' ἐστιν ἅτε δὴ ἐν θερμῷ ἐοῦσα· καὶ τότε δὴ πνεῦμα ἴσχει καὶ ἀφίησι. **6** Καὶ ἡ γονὴ ὑμενοῦται φυσωμένη· περιτέταται γὰρ ἀμφ' αὐτὴν τὸ ἔξωθεν, συνεχὲς γινόμενον, ἅτε γλίσχρον ἐόν, ὥσπερ ἐπ' ἄρτῳ ὀπτωμένῳ, λεπτὸν ἐφίσταται ἐπιπολῆς ὑμενοειδές· θερμαινόμενος γὰρ καὶ φυσώμενος ὁ ἄρτος αἴρεται· ᾗ δ' ἂν φυσᾶται, κείνῃ τὸ ὑμενοειδὲς γίνεται. Τῇ δὲ γονῇ θερμαινομένῃ καὶ φυσωμένῃ πάσῃ ὑμὴν ἔξωθεν περιγίνεται, κατὰ δὲ μέσον τῆς γονῆς τῷ πνεύματι δίοδος καὶ εἴσω καὶ ἔξω γίνεται διὰ

1 εἱλίσσετο τὸ πν. MV : τὸ πν. εἱλ- recc. || 4 ἐξιόντος Erm. : ἐζιὸν codd. edd. || 9 ἐσπνοὴν Joly : εἰσπν- codd. || ποιεῖται M : παρέχεται V || 11 ἔρχεται MV : ἐξέρχ- recc. || 12 μέζω M : μείζω V || 15 προσηγμέναι MV : προηγ- recc. || 22 ἀμφ' M : περὶ V || 24 ἐφίσταται MV : ἐξίσ- recc. || 25 ὁ ἄρτος om. M, sed in margine restituit M¹ || 27 μέσον MV : τὸ μ. recc. || 28 εἴσω καὶ ἔξω MV : ἔξω καὶ εἴσω recc.

droit de la membrane saille quelque chose de mince[1]; très peu de semence s'y trouve. Le reste de la semence forme une sphère dans la membrane.

Une semence de six jours.

XIII. **1** J'ai vu moi-même du sperme resté six jours dans la matrice[2] et tombé dehors*. Tel qu'il m'apparut alors, j'en tire les considérations qui suivent. Mais je vais (d'abord) expliquer comment j'ai pu voir du sperme de six jours. Une femme que je connais avait une chanteuse renommée[3], ayant commerce avec des hommes; il ne fallait pas qu'elle devînt enceinte, pour ne pas perdre de sa valeur. Cette chanteuse avait entendu ce que les femmes se disent entre elles : que si une femme doit devenir enceinte, le sperme ne sort pas, mais reste dans la matrice. **2** Elle comprit ces dires et y veillait toujours. Dès qu'elle s'aperçut que le sperme ne sortait pas, elle le dit à sa maîtresse et le propos vint jusqu'à moi. Et moi, je l'invitai à sauter en faisant aller ses talons jusqu'aux fesses[4]. Elle l'avait déjà fait sept fois lorsque le sperme coula à terre en faisant un bruit : ce que voyant, la chanteuse observa et s'étonna. **3** Je vais dire comment cela se présentait : c'est comme si on enlevait la coquille à un œuf cru et que l'humeur fût transparente dans la membrane intérieure. Voilà son apparence, en gros. De plus, c'était rouge et sphérique; dans la membrane, appa-

1. Une légère correction permet cette interprétation appuyée sur xiii, 3 (fin) et xiv, 2 (fin).

2. C'est le seul emploi, au singulier, de μήτρη dans le présent ouvrage, ce qui explique peut-être la variante des *recentiores*. Faut-il, avec Galien, rétablir le pluriel? Ce serait postuler une rigidité linguistique qui ne s'impose pas. Le cas est inverse dans le second traité édité ici.

3. Cf. la mention de filles publiques en *Chairs*, 19, à propos d'un « fait » comparable. Mais l'auteur des *Chairs* croit qu'à sept jours, le fœtus est parfaitement constitué : il l'a d'ailleurs « observé ».

4. Il s'agit du saut des Lacédémoniennes; Aristophane y fait allusion au vers 82 de *Lysistrata* :

γυμνάδδομαι γὰρ καὶ ποτὶ πυγὰν ἅλλομαι.

τοῦ ὑμένος · καὶ ταύτῃ τοῦ ὑμένος ἀπέχει τι λεπτόν, καὶ τῆς γονῆς ἐν αὐτοῖσιν ὀλίγιστόν ἐστιν · αὕτη δὲ ἡ ἄλλη γονὴ στρογγύλη ἐστὶν ἐν ὑμένι.

XIII. **1** Καὶ μὴν ἓξ ἡμέρας μείνασαν ἐν τῇ μήτρῃ γονὴν καὶ ἔξω πεσοῦσαν αὐτὸς εἶδον · καὶ ὁκοίη μοι ἐφαίνετο ἐν τῇ γνώμῃ τότε, ἀπ' ἐκείνων τὰ λοιπὰ τεκμήρια 490 ποιεῦμαι · ὡς δὲ εἶδον τὴν γονὴν ἑκταίην ἐοῦσαν ἐγὼ διηγήσομαι. Γυναικὸς οἰκείης μουσοεργὸς ἦν πολύτιμος, παρ' ἄνδρας φοιτέουσα, ἣν οὐκ ἔδει λαβεῖν ἐν γαστρί, ὅκως μὴ ἀτιμοτέρη ᾖ · ἠκηκόει δὲ ἡ μουσοεργὸς ὁκοῖα γυναῖκες λέγουσι πρὸς ἀλλήλας · ἐπὴν γυνὴ μέλλῃ λήψεσθαι ἐν γαστρί, οὐκ ἐξέρχεταί οἱ ἡ γονή, ἀλλ' ἔνδον μένει · **2** ταῦτα ἀκούσασα συνῆκε καὶ ἐφύλασσεν αἰεί, καὶ ὡς ᾔσθετο οὐκ ἐξιοῦσάν οἱ τὴν γονήν, ἔφρασε τῇ δεσποίνῃ, καὶ ὁ λόγος ἦλθεν ὡς ἐμέ · καὶ ἐγὼ ἀκούσας ἐκελευσάμην πρὸς πυγὴν πηδῆσαι, καὶ ἑπτάκις ἤδη ἐπεπήδητο, καὶ ἡ γονὴ κατερρύη ἐπὶ τὴν γῆν, καὶ ψόφος ἐγένετο, κἀκείνη ἰδοῦσα ἐθεῆτο καὶ ἐθαύμασεν. **3** Ὁκοῖον δ' ἦν ἐγὼ ἐρέω, οἷον εἴ τις ᾠοῦ ὠμοῦ τὸ ἔξω λεπύριον περιέλοι, ἐν δὲ τῷ ἔνδον ὑμένι τὸ ἔνδον ὑγρὸν διαφαίνοιτο · ὁ τρόπος μέν τις ἦν τοιοῦτος ἅλις εἰπεῖν · ἦν δὲ καὶ ἐρυθρὸν καὶ στρογγύλον · ἐν δὲ τῷ ὑμένι ἐφαίνοντο

1 τι Joly : τὸ codd. ‖ 2 ἐν αὐτοῖσιν V : ἐν -σι M secl. Erm. fortasse recte ‖ 3 ἐστι V : ὕπεστι Erm. ‖ τῷ ante ὑμένι add. uoluit Erm. ‖ 4 μήτρῃ MV : γαστρὶ recc. (τῇσι) μήτρῃσι Gal., IV, 654 K ‖ 5 αὐτὸς : αὐτός τε Gal. ‖ 8 οἰκείης M Erot. O 10 : -είηι V οἰκέτις Gal. Κείης Wilamowitz ex Erotiano (Hermes, 1923, p. 79-80) ‖ 9 φοιτέουσα M[1] : φυτ- MV φοιτῶσα Gal. ‖ 10 ᾖ : εἴη Gal. ‖ 12 ἐξέρχεταί οἱ Cobet (ex Aristaeneti epistula XIX) Erm. : ἐξέρχεθ' MV ἐξέρχεται Gal. ‖ 13 συνῆκε Joly : ξ. V Gal. ξυνῆκεν M ‖ ἐφύλασσεν V : τοῦτο ἐφ- M Gal. ‖ 14 ὡς Gal. : κως ὡς MV Erm. κως recc. Littré ‖ ᾔσθετο V : ᾐσθίετο M ‖ οἱ suppl. Cobet (ex eodem loco) : om. MV Gal. ‖ ἔφρασε MV : καὶ ἐφρ- recc. Gal. ‖ 15 ὡς Cobet : ἕως MV ‖ 16 ἐκελευσάμην MV : ἐνεκ- Cobet ‖ πυγὴν M : τὴν γῆν Gal. τῆν γῆν πυγὴν V ‖ ἑπτάκις Gal. recc. : ἑπτάτοι MV ‖ 18 ἐγένετο V : ἐγιν- M ‖ 20 τῷ M : τὸ V ‖ τὸ ἔνδον Gal. : τὸν ἔν- MV τὸ ἔσω Gal. ἐνεὸν τὸ Erm. (ἔνδον fortasse secludendum est) ‖ 21 ὁ K : om. MV Gal.

raissaient des fibres blanches et épaisses, enroulées[1] avec une humeur épaisse et rouge, et autour de la membrane, il y avait à l'extérieur des caillots de sang. Du milieu de la membrane saillait quelque chose de fin qui me parut être le cordon ombilical : c'est par lui que se faisait d'abord l'inspiration et l'expiration. **4** À partir de lui la membrane était toute tendue et enveloppait la semence. Telle était la semence de six jours que j'ai vue. Je donnerai un peu plus loin une autre observation évidente[2] pour tous ceux qui veulent s'instruire en cette matière : ce sera une preuve que mon exposé est vrai, dans la mesure où un homme peut y arriver en un tel sujet. Voilà ce que j'avais à dire là-dessus : que la semence est dans une membrane et qu'elle a l'inspiration et l'expiration.

Nutrition ; membranes.

XIV. **1** Elle se développe grâce au sang de la mère, qui descend dans la matrice. En effet, lorsqu'une femme est enceinte et que l'enfant est appelé à se bien porter, les règles ne coulent plus, si ce n'est un rien chez quelques-unes, le premier mois. Le sang descendant du corps entier de la femme vient se placer circulairement autour de la membrane, à l'extérieur. **2** Mais avec l'inspiration, il est attiré à travers la membrane, à l'endroit perforé et saillant : il s'y coagule[3] et fait croître le futur être vivant. Avec le temps, beaucoup d'autres fines membranes[4] s'étendent à l'intérieur de la première et elles se forment de la même manière qu'elle. Elles sont tendues, elles aussi, à partir du cordon ombilical, et sont

1. Galien lit εἰλημένας, qu'Ermerins paraît avoir retrouvé par conjecture personnelle. C'est au début du περὶ κυουμένων διαπλάσεως que Galien cite toute cette page, du début du ch. XIII à (§ 4) περιέχων τὴν γονήν (IV, 653-655 K.) et aussi en IV, 525-526 K.

2. Il s'agit sans doute de l'observation des œufs couvés, ch. XXIX.

3. Cette même notion de coagulation sert toujours à Aristote pour expliquer la formation de la vie, la croissance du fœtus, etc... Elle a la faveur de la biologie préscientifique ; cf. Bachelard, *o. l.*, p. 62 sq.

4. Le fœtus, n'en déplaise à notre auteur, n'est entouré que d'une seule membrane.

ἐνεοῦσαι ἶνες λευκαὶ καὶ παχέαι, εἰλημέναι σὺν ἰχῶρι παχεῖ καὶ ἐρυθρῷ, καὶ ἀμφὶ τὸν ὑμένα ἔξωθεν αἱμάλωπες · κατὰ δὲ μέσον τοῦ ὑμένος ἀπεῖχε λεπτόν τι ὅ μοι ἐδόκει εἶναι ὀμφαλός, κἀκείνῳ τὴν πνοὴν καὶ εἴσω καὶ ἔξω ποιεῖσθαι τὸ πρῶτον · **4** καὶ ὁ ὑμὴν ἐξ ἐκείνου ἐτέτατο ἅπας περιέχων τὴν γονήν. Τοιαύτην μὲν ἐγὼ εἶδον ἑκταίην 492
ἐοῦσαν τὴν γονήν. Ἐρέω δὲ καὶ ἄλλην διάγνωσιν ὀλίγον ἐπὶ τούτῳ ὕστερον, ἐμφανέα παντὶ τῷ βουλομένῳ εἰδέναι τούτου πέρι, καὶ ἱστόριον παντὶ τῷ ἐμῷ λόγῳ, ὅτι ἐστὶν ἀληθής, ὡς εἰπεῖν ἄνθρωπον περὶ τοιούτου πρήγματος. Καὶ ταῦτα μὲν ἐς τοῦτό μοι εἴρηται ὅτι ἡ γονὴ ἐν ὑμένι ἐστὶ καὶ πνοὴν ἔχει καὶ εἴσω καὶ ἔξω.

XIV. **1** Καὶ αὔξεται ὑπὸ τῆς μητρὸς τοῦ αἵματος κατιόντος ἐπὶ τὰς μήτρας · τὰ γὰρ καταμήνια οὐ χωρεῖ, ὁκόταν γυνὴ λάβῃ πρὸς ἑωυτήν, ἢν μέλλῃ τὸ παιδίον ὑγιαίνειν, εἰ μὴ ἔστιν ᾗσιν ἐπισημαίνει τὸν πρῶτον μῆνα ὁκόσον ὀλίγον · ἀλλὰ κατιὸν τὸ αἷμα ἀπὸ παντὸς τοῦ σώματος τῆς γυναικὸς κυκλόσε περιίσταται περὶ τὸν ὑμένα ἔξω. **2** Ἅμα δὲ τῇ πνοῇ ἑλκομένου εἴσω τοῦ αἵματος διὰ τοῦ ὑμένος, κατὰ τὸ τετρημένον καὶ ἀπέχον συμπήγνυται καὶ αὔξει τὸ μέλλον ζῷον ἔσεσθαι. Ὁκόταν δὲ χρόνος ἐγγένηται, αὖτις ἕτεροι ὑμένες εἴσω τοῦ πρώτου ὑμένος λεπτοὶ περιτείνονται πολλοί, τρόπῳ τοιούτῳ οἵῳ καὶ ὁ πρῶτος ὑμὴν ἐγένετο · τεταμένοι δ' εἰσὶ καὶ οὗτοι ἐκ τοῦ ὀμφαλοῦ, καὶ ἐς ἀλλήλους διαδέσμους ἔχουσιν. Ὁκόταν

1 εἰλημέναι Gal. Erm. : εἰλημμέναι M om. V ‖ σὺν Joly : ξ. MV Gal. ‖ 2 αἱμάλωπες M Gal. : οἱμωλ- V ‖ 3 ὑμένος V : ὑμένεος M ‖ τι ὅ Joly : ὅ τι MV Gal. ‖ 4 κἀκείνῳ MV : καὶ ἐκ- Gal. ‖ καὶ εἴσω καὶ ἔξω MV : καὶ ἔξω καὶ εἴσω Gal. ‖ 6 ἅπας MV : ὁ πᾶς Gal. ‖ 7 ἐοῦσαν Zwing : οὖσαν MV ‖ ὀλίγον om. V ‖ 8 ἐπὶ recc. : ἐν MV ‖ 10 ἄνθρωπον recc. : -ος M V ‖ 11 ὅτι ἡ γονὴ Lind. Erm. : ὅτι δὲ ἡ γ. MV Littré (apud quem capitulus XIV hic incipit) ‖ 12 ἐστὶ V : -ὶν M ‖ 19 πνοῇ M : πνοιῇ V ‖ 20 τετρημένον V : τετριμμένον M ‖ 23 οἵῳ recc. : ᾧ MV ‖ 24 ἐκ MV : ἀπὸ recc. ‖ 25 ἐς M : εἰς V ‖ ἔχουσιν V : -σι M (hic desinit capit XIV apud Littré).

reliées entre elles. Cela étant fait, comme le sang descend de la mère et se coagule, la chair se forme. Au milieu de la chair, le cordon ombilical fait saillie : c'est par lui que le fœtus respire et se développe.

Les règles et leur suppression.

XV. **1** Quand la femme est enceinte, elle ne souffre pas de ce que les règles ne coulent plus, parce que le sang, ne sortant plus à flot chaque mois, n'est pas troublé : au contraire, il va chaque jour dans la matrice, doucement, peu à peu et sans souffrance ; et le contenu de la matrice se développe[1]. Le sang arrive chaque jour et non une fois par mois à cause du fait que la semence dans la matrice tire continuellement du corps, selon sa force. **2** Par la même voie se fait aussi la respiration. Tout d'abord, cette dernière est peu importante et peu de sang vient de la mère. Mais quand la respiration se développe, elle attire plus de sang et il en arrive davantage dans la matrice. Lorsque les règles ne coulent pas chez les femmes non enceintes, il y a souffrance[2] à cause de ceci. **3** Tout d'abord, le sang est troublé chaque mois dans le corps, pour cette raison nécessaire : les mois diffèrent beaucoup entre eux pour le froid et la chaleur, et le corps de la femme s'en ressent, car il est plus humide que celui de l'homme. Le sang troublé remplissant les veines, il en sort une partie et ceci sans doute est congénital. **4** De la sorte, si la femme se vide de sang, elle devient enceinte ; si elle en est pleine, ce n'est pas le cas. Lorsque la matrice et les veines sont vides de sang, les femmes de-

1. Cf. Aristote, *Génér. anim.*, IV, 6, 775 b 10 sq.

2. Cf. Aristote, *ibid.*, 775 b 8 sq. : « ... chez les femmes, (l'évacuation menstruelle) est plus abondante que chez les autres animaux. Aussi, quand leurs règles n'ont pas lieu par suite de la grossesse, elles éprouvent un trouble. D'ailleurs, quand les règles cessent en dehors de la grossesse, des maladies surviennent. C'est surtout au début... que la plupart des femmes ressentent des troubles : en effet, l'embryon est déjà capable d'empêcher les règles, mais en raison de sa petitesse, il ne fait, dans les premiers temps, aucun emploi de la masse du résidu... » (trad. Louis).

δ' ἤδη τοῦτο γένηται, κατιόντος τοῦ αἵματος ἀπὸ τῆς μητρὸς καὶ πηγνυμένου, σὰρξ γίνεται· κατὰ δὲ μέσον τῆς σαρκὸς ὁ ὀμφαλὸς ἀπέχει, δι' οὗ πνεῖ καὶ τὴν αὔξησιν ἴσχει.

XV. **1** Ἡ δὲ γυνὴ ὁκόταν ἐν γαστρὶ ἔχῃ, ὑπὸ τῶν καταμηνίων μὴ χωρεόντων διὰ τόδε οὐ πονεῖται ὅτι τὸ αἷμα οὐ ταράσσεται, βύζην ἀπιὸν κατὰ μῆνα ἕκαστον· ἀλλὰ χωρεῖ ἁρμῷ κατ' ὀλίγον ἄνευ πόνου καθ' ἡμέρην ἐς τὰς 494
μήτρας· καὶ τὸ ἐν τῇσι μήτρῃσιν ἐνεὸν αὔξεται. Καθ' ἡμέρην δ' ἑκάστην τούτου ἕνεκα χωρεῖ, ἀλλ' οὐκ ἐς ἅπαξ κατὰ μῆνα, ὅτι ἐν τῇσι μήτρῃσιν ἡ γονὴ ἐνεοῦσα ἕλκει ἀπὸ τοῦ σώματος αἰεί, ὅκως ἂν καὶ δυνάμιος ἔχῃ. **2** Ταύτῃ καὶ ἡ πνοή· καὶ τὸ μὲν πρῶτον σμικρὴ ἡ πνοὴ γίνεται καὶ τὸ αἷμα ὀλίγον χωρεῖ ἀπὸ τῆς μητρός· ὁκόταν δὲ ἡ πνοὴ ἐπὶ πλεῖον γίνηται, μᾶλλον ἕλκει τοῦ αἵματος καὶ ἐπὶ πλεῖον κατέρχεται ἐς τὰς μήτρας. Τῇσι δὲ ἐν γαστρὶ μὴ ἐχούσῃσιν, ὁκόταν τὰ καταμήνια μὴ χωρῇ, διὰ τόδε ὁ πόνος γίνεται· **3** πρῶτον μὲν ταράσσεται τὸ αἷμα ἐν τῷ σώματι κατὰ μῆνα ἕκαστον, ὑπὸ ἀνάγκης τοιῆσδε· ὅτι μὴν μηνὸς πολὺ διαφέρει καὶ κατὰ ψῦξιν καὶ κατὰ θερμασίην, καὶ τούτου αἰσθάνεται τῆς γυναικὸς τὸ σῶμα, ὑγρότερον γάρ ἐστιν ἢ τὸ τοῦ ἀνδρός, καὶ ταραχθέντος τοῦ αἵματος καὶ πληρώσαντος τὰς φλέβας, ἀπέρχεται ἀπ' αὐτοῦ, καί πως τοῦτο ἐν τῇ ἀρχῇ τῇ φύσει ὑπῆρξεν. **4** Ὥστ' ἢν μὲν ἀποκενῶται τοῦ αἵματος ἡ γυνή, λαμβάνει ἐν γαστρί· ἢν δὲ πλήρης ᾖ, οὔ· κενεῶν γὰρ τῶν μητρέων καὶ τῶν φλεβῶν γενομένων τοῦ αἵματος, λαμβά-

2 μέσον MV : τὸ μ. Erm. ‖ 3 ὁ om. V ‖ 7 βύζην M (cum σ supra β et in margine καὶ βύσδην) Gal. in gloss. Erot. : καὶ βύσδην V ‖ 8 ἁρμῷ Erot. A 34 : ἡσυχῇ MV ‖ 9 τὸ M : om. V τὸ ἔνδον recc. ‖ 10 δ' V : δὲ M ‖ 15 τοῦ αἵματος M : τὸ αἷμα V ‖ 16 μήτρας M : μήτρας τοῦ αἵματος V ‖ 17 ἐχούσῃσιν V : -σι M ‖ 18 πρῶτον MV : -τα recc. ‖ 20 πολὺ H : πουλὺ M πουλὺ post διαφέρει pos. V ‖ 21 θερμασίην M : θέρμην V ‖ τὸ om. V ‖ 27 γεν- V: γιν- M,

viennent enceintes; c'est en effet après les règles que les femmes deviennent enceintes, pour la raison indiquée. Mais lorsque le sang troublé et séparé ne coule pas au dehors, mais dans la matrice, et que celle-ci ne s'en trouve pas échauffée par le sang qui y demeure, elle échauffe le reste du corps. **5** Parfois même, elle verse du sang dans les veines du corps et là, les veines remplies font souffrir et provoquent des tumeurs; parfois aussi cet état crée un danger de claudication. Dans d'autres cas, la matrice se porte vers la vessie, la presse, la ferme et provoque la strangurie; dans d'autres encore, la matrice remplie de sang se porte vers les hanches ou vers les lombes et fait souffrir[1]. **6** Parfois encore, lorsque le sang est resté cinq ou six mois, pourri dans la matrice, il devient du pus; chez certaines, il sort par le sexe; chez d'autres, il se forme comme une tumeur à l'aine et c'est par là que sort le pus[2]. Il survient beaucoup d'autres maux aux femmes lorsque les règles ne coulent pas. Mais pourquoi en parler ici? Il en sera question dans les *Maladies des femmes*[3]. Je vais reprendre mon exposé où je l'avais laissé.

1. La doctrine de cette page de retrouve en *Maladies des femmes*, avec une étiologie plus circonstanciée; cf. Littré, VIII, §§ 2, 7, 11, 29, etc., et notre *Niveau de la science hippocratique*, p. 41-43 : « Pour l'auteur des *Maladies des femmes*, la matrice est capable de se déplacer à peu près dans toutes les directions, selon les forces en jeu... Une matrice vide et légère (par absence de rapports sexuels !) peut, dans un ventre vidé par une fatigue anormale, se déplacer vers le haut, vers le foie, qui est plein de liquide. Mais elle intercepte alors la voie respiratoire, qui est dans le ventre, et cause la suffocation. Heureusement, cette dernière peut produire un flux de flegme à partir de la tête, lequel, en descendant, remettra la matrice en place... Les règles pourront aussi faire éruption par le flanc au-dessus de l'aine si l'orifice de la matrice a dévié dans cette direction. Elles pourront même s'échapper par le siège ou par vomissement... Au § 41, les règles se portent à la tête, à la poitrine, au poumon; au § 133, aux seins. »

2. La prose médicale fait un grand usage de l'aoriste *gnomique* pour traduire une vérité permanente acquise par l'expérience.

3. Cf. *Notice*, p. 24.

νουσι πρὸς σφέας αἱ γυναῖκες τοὺς παῖδας· μετὰ γὰρ τῶν καταμηνίων τὴν κάθαρσιν αἱ γυναῖκες μάλιστα λαμβάνουσιν ἐν γαστρί· αἴτιον δὲ τὸ εἰρημένον. Ὁκόταν δὲ ταραχθὲν τὸ αἷμα καὶ ἀποκριθὲν μὴ χωρῇ ἔξω, ἀλλ᾽ ἐς τὰς μήτρας, αἱ δὲ μῆτραι μὴ χάνωσι, θερμαινόμεναι δὴ ὑπὸ τοῦ αἵματος χρονίζοντος αἱ μῆτραι θέρμην τῷ ἄλλῳ σώματι παρέχουσιν· **5** ἔστι δ᾽ ὅτε καὶ διαδιδοῦσι τοῦ αἵματος ἐς τὰς φλέβας τοῦ σώματος, ὅκη αἱ φλέβες πληρούμεναι πονέονται καὶ οἰδήματα παρέχουσιν· ἔστι δ᾽ ὅτε καὶ κίνδυνος ἐκ τοῦ τοιούτου χωλωθῆναι· ἔστι δ᾽ ὅτε καὶ πρὸς τὴν κύστιν προσίστανται καὶ πιέζουσι καὶ κλείουσι τὴν κύστιν καὶ στραγγουρίην 496 παρέχουσιν· ἔστι δ᾽ ὅτε καὶ πλήρεις αἵματος ἐοῦσαι αἱ μῆτραι προσπίπτουσιν ἢ πρὸς τὰ ἴσχια ἢ πρὸς ὀσφύν, καὶ πόνον παρέχουσιν· **6** ἔστι δ᾽ ὅτε ὁκόταν ἐγχρονίσῃ τὸ αἷμα μῆνας πέντε ἢ ἓξ ἐν τῇσι μήτρῃσι σαπέν, πῦος γίνεται, καὶ ἐνίῃσι μὲν κατὰ τὸ αἰδοῖον ἐξέρχεται τὸ πῦος, ἔστι δὲ ᾗσι κατὰ τὸν βουβῶνα ὡς φῦμα γίνεται, κἀκείνῃ πῦον γενόμενον ἐξῆλθε· καὶ ἄλλα πολλὰ κακὰ τῇσι γυναιξὶ τοιουτότροπα γίνεται, ἐπὴν μὴ ἀποκαθαίρωνται τὰ καταμήνια. Ἀλλὰ τί δεῖ λέγειν αὐτὰ ἐνθάδε; εἰρήσεται γὰρ ἐν τοῖσι γυναικείοισι νοσήμασιν· ἀλλ᾽ ὅθεν ἀπέλιπον περανέω τὸν λόγον.

1 σφέας Joly : σφᾶς M ἑωυτὰς V ‖ 1-3 μετὰ γὰρ — γαστρί secl. uoluit Erm. ‖ 2 μάλιστα V Zwing.[m] : om. M (alia manu in margine restitutum) ‖ 3 Ὁκόταν M : ὅταν V ‖ 4 μὴ om. V ‖ ἔξω M : ἔξωθεν V ‖ 5 χάνωσι M : χαλῶσι VM[1] (in margine) ‖ 7 παρέχουσιν M : -σι V ‖ 8 ὅκη Joly : ὅπῃ MV ‖ αἱ φλέβες om. V ‖ 9 πληρούμεναι Joly : -εύμεναι V -εόμεναι M ‖ πονέονται M : -νεῦνται V ‖ 12 κλείουσι V : καίουσι M ‖ 13 καὶ om. M ‖ 14 τὰ om. V ‖ 15 δ᾽ ὅτε ὁκόταν Joly : δὲ ὁκόταν MV (δ᾽) δ᾽ ὅτε καὶ Littré (ὁκόταν δὲ Erm.) ‖ ἐγχρονίσῃ M : χρονίσῃ V ἐχρόνισε Littré ‖ 16 ἓξ ἐν M Erm. : ἓξ καὶ ἓν V Littré ‖ πῦος M : πῦον V Erm. ‖ 17 τὸ πῦος om. V Erm. ‖ 18 γίνεται M : γένηται V ‖ κἀκείνῃ V : κἀκεῖ M ‖ 19 ἐξῆλθε V : -εν M ‖ κακὰ recc. : κατὰ M om. V ‖ 20 ἐπὴν V : ὁκόταν M ‖ 21 εἰρήσεται M : εἴρηται V Ilberg ‖ 22 ἀπέλιπον V : -λειπον M ‖ 23 περανέω τὸν λόγον M : τὸν λ. περ- V.

Le chorion.

XVI. **1** Lorsque la chair est formée, comme le contenu de la matrice grossit, les membranes grossissent aussi et forment des poches, surtout celles de l'extérieur. Tout le sang qui, descendant de la mère, est attiré par la chair grâce à son souffle et contribue à sa croissance, devenu inutile, est réparti entre les poches des membranes. Quand les membranes forment des poches et reçoivent le sang, alors elles s'appellent chorion. Voilà ce que j'avais à dire là-dessus.

Différenciation des parties du corps.

XVII. **1** La chair, développée par le souffle[1], se divise en membres. Chaque élément en elle va vers son semblable, le dense vers le dense, le poreux vers le poreux, l'humide vers l'humide ; chacun a sa place particulière selon la parenté d'où il est issu ; tout ce qui provient d'éléments denses est dense, d'éléments humides, humide ; tout le reste aussi se forme au cours de la croissance selon le même processus. **2** Les os durcissent, solidifiés par la chaleur. Naturellement aussi (le fœtus) se ramifie comme un arbre. L'intérieur comme l'extérieur du corps s'articulent mieux. La tête se détache des épaules ; les bras et les avant-bras, des côtés ; les jambes se séparent ; les nerfs s'attachent à la place naturelle des jointures et s'y abouchent ; le nez et les oreilles se détachent des chairs et se perforent ; les yeux s'emplissent d'une humeur pure et le sexe se déclare. **3** Les viscères aussi s'articulent ;

1. Aristote (*Génér. an.*, II, 6, 741 b 37 sq.) retient le rôle du πνεῦμα dans la différenciation du fœtus, mais il polémique contre notre auteur à propos de l'origine de ce πνεῦμα : « Les parties des animaux se différencient sous l'influence d'un souffle, mais qui n'est ni celui de la mère, ni celui de l'embryon, comme l'affirment certains naturalistes. La preuve en est fournie par les oiseaux, les poissons, les insectes. Les premiers, en effet, sont séparés de la mère et naissent d'un œuf où ils s'articulent. D'autre part, certains animaux ne respirent pas du tout et naissent sous forme de larves ou d'œufs. Quant à ceux qui respirent et dont les parties se différencient dans l'utérus, ils ne respirent pas avant que le poumon ait atteint son complet développement… » (trad. Louis).

XVI. 1 Ὁκόταν δὲ γένηται σάρξ, τότε οἱ ὑμένες, αὐξομένου τοῦ ἐν τῇσι μήτρῃσιν ἐνεόντος, αὔξονται καὶ αὐτοὶ καὶ κολποῦνται καὶ μάλιστα οἱ ἔξωθεν· καὶ τὸ αἷμα κατελθὸν ἀπὸ τῆς μητρὸς ὅ τι ἂν ἡ σὰρξ πνέουσα ἑλκύσῃ καί οἱ αὔξη ἐγγένηται καὶ μὴ χρηστὸν ᾖ, ἐς τοὺς κόλπους τῶν ὑμένων ἀποκρίνεται· καὶ ὅταν κολπωθέωσι καὶ τὸ αἷμα δέξωνται, τότε δὴ καλεῖται χόριον. Ταῦτα δέ μοι ἐς τοῦτο εἴρηται.

XVII. 1 Ἡ δὲ σὰρξ αὐξομένη ὑπὸ τοῦ πνεύματος ἀρθροῦται, καὶ ἔρχεται ἐν αὐτῇ ἕκαστον τὸ ὅμοιον ὡς τὸ ὅμοιον, τὸ πυκνὸν ὡς τὸ πυκνόν, τὸ ἀραιὸν ὡς τὸ ἀραιόν, τὸ ὑγρὸν ὡς τὸ ὑγρόν· καὶ ἕκαστον ἔρχεται ἐς χώρην ἰδίην κατὰ τὸ συγγενές, ἀφ' οὗ καὶ ἐγένετο, καὶ ἅσσα ἀπὸ πυκνῶν ἐγένετο πυκνά ἐστι, καὶ ἅσσα ἀπὸ ὑγρῶν ὑγρά· καὶ 498 τἆλλα κατὰ τὸν αὐτὸν λόγον γίνεται ἐν τῇσιν αὔξῃσι. 2 Καὶ τὰ ὀστέα σκληρύνεται ὑπὸ τῆς θέρμης πηγνύμενα· καὶ δὴ καὶ διοζοῦται ὡς δένδρεον· καὶ ἀρθροῦται ἄμεινον καὶ τὰ εἴσω τοῦ σώματος καὶ τὰ ἔξω· καὶ ἥ τε κεφαλὴ γίνεται ἀφεστηκυῖα ἀπὸ τοῖν ὤμοιν, καὶ οἱ βραχίονες καὶ οἱ πήχεις ἀπὸ τῶν πλευρέων· καὶ τὰ σκέλεα διίσταται ἀπ' ἀλλήλων· καὶ τὰ νεῦρα ἐπαΐσσεται ἀμφὶ τὰς φύσιας τῶν ἄρθρων καὶ αὐτὰ στομοῦται· καὶ ἡ ῥὶς καὶ τὰ οὔατα ἀφίσταται ἐν τῇσι σαρξὶ καὶ τετρήνεται· καὶ οἱ ὀφθαλμοὶ ἐμπίπλανται ὑγροῦ καθαροῦ· καὶ τὸ αἰδοῖον δῆλον γίνεται ὁκότερόν ἐστι· 3 καὶ τὰ σπλάγχνα διαρθροῦται· καὶ

2 ἐνεόντος V : ἐνεόντος αἵματος M ‖ 3 ἔξωθεν M : ἔξω V ‖ 4 ἀπὸ ε Littré : τὸ ἀπὸ MV ‖ 5 καί οἱ αὔξη ἐγγένηται Joly : καὶ ἡ αὔξη ἐγγ- M καὶ ἡ αὔξησις γένηται V Littré καὶ αὔξη οἱ ἐγγίνεται Erm. ‖ μὴ V : om. M ‖ ᾖ : ἔῃ V ἴῃ M Erm. ‖ 6-7 ὅταν κολπωθέωσι V : ὁκόταν κολπωθῶσι M ‖ 8 ἐς M : εἰς V ‖ 9 αὐξομένη M : αὐξουμ- V ‖ 10 pr. τὸ om. M ‖ 11 τὸ πυκνὸν M : καὶ τὸ π. V ‖ ὡς bis (et 12) M : πρὸς V ἐς Erm. ‖ 13 συγγενές V : ξ. M ‖ οὗ M : ὧν V ‖ alt. καὶ om. V ‖ 13 (et 14) ἅσσα M : ὅσα V ‖ 14 ἐγένετο om. V ‖ 15 τῇσιν αὔξῃσι V : τῇ αὐξήσει M ‖ 16 ὑπὸ M : ἀπὸ V ‖ 17 διοζοῦται M : ὀζ- V ‖ δένδρεον M : -δρον V ‖ ἀρθροῦται V : add. ἔτι M ‖ 19 τῶν ὠμῶν V ‖ 21 ἐπαΐσσεται M : ἑλίσσεται V Erm. ‖ 22 αὐτὰ στομοῦται Joly : αὐτὸ στ- Erm. αὐτοστομ- MV Littré ‖ ῥὶς M : ῥὶν V ‖ 24 ὑγροῦ — γίνεται om. M.

ceux d'en haut ont la respiration par le nez et la bouche ; le ventre aussi se gonfle d'air et les intestins gonflés par en haut ferment la respiration par le cordon ombilical et la suppriment. Un passage vers l'extérieur se forme du ventre et des intestins par l'anus et un autre par la vessie. Tous ces viscères s'articulent grâce à la respiration. En effet, tous, étant remplis d'air, se détachent selon l'affinité[1]. **4** Si quelqu'un voulait attacher un tuyau à une vessie et, à travers le tuyau, introduire dans la vessie de la terre, du sable et de petites raclures de plomb ; ensuite, après avoir versé de l'eau, souffler par le tuyau, tout d'abord, tout sera mélangé dans l'eau ; puis, avec le temps et grâce au souffle, le plomb ira vers le plomb, le sable vers le sable et la terre vers la terre. Et si on laisse sécher et qu'on ouvre la vessie, on trouvera que le semblable est allé vers le semblable. C'est ainsi que la semence et la chair s'articulent et qu'en elle, le semblable va vers le semblable[2]. Voilà ce que j'avais à dire là-dessus.

Le fœtus mâle est formé plus tôt que le fœtus femelle.

XVIII. **1** Voici l'enfant déjà formé : il y arrive, la fille en quarante-deux jours, le garçon en trente jours au plus[3]. C'est en ce laps de temps, un peu plus, un peu moins[4], que normalement ils sont articulés. En effet,

1. Le *Régime*, ch. IX et X, aborde également le même sujet, mais de façon beaucoup plus vague et élémentaire ; d'autre part, la correspondance microcosme-macrocosme, si explicite dans le *Régime*, n'apparaît pas du tout ici. — Sur le mythe du semblable, cf. G. Bachelard, *o. l.*, p. 171.

2. Aristote (*Génér. an.*, II, 4, 740 b 14) combat cette opinion et l'interprète à sa façon un peu plus loin (II, 5, 741 b 10).

3. Aristote aussi croit qu'il faut à la femelle plus de temps qu'au mâle pour acquérir ses traits distinctifs : *Génér. anim.*, IV, 6, 775 a 10 sq. D'après les *Theologoumena* (De Falco, p. 63), les Pythagoriciens, sans distinguer les sexes, avançaient le chiffre de 35 (5 × 7 l). Cf. aussi *Épidémies*, II, 6, 10.

4. La leçon de V, corrigée par Regenbogen, ne nous paraît pas devoir l'emporter sur celle de M : μείων est plus rare que ἐλάσσων dans le *Corpus hippocratique*, mais il y est bien attesté, dans le *Régime* notamment.

δὴ καὶ τοῖσιν ἄνω τὴν πνοὴν ποιεῖται τῷ τε στόματι καὶ τῇ ῥινί, καὶ ἥ τε κοιλίη φυσᾶται, καὶ τὰ ἔντερα καταφυσώμενα κατὰ τὸ ἄνωθεν ἐπιλαμβάνει τὴν διὰ τοῦ ὀμφαλοῦ πνοὴν καὶ ἀμαλδύνει, καὶ ἐς τὸν κύσσαρον ὁδὸς γίνεται ἀπὸ τῆς κοιλίης καὶ τῶν ἐντέρων ἔξω καὶ ἐς τὴν κύστιν ὁδὸς ἔξω. Τούτων δὲ διαρθροῦται ὑπὸ τῆς πνοῆς ἕκαστα · φυσώμενα γὰρ διίσταται σύμπαντα κατὰ συγγένειαν. 4 Καὶ γὰρ εἰ θέλοις αὐλίσκον προσδῆσαι πρὸς κύστιν, καὶ διὰ τοῦ αὐλίσκου ἐμβαλεῖν ἐς τὴν κύστιν γῆν τε καὶ ψάμμον καὶ μολίβου κνήσματα λεπτά, καὶ ὕδωρ ἐπιχέας φυσᾶν διὰ τοῦ αὐλίσκου, πρῶτον μὲν ἐκεῖνα ἀναμεμίξεται τῷ ὕδατι, ἔπειτα δὲ χρόνῳ φυσώμενα ἐλεύσεται ὅ τε μόλιβος ὡς τὸν μόλιβον καὶ ἡ ψάμμος ὡς τὴν ψάμμον καὶ ἡ γῆ ὡς τὴν γῆν · καὶ ἤν τις αὐτὰ αὐανθῆναι ἐάσῃ καὶ περιρρήξας τὴν κύστιν σκέψηται, εὑρήσει αὐτῶν τὸ ὅμοιον ὡς τὸ ὅμοιον ἐληλυθός · οὕτω δὲ καὶ ἡ γονὴ καὶ ἡ σὰρξ διαρθροῦται, καὶ ἔρχεται ἕκαστον ἐν αὐτῇ τὸ ὅμοιον ὡς τὸ ὅμοιον. Ταῦτα δέ μοι ἐς τοῦτο εἴρηται.

XVIII. 1 Καὶ γέγονεν ἤδη παιδίον καὶ ἐς τοῦτο ἀφικνεῖται, τὸ μὲν θῆλυ ἐν τεσσεράκοντα ἡμέρῃσι καὶ δύο τὸ 500
μακρότατον, τὸ δὲ ἄρσεν ἐν τριήκοντα ἡμέρῃσι τὸ μακρότατον · ὡς γὰρ ἐπὶ πολὺ συμβαίνει ἐν τούτῳ τῷ χρόνῳ ἢ ὀλίγῳ μείονι ἢ ὀλίγῳ πλείονι ταῦτα διαρθροῦσθαι. Καὶ

2 φυσᾶται M : -ῆται V ‖ 3 τὸ M : τὰ V ‖ 4 κύσσαρον recc. : κύσαρον MV ‖ 5 καὶ ἐς τὴν κ. — 6 ἔξω om. V ‖ τούτων M : -έων V ‖ 7 γὰρ M : μὲν γὰρ V ‖ σύμπαντα : ξ. M πάντα V ‖ 8 θέλοις M : ἐθ- V ‖ 10 μολίβου M : -βδου V edd. ‖ κνήσματα M : κνίσμ- V ‖ 11 φυσᾶν M : -ῆν V ‖ ἀναμεμίξεται M : μιξ- V ‖ 13 μόλιβος... μόλιβον M : -βδος... -βδον V edd. ‖ ὡς bis (et 22) M : πρὸς V ‖ 14 ὡς V : ἐς M edd. ‖ 17 αὐτῇ V : ἑωυτῇ M ‖ 19 ἀφικνεῖται V : ἀπικνέεται M, quod ad Hippocraticam dialectum magni interest, quamquam non audeo eam formam in ipsum textum restituere ‖ 20 θῆλυ V : θῆλυ τὴν πρώτην πῆξιν M ‖ τεσσεράκοντα Joly : τεσσαρ- codd. ‖ 21 τὸ δὲ ἄρσεν — μακρότατον om. V ‖ 22 πολὺ edd. : πουλὺ M πλεῖον V ‖ συμβαίνει M : ξ. V ‖ 23 μείονι... πλείονι M : πλεῖον... ἔλασσον V πλείονι... ἐλάσσονι Regenbogen.

après l'accouchement, les lochies durent normalement pour une fille quarante-deux jours ; c'est le temps le plus long et complet ; il n'y aurait pas de danger à ce qu'elles durent vingt-cinq jours ; pour un garçon, les lochies durent trente jours ; c'est le temps le plus long et complet ; il n'y aurait pas de danger à ce qu'elles durent vingt jours[1]. **2** Vers la fin, les lochies sont très faibles ; chez les femmes plus jeunes, elles durent moins de jours, chez les plus âgées, plus[2]. Ce sont les primipares qui souffrent le plus dans l'accouchement et les lochies ; celles qui ont eu moins d'enfants souffrent plus que celles qui en ont eu davantage[3]. Les lochies viennent aux femmes du fait que, au début, pendant quarante-deux jours pour une fille et trente pour un garçon, très peu de sang arrive pour la croissance de l'enfant ; il en vient plus ensuite jusqu'à l'accouchement. Il faut précisément que les lochies y correspondent et qu'elles sortent selon le compte des jours[4]. **3** Chez la femme, les souffrances commencent ainsi. Le sang se trouble et s'échauffe fort, à cause des mouvements vigoureux de l'enfant[5] ; ainsi troublé, il sort tout d'abord ; et après l'enfant, sort une humeur épaisse et sanguino-

1. 'Ακίνδυνος est une correction de *recentiores*, car les deux bons manuscrits anciens ont chaque fois κίνδυνος. Il faut suivre les *recentiores*, comme le suggère χρονιωτάτη καὶ τελείη, mais surtout le καὶ qui précède ἐν εἴκοσι ; on devrait traduire, en appuyant un peu : « il n'y aurait pas de danger à ce qu'elles ne durent même que... » Il est capital de remarquer aussi que, dans le passage parallèle des *Maladies des femmes*, 72 (cf. *Notice*, p. 25), les meilleurs manuscrits, dont le *Vindobonensis* θ, attestent l'adjectif ἀκίνδυνος.

2. Cette affirmation est dénuée de fondement et relève d'un à priori qualitatif qui valorise indûment l'âge.

3. Ici, au contraire, l'auteur a parfaitement raison : la constatation était plus facile, en fonction de l'expérience irréfutable d'un nombre considérable de mères.

4. Ce parallélisme, quoi qu'en pense l'auteur, est une pure vue de l'esprit qui trahit les mêmes préjugés que tant d'autres passages.

5. Cette conception de l'accouchement, qualitative et anthropomorphique, si on ose dire, est assez éloignée, elle aussi, de la réalité.

γὰρ ἡ κάθαρσις γίνεται τῇσι γυναιξὶ μετὰ τὸν τόκον ὡς ἐπὶ τὸ πολύ, ἐπὶ μὲν τῇ κούρῃ ἐν ἡμέρῃσι τεσσεράκοντα καὶ δύο · οὕτως ἡ χρονιωτάτη καὶ τελείη, ἀκίνδυνος δ' ἂν εἴη καὶ ἐν εἴκοσι καὶ πέντε ἡμέρῃσιν εἰ καθαίροιτο · ἐπὶ δὲ τῷ κούρῳ ἡ κάθαρσις γίνεται ⟨ἐν⟩ ἡμέρῃσι τριήκοντα · οὕτως ἡ χρονιωτάτη καὶ τελείη, ἀκίνδυνος δ' ἂν εἴη καὶ ἐν εἴκοσιν ἡμέρῃσιν εἰ καθαίροιτο · **2** τοῦ δὲ ὑστάτου χρόνου ἐλαχίστη χωρεῖ ἡ κάθαρσις · ἐπὶ δὲ τῇσι νεωτέρῃσιν ἐλάσσοσιν ἡμέρῃσι καθαίρεται, ἐπὶ δὲ τῇσι πρεσβυτέρῃσι πλείοσι. Μάλιστα δὲ πονέονται αἱ γυναῖκες ἐν τῷ τόκῳ καὶ ἐν τοῖσι λοχίοισιν αἱ πρωτοτόκοι, καὶ αἱ ἐλάσσω τετοκυῖαι τῶν πλείω τετοκυιέων μᾶλλον πονέονται. Αἱ δὲ καθάρσιες αἱ ἐκ τοῦ τόκου τῇσι γυναιξὶ τούτου εἵνεκεν γίνονται, ὅτι ἐν τῷ πρὸ τοῦ χρόνῳ μέχρι τεσσεράκοντα ἡμερέων καὶ δύο ἐπὶ τῇ κούρῃ, ἐπὶ δὲ τῷ κούρῳ μέχρι τριήκοντα ἡμερέων ἐλάχιστον αἷμα κατέρχεται ἐπὶ τὴν αὔξην τῷ παιδίῳ, τὸ δ' ἀπὸ τούτου πλεῖον μέχρι τέκῃ · δεῖ δὴ τὴν κάθαρσιν ἀποδοθῆναι ἐν τοῖσι λοχίοισι, καὶ ἐξιέναι ἔξω κατὰ λόγον τῶν ἡμερέων. **3** Ἀρχὴ δὲ γίνεται τοιήδε τῇσι γυναιξὶ ἐν τῇ ὠδῖνι · τὸ αἷμα ταράσσεται τῇ γυναικὶ καὶ θερμαίνεται πάνυ ὑπὸ τῆς κινήσιος τοῦ παιδίου σθεναρῆς ἐούσης · ταραχθὲν δέ, πρῶτον 502
μὲν ἔρχεται ἔξω · μετὰ δὲ τὸ παιδίον ἰχὼρ παχὺς αἱμα-

2 πολύ M : πλεῖον · συμβαίνει δὲ V ‖ ἐν ἡμέρῃσι V : ἡμ- M ἡμέρας (ubique) Erm. ‖ τεσσεράκοντα M : τεσσαρ- V ‖ 3 alt. (et 6) καὶ V (bis) : om. M ‖ ἀκίνδυνος recc. : κινδ- MV ‖ 4 ἡμέρῃσι (ν) M : ἡμέραις (post καθαίροιτο pos.) V ‖ 5 τῷ κούρῳ M : τοῦ κούρου V ‖ γίνεται M : γίγν- V ‖ ἐν addidi ‖ ἡμέρῃσι M : -ραις V ‖ 6 ἀκίνδυνος recc. : κινδ- MV ‖ 7 δὲ M : δ' V ‖ 9 καθαίρεται Littré : -ρονται MV ‖ 12 αἱ ἐλάσσω M : ἐλάσσονα V ‖ τῶν πλ. τετοκυιέων M : om. V ‖ 13 alt. αἱ om. V ‖ 13-14 τῇσι γυναιξὶ ante ἐκ τοῦ τ. pos. V ‖ 14 εἵνεκεν V : -κα M ‖ πρὸ τοῦ χρόνῳ M : προτέρῳ τοῦ χρόνου V ‖ 15 τεσσεράκοντα M : τεσσαρ- V ‖ 17 δ' M : δὲ V ‖ 18 ἀποδοθῆναι codd. : ἀνταποδ- Erm. ‖ 20 τοιήδε V : τοιαύτη M ‖ τῇσι γυναιξὶ V : τῇ -κὶ M ‖ ὠδῖνι M : ὀδύνῃ V ‖ τὸ αἷμα post ταράσσεται pos. V ‖ 21 τῇ γυναικὶ M : τῆς -κὸς V ‖ πάνυ M : πᾶν V ‖ 23 ἔξω V : om. M add. ἔπειτα τὸ παιδίον Zwing.[m] Lind. Mack add. τὸ παιδίον Erm. ‖ δὲ om. M.

lente qui ouvre la voie aux lochies, comme à de l'eau sur une table[1]. Ensuite, après cette humeur, coulent chaque jour les lochies, jusqu'au terme indiqué, en volume une cotyle attique et demi tout d'abord[2], un peu plus un peu moins, selon cette proportion, jusqu'à ce qu'elles finissent. **4** Le sang coule comme celui d'une victime, si la femme se porte bien et continue à bien se porter, et il se coagule vite. Si elle ne se porte pas bien et continue à ne pas bien se porter, les lochies coulent moins, elles ont moins bonne apparence et ne se coagulent pas vite. Voilà ce qu'il en est. Si une femme enceinte a quelque maladie sans parenté avec les lochies, elle meurt ; si les lochies ne viennent pas les premiers jours, que la femme soit ou non bien portante, mais qu'ensuite le flux se déclare[3] brusquement, soit par médicament, soit spontanément, les lochies couleront en proportion des jours où elles n'ont pas coulé au début[4]. En effet, si une femme n'a pas de lochies, elle aura une maladie grave et risquera de mourir si on ne la soigne rapidement et qu'on ne lui fasse venir les lochies. **5** J'ai introduit ces considérations pour montrer que chez l'embryon la distinction des membres apparaît au plus tard pour la fille en quarante-deux jours et pour le garçon en trente. La preuve, c'est que les lochies sont au plus

1. Cf. ch. LI, 9.

2. Le passage parallèle des *Maladies des femmes* (L 72, début) appuie la leçon de M, et là le manuscrit θ est témoin du texte. — W. Capelle cite ce texte comme exemple d'indication chiffrée précise (*Hippokrates*, Zurich, 1955, p. 23), mais L. Bourgey (*o. l.*, p. 178, n. 2) constate que ce volume est fortement exagéré ; il attribue l'erreur à la coagulation du sang qui augmente le volume. C'est prêter à l'auteur un souci d'exactitude scientifique que rien n'autorise. Nous pensons qu'il n'a pas sérieusement contrôlé cette mesure : il l'estime en fonction de la valeur qu'il attribue aux règles comme nourriture de l'enfant. En *Maladies des femmes*, I, 6, les règles sont évaluées à environ deux cotyles attiques.

3. La forme ἐσσυθῇ donnée par les manuscrits et conservée par les éditeurs est impossible ; ἐσσεύω n'est attesté nulle part et ferait contresens. On pourrait aussi restituer le simple συθῶ ; cf. *Maladies des femmes*, I, 36, et II, 138.

4. Ce n'est pas le sens ordinaire de ἐς ἅπαξ, mais il paraît s'imposer.

τώδης· καὶ ὑφήγησις ἐγένετο τούτῳ, ὥσπερ ὕδατι ἐπὶ τραπέζης· ἔπειτα δὲ μετ' ἐκεῖνον ἀνὰ πάσας τὰς ἡμέρας χωρεῖ ἡ κάθαρσις, ἕως τοῦ εἰρημένου χρόνου, πλῆθος Ἀττικὴ κοτύλη ὅλη καὶ ἡμίσεα τὸ πρῶτον, ἢ ὀλίγῳ πλεῖον ἢ ὀλίγῳ ἔλασσον, κατὰ λόγον τούτου μέχρι λήξῃ. **4** Χωρεῖ δὲ αἷμα οἷον ἀπὸ ἱερείου, ἢν ὑγιαίνῃ ἡ γυνὴ καὶ μέλλῃ ὑγιαίνειν, καὶ ταχὺ πήγνυται· ἢν δὲ μὴ ὑγιαίνῃ ἡ γυνὴ μηδὲ μέλλῃ ὑγιαίνειν, χωρεῖ ἡ κάθαρσις ἐλάσσων καὶ εἶδος πονηροτέρη, καὶ οὐ ταχὺ πήγνυται. Ὧδε δὲ τοῦτ' ἔχει· ἤν τι ἡ γυνὴ ἐν γαστρὶ ἔχουσα νόσημα ἔχῃ μὴ συγγενὲς ἐὸν τῇ λοχείῃ καθάρσει, ἀπόλλυται· ἢν δὲ μὴ ἀποκαθαίρηται ἐν τῇσι πρόσθεν ἡμέρῃσιν [ἐν γαστρὶ ἔχουσα] εὐθὺς ὑγιεινὴ ἐοῦσα εἴτε μή, ἐκσυθῇ δέ οἱ ἡ κάθαρσις, εἴτε ὑπὸ φαρμάκων εἴτε καὶ αὐτομάτη ἐξαίφνης, κατὰ λόγον τῶν ἡμερέων χωρήσει ὧν οὐ χωρεῖ ἐς ἅπαξ· ἢν γὰρ μὴ ἀποκαθαίρηται τὰ λόχια ἡ γυνή, νοῦσος αὐτῇ μεγάλη ἔσται, καὶ κινδυνεύσει ἀποθανεῖν, ἢν μὴ μελεδαίνηται ἐν τάχει καί τις αὐτῇ ὑπάγῃ τὴν κάθαρσιν. **5** Ταῦτα ἐσηνεγκάμην ὧδε διὰ τοῦτο, ὅκως ἀποφαίνω ὅτι τῶν παιδίων γίνεται ἡ διάκρισις τῶν μελέων ἡ μακροτάτη ἐπὶ μὲν τῇ κούρῃ ἐν τεσσεράκοντα καὶ δυοῖν ἡμέρῃσιν, ἐπὶ δὲ τῷ κούρῳ ἐν τριήκοντα· ἱστόριον ἡ κάθαρσις τῶν λοχίων, ὅτι ἐπὶ μὲν τῇ κούρῃ γίνεται ἐν 504
τεσσεράκοντα καὶ δυοῖν ἡμέρῃσιν, ἐπὶ δὲ τῷ κούρῳ ἐν

1 τούτῳ recc. : τοῦτο (ὥ σπερ) M τούτου V ‖ 3 ἡ om. V ‖ 4 ὅλη καὶ M : ἢ ὅλη ἢ καὶ V ‖ ἡμίσεα Joly : -σεια MV ‖ 5 πλεῖον V : πλείων M Erm. ‖ ἔλασσον V : -άσσων M Erm. ‖ μέχρι λήξῃ Joly : μ. ἂν λήξῃ M μ. λήξει V ‖ 6 ὑγιαίνῃ M : ὑγιηρὴ ᾖ V ‖ 7 μέλλῃ V : ἢν μ. M ‖ ὑγιαίνῃ — 8 ὑγιαίνειν om. M ‖ 8 ὑγιαίνῃ recc. : ὑγιηρὴ V ‖ ἐλάσσων V : -σσω M ‖ 9 πήγνυται M : -υμένη V ‖ ὧδε M : οὕτω V ‖ 11 ἐὸν τῇ λοχείῃ V : ἐν τῇ λοχίῳ M ‖ 12-13 ἐν γ. ἔχουσα secl. Littré ‖ 13 ἐκσυθῇ Joly : ἐσσ- MV ‖ 16 γὰρ MV : δὲ Erm. ‖ τὰ M : καὶ τὰ V ‖ 18 καί τις αὐτῇ ὑπάγῃ Joly : κ. τ. α. ὑπάγει M κ. αὖτις αὐτῇ ὑπάγει V καί τις ὑπάγῃ Erm. καὶ αὖθις αὐτῇ ἐπάγῃ Littré ‖ 19 ἐσηνεγκάμην Joly : εἰσ- MV ‖ 20 ἀποφαίνω M : -φανῶ V -ήνω recc. ‖ 21 τεσσεράκοντα M : τεσσαρ- V ‖ 22 τριήκοντα MV : τρ. ἡμέρῃσιν recc. edd. ‖ ἱστόριον — 24 δυοῖν om. V ‖ 24 τεσσεράκοντα Joly : τεσσαρ- codd.

de quarante-deux jours pour la fille et de trente pour le garçon. Mais je vais répéter la chose pour plus de clarté. Je dis qu'il y a correspondance ; en effet, à la semence dans la matrice, pendant quarante-deux jours, très peu de sang vient de la femme enceinte d'une fille : c'est pendant ce laps de temps que s'articulent les membres de l'enfant ; quand c'est un garçon, il en va de même pendant trente jours. **6** Voici une autre preuve de l'exactitude du fait. Les premiers jours que la semence est tombée dans la matrice, très peu de sang y vient de la femme ; ensuite, plus. En effet, s'il en venait beaucoup à la fois dès le début, la semence ne pourrait respirer, mais serait étouffée par l'afflux de sang. La correspondance est inverse pour les lochies : au début, elles sont très abondantes, puis elles diminuent de plus en plus jusqu'à la fin. **7** Beaucoup de femmes ont avorté d'un garçon avant trente jours : l'embryon n'était pas articulé ; mais à trente jours ou après, il l'était. Et quand on avorte d'une fille, l'articulation des membres apparaît en rapport avec les quarante-deux jours[1]. L'avortement arrivé plus tôt ou plus tard montre donc par raisonnement et nécessité que l'articulation se produit pour la fille en quarante-deux jours et pour le garçon en trente : les fausses couches et les lochies le prouvent[2].

1. Cette distinction est purement chimérique et ne repose que sur le préjugé enraciné de l'infériorité de la femme. On voit ici notamment combien l'observation préscientifique est précaire devant un préjugé qui l'oriente et la domine.

Les deux preuves concrètes que l'auteur prétend apporter pour étayer sa doctrine de la formation plus lente de l'embryon femelle sont absolument fausses. Cf. notre *Niveau de la science hippocratique*, p. 113-114 : « L'auteur croit en toute bonne foi déduire soigneusement la durée de formation du fœtus de la durée des lochies et de la date des fausses couches. C'est pourtant bien le contraire qu'il fait en réalité, décidant de la date d'une fausse couche d'après la théorie qu'il s'est faite de la formation de l'embryon. »

2. La répétition est typique du style archaïque et en particulier de la prose scientifique naissante.

τριήκοντα ἡμέρῃσιν ἡ χρονιωτάτη. Μέλλω δὲ τὸ δεύτερον νῦν ὀνομάζειν σαφηνίης εἵνεκα· φημὶ γὰρ ἀνταποδίδοσθαι, ὅτι ἐν τῇσι μήτρῃσιν ἐνεούσῃ τῇ γονῇ ἐλάχιστον αἷμα ἔρχεται ἀπὸ τῆς γυναικὸς ἐπὶ τὰς μήτρας θῆλυν γόνον ἐχούσης ἐν τεσσεράκοντα καὶ δύο ἡμέρῃσιν· ἐν γὰρ ταύτῃσι τῇσιν ἡμέρῃσι διαρθροῦται τὰ μέλεα τῶν παιδίων· ἀπὸ δὲ τούτου τοῦ χρόνου ἐπὶ πλεῖον ἔρχεται τὸ αἷμα· καὶ ἐπὶ τῷ κούρῳ κατὰ λόγον τῶν τριήκοντα ἡμερέων ὧδε ἔχει. **6** Ἕτερον ἱστόριον τόδε, ὅτι ταῦτά ἐστιν ἀληθέα· τῇσι πρώτῃσι τῶν ἡμερέων ὁκόταν ἡ γονὴ ἐς τὰς μήτρας πέσῃ, ἐλάχιστον αἷμα ἔρχεται ἀπὸ τῆς γυναικὸς ἐς τὰς μήτρας, ἔπειτα δὲ ἐπὶ πλεῖον· εἰ γὰρ ἀθρόον καὶ πολὺ ἔλθοι ἐς ἅπαξ, οὐκ ἂν δύναιτο ἡ γονὴ πνοὴν ἔχειν, ἀλλ' ἀποπνιγείη ἂν τοῦ αἵματος ἰόντος πολλοῦ. Ἀνταποδίδοται δ' ἐν τῇ καθάρσει τοὐναντίον· χωρεῖ γὰρ ἡ κάθαρσις τῶν λοχίων ἐν τῇσι πρώτῃσι τῶν ἡμερέων πλείστη, εἶτ' ἐπ' ἐλάσσω, ἕως λήξει. **7** Πολλαὶ δ' ἤδη γυναῖκες διέφθειραν κοῦρον ὀλίγῳ πρόσθεν τριήκοντα ἡμερέων, καὶ ἄναρθρον ἐφαίνετο· ὁκόσα δὲ ὕστερον ἢ ἅμα τῇσι τριήκοντα ἡμέρῃσι, διηρθρωμένα ἐφαίνετο ἐόντα· καὶ ἐπὶ τῇ κούρῃ κατὰ λόγον τῶν τεσσεράκοντα καὶ δύο ἡμερέων, ὁκόταν διαφθαρῇ, φαίνεται ἡ διάρθρωσις τῶν μελέων· ἤν τε πρόσθεν φθαρῇ τὸ παιδίον ἤν τε ὕστερον, ὧδε φαίνεται καὶ λόγῳ καὶ ἀνάγκῃ ἡ διάρθρωσις ἐοῦσα, ἐπὶ μὲν τῇ κούρῃ ἐν τεσσεράκοντα καὶ δύο ἡμέρῃσιν, ἐπὶ δὲ τῷ κούρῳ ἐν τριήκοντα· ἱστορέουσι γὰρ αἱ ἐξαμβλώσιες τῶν παιδίων καὶ τῶν λοχίων αἱ καθάρσιες.

1 δὲ M : δὴ V ‖ 2 σαφηνίης recc. : -νείης M -νείας V ‖ 4 γόνον Littré : γονὴν MV ‖ 5 τεσσεράκοντα M : τεσσαρ- V ‖ δύο MV (καὶ δύο post ἡμέρῃσιν pos.) : δυοῖν recc. ‖ 6 τῇσι ἡμέρῃσιν om. recc. ‖ 8 καὶ om. V ‖ κούρῳ MV : κούρῳ πάλιν recc. ‖ 9 ὧδε ἔχει secl. uoluit Erm. ‖ 10 ἀληθέα ante ἐστι pos. V ‖ ἐς M : ἐπὶ V ‖ 13 ἔλθοι M : -θῃ V ‖ 17 λήξει V : -ξῃ M ‖ 17-18 δ' ἤδη γυναῖκες MV : δὲ γ. ἤδη recc. ‖ 20 τριήκοντα : τριακ- Gal. ‖ 21 τεσσεράκοντα M : τεσσαρ- V ‖ 23 ἤν : καὶ ἤν Erm. ‖ πρόσθεν V : -σθε M ‖ 25 τεσσεράκοντα M : τεσσαρ- V.

8 L'embryon femelle se solidifie et s'articule plus tard : la raison en est que la semence de la femelle est plus faible et plus humide que celle du mâle : il est fatal d'après ce raisonnement que l'embryon femelle se solidifie plus tard que le mâle et pour cette raison aussi, les lochies coulent plus longtemps pour une fille que pour un garçon[1]. Je reprends maintenant mon exposé où je l'ai laissé.

Os, veines, nerfs.

XIX. **1** Quand l'enfant est articulé, les formes des membres, à mesure qu'il se développe, deviennent plus fermes ; les os durcissent et se creusent : cela arrive grâce au souffle. Comme les os sont creux, ils attirent à eux la partie la plus grasse du sang et des chairs. Avec le temps, les extrémités des os se ramifient à leur tour, comme les extrémités de l'arbre sont les dernières à se ramifier[2]. Ainsi, chez l'enfant, se séparent les doigts des mains et des pieds. **2** Ensuite, les ongles poussent aux extrémités. En effet, toutes les veines du corps humain se terminent aux doigts des mains et des pieds. Les veines les plus épaisses sont celles du corps et de la tête ; ensuite, celles des jambes, des bras et des avant-bras ; mais dans les pieds et les mains, les veines sont les plus fines, les plus serrées et les plus nombreuses, les nerfs, les plus fins, les plus serrés et les os les plus courts, les plus serrés et les plus nombreux[3], et c'est surtout le cas pour les doigts des mains et des pieds. **3** Comme les doigts ont des os, des veines et des nerfs serrés et petits, leurs ongles poussent minces et serrés ; ils ferment les extrémités des veines de sorte que ces

1. On peut juger, ici et ailleurs, la grande cohérence du système qualitatif de l'auteur, qui est loin d'être un isolé, et quel degré d'évidence il apporte avec lui. Toujours aussi la répétition, technique à demi consciente qu'il y aurait lieu d'étudier de plus près, car c'est dans cette œuvre, à notre avis, qu'elle s'affirme le plus obstinément.

2. Sur ce thème, cf. *Notice*, p. 30.

3. M, que nous suivons, donne un texte assez différent de celui qui est admis, en partie en suivant V, par nos prédécesseurs.

8 Αἴτιον δ' ἐστὶν ὅτι τὸ θῆλυ πήγνυται ὕστερον καὶ ἀρθροῦται, ὅτι ἡ γονὴ ἀσθενεστέρη ἐστὶ καὶ ὑγροτέρη τῆς θηλέης ἢ τοῦ ἄρσενος · καὶ ἀνάγκη ἐστὶ κατὰ τοῦτον τὸν λόγον ὕστερον τὸ θῆλυ πήγνυσθαι ἢ τὸ ἄρσεν · καὶ ἡ κάθαρσις χρονιωτέρη τούτου εἵνεκεν ἐπὶ τῇ θηλέῃ 506 γίνεται ἢ ἐπὶ τῷ ἄρσενι. Ἀναβήσομαι δὲ αὖτις ὀπίσω ὅθεν ἀπέλιπον.

XIX. **1** Ὁκόταν δὲ διαρθρωθῇ τὸ παιδίον, τὰ εἴδεα τῶν μελέων, αὐξομένου αὐτοῦ, τά τε ὀστέα ἐπισκληρότερα γίνεται καὶ κοιλαίνεται · καὶ ταῦτα ὑπὸ τοῦ πνεύματος γίνεται · κοῖλα δὲ ἐόντα ἕλκει ἐς ἑωυτὰ ἀπὸ τῶν σαρκῶν τοῦ αἱμάλωπος τὸ πιότατον. Καὶ χρόνῳ διοζοῦται αὖτις τὰ ἄκρα τῶν ὀστέων, ὥσπερ δενδρέου τὰ ἀκρότατα ὕστατα ὀζοῦται · οὕτω καὶ τοῦ παιδίου διίστανται ἀπ' ἀλλήλων οἱ δάκτυλοι τῶν χειρῶν καὶ τῶν ποδῶν. **2** Ἐπὶ δ' αὖ τῶν ἄκρων οἱ ὄνυχες φύονται · τελευτῶσι γὰρ αἱ φλέβες αἱ τοῦ ἀνθρώπου πᾶσαι ἐς τοὺς δακτύλους τῶν ποδῶν καὶ τῶν χειρῶν, καὶ παχύταται μέν εἰσιν αἱ ἐν τῷ σώματι φλέβες καὶ ἐν τῇ κεφαλῇ, ἔπειτα δὲ ἐν τοῖσι σκέλεσι καὶ τοῖσι βραχίοσι καὶ τοῖσι πήχεσιν, ἐν δὲ τοῖσι ποσὶ καὶ τῇσι χερσὶ λεπτόταται καὶ πυκνόταται καὶ πλεῖσται φλέβες εἰσὶ καὶ νεῦρα λεπτότατα καὶ πυκνότατα, καὶ ὀστέα ἐλάχιστα μεγέθει καὶ πυκνότατα καὶ πλεῖστα · τῶν δὲ χειρῶν καὶ τῶν ποδῶν ἐν τοῖσι δακτύλοισι ταῦτα μάλιστά ἐστιν. **3** Ἐκ δὲ τῶν δακτύλων ἅτε πυκνὰ ἐχόντων ὀστέα σμικρὰ καὶ φλέβας καὶ νεῦρα οὕτως, οἱ ὄνυχες φύονται ἐξ αὐτῶν λεπτοὶ καὶ πυκνοί · καὶ ἀπολαμβάνουσι τῶν

2 ἀρθροῦται MV : διαρ- recc. edd. ‖ 3 θηλέης Joly : -λείης MV ‖ 4 τὸ θῆλυ πήγν- MV : πήγν- τὸ θ. recc. ‖ 5 θηλέῃ Joly : -λείῃ MV ‖ 6 αὖτις Joly : -θις MV ‖ 7 ἀπέλιπον V : -λειπον M ‖ 12 αἱμάλωπος M : αἵματος V ‖ αὖτις Joly : -θις VM ‖ 14 οὕτω : καὶ οὕτω Erm. ‖ 19 pr. καὶ MV : καὶ αἱ recc. fortasse recte ‖ ἔπειτα δὲ : ἔπ- δὲ αἱ Erm. ‖ 20 πήχεσιν V : -σι M ‖ 22 πυκνότατα M : πυκν- καὶ πλεῖστα V edd. ‖ 22-23 καὶ ὀστέα — πλεῖστα om. V (καὶ πυκν- καὶ πλεῖστα om. edd.) ‖ 23 μεγέθει : -εθῆ M τῷ μεγέθει recc. ‖ 24 ἐν M : καὶ V.

dernières ne se développent plus et ne saillent pas l'une sur l'autre. Il ne faut pas s'étonner non plus que les ongles, aux extrémités du corps, soient très denses : ils proviennent de ce qu'il y a de plus dense.

La pilosité.

XX. **1** En même temps que les ongles poussent, les cheveux prennent racine dans la tête. Voici ce qu'il en est de la nature des poils. Ils poussent très grands et très nombreux là où l'épiderme est le plus poreux[1] et où le poil trouve une humidité suffisante pour sa nourriture. Là où l'épiderme devient poreux tardivement, les poils poussent tardivement, au menton, au sexe et ailleurs. **2** En effet, avec le sperme qui se forme, la chair et l'épiderme deviennent poreux, les veines s'ouvrent plus qu'auparavant ; car chez le garçon, les veines étant minces, le sperme n'y passe pas ; la même explication convient pour les règles chez les filles. La voie s'ouvre en même temps pour les règles et le sperme ; le sexe du garçon et de la fille se couvre de poils quand l'épiderme est devenu poreux ; alors aussi, le poil trouve une humidité suffisante pour sa nourriture, et non plus trop peu. **3** Il en va de même pour le menton de l'homme : l'épiderme aussi devient poreux quand l'humidité y vient de la tête. Non seulement dans le coït, mais dans l'entretemps, le poil trouve une humidité suffisante pour sa nourriture, surtout lorsque le temps est venu pour l'humeur de descendre, pendant le coït, de la tête au menton, sans aller jusqu'à la poitrine. **4** Voici une preuve de ce que les poils poussent sur les parties les plus poreuses de l'épiderme. Si quelqu'un voulait bien se

1. Aristote donne des explications analogues : *Génér. an.*, I, 728 b 26 et V, 3, 782 a 27 : « La grosseur ou la finesse des poils dépendent surtout de la peau. Celle-ci est épaisse chez les uns, mince chez d'autres, poreuse chez ceux-ci, serrée chez ceux-là. Une autre cause agit simultanément : c'est la différence d'humidité qu'elle renferme. Cette humidité est tantôt de la graisse, tantôt de l'eau... » (trad. Louis). Cf. *Épidémies*, VI, 3, 11 (L V 298, 2).

φλεβῶν τὰ ἄκρα, ὥστε μηκέτι αὔξεσθαι αὐτὰς μηδὲ προέχειν ἑτέρην ἑτέρης· ὥστε μὴ θαυμάζειν ὅτι οἱ ὄνυχες ἐξωτάτω τοῦ σώματος πυκνότατοί εἰσιν· ἐκ γὰρ τῶν πυκνοτάτων εἰσίν.

XX. **1** Ἅμα δὲ τοῖσιν ὄνυξι καὶ αἱ τρίχες ἐν τῇ κεφαλῇ ῥιζοῦνται· ἔχει δὲ ὧδε τὰ ἀμφὶ τῶν τριχῶν τῆς φύσιος· φύονται γὰρ μέγισται καὶ πλεῖσται, ὅκου τοῦ σώματος ἡ ἐπιδερμὶς ἀραιοτάτη ἐστὶ καὶ ὅκου ἡ θρὶξ μετρίην 508
ἰκμάδα ἐς τὴν τροφὴν ἔχει. Καὶ ὅκου ἡ ἐπιδερμὶς ὕστερον ἀραιὴ γίνεται, ἐκεῖ καὶ ὕστερον αἱ τρίχες φύονται, ἐπί τε τῷ γενείῳ καὶ τῇ ἥβῃ καὶ εἴ που ἄλλοθι. **2** Ἅμα γὰρ τῷ γόνῳ γινομένῳ ἡ σὰρξ ἀραιὴ γίνεται καὶ ἡ ἐπιδερμίς, καὶ τὰ φλέβια στομοῦται μᾶλλον ἢ ἐν τῷ πρὶν χρόνῳ· παιδὶ γὰρ ἐόντι λεπτῶν τῶν φλεβίων ἐόντων, οὐκ ἐκχωρεῖ δι' αὐτῶν ἡ γονή· καὶ τῇσι παρθένοισι περὶ τῶν καταμηνίων ωὑτὸς λόγος· ἅμα δὲ ὁδὸς προσγίνεται καὶ τοῖσι καταμηνίοισι καὶ τῇ γονῇ [τῇσι παρθένοισι]· καὶ τριχοῦται ἡ ἥβη τοῦ παιδὸς καὶ τῆς παρθένου, ἀραιῆς τῆς ἐπιδερμίδος γενομένης· καὶ ἅμα ἡ θρὶξ ἰκμάδα μετρίην ἐς τὴν τροφὴν ἔχει καὶ οὐκ ἐλάσσονα. **3** Οὕτω δὲ καὶ ἐπὶ τοῦ γενείου τοῦ ἀνδρὸς ἔχει· ἀραιὴ γὰρ γίνεται καὶ ἡ ἐπιδερμίς, χωρεούσης ἐς αὐτὴν τῆς ἰκμάδος ἀπὸ τῆς κεφαλῆς· ἅμα μὲν γὰρ καὶ ἐν τῇ λαγνείῃ, ἅμα δὲ καὶ ἐν τῷ μεταξὺ χρόνῳ ἡ θρὶξ μετρίην ἔχει τὴν ἰκμάδα ἐς τὴν τροφὴν τότε μάλιστα, ὁκόταν χρόνος ἐγγένηται τῷ ὑγρῷ ἀπὸ τῆς κεφαλῆς καταβαίνοντι ἐν τῇ λαγνείῃ καὶ ἀπέχοντι ἀπὸ τῶν στηθέων, ἐπὶ τὸ γένειον. **4** Σημήϊον δὲ ὅτι ἐν τοῖσιν ἀραιοτάτοισι τῆς ἐπιδερμίδος φύονται αἱ τρίχες· εἴ τις ἐθέλοι ἐπικαῦσαι τὴν ἐπιδερμίδα καὶ φλύκταιναν μοῦνον

7 γὰρ MV : μὲν γὰρ recc. || 9 ἔχει M : ἴσχει V || 10 ἐκεῖ καὶ recc. Littré : καὶ ὁκοῦ MV || ἐπί V : ἐπεί M || 17 τῇσι παρθένοισι del. Littré || 26 καὶ ἀπέχοντι ἀπὸ Lind. : ἀπ- ἀπὸ Erm. ἀπέχον ἀπὸ V ἀπέχων ἀπὸ M ἀπεχόντων Littré.

brûler superficiellement l'épiderme, y faire seulement une ampoule et la guérir[1], l'épiderme, devenu dense à l'endroit de la cicatrice, ne laissera plus pousser les poils. Ceux qui deviennent eunuques dans l'enfance n'ont de poils ni au sexe ni au menton et sont entièrement glabres parce que[2] la voie du sperme ne s'étant pas ouverte ne rend pas l'épiderme poreux sur toute la peau ; en effet, la voie du sperme est fermée, comme je l'ai dit plus haut. **5** Les femmes sont glabres au menton et sur le corps parce que, dans le coït, l'humeur chez elles n'est pas agitée comme celle de l'homme et ne rend donc pas l'épiderme poreux. Ceux qui deviennent chauves sont des pituiteux. Le flegme, pendant le coït, s'agite et s'échauffe dans leur tête et, se portant sur l'épiderme, y brûle la racine des cheveux et ces derniers tombent. Les eunuques ne deviennent pas chauves, parce que chez eux il ne se produit pas de mouvement violent et que le flegme, ne s'échauffant pas dans le coït, ne brûle pas la racine des cheveux. **6** Les cheveux blanchissent parce que l'humeur a été longtemps agitée dans le corps, que la partie la plus blanche s'en sépare et se porte vers l'épiderme. Le cheveu, attirant une humeur plus blanche qu'auparavant, devient plus blanc ; l'épiderme aussi, là où il y a des cheveux blancs, est plus blanc qu'ailleurs ; et ceux qui de naissance ont une tache blanche sur la tête ont aussi à cet endroit l'épiderme plus blanc qu'ailleurs. En effet, là se trouve l'humeur la plus blanche. Il en est ainsi : telle est l'humeur que la chair attire, blanche, rousse ou noire, telle aussi est la couleur des cheveux. Voilà ce que j'avais à dire là-dessus. J'en arrive maintenant au reste de mon exposé.

1. Sur la correction de N. Van Brock, cf. *infra*, p. 116, n. 1.

2. Il n'est pas inutile de remarquer que notre auteur, comme toute la pensée préscientifique, s'occupe du *pourquoi* des phénomènes bien plus que du *comment*, véritable objet de la science. Ce travers est plus sensible encore, on le sait, chez Aristote, dont la biologie est souvent très proche de celle des médecins, ses prédécesseurs, mais est envahie par un finalisme anthropomorphique qui n'apparaît pas dans le *Corpus* hippocratique. Cf. notre article, *La biologie d'Aristote*, Revue philosophique, 1968, p. 219-253.

ποιῆσαι καὶ ὑγιάσαι, πυκνὴ γενομένη ἡ ἐπιδερμὶς κατὰ τὴν οὐλὴν τὰς τρίχας οὐκ ἐκφύσει. Ὁκόσοι δὲ εὐνοῦχοι παῖδες ἐόντες γίνονται, διὰ τοῦτ' οὔθ' ἡϐῶσιν, οὔτε γενειῶσι, λεῖοί τε γίνονται ὅλοι, ὅτι ἡ ὁδὸς τῇ γονῇ οὐκ ἐπιγενομένη οὐκ ἀραιοῖ τὴν ἐπιδερμίδα ἐπὶ τῷ σύμπαντι δέρματι· ἀπολέλαπται γὰρ ἡ ὁδὸς τῆς γονῆς, ὥσπερ μοι εἴρηται ὀλίγῳ πρότερον. **5** Καὶ αἱ γυναῖκες δὲ λεῖαι γίνονται τό τε γένειον καὶ τὸ σῶμα, ὅτι ἐν τῇ λαγνείῃ σφέων τὸ ὑγρὸν οὐχ ὁμοίως κλονεόμενον ὡς τὸ τοῦ ἀνδρὸς 510
τὴν ἐπιδερμίδα οὐ ποιεῖ ἀραιήν. Ὁκόσοι δὲ φαλακροὶ γίνονται, οὗτοι δὴ φλεγματώδεις εἰσί· καὶ ἐν τῇ κεφαλῇ αὐτῶν ἅμα τῇ λαγνείῃ κλονεόμενον καὶ θερμαινόμενον τὸ φλέγμα, προσπῖπτον πρὸς τὴν ἐπιδερμίδα καίει τῶν τριχῶν τὰς ῥίζας, καὶ ἐκρέουσιν αἱ τρίχες· οἱ δὲ εὐνοῦχοι διὰ τοῦτο οὐ γίνονται φαλακροί, ὅτι σφέων οὐ γίνεται κίνησις ἰσχυρή, οὐδὲ θερμαινόμενον τὸ φλέγμα ἐν τῇ λαγνείῃ καίει τῶν τριχῶν τὰς ῥίζας. **6** Αἱ δὲ πολιαὶ διὰ τοῦτο γίνονται, ὅτι ἐν πολλῷ χρόνῳ διακινευμένου τοῦ ὑγροῦ ἐν τῷ ἀνθρώπῳ, ἀποκρίνεται τὸ λευκότατον καὶ πίπτει πρὸς τὴν ἐπιδερμίδα· καὶ ἡ θρὶξ λευκοτέρην ἰκμάδα ἕλκουσα ἢ ἐν τῷ πρὶν χρόνῳ λευκοτέρη γίνεται, καὶ ἡ ἐπιδερμίς, ὅκου αἱ πολιαί εἰσι, λευκοτέρη τῆς ἄλλης γίνεται· καὶ ὁκόσοι ἐκ γενετῆς πολιόν τι ἔχουσιν ἐν τῇ κεφαλῇ, κείνοισιν ἡ ἐπιδερμίς, ὅκου αἱ πολιαί εἰσι, λευκοτέρη τῆς ἄλλης ἐστίν· ἐκεῖ γὰρ τὸ λευκότατον ὑγρόν ἐστιν. Ἔχει δὲ καὶ τόδε ὧδε· ὁκοίην ἂν ἡ σὰρξ ἰκμάδα ἕλκῃ, ἥν τε λευκὴν ἥν τε πυρρὴν ἥν τε μέλαιναν, τοιαύτη τὴν χροιὴν καὶ ἡ θρὶξ γίνεται. Ταῦτα δέ μοι ἐς τοῦτο εἴρηται. Ἐλεύσομαι δὲ αὖτις ἐς τὸ ἐπιλειπὲς τοῦ λόγου.

1 ὑγιάσαι Van Brock : -ῆναι MV ‖ 2 ἐκφύσει V : -σεται M ‖ 5 οὐκ V : οὐχ M ‖ 6 δέρματι MV Littré : σώματι Zwing.[m] Erm. ‖ 11 δὴ recc. : δὲ MV ‖ φλεγματώδεις Joly : -δεες MV ‖ 14 τὰς ῥίζας recc. Littré : τὴν ῥίζαν MV ‖ 18 διακινευμένου Joly : διικνευμένου MV ‖ 21 ἕλκουσα M : ἔχουσα V ‖ 22 εἰσι V : -σιν M ‖ 23 γενετῆς M : γενεῆς V ‖ 29 αὖτις Joly : -θις MV ‖ ἐς recc. : εἰς MV ‖ ἐπιλειπὲς Zwing.[m] : ἀπολειπὲς M ἀπολιπὲς V ἐπιλιπὲς Erm.

Premiers mouvements ; formation du lait.

XXI. **1** Lorsque les extrémités du corps de l'enfant se sont ramifiées extérieurement et que les ongles et les cheveux sont enracinés, alors il commence à se mouvoir : ce qui a lieu pour le garçon à trois mois, pour la fille, à quatre ; c'est du moins ainsi que cela se passe le plus généralement, mais il y a des enfants qui se meuvent avant ce terme. Le garçon se meut plus tôt[1] parce qu'il est plus fort que la fille, comme il se solidifie plus tôt, parce que le mâle provient d'une semence plus forte et plus épaisse que la femelle. **2** Lorsque l'enfant se meut, alors aussi le lait fait son apparition chez la mère ; les seins se soulèvent et leur bout est gonflé, mais le lait ne coule pas. Chez les femmes à chair dense, le lait apparaît et coule plus tard ; chez les femmes à chair lâche, plus tôt. Voici pour quelle raison nécessaire le lait se forme. Lorsque la matrice gonflée par l'enfant fait pression sur le ventre de la femme et que cette pression se produit alors que le ventre est plein, la partie la plus grasse des aliments et des boissons s'épanche[2] vers l'épiploon et la chair. **3** C'est comme si quelqu'un frottait une peau avec beaucoup d'huile, la laissait s'en imbiber et qu'ensuite il pressait la peau : l'huile s'épancherait de la peau ; de même, quand le ventre contient des matières grasses provenant des aliments et des boissons et est comprimé par la matrice, la graisse s'épanche vers l'épiploon et la chair. Et si la femme a la chair lâche, elle ressent plus vite cet épanchement ; sinon, plus tardivement. Les

1. Tout ce chapitre et le suivant offrent des exemples caractéristiques du style archaïque, qui reprend au début d'une phrase les mots importants de la précédente. Il est dommage que B. A. van Groningen n'ait pas commenté cette œuvre dans son étude sur *La composition littéraire archaïque grecque*, Amsterdam, 1958, alors qu'il passe en revue, mais trop brièvement, une dizaine d'œuvres hippocratiques, parfois moins caractéristiques.

2. Il nous paraît abusif de remplacer, comme Littré, les composés de πηδάω et de πήδησις dans toute cette page par les composés de πιδύω et de πίδυσις, qui sont loin d'être mieux attestés à l'époque.

XXI. **1** Ὅταν δὲ δὴ τὰ ἄκρα τοῦ σώματος τοῦ παιδίου ὀζωθῇ ἔξω, καὶ οἱ ὄνυχες καὶ αἱ τρίχες ῥιζωθέωσιν, τότε δὴ καὶ κινεῖται, καὶ ὁ χρόνος ἐς τοῦτο γίνεται τῷ μὲν ἄρσενι τρεῖς μῆνες, τῇ δὲ θηλέῃ τέσσερες· ὧδε γὰρ ὡς ἐπὶ τὸ πλεῖστον συμβαίνει· ἔστι δὲ ἃ καὶ πρόσθεν τῶν παιδίων τούτου τοῦ χρόνου κινεῖται. Κινεῖται δὲ πρόσθεν τὸ ἄρσεν, ὅτι ἐστὶν ἰσχυρότερον τοῦ θήλεος· καὶ πρόσθεν πήγνυται τὸ ἄρσεν, ἀπὸ γὰρ ἰσχυροτέρης καὶ παχυτέρης γονῆς γίνεται τὸ ἄρσεν τοῦ θήλεος. **2** Ὁκόταν δὲ κινηθῇ τὸ ἔμβρυον, τότε δὴ καὶ τὸ γάλα ἐπισημαίνει τῇ μητρί· οἱ γὰρ μαζοὶ αἴρονται, καὶ αἱ θηλαὶ ὀργῶσι· τὸ δὲ γάλα 512
οὐ χωρεῖ· καὶ τῇσι μὲν πυκνοσάρκοισι τῶν γυναικῶν ὕστερον τὸ γάλα ἐπισημαίνει καὶ ἔρχεται, τῇσι δὲ ἀραιοσάρκοισι πρόσθεν. Δι' ἀνάγκην δὲ τοιήνδε γίνεται τὸ γάλα· ὁκόταν αἱ μῆτραι ὀγκηραὶ ἐοῦσαι ὑπὸ τοῦ παιδίου πιέζωσι τὴν κοιλίην τῆς γυναικός, τῆς δὲ κοιλίης πλήρεος ἐούσης ὁ πιεσμὸς γένηται, ἀποπηδᾷ τὸ πιότατον ἀπό τε τῶν βρωτῶν καὶ τῶν ποτῶν ἔξω ἐς τὸ ἐπίπλοον καὶ τὴν σάρκα· **3** ὥσπερ δέρμα εἴ τις ἀλείψειεν ἐλαίῳ πολλῷ καὶ ἐῴη ἀναπιεῖν, καὶ ἐπὴν ἀναπίῃ, πιέζοι τὸ δέρμα, διαπηδοίη ἂν πιεζομένου τοῦ δέρματος ἔξω τὸ ἔλαιον· οὕτω δὴ καὶ τῆς κοιλίης τὸ πιαρὸν ἐν αὐτῇ ἐχούσης ἀπὸ τῶν βρωτῶν καὶ τῶν ποτῶν, πιεζομένης ὑπὸ τῶν μητρέων, διαπηδᾷ τὸ πῖαρ ἐς τὸ ἐπίπλοον καὶ ἐς τὴν σάρκα. Κἢν ἀραιόσαρκος ᾖ ἡ γυνή, θᾶσσον αἰσθάνεται

2 ῥιζωθέωσιν Joly (-θῶσιν Littré in nota Erm.) : ἐρριζώθησαν MV ‖ 4 θηλέῃ Joly : -λείῃ MV ‖ τέσσερες Joly : -αρες MV ‖ 5 ὡς om. M ‖ συμβαίνει Joly : ξ. MV ‖ 8 τὸ ἄρσεν τοῦ θήλεος om. recc. ‖ 10 καὶ τὸ γάλα ἐπισ- MV : ἐπισ- καὶ τὸ γ. recc. ‖ 14 δι' ἀνάγκην M : διαναγκάζειν V ‖ 16 δὲ κοιλίης Littré : δ' ὁκόταν MV ‖ 17 πιεσμὸς MV : ἐκπ- recc. ‖ ἀποπηδᾷ MV : -πιδύει Littré ‖ 18 τε MV : γε Littré ‖ 20 ἀναπιεῖν M : -πίνειν V ‖ πιέζοι recc. : -ζέοι MV -ζῃ recc. Littré ‖ 21 διαπηδοίη V : -δοιοι M -πιδύοι Littré ‖ πιεζομένου Joly : -ευμένου MV ‖ 23 πιεζομένης Joly : -ευμένης MV ‖ 24 διαπηδᾷ MV : -πιδύει Littré ‖ alt. ἐς om. V.

bêtes qui sont pleines, à moins d'être malades, deviennent plus grasses avec la même boisson et la même nourriture, à cause de ce phénomène ; il en va de même chez la femme. **4** De la graisse échauffée et blanche, la partie qui s'adoucit par la chaleur de la matrice est expulsée et va aux seins ; un peu en va aussi à la matrice à travers les mêmes veines[1]. En effet, les mêmes veines et d'autres analogues vont aux seins et à la matrice. Lorsqu'il en arrive à la matrice, l'enfant en profite un peu et les seins recevant le lait s'emplissent et se gonflent[2]. **5** Au moment de l'accouchement, quand les mouvements ont commencé, le lait afflue aux seins, si la mère nourrit. Voici ce qu'il en est : avec la tettée, les veines qui vont aux seins deviennent plus larges et, devenues plus larges, elles tirent la matière grasse du ventre et la transmettent aux seins. Chez l'homme aussi qui se livre beaucoup au coït, les veines devenues plus larges amènent mieux le sperme[3].

Formation de la plante.

XXII. **1** Voici ce qu'il en est sur ce nouveau point. La nutrition et la croissance de l'enfant a lieu lorsque se trouve dans la matrice ce qui provient de la mère. Et telle est la santé de la mère, bonne ou mauvaise, telle est aussi la santé de l'enfant. De même, les plantes se nourrissent de la terre et telle est la terre, telles sont aussi les plantes. Quand elle a été semée, la graine se remplit de l'humeur qui provient de la terre. Car la terre possède en elle-même toute espèce d'humeur, de manière à nourrir les plantes. **2** Remplie d'humeur, la graine se

1. Aristote croit aussi que du lait va à la matrice (*Génér. an.*, IV, 8, 776 a 27-28). Sa théorie du lait n'est pas très différente de celle de notre auteur : le sang, les règles, nourriture du fœtus, et le lait, tout cela est pour lui à peu près la même chose (cf. *ibid.*, IV, 8, 777 a).

2. Les manuscrits attestent les deux formes αἴρω et ἀείρω ; nous estimons leur coexistence vraisemblable dans l'œuvre qui nous occupe.

3. Λαγνείη paraît pris ici dans un sens plus concret que d'habitude. Galien en fait la remarque dans son *Glossaire* : λαγνείη δηλοῖ ποτε καὶ αὐτὸ τὸ σπέρμα, ὡς ἐν τῷ περὶ παίδων φύσεως · οὕτω δὲ καὶ τὸ λάγνευμα (XIX, 117 K.).

τῆς διαπηδήσιος · εἰ δὲ μή, ὕστερον. Καὶ τὰ ἐν γαστρὶ ἔχοντα κτήνεα, ἢν μή τι νοσῇ, ὑπὸ τοῦ αὐτοῦ ποτοῦ καὶ σίτου πιότερα γίνεται διὰ τοῦτο · ὁμοίως δὲ καὶ ἡ γυνή. **4** Ἀπὸ τοῦ πίονος διαθερμαινομένου καὶ λευκοῦ ἐόντος τὸ γλυκαινόμενον ἀπὸ τῆς θέρμης τῆς ἀπὸ τῶν μητρέων ἀποθλιβόμενον ἔρχεται ἐς τοὺς μαζούς · καὶ ἐς τὰς μήτρας δὲ ὀλίγον ἔρχεται διὰ τῶν αὐτέων φλεβῶν · τείνουσι γὰρ ἐς τοὺς μαζοὺς καὶ ἐς τὰς μήτρας φλέβια ταὐτά τε καὶ παραπλήσια ἄλλα. Καὶ ὁκόταν ἀφίκηται ἐς τὰς μήτρας τοῦ γάλακτος, τὸ παιδίον ἀπ' αὐτοῦ ἐπαυρίσκεται ὀλίγον, οἱ δὲ μαζοὶ δεχόμενοι τὸ γάλα αἴρονται πιμπλάμενοι · **5** καὶ ὁκόταν τέκῃ, ἀρχῆς κινήσιος ὑπογενομένης, χωρεῖ τὸ γάλα ἐς τοὺς μαζοὺς τούτους, ἢν θηλάζῃ. 514 Ἔχει γὰρ οὕτω · θηλαζομένοιν τοῖν μαζοῖν εὐροώτερα γίνεται τὰ φλέβια ἐς τοὺς μαζούς · εὐροώτερα δὲ γενόμενα, ἀπὸ τῆς κοιλίης ἕλκοντα τὸ πιαρόν, τοῖν μαζοῖν διαδιδόασι. Καὶ γὰρ ἀνὴρ ἢν λαγνεύῃ πολλά, εὐροώτερα γινόμενα τὰ φλέβια μᾶλλον ἐπάγει τὴν λαγνείην.

XXII. **1** Ἔχει δὲ καὶ τόδε ὧδε · ἡ τροφὴ καὶ ἡ αὔξησις τῶν παιδίων γίνεται, ὁκόταν ἐν τῇσι μήτρῃσιν ᾖ τὰ ἀπὸ τῆς μητρός · καὶ ὅκως ἂν ἡ μήτηρ ἔχῃ ὑγιείης ἢ ἀσθενείης, ὧδε καὶ τὸ παιδίον ἔχει. Ὥσπερ καὶ τὰ ἐν τῇ γῇ φυόμενα τρέφεται ἀπὸ τῆς γῆς, καὶ ὅκως ἂν ἡ γῆ ἔχῃ, οὕτω καὶ τὰ φυόμενα ἔχει [καὶ τὰ] ἐν τῇ γῇ · τό τε γὰρ σπέρμα ὁκόταν καταβληθῇ ἐς τὴν γῆν, ἰκμάδος πίμπλαται ἀπὸ τῆς γῆς · ἔχει γὰρ ἐν ἑωυτῇ ἡ γῆ ἰκμάδα παντοίην, ὥστε τρέφειν τὰ φυόμενα · **2** ἰκμάδος δὲ πλησθὲν τὸ σπέρμα φυσᾶται

1 διαπηδήσιος MV : -πιδύσιος Littré ‖ εἰ δὲ MV : ἢν δὲ recc. ‖ 3 καὶ M : ἢ V ‖ 4 ἀπὸ MV : ἀπὸ γὰρ recc. Erm. ‖ 5 τὸ recc. : om. MV ‖ 10 τοῦ MV : ἰδέην ἴσχει τοῦ recc. Littré ‖ τὸ παιδίον MV : καὶ τὸ π. recc. edd. ‖ 17 ἀνὴρ MV : καὶ ὁ ἀ. recc. ‖ 18 γινόμενα M : γίνεται V ‖ μᾶλλον M : καὶ μ. V ‖ 20 ὁκόταν ἐν MV : ὅκως ἂν Littré ὅκως ἂν ἐν Erm. ‖ ᾖ Joly (ἔῃ Erm.) : ἴῃ MV Littré ‖ 24 ἔχει recc. : ἔχει καὶ τὰ MV ‖ 25 ἀπὸ τῆς γῆς MV : ἀπ' αὐτῆς recc. ‖ 26 ἑωυτῇ Erm. : αὐτῇ codd.

gonfle et grossit. Le suc[1] le plus léger de la graine est forcé par l'humeur à s'épaissir. Épaissi par le souffle et l'humeur, ce suc devient les feuilles et fait éclater la graine : ce sont les feuilles qui lèvent les premières. Une fois levées, lorsque les feuilles ne peuvent plus se nourrir de l'humeur contenue dans la graine, celle-ci et les feuilles éclatent vers le bas et, poussée par les feuilles, la graine envoie par le bas la partie du suc resté en elle à cause de la pesanteur : (ainsi) naissent les racines qui s'étendent à partir des feuilles[2]. **3** Quand la plante est solidement enracinée par le bas et tire sa nourriture de la terre, alors la graine a déjà disparu et s'est consumée pour la plante, sauf l'enveloppe, qui est très solide. Mais à son tour l'enveloppe pourrit dans la terre et disparaît. Avec le temps aussi, certaines feuilles se ramifient. Née ainsi dans une graine, qui est humide, la plante, tant qu'elle est tendre et aqueuse, hâte sa croissance aussi bien vers le bas que vers le haut et ne peut produire de fruits : elle n'a pas le suc fort et gras qui épaissirait la graine. **4** Quand la plante, avec le temps, est plus solide et mieux enracinée, elle a des veines larges vers le haut et vers le bas, et alors ce qu'elle tire de la terre n'est plus aqueux, mais plus épais, plus gras et plus abondant. Cette humeur, échauffée par le soleil, se met à bouillir aux extrémités et devient le fruit, selon l'espèce à laquelle la plante appartient. **5** De petit, il devient gros, parce que chaque plante tire de la terre plus de suc[3] qu'il n'en a fallu pour sa croissance ; et que l'ébullition se fait non en un point, mais

1. Les digressions botaniques de l'auteur ont cette particularité d'employer δύναμις au sens d' ἰκμάς. C'était déjà le cas, semble-t-il, d'Alcméon (fr. 4, avec la note de M. Timpanaro-Cardini, *Pitagorici*, I, p. 151-152 ; et déjà Fredrich, *Hippokratische Untersuchungen*, p. 33). Comme l'auteur emploie souvent ἰκμάς à côté de δύναμις, nous traduisons ce dernier par « suc ». Littré traduit par « qualité », mais ce français est fort étrange.

2. Aristote affirme le contraire : *Hist. an.*, IV, 10, 686 b 35, et *Génér. an.*, II, 6, 741 b 35 sq.

3. On voit bien ici notamment que δυνάμεις a un sens plus concret que d'ordinaire, mais aussi qu'il reste proche du sens habituel de « puissance », « force ».

καὶ οἰδεῖ · καὶ ἀναγκάζεται ὑπὸ τῆς ἰκμάδος συστρέφεσθαι ἡ δύναμις, ἥ ἐστι κουφοτάτη ἐν τῷ σπέρματι. Συστραφεῖσα δὲ ἡ δύναμις ὑπὸ τοῦ πνεύματος καὶ τῆς ἰκμάδος, φύλλα γενομένη ῥήγνυσι τὸ σπέρμα · καὶ ἀνατέλλει ἔξω πρῶτον τὰ φύλλα. Ἀνατείλαντα δὲ ὁκόταν μηκέτι δύνηται τρέφεσθαι τὰ φύλλα ὑπὸ τῆς ἰκμάδος τῆς ἐν τῷ σπέρματι ἐνεούσης, ῥήγνυται ἐς τὸ κάτω τό τε σπέρμα καὶ τὰ φύλλα, καὶ βιώμενον ὑπὸ τῶν φύλλων μεθίησι τῆς δυνάμιος ἐς τὸ κάτω, ἣ ἐν αὐτῷ ὑπολείπεται διὰ τὴν βαρύτητα · καὶ γίνονται ῥίζαι ἐκ τῶν φύλλων διατεταμέναι· **3** Ὁκόταν δὲ κάτω βεβαίως ῥιζωθῇ τὸ φυέν, καὶ τὴν τροφὴν ἀπὸ τῆς γῆς ποιῆται, τότ' ἤδη ἠφάνισται πᾶν καὶ ἀνήλωται ἐς τὸ φυέν, πλὴν τοῦ λεπυρίου, ὅτι στερεώτατόν ἐστιν, αὖτις δὲ τὸ λεπύριον σαπὲν ἐν τῇ γῇ ἄδηλον γίνεται · 516
χρόνῳ δὲ καὶ ὀζοῦταί τινα τῶν φύλλων. Ἐκ σπέρματος οὖν ἅτε ἀφ' ὑγροῦ γενόμενον, ἕως μὲν ἁπαλὸν ᾖ καὶ ὑδαρές, [καὶ] ἐς αὔξησιν ὡρμημένον καὶ ἐς τὸ κάτω καὶ ἐς τὸ ἄνω, οὐ δύναται τὸν καρπὸν ἐκβάλλειν · οὐ γάρ ἐστιν αὐτῷ δύναμις ἰσχυρὴ καὶ πίειρα, ἐξ ἧς τὸ σπέρμα συστραφήσεται. **4** Ὁκόταν δὲ στερεωθῇ μᾶλλον καὶ ῥιζωθῇ τὸ ἐκπεφυκὸς ὑπὸ χρόνου, τότ' ἤδη καὶ φλέβας ἴσχει εὐρέας καὶ ἐς τὸ ἄνω καὶ ἐς τὸ κάτω · καὶ τότε δὴ ἐκ τῆς γῆς ἕλκεται οὐκ ἔτι ὑδαρές, ἀλλὰ παχύτερον καὶ πιότερον καὶ πλεῖον · τὸ δὴ θερμαινόμενον ὑπὸ τοῦ ἡλίου ἐκζεῖ ἐς τὰ ἄκρα, καὶ γίνεται καρπὸς κατὰ τὸ συγγενὲς ἐξ ὁκοίου καὶ ἐγένετο. **5** Καὶ πολὺς ἐξ ὀλίγου διὰ τόδε γίνεται, ὅτι ἕλκει ἕκαστον τῶν φυομένων ἐκ τῆς γῆς δύναμιν πλείονα ἢ ἐξ οὗ ἐγένετο, καὶ ἐκζεῖ οὐ κατὰ ἕν, ἀλλὰ κατὰ πολλά · ὁκόταν δὲ ὁ καρπὸς ἐκζέσῃ, τρέφεται

10 ῥίζαι MV : αἱ ῥ recc. ‖ 14 αὖτις MV : -θις recc. ‖ 15 δὲ recc. : δὴ MV ‖ 16 οὖν MV : γοῦν recc. ‖ ἕως recc. edd. : τέως MV ‖ 17 ὑδαρές recc. edd. : ὑδ- καὶ MV ‖ 19 πίειρα MV : πιαρὰ Littré ‖ 21 ἐκπεφυκὸς V : πεφ- M ‖ 22 εὐρέας Joly : -ρείας MV ‖ 24 πλεῖον M : πλειόνως V ‖ τὸ δὴ om. V ‖ 25 ἐκζεῖ Joly : -ζέει V -ζῇ M ‖ συγγενὲς Joly : ξ. MV.

en de nombreux points. Après l'ébullition, le fruit est nourri par la plante ; car la plante tire de la terre et transmet au fruit. Le soleil cuit et affermit le fruit, en attirant à lui sa partie la plus aqueuse. Voilà ce que j'avais à dire sur les plantes issues d'une graine, à partir de la terre et de l'eau.

La bouture.

XXIII. **1** Certains végétaux proviennent de rejetons : les arbres proviennent d'arbres de la manière suivante[1]. Le rameau a une plaie à la partie inférieure qui est dans la terre, là où il a été coupé de l'arbre et d'où sortent les racines. Elles sortent de cette façon : quand la partie qui est dans la terre reçoit de l'humeur de la terre, elle gonfle et a du souffle, mais ce qui est au-dessus de la terre n'en a pas encore. Le souffle et l'humeur épaississent à la partie inférieure le suc le plus lourd et font éruption par le bas : il en naît des racines tendres. **2** Quand il a bien pris par le bas, alors il tire l'humeur par la racine et la transmet à la partie qui sort de terre et, à son tour, cette partie supérieure gonfle et a du souffle ; tout le suc léger qui est dans le rameau s'épaissit, devient des feuilles et bourgeonne, et dès lors la croissance se fait aussi bien par le haut que par le bas. Le bourgeonnement se fait donc de façon contraire, selon que les végétaux proviennent de graines ou de rejetons : c'est la feuille qui pousse d'abord de la graine, ensuite les racines sont émises vers le bas, tandis que l'arbre se donne d'abord des racines, et puis des feuilles. **3** La raison est la suivante. Dans la graine même, il y a abondance d'humeur et comme elle se trouve aussi tout entière dans la terre, elle dispose dès le début d'une nourriture suffisante pour la feuille, qui pourra s'en

1. Toute cette digression montre que l'auteur veut donner les éléments d'une « botanique générale ». Il nous reste très peu de chose de ses prédécesseurs en la matière, Empédocle et le pythagoricien Ménestor. Ce dernier n'est connu que par les pauvres citations que fait Théophraste dans ses ouvrages botaniques ; il est probablement postérieur à Empédocle, mais la question a été discutée.

ὑπὸ τοῦ φυομένου · ἕλκον γὰρ τὸ φυόμενον ἀπὸ τῆς γῆς τῷ καρπῷ ἐκδίδωσιν · ὁ δὲ ἥλιος πέσσει καὶ στερεοῖ τὸν καρπόν, τὸ ὑδαρέστατον πρὸς ἑωυτὸν ἕλκων ἀπ' αὐτοῦ. Καὶ ταῦτα μὲν εἴρηταί μοι περὶ τῶν ἐκ σπέρματος φυομένων ἀπὸ τῆς γῆς καὶ ὕδατος.

XXIII. **1** Τὰ δὲ ἐκ φυτευτηρίων, ἀπὸ δενδρέων δένδρεα γίνεται τρόπῳ τοιῷδε · τραῦμα ἴσχει ὁ κλάδος ἐν τῷ κάτω τῷ πρὸς τὴν γῆν, ᾗ ἀπὸ τοῦ δενδρέου ἐκλάσθη, ὅθεν αἱ ῥίζαι ἀφίενται. Τρόπῳ δὲ τοιῷδε μεθίενται · ὁκόταν τὸ φυτὸν τὸ ἐν τῇ γῇ ἐὸν ἰκμάδα λάβῃ ἀπὸ τῆς γῆς, οἰδεῖ καὶ πνεῦμα ἴσχει, τὸ δὲ ὑπὲρ τῆς γῆς οὐδέπω · τὸ δὲ πνεῦμα καὶ ἡ ἰκμὰς συστρέψασα ἐν τῷ κάτω τοῦ φυτοῦ τὴν δύναμιν, ὅση ἦν βαρυτάτη, ἔρρηξεν ἐς τὸ κάτω, καὶ γίνονται ἐξ αὐτοῦ ῥίζαι ἁπαλαί. **2** Ὁκόταν δὲ ἐς τὸ κάτω λάβηται, τότε ἕλκει δὴ ἐκ τῆς ῥίζης ἰκμάδα καὶ διαδίδωσι τῷ ὑπὲρ γῆς ἐόντι · καὶ τότε αὖτις τὸ ἄνω 518
οἰδεῖ καὶ πνεῦμα ἴσχει · καὶ ὅση δύναμις ἐν τῷ φυτῷ κούφη ἔνεστι, συστραφεῖσα, φύλλα γινομένη, βλαστάνει, καὶ ἐς τὸ ἄνω ἤδη τὴν αὔξησιν ποιεῖται καὶ ἐς τὸ κάτω. Οὕτως ἐς τὸ ἐναντίον συμβαίνει ἤδη τῶν ἐκ τοῦ σπέρματος γινομένων καὶ τῶν ἐκ τοῦ φυτευτηρίου περὶ τοῦ βλαστοῦ · πρότερον γὰρ ἐκ τοῦ σπέρματος τὸ φύλλον ἀνατέλλει, ἔπειτα αἱ ῥίζαι ἐς τὸ κάτω ἀφίενται · τὸ δὲ δένδρεον ῥιζοῦται πρῶτον, ἔπειτα φυλλοῦται · **3** διὰ τόδε, ὅτι ἐν μὲν τῷ σπέρματι αὐτῷ ἰκμάδος πλῆθος ἔνεστι, καὶ ἐν τῇ γῇ παντὶ ἐόντι τροφὴ ἔνεστι τὸ πρῶτον τῷ φύλλῳ ἀρκέουσα, ὅθεν τὸ φύλλον θρέψεται μέχρι ῥιζωθῇ · ἐν

3 ὑδαρέστατον MV : -τερον Littré ‖ ἕλκων V : -ον M ‖ 5 ὕδατος MV : τοῦ ὕ. recc. ‖ 6 δὲ V : δ' M ‖ 8 κάτω τῷ recc. : κατωτάτω MV ‖ δενδρέου Joly : δένδρου MV ‖ 9 δὲ M : om. V ‖ τοιῷδε MV : τοιούτῳ recc. ‖ 10 ἐὸν MV : ἐνεὸν recc. ‖ 15 ἕλκει δὴ MV : δὴ ἕλ- recc. ‖ 16 γῆς MV : τῆς γ. C edd. ‖ τότε V : τότε δὴ M ‖ 18 συστραφεῖσα : ξ. MV ‖ γινομένη M : γεν- V ‖ 20 συμβαίνει : ξ. MV ‖ 24 δένδρεον Joly : δένδρον MV ‖ 25 ἔνεστι V : -ιν M ‖ 27 μέχρι Joly : μέχρις MV μέχρις ἂν recc.

nourrir jusqu'à l'enracinement. Dans le rameau par contre, il ne s'en trouve pas, il ne lui en vient pas d'un autre endroit où la feuille trouverait dès le début sa nourriture ; le rameau est dans la même situation que l'arbre ; sa plus grande partie est hors de terre et elle ne saurait s'emplir d'humeur que si une grande force venue d'en bas transmet de l'humeur à la partie supérieure. Il faut donc que le rejeton tire sa nourriture de la terre par les racines, ensuite la transmette en haut et que les feuilles provoquent le bourgeonnement et la croissance.

Ramification : Le sous-sol est chaud en hiver.

XXIV. **1** Quand la plante se développe, elle se ramifie suivant la nécessité que je vais exposer. Quand, tirant de la terre, la plante dispose de trop d'humeur, la surabondance provoque une éruption là où il y a le plus (d'humeur) et c'est là que la plante se ramifie. Elle se développe en grosseur, en haut et en bas, parce que le sous-sol est chaud en hiver et froid en été. Et cela pour cette raison que la terre est humide à cause de l'eau qui tombe du ciel et qu'elle se comprime sur elle-même par l'action de l'humidité plus lourde[1]. La terre en devient plus dense et n'a plus aucun souffle ; en effet, il n'y a plus de grande porosité et c'est pour cela que le sous-sol est chaud en hiver[2]. **2** Le fumier bien entassé est plus chaud aussi que celui qui n'est pas serré, et d'ailleurs les matières humides et comprimées s'échauffent et pourrissent fort vite, brûlées par la chaleur ; en effet, le souffle ne les traverse pas, puisqu'elles sont denses ; mais si elles sont sèches et peu serrées, elles s'échauffent et pourrissent beaucoup moins. De même, le blé et l'orge, humides et

1. La digression botanique en entraîne maintenant une autre, de géographie physique.

2. Cette opinion et sa complémentaire se retrouvent, avec une justification différente, chez Aristote, *Météorologiques*, I, 12, 348 b 3 sq. « Mais, comme nous voyons qu'il y a répercussion réciproque du froid et du chaud (de là vient que par temps chaud, les lieux souterrains sont froids, et par temps froid, chauds)... » (trad. Tricot).

δὲ τῷ κλάδῳ οὐ γίνεται, οὐ γὰρ γίνεται ἐξ ἑτέρου ὅθεν τὸ φύλλον τὸ πρῶτον τροφὴν ἕξει, ἀλλ' αὐτὸς ὁ κλάδος ἐστὶν ὥσπερ καὶ τὸ δένδρεον ἔχει, καὶ τοῦτο ὑπὲρ γῆς ἐστι πολὺ ὥστε οὐκ ἂν δύναιτο ὑπὲρ γῆς ἰκμάδος πλησθῆναι, εἰ μὴ ἐκ τοῦ κάτω μεγάλη δύναμίς τις ἐλθοῦσα τῷ ἄνω ἐκδώσει τῆς ἰκμάδος. Καὶ πρῶτον τὸ φυτευτήριον ἀνάγκη ἐστὶν ἑωυτῷ τροφὴν ποιήσασθαι ἀπὸ τῆς γῆς τῇσι ῥίζῃσιν, ἔπειτα οὕτως ἀπὸ τῆς γῆς ἕλκον ἄνω ἀποδιδόναι καὶ φύλλα ὁρμῆσαι ἐς βλαστόν τε καὶ αὔξησιν.

XXIV. **1** Ὅταν δὲ αὔξηται τὸ φυτόν, ὀζοῦται ὑπ' ἀνάγκης τοιῆσδε, ἣν ἐρέω· ὁκόταν ἰκμάδος αὐτῷ πλεῖον προσγένηται ἐκ τῆς γῆς ἑλκομένης, ὑπὸ τοῦ πλήθεος ῥήγνυσιν ᾗ ἂν πλείστη ᾖ, καὶ ταύτῃ ὀζοῦται τὸ φυτόν. Αὔξεται δὲ καὶ ἐς τὸ εὖρος καὶ ἐς τὸ ἄνω καὶ ἐς τὸ κάτω διὰ τόδε, ὅτι τὸ κάτω τῆς γῆς τοῦ μὲν χειμῶνος θερμόν ἐστι, τοῦ δὲ θέρεος ψυχρόν. Τοῦτο δὲ διὰ τόδε ἐστίν, ὅτι ἡ γῆ ἰκμαλέη ἐστὶν τοῦ χειμῶνος ὑπὸ τοῦ ὕδατος τοῦ ἐκ τοῦ οὐρανοῦ πίπτοντος καὶ πιέζεται ἐφ' ἑωυτῇ, ἅτε βαρυτέρης ἐούσης τῆς ἰκμάδος· πυκνοτέρη δ' ἐστὶν ὑπὸ τούτου καὶ οὐκ ἔχει διαπνοὴν οὐδεμίαν· οὐ γὰρ ἔτι ἔνεστι μέγα τὸ 520
ἀραιόν, καὶ διὰ τοῦτο τὸ κάτω τῆς γῆς τοῦ χειμῶνος θερμόν ἐστι. **2** Καὶ γὰρ ἡ κόπρος ἡ νεναγμένη μὲν ἐνθερμοτέρη ἐστὶν ἢ ἡ ἀραιὴ ἐοῦσα, καὶ ἄλλως τὰ μὲν ἰκμαλέα καὶ πεπιεσμένα ὑπὸ σφέων αὐτῶν ἐκθερμαίνεται καὶ ἐν τάχει κάρτα ὑπὸ τῆς θερμασίης συγκαιόμενα σήπεται· οὐ γὰρ δίεισι τὸ πνεῦμα δι' αὐτῶν, ἅτε πυκνῶν ἐόντων· ἢν δὲ ξηρὰ ᾖ καὶ ἀραιῶς κείμενα, πολλῷ ἧσσω θερμαίνεται καὶ σήπεται. Οὕτω δὲ καὶ πυροὶ καὶ κριθαὶ νοτερὰ ἐόντα

3 δένδρεον Joly : δένδρον MV ‖ 4 πολὺ recc. : πουλὺ MV ‖ 5 δύναμίς τις MV : τις δ. recc. ‖ τῷ M : τὸ V ‖ 18 πιέζεται Joly : πιεζεῖται MV ‖ 22 ἐνθερμοτέρη Erm. : εὐθ- MV ‖ 23 ᾖ recc. : om. MV ‖ 24 σφέων Joly : σφῶν codd. ‖ 26 δίεισι recc. : δίησι MV.

entassés, sont plus chauds que quand ils sont secs et peu serrés[1]. Des vêtements liés ensemble et fortement serrés par un bâton[2] brûlent spontanément, ainsi que je l'ai déjà vu[3], comme sous l'action du feu. Si on veut y faire attention, on trouvera que tout ce qui est comprimé sur soi-même est plus chaud que ce qui est peu serré, car cela ne peut respirer la fraîcheur des vents[4].
3 De même, puisqu'en hiver la terre est compacte et comprimée sur elle-même, parce que rendue lourde et dense par l'humeur, le sous-sol est chaud. En effet, la terre n'a pas alors l'expiration du chaud. Et quand l'eau de pluie tombe sur elle, elle y produit bien l'expiration, mais elle ne pénètre guère, vu que la terre est compacte et que le souffle est refoulé vers l'eau. C'est pour cela que les sources sont plus chaudes et plus abondantes en hiver qu'en été : le souffle expiré est refoulé vers l'eau, puisque la terre est plus compacte et que le souffle ne la pénètre pas. **4** L'eau étant abondante fait éruption en s'écoulant là[5] où elle peut et se fraye un passage plus large que si elle était peu abondante. Car l'eau ne reste pas stagnante dans la terre ; au contraire, elle coule toujours vers la pente ; si la terre se laissait pénétrer en hiver par le souffle qui vient de l'eau, l'eau en sortirait en moindre quantité et les sources n'y se-

1. Observations intéressantes, mais hâtivement interprétées au nom d'un principe contestable !

2. Nous reprenons la conjecture de Littré qui est fort élégante ; mais nous ne jurerions pas qu'elle restitue le vrai texte.

3. La sincérité de l'auteur ne peut guère être mise en doute ; c'est la qualité de son observation qui est sujette à caution.

4. Ici aussi il y a une généralisation abusive très caractéristique de toute une mentalité.

5. Au lieu de supprimer purement et simplement τοῦτο δὲ, comme font les *recentiores* et Littré à leur suite, il nous semble qu'il faut y voir l'altération en plusieurs étapes du corrélatif ταύτῃ ; cela n'a d'ailleurs aucune incidence sur le sens.

καὶ βεβυσμένα ἐνθερμότερά ἐστιν ἢ εἰ ξηρὰ εἴη καὶ μανῶς κείμενα· καὶ ἱμάτια συνδεδεμένα καὶ κατεσφηνωμένα ἰσχυρῶς δορὶ κατακαίεται ὑπὸ σφέων αὐτῶν, ὡς ἐγὼ ἤδη εἶδον, ὥσπερ ὑπὸ πυρός· καὶ τἄλλα εἴ τις θέλοι ἐνθυμηθῆναι, πάντα ὅσα πεπίεκται ὑπὸ σφέων αὐτῶν, θερμότερα εὑρήσει ἢ τὰ ἀραιῶς κείμενα· οὐ γὰρ ἔχει ἀναπνεῖν ψυχρὸν ὑπὸ τῶν ἀνέμων. **3** Οὕτω δὲ καὶ τῆς γῆς τὸ κάτω πλέης ἐούσης καὶ αὐτῆς ἐφ' ἑωυτῆς πεπιεσμένης, ἅτε βαρέης καὶ πυκνῆς ἐούσης ὑπὸ τῆς ἰκμάδος, θερμόν ἐστι τοῦ χειμῶνος· οὐ γάρ ἐστιν αὐτῇ διάπνους οὐδεὶς τοῦ θερμοῦ· ἀλλ' ὁκόταν πέσῃ ἐκ τοῦ οὐρανοῦ τὸ ὕδωρ ἐς αὐτήν, ὅταν ἀποπνῇ ἐν τῇ γῇ ἀπ' αὐτοῦ, οὐ δίεισι πρόσω, ἅτε πυκνῆς ἐούσης τῆς γῆς· ἀλλ' ἡ πνοὴ ὀπίσω ἐς τὸ ὕδωρ ἔρχεται. Καὶ διὰ τοῦτο αἱ πηγαὶ θερμότεραί εἰσι τοῦ χειμῶνος καὶ μέζους ἢ τοῦ θέρεος· ὅτι, ἀποπνέοντος τοῦ πνεύματος, ὀπίσω ἔρχεται ἐς τὸ ὕδωρ, ἅτε τῆς γῆς πυκνοτέρης ἐούσης καὶ οὐ διείσης δι' ἑωυτῆς τὸ πνεῦμα. **4** Καὶ τὸ ὕδωρ πολὺ ἐόν, ᾗ
ἂν τύχῃ, ταύτῃ ῥήγνυσι χωρέον, καὶ ὁδόν οἱ αὐτῷ 522
ποιεῖται εὐρυτέρην ἢ εἰ ὀλίγον εἴη· τὸ γὰρ ὕδωρ ἐν τῇ γῇ οὐχ ἕστηκεν, ἀλλ' αἰεὶ χωρεῖ ἐς τὸ κάταντες· εἰ δὲ διίει τοῦ χειμῶνος ἀπὸ τοῦ ὕδατος τὸ πνεῦμα ἡ γῆ δι' ἑωυτῆς, ἔλασσον τὸ ὕδωρ ⟨ἂν⟩ ἐχώρει ἐξ αὐτῆς, καὶ αἱ πηγαὶ οὐκ ἂν ἦσαν τοῦ χειμῶνος μεγάλαι. Πάντα ταῦτα

1 βεβυσμένα EH²KO : βεβρεγμένα MV ‖ ἐνθερμότερα Erm. : εὐθ- MV ‖ μανῶς V : ἀραιῶς M (sed in mg. γρ. καὶ μανῶς) ‖ 3 δορὶ Littré : δωρικὰ MV δορικὰ recc. ‖ σφέων V : σφῶν M ‖ 4 πυρὸς MV : πυρὸς ἐκκαέντα recc. ‖ 5 πεπίεκται MV : -εσται recc. ‖ σφέων Joly : σφῶν codd. ‖ 7 ἀναπνεῖν : διάπνοον Erm. ‖ 8 πλέης Joly : -είης MV ‖ ἐφ' MV : ὑφ' Littré ‖ 9 βαρέης Joly -είης MV ‖ 10 θερμόν ἐστι τοῦ χειμῶνος MV : θερμαίνεται ἐν χειμῶνι recc. ‖ αὐτῇ V : -τῆς M ‖ διάπνους Joly : -νοος MV ‖ 11 οὐδεὶς recc. : οὐδεεὶς M οὐδὲ εἷς V ‖ 17 διείσης MV : διιείσης recc. ‖ 18 ἑωυτῆς Joly : αὐτῆς MV ‖ 19 ταύτῃ Joly : τοῦτο δὲ MV ‖ 21 αἰεὶ Mack : ἀεὶ MV ‖ 22 διίει Joly : διίησι MV διιείη Littré ‖ 23 ἂν add. Littré ‖ ἐχώρει Joly : ἐχώρεεν M Littré χώρεεν V.

raient pas abondantes. J'ai exposé tout cela pour montrer que le sous-sol est plus chaud en hiver qu'en été.

Le sous-sol est frais en été.

XXV. **1** Je vais maintenant exposer pourquoi le sous-sol est manifestement plus froid en été qu'en hiver. En été, la terre est poreuse et légère, vu que le soleil tire à lui de l'humidité. La terre contient toujours plus ou moins d'eau et tous les souffles nous viennent de l'eau. On peut à ce sujet comprendre qu'il en est ainsi : car, dans chaque cas, les vents[1] proviennent de tous les fleuves et des nuages — et les nuages ne sont que des masses d'eau dans l'air. **2** En été donc, la terre est souple, légère et contient de l'eau. Or, l'eau coule vers les pentes et, quand elle coule, il s'en échappe continuellement du souffle. En s'échauffant, il traverse la terre, légère et souple, lui communique sa fraîcheur et refroidit aussi l'eau elle-même. **3** C'est comme si on pressait fortement l'eau qui se trouve dans une outre et que, après avoir fait une ouverture avec la pointe d'une aiguille ou quelque chose d'un peu plus gros, on suspendait l'outre[2] : aucun souffle ne s'échappera par le trou, mais l'eau seule ; car l'eau n'a pas assez de place pour produire une exhalaison : il en va de même en hiver de l'eau dans la terre. **4** Mais si on fait plus de place à l'eau dans l'outre et qu'on suspende l'outre, le souffle passera par le trou, car il aura la place pour s'étendre dans l'outre, en sortant de l'eau remuée, et, pour cette raison, il s'échappera par le trou. Il en est

1. Le *Régime* consacre un chapitre aux vents, au début du livre II, ch. xxxviii, 1 : « Il est fatal que les vents proviennent de neiges, glaces, contrées fortement gelées, fleuves, lacs et terres humides et froides, la force des vents dépendant des dimensions et de la force de ces éléments. »

2. Plusieurs des comparaisons auxquelles notre auteur recourt si volontiers se doublent, comme ici, d'une manière d'expérimentation, mais il est clair, en même temps, que cette investigation ne fait guère progresser l'auteur vers une connaissance plus objective de la réalité.

εἴρηταί μοι ὅτι τῆς γῆς τὸ κάτω θερμότερον φαίνεται ἐὸν τοῦ χειμῶνος ἢ τοῦ θέρεος.

XXV. **1** Νῦν δ' ἐθέλω εἰπεῖν διότι τοῦ θέρεος τὸ κάτω τῆς γῆς ψυχρότερον φαίνεται ἐὸν ἢ τοῦ χειμῶνος· τοῦ θέρεος γὰρ ἀραιή ἐστιν ἡ γῆ καὶ κούφη, ἅτε τοῦ ἡλίου ἕλκοντος ἀπ' αὐτῆς πρὸς ἑωυτὸν τῆς ἰκμάδος· ἔχει δὲ ὕδωρ ἡ γῆ ἐν ἑωυτῇ αἰεὶ πλέον ἢ ἔλασσον· τὰ δὲ πνεύματα ἡμῖν ἐστι πάντα ἀφ' ὕδατος· τούτου δὲ πέρι πάρα συμϐάλλεσθαι ὅτι οὕτως ἔχει, ἀπὸ γὰρ τῶν ποταμῶν πάντων πνεύματα χωρεῖ ἑκάστοτε καὶ τῶν νεφέων, τὰ νέφεα δ' ἐστὶν ὕδωρ συνεχὲς ἐν ἠέρι. **2** Καὶ τότε δὴ ἡ γῆ ἀραιή ἐστι τοῦ θέρεος καὶ κούφη καὶ ὕδωρ ἐν ἑωυτῇ ἔχουσα· καὶ τὸ ὕδωρ ῥεῖ ἐς τὰ κατάντεα· χωρέοντος δὲ τοῦ ὕδατος αἰεὶ ἀποπνεῖ αὐτόθεν ἕτερον ἐξ ἑτέρου πνεῦμα· τὸ δὲ ἀποπνέον διὰ τῆς γῆς ἔρχεται κούφης καὶ ἀραιῆς ἐούσης καὶ ψῦχος τῇ γῇ ποιεῖ, καὶ αὐτὸ τὸ ὕδωρ συμψύχεται. **3** Ἔχει δὲ οὕτως ὥσπερ εἴ τις ἐν ἀσκῷ ὕδωρ ἐνεὸν ἀποπιέσειεν ἰσχυρῶς καὶ παραπνοὴν τῷ ὕδατι ποιήσειε νύγματι βελόνης ἢ μικρῷ μέζονι, καὶ τὸν ἀσκὸν κρεμάσας αἰωρέοι, οὐδὲν διὰ τοῦ τετρημένου πνεῦμα χωρήσει, ἀλλ' ὕδωρ, οὐ γὰρ ἔχει εὐρυχωρίην ᾗ ἀποπνεύσεται τὸ ὕδωρ· ὧδε δὴ ἔχει καὶ τοῦ χειμῶνος 524 τῷ ὕδατι ἐν τῇ γῇ. **4** Ἢν δὲ τῷ ὕδατι ἐν τῷ ἀσκῷ τὴν εὐρυχωρίην ποιήσῃς, καὶ κρεμάσας αἰωρῇς τὸν ἀσκόν, πνεῦμα διαχωρήσει διὰ τοῦ τετρημένου, εὐρυχωρίη γάρ ἐστι τῷ πνεύματι ἀπὸ τοῦ ὕδατος κινευμένου διαχωρεῖν

3 διότι Erm. : ὅτι MV ‖ 5 ἡ γῆ secl. uoluit Erm. ‖ 6 ἡλίου MV : ἡλ- σφοδρότερον προσβάλλοντος καὶ recc. ‖ 7 ἑωυτῇ : αὐτῇ M αὑτῇ V ‖ αἰεὶ M : om. V ‖ 9 πάρα συμβ- Littré : παρασυμβ- MV ἐπιδείξω π. recc. ‖ 11 δ' MV : δὲ ante νέφεα pos. recc. ‖ 12 ἑωυτῇ : αὐτῇ M αὑτῇ V ‖ 14 αἰεὶ M : ἀεὶ V ‖ 17 ab ὥσπερ εἴ τις... usque ad cap. xxvi, in fine, ...μοι τὸν λόγον deest M ; cf. Praef., p. 34 ‖ 19 ποιήσειε recc. : -εν V ‖ μέζονι H : μείζ- V ‖ 20 αἰωρέοι Joly : -ροίη VM ‖ 22 δὴ recc. : om. V ‖ καὶ recc. : om. V ‖ 24 αἰωρῇς Joly : ·ροίης MV.

de même en été de l'eau dans la terre : elle y a de l'espace, puisque la terre est souple et que le soleil attire de l'humidité à lui : cet espace libère le souffle. Ce dernier est froid, venant de l'eau, et traverse la terre, souple et légère : c'est la raison pour laquelle le sous-sol est froid en été, et l'eau plus encore[1] que le souffle froid qui est dans la terre : c'est elle-même qui dirige le souffle en elle-même et dans la terre. **5** L'eau que l'on prend à un puits agite continuellement le souffle comme un soufflet et lui fait communiquer sa fraîcheur à l'eau ; l'eau que l'on ne puise pas en été et qui reste stagnante est compacte et ne reçoit pas également le souffle de la terre et ne lui en communique pas non plus. D'autre part, elle n'est agitée ni par le soleil ni par l'air, mais est immobile : sa surface s'échauffe donc tout d'abord, puis elle transmet la chaleur de couche en couche vers le bas. C'est la raison pour laquelle l'eau où on ne puise pas est plus chaude en été que l'eau où l'on puise[2]. **6** Les sources fort profondes sont toujours froides en été. L'eau puisée en hiver est chaude sur le moment, puisqu'elle vient de la terre qui est chaude ; mais avec le temps, elle devient froide, à cause de l'air qui est froid[3]. Car l'eau est aérée par le vent et le souffle s'y infiltre. De même, l'eau puisée en été est froide au moment où on la tire, mais elle devient chaude parce que d'abord la terre

1. Littré a cru devoir corriger le texte, sans nécessité évidente. Il juge lui-même sa conjecture très hasardée, mais trouve le texte de la vulgate tout à fait incohérent. Nous ne disons pas que ce texte est transparent, mais en sous-entendant ψυχρόν, fort naturellement, devant μᾶλλον, il nous paraît avoir un sens.

2. Cette pseudo-vérité est déduite du système de l'auteur ; on pense bien que toute observation, à ce niveau peu exigeant, ne ferait que la confirmer.

3. Ce qui pour nous est phénomène relatif est certainement entendu, ici et ailleurs, dans le sens d'un qualitativisme substantialiste.

διὰ τοῦ ἀσκοῦ, καὶ διὰ τοῦ τετρημένου τὸ πνεῦμα διὰ τόδε δίεισιν· ὧδε δὲ ἔχει καὶ τοῦ θέρεος ἐν τῇ γῇ τῷ ὕδατι· εὐρυχωρίη γάρ ἐστιν αὐτῷ, ἅτε τῆς γῆς ἀραιῆς ἐούσης καὶ τοῦ ἡλίου ἕλκοντος ἀπ' αὐτῆς τῆς ἰκμάδος πρὸς ἑωυτόν, καὶ διίησι τὸ πνεῦμα, ἅτε ψυχρὸν ἐὸν ἀπὸ τοῦ ὕδατος δι' αὐτῆς ἀραιῆς ἐούσης καὶ κούφης, διὰ τοῦτο ψυχρόν ἐστιν αὐτῆς τὸ κάτω τοῦ θέρεος, καὶ τὸ ὕδωρ μᾶλλον τοῦ πνεύματος τοῦ ἐν τῇ γῇ ψυχροῦ ἐόντος, καὶ αὐτὸ ἀφίησιν ἐς ἑωυτὸ τὸ πνεῦμα καὶ ἐς τὴν γῆν. **5** Καὶ ἅμα τὸ ἀντλεόμενον ἐν τῷ φρέατι αἰεὶ διακινεῖ τὸ πνεῦμα ὥσπερ ῥιπὶς καὶ ποιεῖ αὐτὸ ψῦχος παρέχειν τῷ ὕδατι· τὸ δὲ μὴ ἀντλεόμενον τοῦ ὕδατος τοῦ θέρεος, ἀλλ' ἑστηκός, πυκνὸν ἐόν, οὐχ ὁμοίως δέχεται τὸ πνεῦμα ἐς ἑωυτὸ ἀπὸ τῆς γῆς, οὐδ' ἐς τὴν γῆν ἀφ' ἑωυτοῦ ἀποδίδωσι, καὶ ἅμα ἀπὸ τοῦ ἡλίου καὶ τοῦ ἠέρος οὐ σκιδναμένου ἐν τῷ φρέατι, ἀλλὰ στασίμου ἐόντος, θερμαίνεται πρῶτον αὐτοῦ τὸ ἐπιπολῆς· ἔπειτα τὸ ἕτερον ἐπὶ τῷ ἑτέρῳ ἐς τὸ κάτω διαδίδωσι τὴν θερμασίην· καὶ διὰ τοῦτο τὸ μὴ ἀντλεόμενον ὕδωρ τοῦ θέρεος θερμότερόν ἐστι τοῦ ἀντλεομένου. **6** Αἵ τε πηγαὶ αἱ βαθέαι μάλα τοῦ θέρεος αἰεὶ ψυχραί εἰσιν. Καὶ ἀρυσθὲν τὸ ὕδωρ τοῦ χειμῶνος ἐκ τῆς γῆς θερμῆς ἐούσης, τὸ μὲν παραυτίκα θερμόν ἐστιν, ὅταν δὲ χρόνος ἐγγένηται, ψυχρόν ἐστιν, ὑπὸ τοῦ ἠέρος ψυχροῦ ἐόντος, ἐξαεροῦται γὰρ ὑπὸ τοῦ ἀνέμου καὶ τὸ πνεῦμα δι' αὐτοῦ διηθεῖ· καθάπερ καὶ τὸ ἀντλεόμενον ὕδωρ τοῦ θέρεος, ὁκόταν ἀρυσθῇ, ψυχρὸν αὐτίκα ἐστί, θερμὸν δὲ 526
γίνεται διὰ τόδε, ὅτι τῆς γῆς ἀραιῆς ἐούσης καὶ πνεύματος

2 δίεισιν E edd. : διίησιν V ‖ δὲ V : δὴ recc. ‖ 5 καὶ διίησι Joly : διίησι Erm. καὶ διεῖσα MV ‖ 7 ἐστιν Littré : ἐὸν MV ‖ 8 μᾶλλον MV Erm. : αἴτιον Littré ‖ ψυχροῦ ἐόντος : ψυχρὸν ἐὸν Erm. ‖ 9 ἐς ἑωυτὸ : ἀπὸ ἑωυτοῦ Erm. ‖ 10 αἰεὶ Joly : ἀεὶ V ‖ 14 ἀφ' M : ἀπ' V ‖ 17 ἐπιπολῆς recc. : -πολλῆς V ‖ 20 βαθέαι Joly : -θεῖαι V recc. ‖ αἰεὶ Joly : ἀεὶ V ‖ 21 εἴσιν recc. : εἴσι τοῦ ὕδατος V ‖ 22 μὲν post παραυτίκα pos. V ‖ 23 ἐγγένηται V : διίῃ recc. ‖ ἠέρος V : ἠέρος δηλονότι γενόμενον recc. ‖ ψυχροῦ ἐόντος secl. uoluit Erm. ‖ 26-27 ἐστὶ — γίνεται recc. : γίνεται θερμὸν V.

souple et le souffle qui est en elle la refroidissent et que, quelque temps après avoir été puisée, elle devient immobile et chaude. Elle s'échauffe en effet sous l'action de l'air qui est chaud, pour la même raison que l'eau du puits où on ne puise pas devient chaude en été. Voilà ce que j'avais à dire là-dessus.

Équilibre du chaud et du froid. Le fruit, la greffe.

XXVI. **1** Je me résume : en été, le sous-sol est froid et en hiver, il est chaud ; pour le sol, c'est le contraire. Si on veut qu'un arbre se développe bien, il ne faut pas que lui arrive du chaud ni du froid des deux côtés à la fois ; si le chaud lui arrive d'en haut, il faut que le froid lui vienne d'en bas et inversement, si le froid lui vient d'en haut, il faut que le chaud lui vienne d'en bas. **2** Les racines transmettent à l'arbre tout ce qu'elles tirent, et l'arbre aux racines : il se produit ainsi une répartition du froid et du chaud. Chez l'homme, les aliments introduits dans le ventre et qui échauffent quand on les digère, doivent recevoir le froid de la boisson : de même, chez l'arbre, il doit y avoir compensation du bas vers le haut et vice versa. L'arbre se développe à la fois vers le haut et vers le bas, parce que la nourriture lui vient et du bas et du haut[1]. **3** Tant qu'il est très tendre, il ne porte pas de fruit : en effet, il n'a pas de suc gras et épais qui soit capable de se condenser en fruit[2]. Mais avec le temps, ses veines deviennent larges et lui assurent un flux gras et épais venant de la terre ; le soleil, en la liquéfiant, fait

1. Nous retrouvons ici le goût du parallélisme et l'assurance théorique qui sont si frappants dans toute l'œuvre. L'opposition *haut-bas* peut remonter à Empédocle (cf. Aristote, *de an.*, 415 b 28 sq.), mais ne lui est pas propre : cf. Démocrite, A 162.

2. Cette théorie de la fructification a pour fondement le qualitativisme de l'expérience commune ; c'est à partir de cette expérience qu'il a des fruits, *des fruits que l'on mange*, que l'auteur édifie sa doctrine ; cf. *Le niveau de la science hippocratique*, p. 102 sqq.

ἐόντος ἐν αὐτῇ ψύχεται, ὅταν δὲ ἀρυσθέντι χρόνος ἐγγένηται, στάσιμον γίνεται καὶ θερμόν· θερμαίνεται γὰρ ὑπὸ τοῦ ἠέρος θερμοῦ ἐόντος, ὥσπερ καὶ τὸ μὴ ἀντλεόμενον ὕδωρ ἐν τῷ φρέατι τοῦ θέρεος καὶ διὰ τοῦτο θερμὸν γίνεται. Ταῦτα μὲν ἐς τοῦτό μοι εἴρηται.

XXVI. **1** Ἀναλήψομαι δ' αὖτις ὅτι τοῦ θέρεος τὸ κάτω τῆς γῆς ψυχρόν ἐστι, τοῦ δὲ χειμῶνος θερμόν, τὸ δὲ ἄνω τῆς γῆς τοὐναντίον τούτου, καὶ δεῖ τῷ δένδρει μὴ δύο θερμὰ ὁμοῦ προσγίνεσθαι, μηδὲ δύο ψυχρὰ ὁμοῦ, ἢν μέλλῃ ὑγιαίνειν· ἀλλ' ἢν μὲν ἐκ τοῦ ἄνωθεν προσγίνηται θερμόν, ἐκ τοῦ κάτωθεν δεῖ ψυχρὸν αὐτῷ προσγίνεσθαι, καὶ πάλιν ἢν ἐκ τοῦ ἄνωθεν προσγίνηται ψυχρόν, ἐκ τοῦ κάτωθεν δεῖ θερμὸν αὐτῷ προσγίνεσθαι. **2** Αἵ τε ῥίζαι ὅ τι ἂν ἑλκύσωσι, τῷ δένδρει ἐκδιδόασι, καὶ τὸ δένδρεον τῇσι ῥίζῃσι. Καὶ γίνεται οὕτω ταμιείη καὶ ψυχροῦ καὶ θερμοῦ· ὥσπερ καὶ τῷ ἀνθρώπῳ ἐσιόντων ἐς τὴν κοιλίην σιτίων, ἅσσα πεσσόμενα θερμαίνει, δεῖ ψῦξιν ἀποδίδοσθαι ἀπὸ τοῦ ποτοῦ, οὕτω καὶ τῷ δένδρει ἐκ τοῦ κάτω δεῖ ἀνταποδίδοσθαι πρὸς τὸ ἄνω καὶ ἀνάπαλιν. Καὶ αὔξεται τὸ δένδρεον καὶ ἐς τὸ ἄνω καὶ ἐς τὸ κάτω διὰ τόδε, ὅτι οἱ τροφή ἐστι καὶ ἐκ τοῦ κάτωθεν καὶ ἐκ τοῦ ἄνωθεν. **3** Καὶ ἕως μὲν ἂν ἁπαλὸν ᾖ σφόδρα, οὐ καρποφορεῖ· οὐ γάρ ἐστιν αὐτῷ πίειρα δύναμις οὐδὲ παχέα, ἥτις ἐς καρπὸν συμϐάλλεσθαι οἵη τέ ἐστιν· ὁκόταν δὲ χρόνος ἐγγένηται, τότ' ἤδη ἐν αὐτῷ αἱ φλέϐες εὐρέαι γινόμεναι ποιεῦνται ἐν αὐτῷ ἐκ τῆς γῆς πίειραν καὶ παχέαν τὴν

2 καὶ θερμόν recc. Erm. : om. V add. ὁρᾶται recc. Littré ‖ 3 καὶ om. recc. ‖ 7 ψυχρόν recc. : -ότερον V ‖ 12-13 καὶ πάλιν — προσγίνεσθαι om. V ‖ 14 ὅ τι ἂν KH² edd. : ὅταν V ‖ ἐκδιδόασι V : προσδ- recc. ‖ 17 ἅσσα V : ὅσα recc. ‖ 18 ποτοῦ recc. (πότου) : τόπου V recc. ‖ 18-19 ἐκ τοῦ κάτω post ἀνταποδίδοσθαι pos. recc. ‖ 20 δένδρεον Joly : -δρον V recc. ‖ 21 οἱ EK π : om. V ‖ 23 παχέα Joly : -χείη V ‖ 25 τότ' V : τότε recc. ‖ εὐρέαι Joly : -εῖαι V ‖ 26 παχέαν Joly : -είαν MV.

bouillir aux extrémités l'humeur qui est légère et la change en fruit. Il enlève du fruit l'humeur légère et en cuisant l'humeur épaisse et en l'échauffant, il l'adoucit. **4** Les arbres qui ne portent pas de fruit n'ont pas en eux assez de matière grasse pour qu'elle donne un fruit. L'arbre adulte, qui s'est durci avec le temps et qui tient déjà solidement en bas par ses racines, cesse de se développer. Quant aux greffes[1] prélevées à un arbre et mises sur un autre, et qui, devenues arbres sur des arbres, portent des fruits différents de la plante sur laquelle elles se trouvent, voici ce qui se passe. **5** Tout d'abord, la greffe bourgeonne, car elle avait de la nourriture de l'arbre dont elle a été enlevée, puis de l'arbre où on l'a placée[2]. Après avoir bourgeonné de la sorte, elle envoie de minces racines dans l'arbre.Tout d'abord, elle profite de l'humeur de l'arbre sur lequel elle se trouve ; ensuite, avec le temps, elle envoie des racines dans la terre, à travers l'arbre sur lequel elle se trouve, et profite de l'humeur qu'elle tire du sol et en fait sa nourriture. Il ne faut donc pas s'étonner si les greffes ont des fruits différents, car elles vivent de la terre. J'ai traité ainsi des arbres et des fruits, parce qu'il ne m'était pas possible d'abandonner un sujet à moitié exposé.

La plante et l'enfant.

XXVII. **1** J'en reviens au sujet qui m'avait entraîné à ces explications. Je dis que toutes les plantes vivent de l'humeur de la terre et que leur état dépend de celui

1. La correction que nous proposons nous paraît s'imposer : cf. Kühner-Gerth, II, 2, p. 418. Nous croyons que ὀκόσοισι n'a aucun sens ; ὀκόσοι... ὀφθαλμοί est mis pour ὀφθαλμοῖσι ὀκόσοι, un cas d'attraction très normal ; cf. Hérodote, 9, 26, parmi d'autres phrases citées par Kühner-Gerth.

2. Ce dernier détail est en contradiction avec la doctrine de l'humeur spécifique exposée au chapitre XXXIV. Il ne faut pas voir là une contradiction insupportable entre les « deux » œuvres, mais une inadvertance d'autant plus compréhensible que la mentalité scientifique de l'auteur et de son époque, dans le domaine qui est le sien, n'a pas les exigences de la nôtre.

ῥύσιν · ὁ δὲ ἥλιος διαχέων αὐτὴν ποιεῖ ἐκζεῖν ἅτε κούφην ἐοῦσαν ἐς τὰ ἄκρα καὶ καρποῦσθαι · καὶ τὴν μὲν λεπτὴν ἰκμάδα ἀπὸ τοῦ καρποῦ ἀποφέρει, τὴν δὲ παχέαν πέσσων ὁ ἥλιος καὶ θερμαίνων γλυκαίνει · **4** τὰ δὲ οὐ καρποφορέοντα τῶν δενδρέων οὐκ ἔχει πῖαρ ἐν ἑωυτοῖσιν, ὅσον 528 ἐς τὸν καρπὸν ἐκδώσεται. Τὸ δὲ πᾶν δένδρεον ὁκόταν ὑπὸ χρόνου στερεωθῇ καὶ λάβηται ἐκ τοῦ κάτω τῇσι ῥίζῃσιν ἤδη βεβαίως, πέπαυται αὐξόμενον. Ὁκόσοι δὲ ἐς δένδρεα ἀφ' ἑτέρων δενδρέων ὀφθαλμοὶ ἐνετέθησαν καὶ δένδρεα γενόμενα ἐν τοῖσι δένδρεσι ζῇ καὶ καρποφορεῖ καρπὸν οὐχ ὅμοιον οἷσιν ἐγκείμενά ἐστιν, τρόπῳ τοιῷδε τοῦτο γίνεται. **5** Συμβαίνει τῷ ὀφθαλμῷ πρῶτον μὲν βλαστάνειν, τροφὴν γὰρ εἶχε πρῶτον μὲν ἀπὸ τοῦ δενδρέου, ἀφ' οὗ ἀπηνέχθη, ἔπειτα ἐν ᾧ ἐνετέθη · ὁκόταν δὲ βλαστήσῃ οὕτω, μεθίησιν ἐς τὸ δένδρεον ῥίζας ἀφ' ἑωυτοῦ λεπτάς · καὶ πρῶτον ἐπαυρίσκεται ἀπὸ τῆς ἰκμάδος τῆς ἐν τῷ δενδρέῳ ἐνεούσης, ἐν ᾧ ἔγκειται · ἔπειτα χρόνου ἐγγενομένου ἀφίησι ῥίζας ἐς τὴν γῆν διὰ τοῦ ⟨δενδρέου⟩ ἐν ᾧ ἐνετέθη, καὶ ἐπαυρίσκεται ἀπὸ τῆς γῆς ἕλκον τὴν ἰκμάδα, καὶ τροφὴ αὐτῷ ἐκεῖθέν ἐστιν · ὥστε μὴ θαυμάζειν ἑτερόκαρπα εἶναι τὰ ἔνθετα τῶν δεδρέων, ζῇ γὰρ ἀπὸ τῆς γῆς. Ταῦτά μοι εἴρηται περὶ τῶν δενδρέων καὶ τῶν καρπῶν διὰ τόδε, ὅτι οὐχ οἷόν τε ἦν μοι τὸν λόγον ἡμιτελέα καταλιπεῖν.

XXVII. **1** Ἀναβήσομαι δ' αὖτις ὀπίσω οὗ εἵνεκά μοι λόγου τάδε ἀμφὶ τῶνδε εἴρηται. Φημὶ γὰρ τὰ ἐν τῇ γῇ φυόμενα πάντα ζῆν ἀπὸ τῆς γῆς τῆς ἰκμάδος, καὶ ὅκως

1 ἐκζεῖν recc. : -ζῆν V ‖ 3 παχέαν Joly : -χείην V ‖ 5 ἑωυτοῖσιν Joly : αὐτοῖσιν MV ‖ 8 αὐξόμενον V : αὐξ- πάντη recc. ‖ Ὁκόσοι Joly : ὁκόσοισι V recc. edd. ‖ 10 δένδρεσι recc. : -σσι V ‖ 11 καρπὸν recc. : καὶ κ. V ‖ 12 τοῦτο recc. : τόδε V ‖ Συμβαίνει : ξ. V ‖ 15 ἀφ' ἑωυτοῦ Joly : ἀπ' αὐτοῦ V edd. ‖ 16 ἐπαυρίσκεται VEK : ἀπ- Erot. A 36 recc. Littré ‖ 17 δενδρέῳ recc. : -δρῳ V ‖ 18 δενδρέου addidi ‖ 22 εἴρηται M : -ηνται V ‖ 27 τῆς γῆς V : γῆς M.

de la terre par rapport à l'humeur. De même, l'enfant vit de la mère dans la matrice et son état dépend de l'état de santé de la mère. Celui qui veut réfléchir à ce qui a été dit à ce sujet, trouvera que, du début à la fin, la croissance naturelle des plantes et de l'homme est tout à fait semblable. Voilà ce que j'avais à dire là-dessus.

Position de l'enfant dans la matrice.

XXVIII. **1** Dans la matrice, l'enfant a les bras aux mâchoires et la tête près des pieds. Il n'est pas possible de juger avec exactitude, même si on pouvait voir l'enfant dans la matrice[1], si la tête est en haut ou en bas. Du cordon ombilical partent les membranes qui le retiennent.

Le fœtus humain et l'œuf d'oiseau.

XXIX. **1** Je vais maintenant exposer l'observation que j'ai annoncée un peu plus haut[2], évidente autant qu'il est possible à l'intelligence humaine, pour quiconque veut connaître ces faits, à savoir que la semence est dans une membrane, que le cordon ombilical est en son milieu, qu'elle tire d'abord le souffle à elle et qu'elle le rejette ; et que des membranes partent du cordon ombilical ; toute la croissance de l'enfant que j'ai décrite, vous la retrouverez d'un bout à l'autre telle que je l'ai montrée dans mes exposés, si on veut accepter les preuves que je vais donner. **2** En effet, si quelqu'un veut mettre à couver vingt œufs ou plus à deux poules ou à plusieurs[3], et chaque jour, à partir

1. Ceci n'est compréhensible qu'à la condition d'admettre l'interprétation que nous propose M. Thivel : pour notre auteur, il n'y a pas de règle ; le fœtus est tantôt dans une position, tantôt dans une autre, si bien qu'une observation, exceptionnelle de toute façon, ne pourrait rien décider ἀτρεκείῃ. Notre texte est un écho de discussions entre spécialistes ; cf. *Fœtus de huit mois*, x, 2. Nous avions tout d'abord songé à corriger οὐδ' ἂν ἴδῃς en οὐ γὰρ ἂν ἴδοις...

2. Cf. xiii, 4.

3. Cette observation dirigée et contrôlée est véritablement, à l'époque, une idée géniale justement admirée, mais il est tout aussi intéressant de constater que l'auteur en tire surtout la confirmation de ses erreurs ; cf. *Notice*, p. 29-30.

ἂν ἡ γῆ ἔχῃ ἰκμάδος ἐν ἑωυτῇ, οὕτω καὶ τὰ φυόμενα ἔχειν· οὕτω καὶ τὸ παιδίον ζῇ ἀπὸ τῆς μητρὸς ἐν τῇσι μήτρῃσι, καὶ ὅκως ἂν ἡ μήτηρ ὑγιείης ἔχῃ, οὕτω καὶ τὸ παιδίον ἔχει. Ἣν δέ τις βούληται ἐννοεῖν τὰ ῥηθέντα ἀμφὶ τούτων, ἐξ ἀρχῆς ἐς τέλος εὑρήσει τὴν φύσιν πᾶσαν παραπλησίην ἐοῦσαν τῶν τε ἐκ γῆς φυομένων καὶ τὴν ἀνθρωπίνην. Καὶ ταῦτά μοι ἐς τοῦτο εἴρηται.

XXVIII. **1** Τὸ δὲ παιδίον ἐν τῇσι μήτρῃσιν ἐὸν τὼ χεῖρε ἔχει πρὸς τῇσι γένυσι καὶ τὴν κεφαλὴν πλησίον τοῖν ποδοῖν· καὶ οὐκ ἔστιν ἀτρεκείῃ κρῖναι, οὐδ' ἢν ἴδῃς ἐν τῇσι μήτρῃσι τὸ παιδίον, πότερον τὴν κεφαλὴν 530 ἄνω ἔχει ἢ κάτω· ἐκ δὲ τοῦ ὀμφαλοῦ τεταμένοι εἰσὶν οἱ ὑμένες, ἀντέχοντες αὐτό.

XXIX. **1** Νῦν δὲ ἐρέω τὴν διάγνωσιν, ἣν ἔφην ἀποφανεῖν ὀλίγῳ πρότερον, ὡς ἀνυστὸν ἀνθρωπίνῃ γνώμῃ ἐμφανέα ἐοῦσαν παντὶ τῷ θέλοντι εἰδέναι τούτου πέρι, ὅτι ἥ τε γονὴ ἐν ὑμένι ἐστί, καὶ κατὰ μέσον αὐτῆς ὀμφαλός ἐστι, κἀκείνη πρῶτον τὴν πνοὴν ἕλκει ἐς ἑωυτὴν καὶ μεθίησιν ἔξω, καὶ ἐκ τοῦ ὀμφαλοῦ ὑμένες εἰσί· καὶ τὴν ἄλλην φύσιν τοῦ παιδίου, ἣν εἴρηκα, ὧδε ἔχουσαν εὑρήσεις πᾶσαν μέχρις ἐς τέλος, ὅκως μοι ἐν τοῖσι λόγοισιν ἀποπέφανται, ἢν βούληταί τις τοῖσιν ἱστορίοισιν, ὁκόσοισι μέλλω λέγειν, χρῆσθαι. **2** Εἰ γάρ τις ἐθέλοι ᾠὰ εἴκοσιν ἢ πλείονα, ὅκως ἐκλαπήσεται, ὑποθεῖναι ἀλεκτορίσιν εἴτε δυσὶν εἴτε πλείοσι, καὶ ἑκάστης ἡμέρης ἀπὸ

2 οὕτω MV : οὕτω δὲ Erm. ‖ 6-7 τὴν ἀνθρωπίνην MV : τῶν ἐξ ἀνθρώπων recc. Littré ‖ 9 χεῖρε MV : χέρε recc. Littré ‖ 10 ἀτρεκείῃ M Erm. Heidel : -είη V Littré ‖ 12 οἱ post ὑμένες add. uoluit Erm. ‖ 13 αὐτό recc. : -τόν M -τῶν V ‖ 14 ἐρέω Joly : ἐρῶ MV ‖ 20 ἄλλην V : ἄλην M ‖ 22 ἢν βούληται MV Zwing.[m] : εἰ βούλεται recc. ‖ 23 ἐθέλοι MV : -λει recc. ‖ 24 ἐκλαπήσεται Erot. E 23 Erm. : ἐκλεπίσηται V -λεπήσεται M ‖ ἀλεκτορίσιν V : -κτορίοισι M ‖ 25 πλείοσι V : -σιν M.

du deuxième jusqu'au dernier, où l'œuf éclora, en retirer un et le briser, on trouvera à l'examen que tout se passe comme je l'ai dit, dans la mesure où il s'impose de comparer la croissance de l'oiseau à celle de l'homme. **3** Les membranes, en effet, y partent du cordon ombilical et tout ce que j'ai dit de l'enfant, on le trouvera tel d'un bout à l'autre dans un œuf d'oiseau. En vérité, celui qui ne l'a jamais vu s'étonnera de trouver un cordon ombilical dans un œuf d'oiseau[1]. Il en est bien ainsi et c'est ce que j'avais à dire là-dessus.

Gestation et accouchement.

XXX. **1** Quand pour la femme l'accouchement arrive, il se fait que l'enfant, se bougeant et agitant les mains et les pieds, rompt l'une des membranes intérieures. Dès que l'une est rompue, les autres ont moins de force ; celles qui tiennent à celles-là se rompent d'abord, puis la dernière. Quand les membranes sont rompues, le fœtus se libère du lien et se déplace vers le dehors, en s'agitant. En effet, le lien n'a plus de force, quand les membranes ont cédé et sans elles, la matrice ne peut non plus retenir l'enfant. Les membranes adhèrent bien à la matrice, lorsqu'elles s'enroulent autour de l'enfant, mais c'est sans grande force. **2** En se déplaçant, l'enfant force et élargit la matrice dans son passage, puisqu'elle est souple ; il a la tête en avant si son mouvement est naturel, car les parties supérieures, pesées à partir du cordon ombilical, sont les plus lourdes. Dans la matrice, il devient capable de rompre les membranes avec le dizième mois, quand l'accouchement arrive pour la mère. Si l'enfant subit

1. Aristote « connaît » plus de choses encore sur ce cordon ombilical de l'œuf ; cf. *Gén. anim.*, III, 2, 752 b 2 sqq. : « ... Une partie de cette membrane joue, au début, le rôle de cordon ombilical, du côté pointu, et, quand les œufs sont encore petits, la membrane présente une pointe qui ressemble à une flûte. Ce fait est manifeste dans les œufs expulsés quand ils sont encore tout petits... » et la suite (trad. Louis).

τῆς δευτέρης ἀρξάμενος μέχρι τῆς ὑστάτης ᾗ ἐκλέψει τὸ ᾠόν, ὑφαιρέων καταγνύναι, σκοπέων εὑρήσει ἔχοντα πάντα κατὰ τὸν ἐμὸν λόγον, ὡς χρὴ ὄρνιθος φύσιν συμβάλλειν ἀνθρώπου φύσει. **3** Ὅτι γὰρ ὑμένες εἰσὶν ἐκ τοῦ ὀμφαλοῦ τεταμένοι, καὶ τἄλλα ὁκόσα εἴρηται περὶ τοῦ παιδίου, οὕτως ἔχοντα ἐν τῷ ᾠῷ τῷ ὀρνιθείῳ εὑρήσεις ἐξ ἀρχῆς ἐς τέλος· καίτοι εἴ τις μηδέπω εἶδε, θαυμάσει ἐν ὀρνιθείῳ ᾠῷ ἐνεόντα ὀμφαλόν. Ἔχει δὲ ὧδε τάδε, καὶ ταῦτα δέ μοι ὧδε εἴρηται.

XXX. **1** Ὁκόταν δὲ τῇ γυναικὶ ὁ τόκος παραγένηται, συμβαίνει τότε τῷ παιδίῳ κινεομένῳ καὶ ἀσκαρίζοντι χερσί τε καὶ ποσὶ ῥῆξαί τινα τῶν ὑμένων τῶν ἔνδον· ῥαγέντος δ' ἑνός, ἤδη οἱ ἄλλοι ἀκιδνοτέρην δύναμιν ἔχουσι· καὶ ῥήγνυνται πρῶτον μὲν οἱ κείνου ἐχόμενοι· ἔπειτα ὁ ὕστατος. Ὁκόταν δὲ ῥαγέωσιν οἱ ὑμένες, τότε λύεται τοῦ δεσμοῦ τὸ ἔμβρυον, καὶ χωρεῖ ἔξω κλονηθέν· 532
οὐ γὰρ ἔτι ἔχει σθένος τῶν ὑμένων προδόντων καὶ τούτων ἀπενεχθέντων οὐδ' αἱ μῆτραι δύνανται ἔτι τὸ παιδίον ἴσχειν· προσλαμβάνονται γὰρ οἱ ὑμένες καὶ τῶν μητρέων, ὁκόταν ἀμφὶ τὸ παιδίον ἑλίσσωνται, οὐ πολλῇ δυνάμει. **2** Ὁκόταν δὲ χωρῇ τὸ παιδίον, βιῆται καὶ εὐρύνει τὰς μήτρας ἐν τῇ διεξόδῳ, ἅτε ἁπαλὰς ἐούσας· χωρεῖ δὲ ἐπὶ κεφαλὴν ἢν κατὰ φύσιν ἴῃ· βαρύτατα γάρ ἐστιν αὐτῷ τὰ ἄνω ἐκ τοῦ ὀμφαλοῦ σταθμεόμενα. Ἐν δὲ τῇσι μήτρῃσιν ἐὸν ἐγκρατὲς μᾶλλον γίνεται ἐς τῶν ὑμένων τὴν κατάρρηξιν ἅμα δεκάτῳ μηνί, ὅτε ὁ τόκος τῇ μητρὶ παραγίνεται. Ἢν δὲ βίαιον πάθημα πάθῃ τὸ παιδίον, καὶ πρόσθεν

1 μέχρι V : -ις M ‖ ᾗ M : ἤ V ‖ ἐκλέψει recc. : -λείψει MV ‖ 2 καταγνύναι Erm. : -νύων codd. ‖ σκοπέων Joly : -πῶν MV ‖ 7 εἴ Erm. : ἢν codd. Littré ‖ εἶδε V : -δεν M ‖ 8 ἐνεόντα M : ἐόντα V ‖ 9 δέ om. V ‖ 12 χ. τε καὶ MV : καὶ χ. καὶ Gal. ‖ ἔνδον MV : ἐσωτάτω Gal. ‖ 14 ἔχουσι V : -σιν M ‖ 15 ῥαγέωσιν Joly : -γῶσιν MV ‖ 17 καὶ τούτων ἀπενεχθέντων om. M Erm. ‖ 18 οὐδ' om. V ‖ δύνανται om. V ‖ ἴσχειν V : ἴσχειν ἅτε τῶν ὑμένων προδόντων καὶ τούτων ἀπενεχθέντων M ἴσχειν τῶν ὑμένων, ὡς ἔφην, προδόντων καὶ ἀπενεχθέντων Erm. ‖ 25 ἐς recc. : ἐκ MV.

quelque violence, les membranes se rompent et il sort avant ce terme ; et si la nourriture venant de la mère lui fait défaut plus tôt, l'accouchement est également prématuré et l'enfant sort avant dix mois. **3** Par contre, toutes les femmes qui ont cru porter plus de dix mois[1] — je l'entends dire bien souvent — ont été induites en erreur de la façon que je vais dire. Quand la matrice reçoit en elle du souffle venant du ventre qui le fournit et qu'elle gonfle, car cela arrive, les femmes se figurent être enceintes ; ou bien, si les règles ne venant pas s'accumulent dans la matrice et se font attendre assez longtemps, elles coulent continuellement dans la matrice, soit avec le souffle venant du ventre, soit à cause de l'échauffement, alors aussi naturellement les femmes se figurent être enceintes, puisque les règles ne viennent pas et que la matrice est gonflée[2]. **4** Il arrive aussi que les règles font éruption spontanément, ou bien parce que d'autres descendent du corps à la matrice et entraînent les premières ; de l'air sort et chez beaucoup de femmes tout de suite après les règles, la matrice est béante et se tourne vers le sexe ; et alors, après des rapports avec un homme, elles conçoivent le jour même[3] ou peu de jours après. Mais les femmes qui ne sont pas au courant de ces explications et de ces faits calculent qu'elles sont enceintes à partir du moment où les règles ne venaient pas et que la matrice était gonflée. **5** Je vais dire pourquoi il n'est pas possible que la grossesse dure plus de dix mois. La nourriture qui, descendant

1. L'explication qui suit est beaucoup moins précise et moins technique que celle du περὶ ὀκταμήνου, ch. XIII, 3.

2. On notera particulièrement ici la répétition en fin de phrase des conditions énoncées en début de phrase. Le procédé est très fréquent dans cette œuvre. C'est, fort généralement, une technique spontanée d'argumentation où l'on retombe très vite chaque fois que l'on se contrôle trop peu. La première prose scientifique grecque n'est pas encore décantée ; cela viendra très vite au IVe siècle.

3. Il y a là une erreur, mais l'observation de la chronologie des grossesses était beaucoup trop peu exigeante pour qu'on pût s'en apercevoir.

τούτου τοῦ χρόνου ῥαγέντων τῶν ὑμένων ἐξέρχεται· καὶ ἢν ἡ τροφὴ πρόσθεν λήξῃ ἀπὸ τῆς μητρὸς τῷ παιδίῳ, καὶ οὕτω πρόσθεν ὁ τόκος τῇ μητρὶ παραγίνεται, θᾶσσον δὲ δέκα μηνῶν ἐξέρχεται. **3** Ἀλλ' ὅσαι δὴ ἔδοξαν πλείονα χρόνον δέκα μηνῶν ἔχειν, ἤδη γὰρ τοῦτο πολλάκις ἤκουσα, κεῖναι διεβλήθησαν τρόπῳ τοιῷδε ᾧ μέλλω λέγειν· ὁκόταν αἱ μῆτραι πνεῦμα λάβωσιν ἐς σφέας αὐτὰς ἀπὸ τῆς κοιλίης φῦσαν παρεχούσης καὶ ἐξαρθέωσι, γίνεται γὰρ τοῦτο, δοκέουσι δὴ αἱ γυναῖκες πρὸς σφέας ἔχειν τότε· καὶ ἢν καταμήνια μὴ χωρέοντα συστραφῇ ἐν τῇσι μήτρῃσι καὶ ᾖ χρονιώτερα, αἰεὶ διαρρεῖ ἐς τὰς μήτρας, ἔστι μὲν ὅτε σὺν τῷ ἀπὸ τῆς κοιλίης πνεύματι, ἔστι δ' ὅτε καὶ θερμαινόμενα, καὶ δὴ καὶ τότε ἐν γαστρὶ δοκέουσιν ἔχειν 534 αἱ γυναῖκες, ἅτε τῶν καταμηνίων μὴ χωρεόντων καὶ τῶν μητρέων ᾐρμένων· **4** εἶτα ἔστιν ὅτε τὰ καταμήνια ἐρράγη αὐτόματα, ἢ ἑτέρων ἐπικατελθόντων ἀπὸ τοῦ σώματος ἐς τὰς μήτρας καὶ κατενεγκάντων τὰ πρότερα, καὶ φῦσα ἐξῆλθε, καὶ πολλῇσιν ἤδη εὐθὺς μετὰ τὴν τῶν καταμηνίων λύσιν αἱ μῆτραι ἔχανον καὶ κατὰ τὸ αἰδοῖον ἐστράφησαν, καὶ μιχθεῖσαι τότε ἀνδράσιν αἱ γυναῖκες ἔλαβον πρὸς σφέας τὸν γόνον αὐθημερὸν ἢ ἅμα ὀλίγῃσιν ἡμέρῃσιν. Λογίζονται δ' αἱ γυναῖκες αἱ ἄπειροι τούτων τῶν λόγων καὶ τῶν πρηγμάτων κατ' ἐκεῖνον τὸν χρόνον ἐν γαστρὶ ἔχειν, ὅτε τὰ καταμήνια οὐκ ἐχώρει αὐτῇσι καὶ αἱ μῆτραι ᾐρμέναι ἦσαν. **5** Ὅτι δ' οὐκ ἔστι χρονιώτερον δέκα μηνῶν ἐν γαστρὶ ἔχειν, ἐγὼ φράσω· ἡ τροφὴ καὶ ἡ

1 τούτου τοῦ MV : τοῦ ὡρισμένου recc. ‖ 3 θᾶσσον δὲ MV : καὶ θ. recc. ‖ 6 λέγειν MV : ἐρέειν recc. ‖ 7 σφέας (et 9) Joly : σφᾶς MV ‖ 8 ἐξαρθέωσι Joly : -θῶσι MV ‖ 10 συστραφῇ : ξ. MV ‖ 11 αἰεὶ Lind. : ἀεὶ MV ‖ 12 σὺν : ξ. MV ‖ 16 ἀπὸ τοῦ σώματος om. V ‖ 17 φῦσα MV : ἡ φ. recc. ‖ 18 ἐξῆλθε V : -εν M ‖ 19 λύσιν Erot. K 20 Erm. : κάθαρσιν codd. Littré ‖ 20 καὶ μιχθεῖσαι — ἔλαβον MV : καὶ τηνικαῦτα μιχθεῖσαι ἀνδράσιν ἔλαβον recc. ‖ 21 σφέας Joly : σφᾶς MV ‖ 23 κατ' ἐκεῖνον EH²Kπ : κἀκεῖνον MV ‖ 24 ἐχώρει Joly : -ρεεν MV ‖ 25 ἦσαν MV : ἐτύγχανον recc. ‖ ἔστι Joly : ἐστὶ codd. edd.

de la mère, développe l'enfant, ne lui suffit plus quand les dix mois sont passés et qu'il a grandi[1]. En effet, il attire à lui la partie la plus douce du sang et il profite aussi un peu du lait ; mais quand c'est trop peu pour lui et qu'il est robuste, il désire plus de nourriture qu'il n'en a, il se remue et rompt les membranes. **6** C'est chez les primipares que ce fait se produit le plus. En effet, la nourriture, chez elles, fait défaut à l'enfant et ne peut suffire jusqu'aux dix mois. Elle leur fait défaut plus vite pour cette raison. Il y a des femmes chez qui les règles sont suffisantes, d'autres non, et si cela se produit toujours naturellement, c'est que cette disposition leur vient de leur mère[2]. Celles qui ont peu de règles fournissent trop peu de nourriture à l'enfant quand, à la fin de la grossesse, il est robuste : c'est ce qui les fait se remuer et sortir avant les dix mois, car trop peu de sang vient de la mère. La plupart du temps, il arrive aussi que ces femmes qui ont peu de règles n'aient pas de lait : elles sont trop sèches et ont la chair trop ferme. **7** Voici une preuve de cette affirmation qu'en dehors des cas où il subit quelque violence, l'enfant sort quand la nourriture lui fait défaut. L'oiseau provient du jaune de l'œuf de la manière suivante[3]. Sous la mère qui couve, l'œuf s'échauffe et son contenu se met en mouvement du fait de la mère. En s'échauffant, l'intérieur de l'œuf a du souffle et, par révulsion, il attire un autre

1. Aristote retient la même idée pour expliquer les naissances avant terme (*Gén. anim.*, IV, 6, 774 b 34 sq.).

2. Nous adoptons la ponctuation proposée par Heidel et nous considérons ἐν φύσει καὶ ἐν γένει comme une sorte d'hendiadys. L'association de φύσις et de γένος se retrouve ailleurs : Dinarque, II, 26 ; Démosthène, XXV, 48 ; Ménandre, fr. 533, 2 et 3 (III, 157 K.), textes cités par D. Holwerda, *Commentatio de vocis quae est* φύσις..., Groningue, 1955, p. 48, n.

3. Anaxagore devait penser de même (B 22) ; Aristote croit à l'inverse que l'oiseau provient du blanc et se nourrit du jaune (*Gén. anim.*, III, 1, 751 b 5 sqq., et III, 2, 752 b 25, où il nous apprend aussi que l'opinion de notre auteur était déjà celle d'Alcméon). En réalité, le germe est bien dans le jaune de l'œuf, mais n'en constitue qu'une très faible partie en surface. Tout le reste du jaune est réserve nutritive ; le blanc est un matelas albumineux enveloppant. Notre auteur est plus près qu'Aristote d'une observation exacte.

αὔξησις ἡ ἀπὸ τῆς μητρὸς κατιοῦσα οὐκ ἔτι ἀρκέουσα τῷ παιδίῳ ἐστίν, ὁκόταν οἱ δέκα μῆνες παρέλθωσι καὶ τὸ ἔμβρυον αὐξηθῇ· ἕλκει γὰρ ἀπὸ τοῦ αἵματος ἐς ἑωυτὸ τὸ γλυκύτατον, ἅμα δὲ καὶ ἀπὸ τοῦ γάλακτος ἐπαυρίσκεται ὀλίγον· ὁκόταν δ' αὐτῷ σπανιώτερα ταῦτα γένηται καὶ ἁδρὸν ᾖ τὸ παιδίον, ποθέον πλείονα τῆς ὑπαρχούσης τροφῆς, ἀσκαρίζει καὶ τοὺς ὑμένας ῥήγνυσι. 6 Καὶ τῶν γυναικῶν αἱ πρωτότοκοι τοῦτο πάσχουσι μᾶλλον· ἐπιλείπει γὰρ τοῖσι παιδίοισιν ἡ τροφὴ ἐς τὸ ἀρκέσαι ἄχρι τῶν δέκα μηνῶν. Πρότερον δὲ ἐπιλείπει ταύτῃσι διὰ τόδε· εἰσὶ τῶν γυναικῶν, αἳ μὲν ἀρκέοντα τὰ καταμήνια ἀποκαθαίρονται, αἳ δὲ ἐλάσσονα· τοῦτο δὲ ἢν αἰεὶ γίνηται, ἐν φύσει καὶ ἐν γένει, μητρῷόν σφίν ἐστιν· αἱ δὲ τὰ καταμήνια ὀλίγα μεθιεῖσαι, αὗται καὶ τοῖσι παιδίοισι τοῦ χρόνου τὸ ὕστατον, ὅταν ἤδη ἁδρὸν ᾖ, τὴν τροφὴν σπανιωτέρην παρέχουσαι, ποιέουσιν ἀσκαρίζειν καὶ πρόσθεν τῶν δέκα μηνῶν ἐξελθεῖν· ὀλίγον γὰρ ἀπ' αὐτέων 536
χωρεῖ τὸ αἷμα. Ὡς δὲ ἐπὶ τὸ πλεῖον συμβαίνει καὶ ἀγαλάκτους μᾶλλον εἶναι ταύτας τὰς γυναῖκας, τὰς ὀλίγα τὰ καταμήνια μεθιείσας· ξηρότεραι γὰρ καὶ πυκνοσαρκότεραί εἰσι. 7 Τούτῳ δὲ τῷ λόγῳ ὅτι ἐπιλειπούσης τῆς τροφῆς, ἐξέρχεται τὸ ἔμβρυον, ἢν μή τι αὐτῷ βίαιον πάθημα προσπέσῃ, ἱστόριον τόδε ἐστί. Τὸ ὄρνεον γίνεται ἐκ τοῦ ᾠοῦ τοῦ χλωροῦ τρόπῳ τοιῷδε· ἐπικαθεζομένης τῆς μητρὸς θερμαίνεται τὸ ᾠόν· καὶ τὸ ἐν τῷ ᾠῷ ἐνεὸν ἀπὸ τῆς μητρὸς κινεῖται· θερμαινόμενον δὲ πνεῦμα ἴσχει τὸ ἐν τῷ ᾠῷ ἐνεὸν καὶ ἀντισπᾷ ἕτερον ψυχρὸν ἀπὸ τοῦ

1 ἀρκέουσα H² : -κεῦσα MV || 3 ἑωυτὸ recc. : αὐτὸ MV || 6 ποθέον V : -έων M || 10 Πρότερον δὲ ἐπιλείπει Joly : πρότερον· ἐπιλείπει δὲ MV (δὲ iterauit M) || διὰ τόδε MV : διὰ τρόπον τοιόνδε recc. || 12 αἰεὶ Lind. : ἀεὶ MV || γίνηται — γένει, ita interpunxit Heidel || 16 ποιέουσιν V : -σι M || 17 ἐξελθεῖν M : ἐξ- ἐπείγεσθαι V recc. || 18 πλεῖον MV : πλεῖστον recc. || 19 sec. τὰς M²V : om. M || 21 εἰσι M : -ιν V.

souffle froid de l'air à travers l'œuf. Car l'œuf est assez poreux pour laisser traverser suffisamment de souffle attiré de l'intérieur. L'oiseau se développe dans l'œuf; il s'articule tout à fait ou à peu près comme l'enfant, suivant ce que j'en ai dit plus haut[1]. **8** Il est issu du jaune de l'œuf; la nourriture qui le fait grandir vient du blanc : c'est évident pour tous ceux qui y font attention. Quand dans l'œuf la nourriture fait défaut à l'oiseau, n'en ayant plus suffisamment pour vivre, il s'agite violemment dans l'œuf, cherchant plus de nourriture : les membranes se rompent et lorsque la mère s'aperçoit que le petit s'agite violemment, elle frappe et brise la coquille. Cela arrive au bout de vingt jours. Il est évident qu'il en est ainsi. En effet, quand la mère frappe la coquille de l'œuf, il n'y reste pour ainsi dire plus rien du liquide : tout a été consommé pour le petit[2]. **9** De même, quand l'enfant grandit, la mère n'arrive plus à lui fournir la nourriture suffisante; il en cherche donc plus qu'il n'en a, il se remue, rompt les membranes et, libéré du lien, il s'avance vers le dehors. Cela arrive en dix mois au plus. Selon le même raisonnement, le part survient chez le bétail et les animaux sauvages au temps fixé pour chaque espèce, et non après. Pour chaque espèce, en effet, il faut qu'il y ait un moment où la nourriture pour le petit sera trop peu abondante, manquera et où le part surviendra. Les espèces qui ont moins de nourriture pour les petits mettent bas plus tôt; celles qui en ont plus, mettent bas plus tard[3]. Voilà ce que j'avais à dire là-dessus. **10** Quant à l'enfant, si, une fois les membranes rompues, le mouvement

1. Cf. XXIX.

2. Pour l'auteur, son explication est solidement fondée sur les faits et comporte une évidence qu'il s'étonnerait fort de voir remettre en question; pourtant, son raisonnement est vicié par un maniement beaucoup trop lâche de la notion de causalité.

3. Cette généralisation donne pour un fait avéré ce qui n'est en réalité qu'une déduction du système admis : c'est une attitude très fréquente dans toute pensée préscientifique.

ἠέρος διὰ τοῦ ᾠοῦ · τὸ γὰρ ᾠὸν ἀραιόν ἐστιν οὕτως ὡς πνοὴν ἑλκομένην ἀρκέουσαν διιέναι τῷ ἔνδον ἐόντι. Καὶ αὔξεται τὸ ὄρνεον ἐν τῷ ᾠῷ, καὶ διαρθροῦται τρόπῳ τῷ αὐτῷ τε καὶ παραπλησίῳ ᾧπερ καὶ τὸ παιδίον, ὥς μοι ἤδη καὶ πρότερον εἴρηται. 8 Γίνεται δ' ἐκ τοῦ χλωροῦ τοῦ ᾠοῦ, τροφὴ δὲ καὶ αὔξησίς ἐστιν ἀπὸ τοῦ λευκοῦ τοῦ ἐν τῷ ᾠῷ ἐόντος · καὶ τοῦτ' ἤδη πᾶσιν ἐμφανὲς ἐγένετο ὁκόσοι τὸν νοῦν προσέσχον · ὁκόταν ἐπιλείπῃ ἡ τροφὴ τῷ νεοσσῷ ἐκ τοῦ ᾠοῦ, οὐκ ἔχον ἀρκέουσαν ἀφ' ἧς ζήσεται, κινεῖται ἰσχυρῶς ἐν τῷ ᾠῷ, ζητέον τροφὴν πλείονα, καὶ οἱ ὑμένες περιρρήγνυνται, καὶ ὁκόταν ἡ μήτηρ αἴσθηται τὸν νεοσσὸν κινηθέντα ἰσχυρῶς, κολάψασα ἐξέλεψε · καὶ ταῦτα συμβαίνει γίνεσθαι ἐν εἴκοσιν ἡμέρῃσι. Καὶ ἐμφανές ἐστιν ὅτι ὧδε ἔχει · ὁκόταν γὰρ κολάψῃ τὸ ὄρνεον ἐπὶ τοῖσι λεπυρίοισι τοῦ ᾠοῦ, ὑγρὸν ἔνεστιν οὐδὲν ὅ τι καὶ ἄξιον λόγου · ἐξανήλωται γὰρ ἐς τὸν νεοσσόν. 9 Οὕτω δὲ καὶ τὸ παιδίον, ὁκόταν αὐξηθῇ, οὐκ ἔτι δύναται ἡ μήτηρ τροφὴν παρέχειν ἀρκέουσαν · ζητέον οὖν πλείω τροφὴν τῆς παρεούσης τὸ ἔμβρυον ἀσκαρίζον ῥήγνυσι τοὺς ὑμένας, καὶ λυθὲν τοῦ δεσμοῦ χωρεῖ ὁμοῦ ἔξω · καὶ ταῦτα γίνεται ἐν δέκα μησὶ τὸ μακρότατον. Καὶ κατὰ 538
τοῦτον τὸν λόγον καὶ τοῖσι κτήνεσι καὶ τοῖσι θηρίοισιν ὁ τόκος παραγίνεται ἐν χρόνῳ ᾧ ἕκαστον τίκτει οὐ μακρότερον · ἑκάστῳ γὰρ τῶν ζῴων ἀνάγκη ἐστὶ χρόνον εἶναι, ἐν ᾧ ἡ τροφὴ σπανιωτέρη ἔσται τῷ ἐμβρύῳ καὶ ἐπιλείψει καὶ ὁ τόκος παρέσται · καὶ τὰ μὲν ἐλάσσω τροφὴν τοῖσιν ἐμβρύοισιν ἔχοντα θᾶσσον τίκτει, τὰ δὲ πλείω ὕστερον. Καὶ ταῦτα μὲν ἐς τοῦτό μοι εἴρηται. 10 Τὸ δὲ παιδίον, ὅταν περιρραγέωσιν οἱ ὑμένες, ἢν μὲν δὴ ἐπικρατήσῃ ἡ

2 ἐόντι M : ἐνεόντι V ‖ 3 διαρθροῦται M : ἀρθρ- V ‖ 5 ἤδη M : om. V ‖ 7 ἐόντος V : ἐνεόντος M ‖ 8 τὸν νοῦν (νόον MV) προσέσχον MV : προσ- τὸν νόον recc. ‖ 11 μήτηρ MV : ὄρνις recc. ‖ 12 ἐξέλεψε V : -εν M ‖ 15 ἔνεστιν M : ἔνι ἔστιν V ‖ 28 μοι recc. edd. : om. MV ‖ 29 περιρραγέωσιν Joly : -γῶσιν MV.

par la tête l'emporte, la femme accouche facilement; mais si l'enfant s'avance de côté ou par les pieds — car cela arrive — si le mouvement se présente ainsi, soit à cause du volume de la matrice, soit que la mère, dans les douleurs, n'ait pas gardé le repos dès le début, si donc l'enfant se présente ainsi, la femme accouchera difficilement. Il est fréquent qu'elles en meurent ou leur enfant ou les deux[1]. **11** Les primipares souffrent plus que les autres dans l'accouchement, car elles ne connaissent pas les douleurs; elles souffrent de tout le corps, mais surtout aux lombes et aux hanches, car celles-ci se distendent. Celles qui ont plus d'expérience dans l'accouchement souffrent moins et celles qui ont accouché beaucoup de fois souffrent beaucoup moins[2]. Si l'enfant se présente par la tête, la tête sort la première, puis les membres et enfin le cordon ombilical. Au cordon ombilical est attaché le chorion. **12** Ensuite vient de l'eau sanguinolente, provenant de la tête et du reste du corps, laquelle a été expulsée par la violence, le travail et la chaleur, et qui ouvre la voie aux lochies. Après la sortie de cette humeur, les lochies coulent pendant le temps indiqué plus haut. Les seins et les parties plus humides du corps de la femme se relâchent, moins lors du premier accouchement, ensuite de plus en plus au fur et à mesure que les accouchements se multiplient : en effet, les veines se vident à cause des lochies[3]. Voilà ce que j'avais à dire là-dessus.

Les jumeaux.

XXXI. **1** Les jumeaux naissent d'un seul coït. La matrice a des poches recourbées et multiples, les unes

1. Les *recentiores* ont ajouté ici quelques mots qui explicitent ἅμα et que le texte traditionnel accueillait par erreur. Cette particularité est assez fréquente.

2. L'auteur avait déjà fait ces remarques très exactes plus haut, ch. xviii, 2.

3. Cette explication illusoire est fondée sur la correspondance directe, admise par l'auteur et d'autres, entre la matrice et les mamelles, entre le sang et le lait.

ἐπὶ τὴν κεφαλὴν ῥοπή, ῥηϊδίως τίκτει ἡ γυνή· ἢν δὲ πλάγιον ἢ ἐπὶ πόδας χωρήσῃ, γίνεται γὰρ τοῦτο, ἢν οὕτως ἡ ῥοπὴ τύχῃ γενομένη ἢ ὑπὸ εὐρυχωρίης γε τῶν μητρέων, ἢ καὶ ἢν ἡ μήτηρ ἐν τῇ ὠδῖνι μὴ ἡσυχάσῃ τὸ πρῶτον, κἢν οὕτω χωρῇ, χαλεπῶς τέξεται ἡ γυνή· πολλαὶ δὲ ἤδη ἢ αὐταὶ ὤλοντο, ἢ τὰ παιδία, ἢ ἅμα. **11** Τίκτουσαι δὲ αἱ γυναῖκες μάλιστα πονέουσιν αἱ πρωτοτόκοι διὰ τὴν ἀπειρίην τῶν πόνων, καὶ πονέουσι μὲν πᾶν τὸ σῶμα, μάλιστα δὲ τὴν ὀσφύν τε καὶ τὰ ἰσχία· διίσταται γὰρ σφέων τὰ ἰσχία· αἱ δὲ μᾶλλον ἔμπειροι τόκων ἧσσον πονέονται τῶν πρωτοτόκων, αἱ δὲ πολυτόκοι πάνυ ἧσσον πονέονται. Ἢν δ' ἐπὶ κεφαλὴν ἴῃ τὸ ἔμβρυον, ἡ κεφαλὴ πρῶτον ἔξω χωρεῖ, ἔπειτα τἄλλα μέλεα ἑπόμενα, ὕστατος δὲ ὁ ὀμφαλός· ἐκ τοῦ δ' ὀμφαλοῦ τὸ χόριον τεταμένον ἐστίν. **12** Μετὰ δὲ ταῦτα ὕδρωψ ἔρχεται αἱματώδης ἀπό τε τῆς κεφαλῆς καὶ τοῦ ἄλλου σώματος, ἀποκριθεὶς ὑπὸ βίης τε καὶ πόνου καὶ θέρμης, καὶ ὁδὸν ἀφηγήσατο τῶν λοχίων τῇ καθάρσει· μετὰ δὲ τὴν ἔξοδον τοῦ ἰχῶρος ἡ κάθαρσις γίνεται χρόνον τὸν πρόσθεν εἰρημένον. Καὶ οἵ τε μαζοὶ καὶ τἄλλα μέλεα ὁκόσα ὑγρότερά ἐστι, καταρρήγνυται τῶν γυναικῶν, ἥκιστα μὲν ἐν τῷ πρώτῳ τόκῳ, ἔπειτα δέ, ὡς ἂν πλειόνων πειρέωνται τόκων, ἔτι μᾶλλον καταρρήγνυται διακενουμένων τῶν φλεβῶν ὑπὸ τῆς καθάρσιος τῶν λοχίων. Ταῦτα δέ μοι ἐς τοῦτο εἴρηται.

XXXI. **1** Δίδυμα δὲ γίνεται μὲν ἀφ' ἑνὸς λαγνεύμα- 540
τος· ἔχουσι δὲ κόλπους γαμψοὺς αἱ μῆτραι καὶ συχνούς,

5 ἡ recc. : om. MV ‖ 6 ἅμα MV : ἅμα αἱ μητέρες καὶ τὰ ἐν αὐτῇσιν recc. ‖ 6-7 τίκτουσαι δὲ αἱ γ. MV (αἱ om. V) : ἐκ τῶν τικτουσῶν recc. ‖ 8-9 καὶ πονέουσι-ἰσχία M : καὶ μάλιστα πονέουσι μὲν τὴν ὀσφῦν καὶ τὰ ἰσχία, πονέουσι δὲ καὶ πᾶν τὸ σῶμα V ‖ 11 πάνυ om. V ‖ 14 χόριον V : χώρ- M ‖ 17 ἀφηγήσατο MV : ὑφ- Erm. Heidel ‖ 23 καταρρήγνυται V : -νυνται M ‖ 25 μὲν V Erm. : om. M Littré ‖ λαγνεύματος MV : λαγν- οὕτως recc. ‖ 26 καὶ ante συχνούς transposui : καὶ γαμψούς MV (ἔχουσιν αἱ μῆτραι κόλπους σ. καὶ γ. recc.).

plus loin, les autres plus près du sexe ; les animaux qui portent beaucoup de petits en ont plus que ceux qui en portent peu. Il en est de même du bétail, des bêtes sauvages et des oiseaux. Quand la semence à son arrivée se trouve répartie dans les deux poches, que la matrice garde la semence et qu'aucune des poches ne se vide dans l'autre, la semence séparée dans chacune des deux poches s'entoure d'une membrane et s'anime de la façon que j'ai dite pour une seule. **2** Voici la preuve que les jumeaux naissent d'un seul coït : la chienne, la truie et les autres animaux qui, après un seul accouplement, mettent bas deux ou plusieurs petits[1]. Chacun de ceux-ci se trouvera dans une poche de la matrice et dans une membrane ; nous voyons par nous-mêmes qu'il en est ainsi et ces animaux, la plupart du temps, mettent bas tous leurs petits le même jour. De même, pour la femme, les enfants nés d'un seul coït ont chacun leur poche et leur chorion ; la mère les met au monde le même jour et le premier sort avec son chorion. **3** Les jumeaux peuvent être fille et garçon : j'affirme en effet que chez la femme et chez l'homme, comme en chaque animal, il se trouve de la semence plus faible et de la semence plus forte[2]. Et puis, la semence ne sort pas en une fois, mais est éjaculée en deux ou trois fois et il n'est pas possible qu'elle soit toujours également forte, la première à sortir et l'autre[3]. Dans la poche où est entrée la semence la plus épaisse et la plus forte, il se forme un garçon ; dans celle où est entrée la semence la plus humide et la plus faible, il se forme une fille. Si une semence forte entre dans les deux, il se forme deux garçons ; si c'est une semence faible, deux filles. — Ainsi prend fin mon exposé complet.

1. Ce passage pourrait être inspiré de Démocrite (*Vorsokratiker*, A 151) ; cf. M. Wellmann, *Spuren Demokrits im C. H.*, in Archeion, 1929, p. 304 sqq.

2. Nous gardons le texte des manuscrits, quoique nous ayons d'abord songé à le corriger en : γονὴν... ἀσθενεστέρην καὶ ἰσχυροτέρην. On pourrait songer aussi à insérer un τι après ἀσθενέστερον.

3. Aristote (*Gén. anim.*, II, 4, 739 a 10 sq.) partage cette opinion, en la précisant encore davantage.

τοὺς μὲν τηλοτέρω, τοὺς δὲ πλησιαιτέρω τοῦ αἰδοίου· καὶ τὰ πολύγονα τῶν ζῴων πλείους ἔχει τῶν ὀλίγα κυεόντων· ὁμοίως δὲ καὶ τὰ πρόβατα, θηρία τε καὶ ὄρνεα. Ὅταν δὲ ἡ γονὴ τύχῃ σχισθεῖσα ἐς δύο κόλπους ἀφικομένη καὶ αἱ μῆτραι δέξωνται τὴν γονὴν καὶ τοῖν κόλποιν μηδέτερος ἐς τὸν ἕτερον χαλάσῃ, χωρισθεῖσα δὴ ἐν ἑκατέρῳ κόλπῳ ὑμενοῦται καὶ ζωοῦται τῷ αὐτῷ τρόπῳ ᾧπερ καὶ τὸ ἓν εἴρηται. **2** Ὅτι δ' ἀφ' ἑνὸς λαγνεύματος δίδυμα γίνεται ἱστόριον τόδε ἐστί, κύων καὶ ὗς καὶ ἄλλα ζῷά ἐστιν ἅσσα ἀφ' ἑνὸς λαγνεύματος τίκτει καὶ δύο καὶ πλείονα, καὶ ἕκαστον τῶν ζῴων ἐν τῇσι μήτρῃσιν ἐν κόλπῳ καὶ ὑμένι ἐστί, καὶ ταῦτα αὐτοὶ ὁρέομεν γινόμενα, καὶ ταῦτα τίκτει τῇ αὐτῇ ἡμέρῃ πάντα ὡς ἐπὶ τὸ πλεῖον. Ὧδε δὲ καὶ τῇ γυναικὶ ἀπὸ μιῆς μίξιος γινόμενα τὰ παιδία ἑκάτερον ἐν κόλπῳ καὶ χορίῳ ἐστί, καὶ τίκτει τῇ αὐτῇ ἡμέρῃ ἀμφότερα, καὶ πρότερον θάτερον χωρεῖ ἔξω καὶ τὸ χόριον αὐτοῦ. **3** Ὅτι δὲ θῆλυ καὶ ἄρσεν δίδυμα γίνεται, φημὶ ἐν τῇ γυναικὶ καὶ ἐν τῷ ἀνδρὶ καὶ ἐν παντὶ ζῴῳ ἑκάστῳ γονῆς ἐνεῖναι καὶ ἀσθενέστερον καὶ ἰσχυρότερον· καὶ οὐκ ἐς ἅπαξ χωρεῖ ἡ γονή, ἀλλὰ καὶ ἐς δὶς καὶ τρὶς ἀποβράσσεται· καὶ οὐκ ἀνυστὸν αἰεὶ ὅμοιον εἶναι πᾶν ἰσχυρόν, τό τε πρόσθεν ἐξιὸν καὶ τὸ ὕστερον. Ἐς ὁκότερον δ' ἂν τῶν κόλπων τύχῃ ἡ γονὴ παχυτέρη καὶ ἰσχυροτέρη ἐσελθοῦσα, κεῖθι ἄρσεν γίνεται· ἐς ὁκότερον δ' ἂν ὑγροτέρη καὶ ἀσθενεστέρη, κεῖθι θῆλυ γίνεται· ἢν δ' ἐς ἄμφω 542
ἰσχυρὴ ἐσέλθῃ, ἄμφω ἄρσενα γίνεται· ἢν δὲ ἀσθενής, ἄμφω θήλεα γίνεται. Οὗτος ὁ λόγος ὧδε εἰρημένος ἅπας τέλος ἔχει.

2 ἔχει MV : ἔχει κόλπους recc. ‖ 4 ἐς Lind : εἰς MV ‖ ἀφικομένη recc. : ἀπικ- MV Erm. ‖ 6 ἕτερον recc. : ἕτ- κόλπον MV ‖ 9 ἄλλα : τἄλλα Erm. ‖ ἐστιν ἅσσα MV : ὅσα recc. ‖ 11 μήτρῃσιν V : -σι M ‖ 12 ἐστί V : -ὶν M ‖ 13 πλεῖον MV : πλεῖστον recc. ‖ 14 μίξιος recc. : -ηος V -εως M ‖ 15 χορίῳ : ἐν χ. V χωρίῳ M ‖ 16 χόριον V : χώρ- M ‖ 21 αἰεὶ Lind. : ἀεὶ MV ‖ ὅμοιον MV : ὁμοίως recc. ‖ 22 δ' ἂν MV : ἂν οὖν recc. ‖ 24 ἐσελθοῦσα M : εἰσελ- V ἐσιοῦσα recc. ‖ ἂν MV : αὖ recc.

DES MALADIES IV

Les humeurs et les maladies.

XXXII. **1** La semence venue de toutes les parties du corps de l'homme et de la femme pour la formation d'un être humain et tombée dans la matrice de la femme s'est coagulée ; avec le temps en est issu un être humain développé[1]. L'homme et la femme ont dans le corps quatre espèces d'humeur, d'où naissent les maladies, si ce n'est celles qui ont pour cause la violence. Ces espèces sont le flegme, le sang, la bile et l'eau[2]; de ces humeurs, ce n'est ni la moindre partie ni la plus faible qui va dans la semence et quand l'être vivant est formé, il a en lui autant d'espèces d'humeur saine et morbide que ses parents. **2** Je vais montrer quelles qualités dans ces humeurs sont en excès ou en défaut, à cause de quoi on est malade, que les maladies se jugent les jours impairs, quels sont les principes des maladies et quels effets chacun d'eux produit dans le corps de façon à amener la maladie, quelle est la cause du frisson fébrile et pourquoi la fièvre lui succède.

Volume des humeurs. Les sources.

XXXIII. **1** Je veux montrer d'abord comment la bile, le sang, l'eau et le flegme sont plus ou moins abondants ; c'est le fait des aliments et des

1. Ce passage contient quelques mots dont l'importance philosophique est grande : φύσις ἀνθρωποειδής (cf. Holwerda, *o. l.*, p. 68, qui concrétise trop le sens), εἶδος et ἰδέα (cf. A.-E. Taylor, *Varia Socratica*, V, Oxford, 1911, p. 178-267) et ἀρχή.

2. A Cos, on distingue aussi quatre humeurs, mais ce sont le flegme, le sang, la bile jaune et la bile noire (cf. *Nature de l'homme*, 4), tandis que les textes incontestablement cnidiens n'en mentionnent que deux, le flegme et la bile. Notre auteur a peut-être subi l'influence de l'école de Crotone : Philistion admet, lui, que le corps est composé des quatre éléments traditionnels, qu'il appelle ἰδέαι et dont les δυνάμεις τὸ θερμόν, τὸ ψυχρόν, τὸ ὑγρόν, τὸ ξηρόν — sont causes

ΠΕΡΙ ΝΟΥΣΩΝ Δ

XXXII. **1** Τοῦ ἀνθρώπου ἐς τὴν γένεσιν ἀπὸ πάντων τῶν μελέων τοῦ ἀνδρὸς καὶ τῆς γυναικὸς ἐλθὸν τὸ σπέρμα καὶ ἐς τὰς μήτρας τῆς γυναικὸς πεσὸν ἐπάγη· χρόνου δὲ γενομένου φύσις ἀνθρωποειδὴς ἐγένετο ἐξ αὐτοῦ. Ἔχει δὲ καὶ ἡ γυνὴ καὶ ὁ ἀνὴρ ὑγροῦ τέσσερα εἴδεα ἐν τῷ σώματι, ἀφ' ὧν αἱ νοῦσοι γίνονται, ὁκόσα μὴ ἀπὸ βίης νοσήματα γίνεται· αὗται δὲ αἱ ἰδέαι εἰσὶ φλέγμα καὶ αἷμα ⟨καὶ⟩ χολὴ καὶ ὕδρωψ, καὶ ἀπὸ τούτων ἐς τὸ σπέρμα οὐκ ἐλάχιστον οὐδὲ ἀσθενέστατον συνέρχεται, καὶ ἐπειδὴ τὸ ζῷον ἐγένετο, κατὰ τοὺς τοκῆας τοσαύτας ἰδέας ὑγροῦ ὑγιηροῦ τε καὶ νοσεροῦ ἔχει ἐν ἑωυτῷ. **2** Ἀποφανέω δὲ ὁκόσα ἐν ἑκάστῃ τουτέων τῶν ἰδεῶν καὶ πλείω καὶ ἐλάσσω ἐν τῷ σώματι γίνεται, καὶ ὑπὸ τοῦ νοσέουσι, καὶ ὅτι αἱ νοῦσοι κρίνονται ἐν τῇσι περισσῇσιν ἡμέρῃσι, καὶ τίνες ἀρχαὶ τῶν νούσων εἰσί, καὶ ὁκοῖα αὐτέων ἑκάστη ἐν τῷ σώματι ἐργασμένη τὴν νοῦσον ἐπάγει, καὶ ὑπὸ τοῦ τὸ ῥῖγος πυρετῶδες γίνεται, καὶ διότι τὸ πῦρ ἐπιπίπτει μετ' αὐτό.

XXXIII. **1** Ἐθέλω δὲ ἀποφῆναι πρῶτον πῶς ἡ χολὴ καὶ τὸ αἷμα καὶ ὁ ὕδρωψ καὶ τὸ φλέγμα πλέονα καὶ ἐλάσ- 544

titulus περὶ νούσων δ' M || 4 αὐτοῦ Joly : -έου M || 5 ὑγροῦ post εἴδεα pos. recc. || τέσσερα Joly : -αρα M -αρας recc. || εἴδεα M : ἰδέας recc. || 7 νοσήματα E : -εύματα M || 8 καὶ addidi || 10 τοὺς τοκῆας recc. : τὰς τοκίας M || 12 ὁκόσα M : ὅκως Littré || ἐν ἑκάστῃ M : ἑκάστη Erm. Heidel, fortasse recte || τουτέων M : τούτων Erm. secl. Heidel || πλείω καὶ ἐλάσσω M : -ων καὶ -ων Erm. Heidel || 13 ὑπὸ τοῦ K' : ὑπὸ τούτου M ὑπ' ὅτου Erm. Heidel || ὅτι M : διότι Erm. Heidel || 14 τίνες M : αἵτινες αἱ Heidel || 15 ὁκοῖα recc. : -οίη M || 16 ὑπὸ τοῦ τὸ K' : ὑπὸ τὸ αὐτὸ M Littré ὑπ' ὅτου τὸ Erm. Heidel || 17 πυρετῶδες : τὸ π. Heidel || διότι M : διὰ τί G Littré.

boissons, de la manière suivante. Le ventre, quand il est plein, est la source de toutes les humeurs pour le corps ; mais quand il est vide, il tire du corps, qui se fond. Il y a aussi quatre autres sources ; quand elles ont puisé au ventre, c'est d'elles que chaque humeur arrive au corps ; quand elles sont vides, elles tirent du corps et le corps lui-même tire du ventre, quand ce dernier contient quelque chose. **2** Pour le sang, le cœur est la source, pour le flegme, la tête, pour l'eau, la rate et pour la bile, la vésicule biliaire[1]. Ce sont les quatre sources des humeurs, sans compter le ventre. La tête et la rate sont les plus creuses, car elles ont le plus grand espace, mais je le montrerai mieux un peu plus loin[2]. Voici ce qu'il en est. Dans tous les aliments et boissons, il y a du bilieux, de l'aqneux, du sanguin et du pituiteux, ici plus, là moins. **3** C'est pourquoi les aliments et les boissons diffèrent les uns des autres au point de vue de la santé. Voilà ce que j'avais à dire là-dessus. Quand on a mangé ou bu, le corps tire à lui du ventre l'humeur en question et les sources tirent du ventre à travers les veines ; l'humeur semblable attire la semblable et la distribue au corps, comme dans le cas des végétaux, l'humeur semblable attire la semblable de la terre.

L'humeur spécifique des plantes.

XXXIV. **1** La terre a en elle-même des sucs de toute nature et innombrables. Elle fournit à chaque végétal l'humeur conforme, celle qu'il possède congénitalement semblable à lui-même,

des maladies (cf. *Anonyme de Londres*, XX, 25 sqq. ; Jones, p. 80). L'emploi de ὕδρωψ pour ὕδωρ est très particulier à *Maladies IV* (qui utilise aussi ὕδωρ) ; au dernier chapitre, on comprend que le mot reprenne son sens pathologique. Surtout si *Maladies IV* fut d'abord une œuvre séparée, ces emplois de ὕδρωψ ne sont pas une objection sérieuse contre l'unité d'auteur ni contre l'unité finale de l'œuvre : il y a parfois des disparates plus graves dans des œuvres que nous savons unes (cf. Kahlenberg, *o. l.*, p. 255). Au § 2, ligne 12, nous avions suivi Littré, mais M. Thivel propose de voir dans ὁκόσα les δυνάμεις de XXXIV, 4 et 5.

1. Littéralement, l'endroit, le réservoir situé sur le foie.

2. Cf. pour la tête, XXXV, 2, et pour la rate, XXXVI.

σονα γίνεται, ἀπὸ τῶν βρωμάτων καὶ τῶν ποτῶν τρόπῳ τοιῷδε· ἡ κοιλίη τῷ σώματι πάντων πηγή ἐστι πλέη ἐοῦσα· κενεὴ δὲ γενομένη ἐπαυρίσκεται ἀπὸ τοῦ σώματος τηκομένου. Εἰσὶ δὲ καὶ ἄλλαι πηγαὶ τέσσερες, ἀφ' ὧν χωρεῖ τούτων ἕκαστον ἐς τὸ σῶμα, ἐπὴν αὗται ἀπὸ τῆς κοιλίης λάβωσι, καὶ αὗται ἐπὴν κενῶνται, ἀπὸ τοῦ σώματος ἐπαυρίσκονται· ἕλκει δὲ καὶ αὐτὸ τὸ σῶμα, ἐπήν τι ἡ κοιλίη ἔχῃ ἐν ἑωυτῇ· **2** τῷ μὲν δὴ αἵματι ἡ καρδίη πηγή ἐστι, τῷ δὲ φλέγματι ἡ κεφαλή, τῷ δὲ ὕδατι ὁ σπλήν, τῇ δὲ χολῇ τὸ χωρίον τὸ ἐπὶ τῷ ἥπατι. Αὗται αἱ τέσσερες τούτοισίν εἰσι πηγαὶ ἄνευ τῆς κοιλίης· τουτέων δέ εἰσι κοιλόταται ἡ κεφαλὴ καὶ ὁ σπλήν· εὐρυχωρίη γὰρ ἐν αὐτῷ πλείστη ἐστίν· ἀλλὰ περὶ τούτου ὀλίγῳ ὕστερον ἀποφανέω κάλλιον. Ἔχει δὲ καὶ τόδε ὧδε· ἐν τοῖσι βρωτοῖσι καὶ τοῖσι ποτοῖσιν ἔνεστι πᾶσι καὶ χολῶδεός τι καὶ ὑδρωποειδέος καὶ αἱματώδεος καὶ φλεγματώδεος, τῇ μὲν πλέον, τῇ δὲ ἔλασσον· **3** διότι καὶ διαφέρει τὰ ἐσθιόμενα καὶ πινόμενα ἀλλήλων ἐς τὴν ὑγιείην· καὶ ταῦτά μοι ἐς τοῦτο εἴρηται. Ἐπὴν δὲ φάγῃ ἢ πίῃ ὁ ἄνθρωπος, ἕλκει τὸ σῶμα ἐς ἑωυτὸ ἐκ τῆς κοιλίης τῆς ἰκμάδος τῆς εἰρημένης, καὶ αἱ πηγαὶ ἕλκουσι διὰ τῶν φλεβῶν ἀπὸ τῆς κοιλίης, ἡ ὁμοίη ἰκμὰς τὴν ὁμοίην, καὶ διαδίδωσι τῷ σώματι, ὥσπερ ἐπὶ τῶν φυτῶν ἕλκει ἀπὸ τῆς γῆς ἡ ὁμοίη ἰκμὰς τὴν ὁμοίην.

XXXIV. **1** Ἔχει γὰρ ὧδε ἡ γῆ ἐν ἑωυτῇ δυνάμιας παντοίας καὶ ἀναρίθμους. Ὁκόσα γὰρ ἐν αὐτῇ φύεται, πᾶσιν κμάδα παρέχει ὁμοίην ἑκάστῳ, οἵην καὶ αὐτὸ τὸ φυόμενον ἑωυτῷ ὁμοίην κατὰ συγγενὲς ἔχει, καὶ ἕλκει ἕκαστον

1 ποτῶν M : πομάτων recc. add. γίνεται δὲ Erm. || 4 τέσσερες Joly : -αρες M || 5 ἐπὴν J : ἐπ- οὖν M || αὗται M : αὐταὶ Erm. || 8 τι post κοιλίη pos. recc. || 9 τῷ M : Καὶ τῷ Erm. || 10 τέσσερες Joly : -αρες M || 11 τούτοισιν : -σι M -τέοισιν recc. || 19 ἐπὴν δὲ φάγῃ ...his verbis incipit capitulus xxxiv apud Erm. || 21 αἱ recc. : om. M || 26 πᾶσιν recc. : -σι M || 27 οἵην Erm. : οἷον codd. || 28 ἑωυτῷ Erm. : αὐτῷ codd.

et chacun tire de la terre sa nourriture selon sa nature propre[1]. En effet, le rosier tire de la terre l'humeur qui lui est conforme et l'ail tire de la terre l'humeur qui correspond à sa qualité propre ; tous les autres végétaux tirent de la terre selon leur nature. S'il n'en était pas ainsi, les végétaux ne deviendraient pas semblables à leur graine. **2** Si le végétal trouve dans la terre l'humeur apparentée en quantité beaucoup plus grande qu'il ne lui en faut, il devient malade ; s'il en trouve moins qu'il ne convient, il se dessèche. Mais si la terre ne contient pas du tout l'humeur apparentée que le végétal doit tirer, il ne pourrait même pas germer. On peut se convaincre que le végétal, s'il ne trouve pas son humeur naturelle, ne germe pas du tout. En effet, l'Ionie et le Péloponnèse ne sont pas très mal situés pour le soleil et les saisons, et le soleil peut y suffire aux plantes. **3** Et pourtant, malgré beaucoup de tentatives, il n'a pas été possible de faire pousser le silphion[2] ni en Ionie ni dans le Péloponnèse, alors qu'en Libye, il pousse tout seul : c'est que ne se trouve en Ionie ni dans le Péloponnèse l'humeur[3] capable de le nourrir. Il y a beaucoup d'autres plantes médicinales que certaines régions ne peuvent nourrir, alors que le soleil y est suffisant, et que d'autres font pousser spontanément ; on peut s'en rendre compte par la remarque suivante. Deux terrains fort voisins diffèrent pour la douceur du vin, alors que le soleil y suffit également : c'est que l'un possède l'humeur qui rendra le vin doux, l'autre non. **4** Il y a dans tel terrain bon nombre de plantes sauvages qui, déplacées d'une orgyie[4], ne poussent plus : c'est que ce terrain

1. Sur ce qualitativisme naïf, cf. *Notice*, p. 30.

2. On n'a pas encore réussi à identifier le silphion, malgré beaucoup d'études divergentes. A.-T. Vercoutre y voyait même le *Lodoicea Sechellarum* de Labillardière, c'est-à-dire le coco de mer (cf. Revue générale de botanique, 1910, p. 354 sqq. et 399 sqq.). Il s'agit probablement de l'*asa foetida* ou d'une variété très proche. Tout ce que l'on sait sur le silphion est rassemblé par Fr. Chamoux dans *Cyrène sous la dynastie des Battiades*, Paris, 1953, p. 246-263.

3. Le mot ἰκμάς est fréquent dans toute l'œuvre ; on le trouve aussi en *Maladies des femmes* (cf. LVIII, 10-14).

4. Une orgyie vaut six pieds, soit 1m78 environ.

ἀπὸ τῆς γῆς τροφήν, οἷόν περ καὶ αὐτό ἐστι· τό τε γὰρ ῥόδον ἕλκει ἀπὸ τῆς γῆς ἥτις ἐν τῇ γῇ ἰκμὰς τοιαύτη ἔνεστι, καὶ τὸ σκόροδον ἕλκει ἀπὸ τῆς γῆς ἰκμάδα τοιαύτην, οἷόν περ καὶ αὐτὸ δυνάμει ἐστί, καὶ τἄλλα πάντα τὰ 546
φυόμενα ἕλκει ἐκ τῆς γῆς καθ' ἑωυτὸ ἕκαστον· εἰ γὰρ μὴ τοῦτο οὕτως εἶχεν, οὐκ ἂν ἐγίνετο τὰ φυόμενα ὅμοια τοῖσι σπέρμασιν. **2** Ὅτῳ δὲ τῶν φυομένων ἐν τῇ γῇ ἰκμὰς κατὰ συγγένειαν τοῦ δέοντος πολλῷ πλέων ἐστί, νοσεῖ ἐκεῖνο τὸ φυτόν· ὅτῳ δὲ ἐλάσσων τοῦ καιροῦ, ἐκεῖνο αὐαίνεται. Ἢν δὲ ἐξ ἀρχῆς μὴ ἐνῇ ἰκμὰς τῷ φυτῷ, ἣν ἕλκει κατὰ τὸ συγγενές, οὐδ' ἂν βλαστῆσαι δύναιτο· παρέχει δὲ νοηθῆναι ὅτι, ἢν μὴ ἔχῃ ἰκμάδα κατὰ φύσιν τὸ φυτόν, οὐ βλαστάνει τὴν ἀρχήν· ἡ γὰρ Ἰωνίη χώρη καὶ ἡ Πελοπόννησος τοῦ ἡλίου ⟨καὶ⟩ τῶν ὡρέων οὐ κάκιστα κεῖται, ὥστε δύνασθαι ἐξαρκεῖν τοῖσι φυομένοισι τὸν ἥλιον· **3** ἀλλ' ὅμως οὐ δυνατόν, πολλῶν ἤδη πειρασαμένων, οὔτε ἐν Ἰωνίῃ οὔτε ἐν Πελοποννήσῳ σίλφιον φῦναι· ἐν δὲ τῇ Λιβύῃ αὐτόματον φύεται· οὐ γὰρ ἔστιν ἐν τῇ Ἰωνίῃ οὐδὲ ἐν Πελοποννήσῳ ἰκμὰς τοιαύτη ὥστε τρέφειν αὐτό. Ὅτι δὲ πολλὰ καὶ ἄλλα, ὅσα τοῦ ἡλίου ἐξαρκέοντος αἱ χῶραι οὐ δύνανται τῶν θεραπευμάτων τρέφειν, ἄλλαι δὲ φύουσιν αὐτόμαται, παρέχει καὶ τοῦτο σκέψασθαι ὃ μέλλω ἐρεῖν, ὁκόσον χῶρος χώρου κάρτα πλησιάζων διαφέρει ἐς τὴν ἡδυοινίην τοῦ ἡλίου ὁμοίως ἐξαρκέοντος· ἔνθα μὲν γὰρ τῆς γῆς ἰκμάς ἐστιν ἥτις τὸν οἶνον ἡδὺν παρέξει, ἔνθα δὲ οὔ. **4** Ἔστι δὲ καὶ ἄγρια φυόμενα ἐν χωρίῳ οὐκ ὀλίγα, μεταρθέντα δ' ὁκόσον ὀργυιὴν οὐκ ἂν εὕροις ἔτι φυόμενα· οὐ γὰρ ἔχει ἡ γῆ

1 ἐστι recc. : -ιν M ‖ 2-3 ἥτις — ἔνεστι (ν) MHEFIJ : ἰκμάδα τοιαύτην, οἷόν περ καὶ αὐτὸ δυνάμει ἐστὶ recc. Littré ‖ 7 τοῖσι recc. : -ιν M ‖ 11 ἕλκει recc. : -κῃ M ‖ 12 ἢν μὴ ἔχῃ M : εἰ μὴ ἔχει recc. ‖ 14 καὶ add. Coray ‖ 14-15 οὐ κάκιστα Coray : οὐχ ἥκιστα M ‖ 15 κεῖται (κέεται) Coray : καίεται M ‖ 16 πειρασαμένων Coray : -ζομένων M ‖ 22 καὶ recc. : δὲ M.

ne fournit plus au végétal transplanté l'humeur que le premier fournissait aux plantes sauvages. Les végétaux ont des humeurs, plus âcres ou plus humides ou plus douces ou plus sèches ou plus âpres, et d'innombrables autres, car la terre contient des sucs innombrables et c'est à cause de ces catégories qu'aucun végétal ne poussa à l'origine semblable à un autre, si ce n'est à l'intérieur d'une espèce. **5** Et je crois que tous étaient sauvages, mais que les hommes les ont cultivés et en les travaillant, leur ont fait donner des fruits, chacun selon sa graine. Car l'humeur tire de la terre l'humeur semblable et, grâce à elle, la plante se développe et se nourrit ; aucune (espèce) de plante n'est semblable à une autre, puisqu'elle ne tire de la terre une humeur ni identique ni semblable. Chaque plante utilisée comme aliment ou boisson tire de la terre des sucs nombreux[1] et en chacun, il y a quelque chose de pituiteux et de sanguin. J'ai donc rapproché ce processus nécessaire du fait que le corps attire les (humeurs) des aliments et des boissons arrivant dans le ventre, vers les sources (respectives) que j'ai dites et[2] que l'humeur semblable attire la semblable à travers les veines.

Le flegme.

XXXV. **1** Je vais donner une autre preuve que chaque humeur puise selon les indications précédentes et en même temps je dirai d'où vient le flegme dans le corps. Quand quelqu'un mange du fromage ou quelque chose d'âcre ou mange ou boit quelque chose de pituiteux, sur-le-champ cela lui revient à la bouche ou au nez. Nous voyons tous qu'il en est ainsi et il faut s'y attendre, d'après ce que je vais dire. **2** J'affirme que tout ce qui, dans les aliments ou la boisson, est pituiteux, une fois arrivé au ventre, le corps l'attire à lui en partie, et la tête aussi, qui est creuse et superposée comme une

1. Ceci paraît en contradiction avec le début du même chapitre, selon lequel chaque plante tire de la terre *une* humeur spécifique ; à moins d'admettre qu'une ἰκμάς contienne beaucoup de δυνάμεις, lesquelles semblent détaillées en XXXIV, 4.

2. Sans ce καί que nous insérons, la construction de la phrase ne nous paraît pas possible.

μεταρθέντι τοιαύτην ἰκμάδα οἵην τοῖσιν ἀγρίοισι φυτοῖσιν ἐκείνη παρέσχεν. Ἐστὶ γὰρ αὐτοῖσι τὰ μὲν ἰωδέστερα, τὰ δὲ ὑγρότερα, τὰ δὲ γλυκύτερα, τὰ δὲ ξηρότερα, τὰ δὲ τρηχύτερα, ἄλλα δ' ἄλλως ἔχει μυρία· μυρίαι γὰρ ἐν αὐτῇ δυνάμιές εἰσι, καὶ διὰ ταῦτα τὰ γένεα ἐκ τῆς γῆς πρῶτον οὐδὲν ἕτερον ἑτέρῳ ὅμοιον ἔφυ, ὅ τι μὴ συγγενές. **5** Ἄγρια δέ μοι δοκεῖ πάντα ταῦτα εἶναι· ἄνθρωποι δὲ αὐτὰ ἡμέρω- 548
σαν ἐργαζόμενοι καρποφορεῖν κατὰ τὸ σπέρμα ἕκαστον· ἕλκει γὰρ ἐκ τῆς γῆς ἡ ὁμοίη ἰκμὰς τὴν ὁμοίην, καὶ τούτοισιν αὔξεται καὶ τρέφεται, καὶ οὐδὲν ἕτερον ἑτέρῳ ὅμοιόν ἐστι τῶν φυομένων, οὔτε ἴσην οὔτε ὁμοίην ἐκ τῆς γῆς ἰκμάδα ἕλκον. Ἕλκει δὲ ἕκαστον τῶν φυομένων βρωτῶν τε καὶ ποτῶν ἐς ἑωυτὸ πολλὰς δυνάμιας ἀπὸ τῆς γῆς· ἐν παντὶ δέ ἐστί τι φλεγματώδεος καὶ αἱματώδεος· ἀνάγκην οὖν τῷδε προσηγαγόμην, ὅτι ἀπὸ τῶν βρωμάτων καὶ τῶν ποτῶν ἐς τὴν κοιλίην χωρεόντων ἕλκει τὸ σῶμα κατὰ τὰς πηγὰς ἃς ὠνόμασα ⟨καὶ⟩ ἡ ὁμοίη ἰκμὰς τὴν ὁμοίην διὰ φλεβῶν.

XXXV. **1** Σημήϊον δὲ ἀποφανέω ἕτερον τόδε, ὅτι ἕλκει ἕκαστον κατὰ τὰ εἰρημένα, καὶ ἅμα φράσω, ὅθεν τὸ φλέγμα γίνεται ἐν τῷ σώματι. Ἐπήν τις φάγῃ τυρὸν ἢ ὅ τι ἐστὶ δριμὺ ἢ ἄλλο τι φάγῃ ἢ πίῃ ὅ τι ἐστὶ φλεγματῶδες, αὐτίκα οἱ ἐπιθεῖ ἐπὶ τὸ στόμα καὶ τὰς ῥῖνας, καὶ τοῦτο οὕτω γινόμενον πάντες ὁρέομεν· τοῦτο δὲ χρὴ ἐλπίσαι, ὅθεν ἐγὼ ἐρέω. **2** Φημὶ δὲ ὁκόσον ἐν τῷ βρώματι ἢ πόματι φλεγματῶδες ἔνι, κείνου ἐς τὴν κοιλίην ἐλθόντος, τὸ μὲν τὸ σῶμα ἕλκει ἐς ἑωυτό, τὸ δὲ ἡ κεφαλὴ κοίλη ἐοῦσα καὶ ὥσπερ σικύη ἐπικειμένη ἕλκει· τὸ δὲ φλέγμα, ἅτε γλίσχρον ἐόν, ἕπεται τοῦτο τὸ ἕτερον διὰ

1 τοῖσιν recc. : -σι M ‖ 2 αὐτοῖσι : ἐν αὐτ- Erm. ‖ 7 πάντα ταῦτα MH : ταῦτα πάντα recc. ‖ 10 τούτοισιν recc. : -σι M ‖ 13 ἐς ἑωυτὸ Littré : ἐν ἑωυτῷ M ‖ 14 τι recc. : καὶ M ‖ 17 κατὰ K' edd. : καὶ M ‖ καὶ addidi ‖ 26 ἔνι Littré : ἐνῇ M ‖ 27 alt. τὸ J[1] : om. M ‖ 28 δὲ Erm. (cum · post ἕλκει) : post ἕπεται pos. M Littré ‖ 29 διὰ τοῦ : δι' Erm.

ventouse[1]. Le flegme, qui est visqueux, suit de proche en proche jusqu'à la tête ; le nouveau flegme issu des aliments reste dans la tête et l'ancien, en proportion du nouveau qui l'y force, en sort. Voilà pourquoi, quand on boit ou mange quelque chose de pituiteux, on crache du flegme. **3** Voici aussi ce qui arrive. Quand on a mangé ou bu quelque chose de pituiteux, si le flegme ne sort en proportion de ce qui s'en est formé, ni par la bouche ni par le nez, il faut bien qu'il reste dans la tête ou qu'il vienne de la tête dans le corps ou qu'il arrive au ventre. Le mieux serait qu'il arrivât au ventre, car il sortirait avec les selles. S'il y en avait beaucoup, il humecterait même les selles ; s'il y en avait peu, il ne le ferait pas. **4** S'il restait dans la tête en grande quantité[2], il y causerait beaucoup de souffrances, à séjourner dans les veines ; s'il n'y restait qu'en petite quantité, il ne le ferait pas, mais se manifesterait[3] plus ou moins. S'il arrive dans le corps, il s'y mêle au reste de l'humeur ; s'il est abondant, le corps s'en ressent aussitôt ; s'il est peu abondant, le corps ne s'en ressent pas, vu sa grosseur, à moins qu'il ne lui reste quelque autre principe (de maladie). Mais si avec le temps du nouveau flegme arrive, il est nuisible. **5** Si le corps le transmet à la vessie et au ventre et que (de là) il sorte, (le corps) n'en ressent aucun mal. — Ainsi cet exposé a montré comment la tête tire le flegme du ventre et comment le semblable va vers le semblable ; en même temps, j'ai montré comment et pourquoi il devient plus abondant chez l'homme du fait des aliments et des boissons.

1. Cf. *Ancienne médecine*, 22, et notre *Niveau de la science hippocratique*, p. 163 sqq. M. Thivel signale aussi *Vents*, 10 ; *Nature des os*, 15, et contre cette théorie des organes ventouses, Platon, *Timée*, 80 a, et Aristote, *Gén. an.*, II, 4, 737 b 28.

2. Nous supposons qu'un πολλόν est tombé par haplographie : il faut un πολλόν dans la principale pour correspondre à ὀλίγον qui suit. Un autre moyen de rendre la phrase acceptable serait de lire : Εἰ δὲ ἐν τῇ κεφαλῇ μείνειε πολλόν, πόνον ἂν κ. τ. λ.

3. Littré accueille la forme ἐπισημήνοι, qui est celle des manuscrits, mais n'en est pas moins incroyable. On pourrait rectifier aussi en ἐπισημαίνοι, mais tout le contexte est à l'optatif aoriste.

τοῦ ἑτέρου ἐς τὴν κεφαλήν· τὸ μὲν νέον φλέγμα τὸ ἐγγεννώμενον ἀπὸ τοῦ βρώματος μένει ἐν τῇ κεφαλῇ, τὸ δὲ παλαιόν, ὁκόσῳ πλεῖον τὸ νέον, ὑπ' ἐκείνου βιώμενον ἐξέρχεται, καὶ διὰ τοῦτο ἐπήν τις πίῃ ἢ φάγῃ ὅ τι φλεγματῶδες, ἀποχρέμπτεται ὁ ἄνθρωπος φλέγμα. **3** Ἔχει δὲ καὶ τόδε οὕτως, ἤν, φαγόντος τι ἢ πιόντος τοῦ ἀνθρώπου ὅ τι ἐστὶ φλεγματῶδες, μὴ ἐξέλθῃ πάλιν [ἐν] ὅσῳ πλέον ἐγένετο, μήτε κατὰ τὸ στόμα μήτε κατὰ τὰς ῥῖνας, ἀνάγκη 550 ἐστὶ μένειν αὐτὸ ἐν τῇ κεφαλῇ, ἢ ἐς τὸ σῶμα ἐλθεῖν ἀπὸ τῆς κεφαλῆς ἢ ἐς τὴν κοιλίην ἀφικέσθαι. Καὶ ἄριστον ἂν συμϐαίνοι, εἰ ἐς τὴν κοιλίην ἀφίκοιτο· ἐξέλθοι γὰρ ἂν σὺν τῇ κόπρῳ· εἰ μὲν πολλὸν εἴη, καὶ ὑγρήνειεν ⟨ἂν⟩ τὴν κόπρον· εἰ δὲ ὀλίγον, οὐκ ἂν ποιήσειεν. **4** Εἰ δὲ ἐν τῇ κεφαλῇ μείνειε ⟨πολλόν⟩, πολλὸν ἂν πόνον παράσχοι τῇ κεφαλῇ, ἐν τῇσι φλεψὶν ἐόν· εἰ δὲ ὀλίγον, οὐκ ἂν ποιήσειε τοῦτο· ἐπισημήνειε δ' ἂν ἢ πλέον ἢ ἔλασσον. Ἢν δ' ἐς τὸ σῶμα ἀφίκηται, κεῖθι μέμικται τῇ ἄλλῃ ἰκμάδι· κῆν μὲν πολλὸν ᾖ τὸ φλέγμα, ἐσᾴσειεν ἂν [ἐς] τὸ σῶμα αὐτίκα· ἢν δὲ ὀλίγον, οὐκ ἂν ἐσᾴσειεν, ἅτε μέγα τὸ σῶμα ἐόν, εἰ μή τίς οἱ ἀρχὴ ὑπολείποιτο καὶ ἄλλη· χρόνῳ δὲ ἢν μὲν ἕτερον ἐπιγένηται φλέγμα, σίνοιτο ἄν· **5** ἢν δὲ τὸ σῶμα τῇ κύστει καὶ τῇ κοιλίῃ διαφέρῃ, καὶ ταῦτα ἔξω διίῃ, οὐδὲν ἂν κακὸν ἐξ αὐτοῦ σχοίη. Ἐν τούτῳ μὲν οὖν τῷ λόγῳ ἀποπέφανται ὅκως ἡ κεφαλὴ ἐκ τῆς κοιλίης φλέγμα ἕλκει, τό τε ὅμοιον ἔρχεται πρὸς τὸ ὅμοιον, καὶ ἅμα εἴρηταί μοι ὅκως τε καὶ διότι πλεῖον γίνεται ἀνθρώπῳ ἀπὸ τῶν βρωμάτων καὶ τῶν ποτῶν.

1-2 ἐγγεννώμενον M (sed secundum ν super lineam) : γεννώμενον recc. ‖ 7 ἐξέλθῃ Littré : -θοι M ‖ ἐν secl. Erm. ‖ 9 ἐλθεῖν M : κατελθ- recc. ‖ 11 συμβαίνοι E : -ει M ‖ 12 καὶ M : καὶ ὑγρὸν recc. ‖ ὑγρήνειεν Joly : -ειε M ‖ ἂν add. Erm. ‖ 13 ποιήσειεν recc. : -ε M ‖ 14 πολλόν addidi ‖ 16 ἐπισημήνειε Joly : -μήνοι MV edd. ‖ ἂν recc. : add. τις M ‖ 17 κεῖθι Erm. Heidel : κεῖσέ οἱ M ‖ 18 (et 19) ἐσᾴσειεν Joly : ἐσάσειεν M ἐσάσσειεν Littré ἀάσειε Erm. ‖ 18 ἐς seclusi ‖ 22 διαφέρῃ : διαδιδῷ Erm. ‖ 23 διίῃ Joly : διοίσοι M διοίσῃ recc. Littré (*sic*) φέρῃ Erm. ‖ 27 ἀνθρώπῳ ME : τῷ ἀν- recc.

La bile.

XXXVI. **1** Maintenant, je vais traiter de la bile[1], comment et pourquoi elle est plus abondante dans le corps et comment l'attire la vésicule biliaire[2]. Voici ce qu'il en est. Quand quelqu'un mange ou boit quelque chose d'amer ou en général quelque chose de bilieux et de léger, la bile devient aussi plus abondante dans la vésicule ; tout de suite en souffre le foie, que les enfants appellent estomac[3]. Nous voyons souvent ce fait se produire et il est évident pour nous qu'il provient de la nourriture et de la boisson. **2** En effet, le corps attire[4] à lui à partir des aliments toute l'humeur en question ; la vésicule attire aussi à elle ce qui est bilieux et si la bile devient brusquement abondante, l'homme souffre du foie et il a le ventre embarrassé. En effet, quand cela arrive, de la vieille bile va dans le ventre à cause de la pléthore et y produit des tranchées ; une partie se porte vers la vessie, une autre vers le ventre et ainsi il en reste très peu pour le corps et les souffrances cessent. **3** Si rien de cela ne se produit, tout d'abord de la vieille bile s'écoule dans le corps, car elle y est transmise ; si elle est abondante, aussitôt, mélangée au reste de l'humeur, elle se manifeste ; si elle est peu abondante, le corps ne s'en ressent pas, vu sa grosseur, à moins que ne s'y trouve quelque autre principe (de maladie). Avec le temps, si de l'autre bile arrive, elle cause plus de mal ; s'il n'en vient pas, le corps filtrerait (celle qu'il contient), si bien que la bile s'en va et ce qui est bilieux. **4** C'est que les aliments et les boissons sont remèdes les uns des autres. De

1. La distinction entre bile jaune et bile noire n'affleure nulle part dans l'œuvre ; aussi bien, tel est l'usage courant dans l'ensemble de la *Collection* hippocratique, où la mention de « bile noire » n'est pas fréquente, et celle de « bile jaune » encore plus rare ; cf. notre article, *Sur une nouvelle édition de « La nature de l'homme »*, L'Antiquité classique, t. 38, 1969, p. 151-154.

2. A notre avis, l'*Usage des liquides* (ch. II, 2, de notre édition, à paraître) emploie χωρίον dans le même sens et sans le spécifier par τὸ ἐπὶ τοῦ ἥπατος.

3. Καρδία a aussi le sens de *cardia* et d'*estomac*.

4. Ἕλκω est aussi très fréquent en *Maladies des femmes*.

XXXVI. **1** Νῦν δ' ἐρέω περὶ χολῆς, ὅκως τε καὶ διότι πλείων γίνεται ἐν τῷ σώματι, καὶ ὅκως ἕλκει τὸ χωρίον αὐτήν, τὸ ἐπὶ τοῦ ἥπατος. Ἔχει δὲ οὕτως· ἐπὴν φάγῃ καὶ πίῃ ὁ ἄνθρωπος ὅ τι ἐστὶ πικρὸν ἢ ἄλλως χολῶδες καὶ κοῦφον, πλείων καὶ ἡ χολὴ γίνεται ἐπὶ τῷ ἥπατι καὶ αὐτίκα ἀλγεῖ τὸ ἧπαρ, ὅπερ οἱ παῖδες καρδίην καλέουσι, καὶ τοῦτο ἐσείδομεν γινόμενον καὶ ἐμφανὲς ἡμῖν ἐστιν ὅτι ἀπὸ τοῦ βρώματος ἢ τοῦ ποτοῦ ἐγίνετο. **2** Ἕλκει μὲν γὰρ τὸ σῶμα ἐς ἑωυτὸ ἀπὸ τῶν βρωμάτων τὴν πᾶσαν ἰκμάδα τὴν εἰρημένην· ἕλκει δὲ καὶ τὸ χωρίον τὸ ἐπὶ τῷ ἥπατι ἐς ἑωυτὸ ὅ τι ἂν αὐτόθι οἱ χολῶδες ἐνῇ, καὶ ἢν ἐξαπίνης πολλὴ γένηται χολή, ὀδυνᾶται τὸ ἧπαρ ὁ ἄνθρωπος, καὶ ἀπὸ τῆς νηδύος πλέων γίνεται· τούτου γὰρ γινομένου, ἔρχεται ἀπὸ τῆς παλαιῆς χολῆς διὰ τὴν 552
πληθὺν ἐς τὴν κοιλίην, καὶ στρόφος ἐκ τούτου τῇ κοιλίῃ γίνεται, καὶ ἔρχεται ἐξ αὐτῆς τὸ μὲν κατὰ τὴν κύστιν, τὸ δὲ κατὰ τὴν κοιλίην, καὶ οὕτως ἐλάχιστον ἐς τὸν ἄνθρωπον γίνεται, καὶ παύονται οἱ πόνοι. **3** Ἢν δὲ τούτων μηδέτερον γένηται, χωρεῖ τὸ πρῶτον ἀπὸ τῆς παλαιῆς ἐς τὸ σῶμα, διαδίδοται γὰρ ἐς αὐτό· κἢν μὲν πολλὴ ᾖ, αὐτίκα ἐπισημαίνει μιχθεῖσα τῷ ἄλλῳ ὑγρῷ· ἢν δὲ ὀλίγη, οὐκ ἂν ἐσᾴσειεν, ἅτε μέγα τὸ σῶμα ἐόν, ἢν μή τις καὶ ἄλλη ἀρχὴ ὑπογένηται· χρόνῳ δὲ ἢν μὲν ἑτέρη χολὴ ἐπιγένηται, πλείω σίνεται τὸν ἄνθρωπον· ἢν δὲ μὴ ἐπιγένηται, διηθήσειεν ἂν τὸ σῶμα, ὥστε τὴν χολὴν προϊέναι, ἅσσα τέ ἐστι χολώδεα. **4** Ἕτερα γὰρ τῶν ἑτέρων τὰ ἐσθιόμενα

1 ὅκως recc. : ὅπως M ‖ 3 αὐτήν Joly : -τέην M ‖ 5 πλείων καὶ recc. : πλεῖον καὶ M καὶ πλείων Littré ‖ γίνεται M : -ηται Littré ‖ καὶ M : secl. uoluit Littré ‖ 6 ὅπερ recc. : ὅτι M ‖ 7 ἐστιν recc. : -ι M ‖ 10 δὲ καὶ τὸ recc. : τόδε M ‖ 12 χολή M : ἡ χ. recc. ‖ 13 πλέων Mack Erm. : πλέον M Littré ‖ 16 ἔρχεται M : ἐξέρχ- recc. ‖ αὐτῆς Joly : -έης M ‖ 17 ἐς τὸν ἄνθρωπον M Littré : ἐν τῷ ἀνθρώπῳ Erm. ‖ 22 ἐσᾴσειεν Joly : ἐσάσειεν M ἐσάσσειεν Littré ἀάσειε Erm. ‖ μέγα recc. : μετὰ M ‖ 23-24 ἐπιγένηται recc. Littré : ὑπογ- M ‖ 24 σίνεται recc. Littré : φθίνειται M ‖ 26 τε K'L : δὲ M.

même pour tout ce qui cause du tort : tel aliment tombé dans le ventre sous la pression de tel autre et contenant par vertu propre un principe (de maladie) est dominé, éliminé et ne nuit plus[1]. Mais s'il arrive de l'autre bile dans le corps à partir de ce qui survient dans le ventre, il s'y déclare une maladie. — J'ai montré ici comment et pourquoi la bile devient plus abondante dans le corps du fait des aliments et des boissons et aussi que la vésicule biliaire attire à elle, d'après l'affinité, ce qui est bilieux à partir des aliments et des boissons.

L'eau.

XXXVII. **1** Je vais maintenant traiter de l'eau, comment et pourquoi elle devient plus abondante dans le corps et comment la rate l'attire à elle. Je dis que, quand on boit trop, le corps et la rate attirent à eux[2] de l'eau du ventre et que, s'ils pompent plus qu'il ne convient, le patient souffre aussitôt. Ceux qui souffrent de la rate s'en aperçoivent bien. Si la rate pompe, ce serait très bien si la vieille eau qui est dans la rate ou le ventre était transmise à la vessie et de là, filtrée et évacuée. **2** En effet, l'eau de la rate ne s'évacue pas par les parties supérieures, si ce n'est le peu qui se trouve dans les vaisseaux provenant de la rate ; l'évacuation[3] s'en fait vers le ventre et la vessie. Mais si ces voies ne sont pas faciles, et qu'elles ne filtrent ni n'évacuent, l'eau de la rate va vers les parties inférieures et là elle

1. Ce passage est un *locus desperatus* que nous avons essayé d'améliorer. Nous croyons en tout cas mieux respecter les données du manuscrit que Littré ; c'est en dernier lieu que nous gardons ἑωυτοῦ et corrigeons τῇ en τό. Il serait tentant de corriger αἰτίην en ἀρχήν (cf. p. 88, l. 20, et 89, l. 23).

2. Nous laissons ἐς ἑωυτόν, au masculin, quoique le premier sujet soit neutre. L'auteur écrit à la ligne précédente ὁ σπλὴν ἐς ἑωυτόν : la psychologie du langage doit l'emporter sur la rigidité grammaticale, surtout en grec. — Un exposé fort proche de ce passage se trouve en *Maladies des femmes*, I, 61 (L VIII, 122).

3. Les anciens éditeurs avaient parfois des fantaisies curieuses. Littré introduit ici l'homérique ἴα ; Ermerins a bien vu quelle était la vraie et toute simple correction. Par contre, chaque fois que le texte présente ἐσᾴσειεν (avec des fautes mineures), Ermerins n'hésite pas à introduire l'homérique ἀάσειε.

καὶ πινόμενα φάρμακά ἐστιν· οὕτω δὴ καὶ τὰ ἄλλα ὁκόσα σινεόμενά ἐστιν· ὑφ' ἑτέρου ἕτερον ἐσπεσὸν ἐς τὴν κοιλίην, τὸ ἑωυτοῦ δυνάμει αἰτίην ἔχον [τὸ] κρατηθὲν ἐξωθεῖται καὶ ⟨οὐ⟩ σινεῖται τοῦτο. Ἐπὴν δ' ἐπιγένηται ἄλλη χολὴ ἐν τῷ σώματι ἀπὸ τῶν ἐς τὴν κοιλίην πιπτόντων, νοῦσος ἐντεῦθεν γίνεται. Ἐν τούτῳ δὲ ἐγὼ διεσήμαινον, ὅκως ἡ χολὴ καὶ διότι πλείων γίνεται ἐν τῷ σώματι ἀπὸ τῶν βρωμάτων καὶ ποτῶν, καὶ ὅτι ἕλκει ἐς ἑωυτὸ τὸ χωρίον τὸ ἐπὶ τῷ ἥπατι κατὰ τὸ ὅμοιον τὸ χολῶδες ἀπὸ τῶν σιτίων καὶ ποτῶν.

XXXVII. **1** Νῦν δ' ἐρέω περὶ ὕδρωπος, ὥς τε καὶ διὰ τί πλείων γίνεται ἐν τῷ σώματι, καὶ ὅκως ἕλκει ὁ σπλὴν ἐς ἑωυτόν. Φημὶ δέ, ἐπὴν ὁ ἄνθρωπος πίνῃ πλέον, ἕλκειν ἐς ἑωυτὸν ἐκ τῆς κοιλίης τοῦ ὕδατος καὶ τὸ σῶμα καὶ τὸν σπλῆνα, καὶ ἢν πλέον εἰρύσῃ τοῦ καιροῦ, πονεῖν τὸν ἄνθρωπον αὐτίκα, καὶ τοῦτο ἐσαΐουσι γινόμενον ὁκόσοι 554
σπληνώδεις τῶν ἀνθρώπων εἰσίν. Ἐπὴν δὲ εἰρύσῃ ὁ σπλήν, ἄριστα μέν, εἰ [ἐν] τῇ κύστει διαδοθείη ἀπὸ τοῦ ὕδατος τὸ παλαιὸν τοῦ ἐνεόντος ἐν τῷ σπληνὶ ἢ τῇ κοιλίῃ, καὶ ταῦτα ἐκδιηθήσειε· **2** κατὰ τὰ ἄνω γὰρ χωρία οὐκ ἀποκαθαίρεται τὸ ὕδωρ ἀπὸ τοῦ σπληνός, εἰ μὴ ὁκόσον δὴ ἐν τοῖσιν ἀγγείοισιν ἐνεόν ἐστι τοῖσιν ἀπὸ τοῦ σπληνός· ἀλλά οἵ ἐστιν ἀποκάθαρσις ἐς τὴν κοιλίην καὶ ἐς τὴν κύστιν. Ἢν δὲ ταῦτα μὴ εὔροα ᾖ, μηδὲ διηθῇ ἔξω, ἀπὸ τοῦ σπληνὸς ἔρχεται τὸ ὕδωρ ἐς τὰ κάτω· κεῖθι δὲ μίσγε-

2 σινεόμενα Littré : σιν- φάρμακα M ‖ 3 τὸ Joly : τῇ M ‖ τὸ del. Thivel : ante αἰτίην pos. Littré ‖ 4 ἐξωθεῖται Joly : ἔξωθεν K' ἔξω M (αἰτίην ἔχον διηθέεται ἔξω Littré) ‖ οὐ σινεῖται Joly : σινέεται M ἀσινὲς Littré ‖ τοῦτο recc. : -τον M ‖ 6 νοῦσος Joly : νόσος M ‖ διεσήμαινον Joly : διεσήμηνον M ἐπεσ- recc. ἐπεσήμαινον Mack ex Aem. Porto ἐπεσήμηνα Erm. ‖ 8 ποτῶν M : τῶν π. recc. ‖ 11 δ' E : δὲ M ‖ 14 ἕλκειν recc. edd. : -κει M ‖ 16 αὐτίκα ante τὸν pos. recc. ‖ ἐσαΐουσι recc. : -σουσι M ἐπ- Erm. ‖ 17 σπληνώδεις Joly : -δεες M ‖ 18 ἐν secl. Erm. ‖ διαδοθείη Erm. : δοθείη M διηθηθείη Lind. Littré ‖ 22 τοῖσιν ἀγγείοισιν Joly : τοῖς -είοις M edd. ‖ τοῖσιν recc. : -σι M ‖ 23 ἀλλά οἵ Joly (ἀλλ' οἱ Erm.) : ἀλλοία M ἀλλ' ἵα Littré.

se mêle au reste de l'humeur. S'il y en a peu, on ne la sentirait pas, mais à partir du corps elle serait filtrée vers la vessie et le ventre par des veines. **3** En effet, il y a beaucoup de veines venant du corps qui, devenues plus sèches qu'antérieurement, tirent à elles des parties inférieures. Si une nouvelle eau survient et que ni le ventre ni la vessie n'évacuent, la rate se gonfle et les parties inférieures du corps deviennent douloureuses. — Ainsi j'ai exposé comment et pourquoi l'eau devient abondante dans le corps du fait de la boisson et comment la rate tire.

Le sang.

XXXVIII. **1** Je vais dire maintenant comment et pourquoi le sang devient plus abondant dans le corps. Quand on boit ou mange quelque chose de sanguin, le corps tout entier l'attire à lui, mais particulièrement le cœur, et même s'il pompe trop, on n'y ressent pas de souffrance, car le cœur est une chose dure et dense et c'est pourquoi il ne souffre pas[1]. Des veines épaisses en sortent, qu'on appelle jugulaires, dans lesquelles l'humeur sanguine, s'il en vient trop au cœur, se répartit rapidement ; remplies, les veines transmettent rapidement à la tête et au corps[2] et si quelqu'un mange ou boit quelque chose de sanguin, tout de suite les veines jugulaires se gonflent et le visage rougit. **2** Quand le sang arrive au cœur et au corps en plus grande quantité qu'il ne convient, du fait des aliments et des boissons et qu'il se mêle au reste de l'humeur, si une partie n'en sort pas par le ventre ou la vessie, mêlé au reste de l'humeur il fait souffrir le corps. S'il y en a peu, le corps ne s'en ressent guère, mais avec le temps, il le transmet au ventre et au nez qui l'expulsent en le filtrant et il

1. M. Thivel remarque que cette idée, sans doute populaire, se trouve dans le *Grand Būndahisn*, § 4 ; cf. aussi Aristote, *Parties des an.*, III, 4, 667 a 32 sq.

2. Suivant Wellmann (*Spuren*, p. 310), Kahlenberg (*o. l.*, p. 254) voit ici le système de l'École de Sicile, avec le cœur au centre, et le croit incompatible avec celui (d'Alcméon) du chapitre I du περὶ γονῆς. Mais il faut tenir compte aussi d'autres passages, notamment XXXVII,

ται τῇ ἄλλῃ ἰκμάδι· κὴν μὲν ὀλίγον ᾖ, οὐκ ἂν ἐσᾴσειεν, ἀλλὰ διηθηθείη ἂν ἀπὸ τοῦ σώματος ἐς τὴν κύστιν καὶ ἐς τὴν κοιλίην διὰ φλεβῶν· **3** εἰσὶ γὰρ ἐκ τούτου κατατείνουσαι πολλαί, αἵ ἕλκουσιν ἐς ἑωυτὰς ἐκ τῶν κάτωθεν χωρίων, ἐπὴν ξηρότεραι γίνωνται ἢ πρὶν ἦσαν. Ἢν δὲ γίνηται ἕτερον ὕδωρ καὶ ἡ κοιλίη καὶ ἡ κύστις μὴ διηθῇ ἔξω, ἀείρεται ὁ σπλὴν καὶ τὰ κάτω τοῦ σώματος ἐπίπονα γίνεται. Ταῦτα δέ μοι εἴρηται, ὅκως τε καὶ διότι τὸ ὕδωρ πλεῖον γίνεται ἐν τῷ σώματι ἀπὸ τοῦ ποτοῦ, καὶ ὅκως ὁ σπλὴν ἕλκει.

XXXVIII. **1** Νῦν δ' ἐρέω περὶ αἵματος ὅκως τε καὶ διότι πλεῖον γίνεται ἐν τῷ σώματι. Ἐπήν τι πίῃ ἢ φάγῃ ὁ ἄνθρωπος ὅ τι ἐστὶν αἱματῶδες, ἕλκει μὲν καὶ τὸ σῶμα ἅπαν ἐς ἑωυτό, ἕλκει δὲ καὶ ἡ καρδίη τὸ αἱματῶδες ἐς ἑωυτήν, καὶ ἐπὴν πλέον εἰρύσῃ, οὐ γίνεταί οἱ τῇ καρδίῃ πόνος· στερεόν τε γὰρ χρῆμα καὶ πυκνόν ἐστιν ἡ καρδίη, καὶ διὰ τοῦτο οὐ πονεῖ, καὶ ἐξ αὐτῆς παχέαι φλέβες τείνουσιν αἱ σφάγιαι καλεόμεναι, ἐς ἃς ταχέως, ἤν οἱ πλεῖον προσγένηται, διαδίδοται τὸ αἱματῶδες, καὶ ἐκεῖναι πιμπλάμεναι τῇ κεφαλῇ καὶ τῷ σώματι διδόασιν ἐν τάχει, καὶ ἐπήν τι φάγῃ ἢ πίῃ, ὅ τι ἐστὶν αἱματῶδες, αὐτίκα αἱ σφάγιαι φλέβες ἀείρονται, καὶ τὸ πρόσωπον ἐρεύθει. **2** Προσγινομένου δὲ τῇ καρδίῃ καὶ τῷ σώματι τοῦ αἵματος πλείονος τοῦ ἱκανοῦ ἀπὸ τῶν βρωτῶν καὶ τῶν ποτῶν 556
καὶ μισγομένου τῷ ἄλλῳ ὑγρῷ, ἢν μὴ ἀπ' αὐτοῦ ἐξέλθῃ κατὰ τὴν κοιλίην ἢ κατὰ τὴν κύστιν, μιγὲν τῇ ἄλλῃ ἰκμάδι ἐν τῷ σώματι πόνον παρέχει· ἢν δὲ ὀλίγον προσγένηται, οὐκ ἐσᾴσειεν ἂν τὸ σῶμα, χρόνῳ δὲ διαδίδοται ἀπ' αὐτοῦ ἐς τὴν κοιλίην ἢ κατὰ τὰς ῥῖνας, τὰ δὲ διηθεῖ ἔξω

1 ἐσᾴσειεν Joly : ἐσάσειεν M ‖ 5 γίνωνται M : γέν- E Littré ‖ 7 τὰ om. M ‖ 16 τε γὰρ M : γάρ τι recc. ‖ 17 παχέαι Joly : -χεῖαι M ‖ 18 οἱ om. recc. ‖ 19 ἐκεῖναι πιμπλ- M : πιμπλ- κεῖναι recc. ‖ 23 Προσγινομένου M : προσγεν- recc. ‖ 28 ἐσᾴσειεν Joly : ἐσάσειεν M ‖ τὸ σῶμα M Erm. : ἐς τὸ σ. recc. Littré.

ne nuit pas ; mais si de peu il devient trop abondant, il provoque la maladie. **3** J'ai expliqué comment le sang devient plus abondant. J'ai montré ainsi comment et pourquoi les quatre humeurs, le sang, la bile, le flegme et l'eau se font plus abondantes dans le corps du fait des aliments et des boissons. Que ce soit bien de ces derniers qu'elles proviennent, en voici une preuve : si on mange et on boit peu, cela ne provoque aucune maladie. Voilà ce que j'avais à dire là-dessus ; pour un lecteur averti, j'ai aussi effleuré la question de savoir comment les humeurs diminuent ; mais j'y reviendrai plus en détail un peu plus loin[1].

Rôle des « sources ».

XXXIX. **1** Les sources, comme je les ai appelées, fournissent au corps, quand elles sont pleines ; quand elles se vident, elles y puisent ; le ventre fait aussi de même. C'est comme si on versait de l'eau dans trois chaudrons ou plus, placés à un endroit tout à fait horizontal et arrangés le mieux possible, après avoir adapté des tuyaux aux ouvertures, en versant l'eau doucement dans l'un d'eux jusqu'à ce que tous soient remplis[2]. En effet, à partir de l'un, l'eau coulera dans les autres jusqu'à ce qu'ils soient remplis. Et quand ils sont pleins, si on retire l'eau de l'un d'eux, les autres rendront l'eau, qui coulera en sens inverse dans ce chaudron et tous se videront comme ils s'étaient remplis. **2** Il en va de même dans le corps. Si des aliments et des boissons arrivent dans le ventre, le corps puise au ventre et se

3, XXXIX, 2, XL, 2-3 ; le système de l'auteur, si on peut dire, est plus complexe et plus flou et il est bien hasardeux de parler d'incompatibilité devant ces données.

1. Cf. ch. XLI.

2. L'auteur est bien près ici de formuler correctement le principe des vases communicants. Malheureusement, son intention est uniquement de ramener à ce principe le fonctionnement des principaux organes du corps. Cf. Platon, *Phédon*, 111 d : « Or, toutes ces régions souterraines communiquent entre elles, en une foule d'endroits... Aux points où une eau abondante s'écoule des unes dans les autres ainsi qu'en de grands vases... » (trad. Robin).

καὶ ἀσινὲς γίνεται· ἢν δ' ἐξ ὀλίγου πλέον γένηται, ἐπίνοσον γίνεται. **3** Ὅκως δὲ πλέον τὸ αἷμα γίνεται, ἡρμήνευταί μοι. Τέσσερα ἐόντα τό τε αἷμα καὶ ἡ χολὴ καὶ τὸ φλέγμα καὶ ὁ ὕδρωψ, ἀποπέφανται ταῦτα πάντα ὅκως τε καὶ διότι πλείονα γίνεται ἐν τῷ σώματι ἀπὸ τῶν βρωτῶν καὶ τῶν ποτῶν. Ὅτι δὲ γίνεται ἀπὸ τούτων, σημήϊον τόδε ἐστίν· εἰ ἄνθρωπος ὀλίγα ἐσθίοι καὶ ὀλίγα πίνοι, οὐδεμίαν τοῦτο νοῦσον ἐπάγει. Καὶ ταῦτα μὲν ἐς τοῦτό μοι εἴρηται· παρέψαυσται δέ μοι δηλῶσαι τῷ συνετῷ καὶ ὅκως ταῦτα ἐλάσσονα γίνεται· δηλώσω δὲ περὶ αὐτοῦ κάλλιον ὀλίγῳ ὕστερον.

XXXIX. **1** Ἃς δὲ πηγὰς ὠνόμασα, αὗται τῷ σώματι, ὁκόταν πλήρεις ἔωσιν, αἰεὶ ἐπιδιδόασιν· ὁκόταν δὲ κενεαί, περιιστῶνται ἀπ' αὐτοῦ· οὕτω δὲ καὶ ἡ κοιλίη ποιεῖ. Ἔχει γὰρ οὕτως ὥσπερ εἴ τις ἐς χαλκεῖα τρία ⟨ἢ⟩ καὶ πλείονα ὕδωρ ἐγχέας καὶ συνθεὶς ὡς ἐπὶ ὁμαλωτάτου χωρίου καὶ συναρμόσας ὡς κάλλιστα ἐπιδιαθείη, αὐλοὺς ἐναρμόσας ἐς τὰ τρυπήματα, καὶ ἐγχέοι ἡσυχῇ ἐς ἓν τῶν χαλκείων ὕδωρ μέχρις οὗ ἐμπλησθῇ ἀπὸ τοῦ ὕδατος πάντα· ἀπὸ γὰρ τοῦ ἑνὸς ῥεύσεται ἐς τὰ ἕτερα χαλκεῖα μέχρις ὅτου καὶ τὰ ἄλλα πλησθῇ· ἐπὴν δὲ πλήρεα γένηται τὰ χαλκεῖα, ἤν τις ἀπὸ τοῦ ἑνὸς ἀπαρύσῃ τοῦ ὕδατος, ἀνταποδώσει ὀπίσω ῥέον τὸ ὕδωρ ἐς τὸ ἓν χαλκεῖον, καὶ 558 κενεὰ ἔσται τὰ χαλκεῖα ὥσπερ καὶ ἐδέξατο. **2** Οὕτω δὲ καὶ ἐν τῷ σώματι ἔχει· ἐπὴν γὰρ ἐς τὴν κοιλίην πέσῃ τὰ βρώματα καὶ τὰ ποτά, ἐπαυρίσκεται τὸ σῶμα ἀπὸ

1 ἀσινὲς γίνεται Erm. : ἀσινέες γίνονται M Littré ‖ 3 τέσσερα M : -αρα recc. τεσ- οὖν Erm. ‖ τε recc. : δὲ M ‖ 5 πλείονα Erm. : πλεῖον M ‖ 7 ἄνθρωπος M : ὁ ἀν- recc. ‖ 12 ἃς δὲ πηγὰς Joly : τὰς δὲ πηγὰς ἃς M Littré αἱ δὲ πηγαὶ ἃς Erm. ‖ 13 αἰεὶ Joly : ἀεὶ M ‖ κενεαί Joly : κεναὶ M Littré ‖ 14 περιιστῶνται Littré Erm. : -ίσ-τανται M ‖ 15 ἢ add. Erm. ‖ 17 ἐπιδιαθείη M : διαθείη recc. ‖ 18 ἐγχέοι E : -έει M ‖ 21 πλησθῇ M : ἐμπλ- recc. ‖ 22 ἀπαρύσῃ recc. Littré : ἀπ-ἀπὸ M ‖ 23 ἀνταποδώσει Erm. : -σειεν M Littré ‖ 24 χαλκεῖα M : χ. πάλιν recc. ‖ δὲ M : δὴ recc.

remplit en même temps que les sources. Si le ventre se vide, l'humeur lui est rendue, de même que l'un des chaudrons a repris l'eau des autres. Il y a en effet des veines qui traversent tout le corps, les unes plus fines, les autres plus épaisses, nombreuses et serrées. Tant que l'on vit, elles sont ouvertes, elles reçoivent et rendent l'humeur nouvelle[1] ; quand on est mort, elles se ferment et deviennent fines. **3** Tant que l'on vit, le corps puise au ventre, s'il contient quelque chose ; les sources y puisent aussi, elles s'emplissent et transmettent au corps. Si le corps ne tirait pas l'humeur du ventre, mais les sources seules ou si elles ne transmettaient pas au corps, ce dernier n'aurait pas une nourriture suffisante[2]. Mais si les sources n'existaient pas, en mangeant et en buvant nous ne distinguerions pas avec précision ce qui est agréable et ce qui est désagréable, pour cette raison nécessaire que je vais dire. **4** Ces réservoirs, assez petits et placés à l'intérieur du corps, indiquent continuellement au reste du corps et avant que ce dernier s'en aperçoive, chacun selon sa qualité propre, ce qui dans ce qu'on mange et ce qu'on boit est bilieux, pituiteux, sanguin ou aqueux. Si l'une de ces humeurs est plus abondante qu'il ne le faut, dans les boissons et les aliments, ceux-ci ne sont plus agréables ; mais ce qu'on désire le plus dans ce domaine est agréable. **5** Mais si on[3] manque de tel aliment ou de telle boisson, alors le corps puisera aux sources, jusqu'à ce que l'humeur

1. Cf. *Maladies des femmes*, I, 61 : « Distendue et remplie outre mesure, (la rate) répartit le liquide par les veines du corps, et surtout à l'épiploon, aux régions ventrales et aux membres inférieurs ; car dans le corps, une partie fournit à l'autre, quand, ayant plus qu'il ne faut, elle ne peut retenir cette surabondance. »

2. Nous sommes d'accord avec Ermerins pour retrancher le bout de phrase qui suit et qui, dans son style même, paraît bien une glose marginale insérée à tort dans le texte.

3. Le texte reçu n'offre pas de sens acceptable : si c'est l'une des sources qui manque de quelque chose — « aliment » et « besoin » seraient étranges — le corps ne peut l'en tirer. Nous supposons que τῶν πηγέων a été mis par erreur devant τις comme devant τέως et qu'ensuite l'authentique τῶν πηγέων a été remplacé par αὐτέων pour éviter une répétition choquante.

τῆς κοιλίης καὶ πληροῦται σὺν τῇσι πηγῇσιν· ἐπὴν δὲ ἡ κοιλίη κενῶται, ἀποδίδοται αὖτις ὀπίσω ἡ ἰκμάς, ὥσπερ καὶ ἐπεδέξατο ἐκ τῶν ἄλλων τὸ ἓν χαλκεῖον. Φλέβες τε γάρ εἰσι διὰ παντὸς τοῦ σώματος τείνουσαι, αἱ μὲν λεπτότεραι, αἱ δὲ παχύτεραι, πολλαὶ καὶ πυκναί· αὗται δέ, μέχρις οὗ ἂν ζώῃ ὁ ἄνθρωπος, ἀνεῴγασι καὶ δέχονται καὶ ἀφιᾶσι νέον· ἐπὴν δὲ ἀποθάνῃ, συμμύουσι καὶ γίνονται λεπταί. **3** Μέχρι δὲ ζώει ὁ ἄνθρωπος, ἐπαυρίσκεται μὲν τὸ σῶμα ἀπὸ τῆς κοιλίης, ἐπήν τι ἔχῃ ἐν ἑωυτῇ· ἐπαυρίσκονται δὲ αἱ πηγαὶ καὶ πιμπλάμεναι διαδιδόασι τῷ σώματι· εἰ γὰρ τὸ σῶμα μὴ εἷλκεν ἀπὸ τῆς ἰκμάδος τῆς κοιλίης, ἀλλ' αἱ πηγαὶ μοῦναι, ἢ ἐς τὸ σῶμα μὴ ἐδίδοσαν, οὐκ ἂν εἶχε τὸ σῶμα τροφὴν ἀρκέουσαν, ἀλλὰ ἐλάσσονα [οὐ γὰρ ἂν ἔτι εἶχον τῷ σώματι τὴν τροφὴν διεκδιδοῦσαι πηγαί]. Αἱ δὲ πηγαὶ αὗται εἰ μὴ ἦσαν, ἐσθίοντες ἂν καὶ πίνοντες οὐκ ἂν διεγινώσκομεν ἀτρεκέως οὔτε ὅ τι ἡδύ ἐστιν οὔτε ὅ τι ἀηδὲς κατὰ ἀνάγκην τοιήνδε ἣν μέλλω ἐρεῖν. **4** Ταῦτα τὰ χωρία, ἅτε μικρότερα ἐόντα καὶ ἔνδοθεν τοῦ ἄλλου σώματος, αἰεὶ καὶ πρὸ τοῦ ἐσᾴσαι ἕκαστον κατὰ τὴν ἑωυτοῦ δύναμιν ἑρμηνεύει τῷ ἄλλῳ σώματι τῶν ἐσθιομένων καὶ πινομένων ὅ τί τε χολῶδές ἐστι καὶ ὅ τι φλεγματῶδες καὶ ὅ τι αἱματῶδες καὶ ὅ τι ὑδρωποειδές. Τούτων γὰρ ἡμῖν ὅ τι ἂν ἕκαστον πλεῖον τοῦ καιροῦ γίνηται καὶ ἐν τοῖσι ποτοῖσι καὶ ἐν τοῖσι βρωτοῖσι, κεῖνα οὐδὲ ἡδέα γίνεται· ἅσσα δὲ χατίζει μάλιστα κατὰ ταῦτα, κεῖνα ἡδέα ἐστίν. **5** Εἰ δὲ ποτῶν καὶ βρωτῶν ἐνδεήσεται [τῶν πηγέων] τις, κατὰ τοῦτο καὶ

1 πηγῇσιν recc. : -σι M ‖ 2 κενῶται recc. : -οῦται M ‖ 3 ἐκ Littré : ὡς ἐκ M ‖ τὸ ἓν Littré : ἐς τὸ ἓν M ‖ 6 καὶ M Erm. : τε καὶ Littré ‖ 7 ἀφιᾶσι Littré : ἀφ- τε καὶ M ἀφ- τὸ K' ‖ 8 δὲ ζώει M : μὲν οὖν ζώῃ recc. ‖ 9 τι recc. Littré : τις M ‖ 11 εἷλκεν Joly : ἕλκοι M edd. ‖ τῆς ἰκμάδος secl. uoluit Erm. ‖ 12 μοῦναι Joly : μόναι M ‖ ἢ M : καὶ Erm. ‖ 14-15 οὐ γὰρ ἂν — πηγαί secl. Erm. ‖ 19 αἰεὶ Joly : ἀεὶ M ‖ 20 ἐσᾴσαι Joly : ἐσάσαι M ἐσάσσαι recc. ‖ 21 τε om. recc. ‖ 23 ἕκαστον Joly : ἑκάστου M edd. ‖ 26-27 ποτῶν καὶ βρωτῶν M : βρ. καὶ π. recc. ‖ 27 τῶν πηγέων seclusi.

y soit moindre qu'il ne convient ; alors on désire manger ou boire telle ou telle chose qui remplira la source[1] en question et la rendra égale aux autres. C'est pour cela qu'il arrive qu'après avoir mangé ou bu beaucoup, on a parfois (encore) envie de tel aliment ou de telle boisson, sans pouvoir manger rien d'autre avec plaisir. Et quand on l'a mangé et que l'humeur est devenue égale autant que possible dans les sources et dans le corps, alors seulement l'envie cesse. Voilà ce que j'avais à dire là-dessus.

Seule, la vésicule est « source spécifique ».

XL. **1** Il en va ainsi aussi : dans la vésicule biliaire n'arrive à partir des aliments et des boissons que de la bile. En effet, les veines y sont faibles et fines et elles ne peuvent tirer l'autre humeur qui est plus épaisse et plus lourde ; de plus, il n'y a pas assez de place pour que l'autre humeur tienne dans la vésicule. Cette dernière est très naturellement habituée à la bile ; c'est pourquoi il ne s'y produit aucune autre maladie, que ce qu'on appelle « mal d'estomac[2] ». **2** La tête, le cœur et la rate ont leur part de toute humeur ; mais chacun, à moins de quelque maladie, a surtout celle qui lui est naturelle, la tête, du flegme ; le cœur, du sang, la rate, de l'eau, mais leurs veines attirent aussi à elles de l'autre humeur, car elles sont larges, épaisses et sinueuses, si bien que, quand elles tirent, l'autre humeur suit de proche en proche. Et les veines jugulaires sont près du cœur : étant larges, elles reçoivent vite l'humeur qui y serait plus abondante qu'il ne convient. Elles transmettent alors au reste du

1. Μοῖρα a ici un sens très concret qui en fait un équivalent de πηγή. Cet emploi reste étrange et le texte est peut-être altéré. M. Thivel suggère τὸ μέρος au sens d'organe, partie du corps.

2. Il faut certainement mettre ce terme, dans cette acception, en rapport avec l'incidente très curieuse de xxxvi, 1, selon laquelle les enfants appellent le foie « estomac ». Le présent passage montre en tout cas que, contrairement à ce que ferait penser xxxvi, 1, les enfants ne sont pas seuls en cause. Καρδιωγμός n'est pas rare en *Maladies des femmes* ni ailleurs ; le sens qu'il a ici semble le plus fréquent.

τὸ σῶμα ἑλκύσει ἀπὸ τῶν πηγέων τέως καὶ τὸ ὑγρὸν ἔλασσον τοῦ καιροῦ γένηται · τότε ἱμείρεται ὁ ἄνθρωπος ἢ φαγεῖν ἢ πιεῖν τοιοῦτον, ὅ τι τὴν μοῖραν ἐκείνην ἐπιπλήσει 560 καὶ ἰσώσει τῇσιν ἄλλῃσι · καὶ διὰ τοῦτο βεβρωκότες πολλὰ ἢ πεπωκότες, ἔστιν ὅτε ἱμειρόμεθα ἢ ποτοῦ ἢ βρωτοῦ, καὶ ἄλλο οὐδὲν ἂν ἡδέως φάγοιμεν, εἰ μὴ ὅ τι ἱμειρόμεθα · ἐπὴν δὲ φάγωμεν καὶ ἰσωθῇ ἡ ἰκμὰς κατὰ τὰ ἀνυστὰ ἐν τῇσι πηγῇσι καὶ ἐν τῷ σώματι, τότε οἱ πέπαυται ὁ ἵμερος. Καὶ ταῦτα μὲν ἐς τοῦτό μοι εἴρηται.

XL. **1** Ἔχει δὲ καὶ τόδε ⟨ὧδε⟩, ὅτι ἐς μὲν τὸ χωρίον τὸ ἐπὶ τῷ ἥπατι ἀπὸ τῶν βρωτῶν καὶ τῶν ποτῶν ἀποκρίνεται ἡ χολὴ μοῦνον · τὰ γὰρ φλέβια ἀσθενέα καὶ λεπτὰ ὑπάρχοντα οὐ δύναται ἕλκειν τὴν ἄλλην ἰκμάδα παχυτέρην καὶ βαρυτέρην ἐοῦσαν, καὶ ἅμα εὐρυχωρίη οὐκ ἔστι τῇ ἄλλῃ ἰκμάδι, ὥστε ἐν τούτῳ τῷ χωρίῳ εἶναι · σύνηθές τέ ἐστι τῇ χολῇ τοῦτο τὸ χωρίον κατὰ φύσιν μάλιστα, καὶ διὰ τοῦτο ἐν αὐτῷ οὐδεμία νοῦσος γίνεται ἄλλη ἢ ἥντινα καρδιωγμὸν οἱ ἄνθρωποι καλέουσιν. **2** Ἡ δὲ κεφαλὴ καὶ ἡ καρδίη καὶ ὁ σπλὴν μετέχουσι τῆς ἰκμάδος πάσης · ἕκαστον, ἢν μή τι νοσῇ, μετέχει πλεῖστον κατὰ φύσιν τὴν ἑωυτοῦ τῶν εἰρημένων, ἡ μὲν κεφαλὴ τοῦ φλέγματος, ἡ δὲ καρδίη τοῦ αἵματος, ὁ δὲ σπλὴν τοῦ ὕδατος · ἕλκουσι δὲ καὶ τῆς ἄλλης ἰκμάδος αἱ φλέβες ἐς ἑωυτάς, εὐρέαι καὶ παχέαι καὶ ἑλικοειδεῖς ἐοῦσαι, ὥστ' ἐπὴν ἕλκωσιν, ἕπεσθαι ἕτερον ἑτέρῳ τῆς ἄλλης ἰκμάδος. Καὶ τῇ μὲν καρδίῃ πλησιάζουσιν αἱ σφάγιαι φλέβες, παχέαι ἐοῦσαι, ἐς ἃς διαδίδοται ταχέως, ἐπήν οἱ πλεῖον τοῦ καιροῦ προσγένηται · αἱ δὲ τῷ ἄλλῳ σώματι ἐκδι-

1 ἀπὸ τῶν πηγέων Joly : ἀπ' αὐτέων M edd. ‖ 2 τότε M : καὶ τότε Erm. ‖ 3 μοῖραν Joly : μοίρην M edd. ‖ 5 ποτοῦ ἢ βρωτοῦ M : βρ. ἢ π. recc. ‖ 7 τὰ Littré : ταῦτα M ‖ 10 ὧδε add. Erm. ‖ 18 καλέουσιν recc. : -σι M ‖ 20 πλεῖστον E Erm. : πλείστων M Littré ‖ 24 εὐρέαι Joly : -ρεῖαι M ‖ παχέαι Joly : -χεῖαι M ‖ 27 παχέαι Joly : -χεῖαι M.

corps. De plus, le cœur est solide et compact, si bien que l'humeur ne le rend pas malade : c'est pourquoi le cœur n'a aucune maladie[1]. **3** Par contre, la tête et la rate sont sujettes à maladies ; elles peuvent être malades du fait de leur humeur naturelle, si elle est plus abondante qu'il ne convient ; elles peuvent l'être du fait des autres humeurs ; car leurs veines sont épaisses et nombreuses et elles-mêmes sont très veineuses et creuses, si bien qu'il y a de la place en elles pour les autres humeurs qui y coulent peu à peu et s'y mêlent à l'humeur naturelle. Il y a plus de place dans un grand vase que dans un petit : de même, il y en a plus dans la tête et dans la rate. De tous ces réservoirs, ce sont elles qui ont le plus de place. Et si leurs veines s'emplissent d'humeur, cette dernière y provoque des maladies. — Voilà ce que j'avais à dire là-dessus pour le moment.

Diminution des humeurs.

XLI. **1** Je vais montrer plus en détail comment chacune de ces humeurs diminue dans le corps. J'ai montré qu'il y a quatre humeurs et qu'elles peuvent nuire à l'homme et qu'elles ont quatre sources. J'ajoute qu'il y a quatre (voies) par lesquelles l'homme se purge de chaque humeur. Ce sont la bouche, le nez, l'anus et l'urètre. Quand une de ces humeurs nuisibles devient trop abondante, si l'homme se purge par là, aucune maladie ne l'accable du fait de cette humeur ; **2** et si le ventre n'est pas[2] plein, quand le corps se fond, de l'humeur y descend et sort par une de ces voies : c'est ainsi que l'humeur diminue dans le corps. En effet, le corps, comme je l'ai dit auparavant, transmet au ventre,

1. Aristote est du même avis, *Parties des animaux*, III, 4, 667 a 32 sqq., mais la raison est différente : « Seul de tous les viscères et, d'une manière générale, de toutes les parties du corps, le cœur ne supporte aucun accident grave, et cela est dans l'ordre : en effet, si le principe même est détruit, il ne reste rien d'où les autres parties, qui dépendent de lui, puissent recevoir aide. Et ce qui prouve bien que le cœur ne peut supporter aucune affection... » (Trad. Louis).

2. L'insertion de la négation nous paraît, comme à Littré, indispensable.

δόασι· καὶ ἅμα αὐτὴ ἡ καρδίη στερεὴ καὶ πυκνή ἐστιν, ὥστε μὴ νοσεῖν ὑπὸ τῆς ἰκμάδος, καὶ διὰ τοῦτο νόσημα ἐν τῇ καρδίῃ οὐδὲν γίνεται. **3** Ἡ δὲ κεφαλὴ καὶ ὁ σπλὴν μάλιστα ἐπίνοσά ἐστι· νοσεῖ γὰρ καὶ ἀπὸ τῶν φύσει ἐόντων, ὅταν πλείονα προσγίνηται τοῦ καιροῦ· νοσεῖ δὲ καὶ ἀπὸ τῆς ἄλλης ἰκμάδος· φλέβες γὰρ ἐς αὐτὰ παχέαι τε καὶ πολλαί εἰσι, καὶ αὐτὰ φλεβώδεα κάρτα ἐστὶ καὶ ἔγκοιλα, ὥστε εὐρυχωρίην καὶ τῇ ἄλλῃ ἰκμάδι ἐν αὐτοῖσιν εἶναι, χωρεούσῃ κατ' ὀλίγον καὶ μισγομένῃ τῇ φύσει 562
ἐούσῃ· ὥσπερ ἐν ἀγγείῳ μεγάλῳ εὐρυχωρίη ἐστὶ πλείων ἢ ἐν μικρῷ, οὕτω δὲ καὶ ἐν τῇ κεφαλῇ ἢ ἐν τῷ σπληνὶ ἔχει· εὐρυχωρίη γὰρ τούτων τῶν χωρίων μάλιστα ἐν αὐτοῖσίν ἐστιν· ἢν δ' ἐμπλησθέωσιν ἰκμάδος αἱ φλέβες αὐτόθι, ἀπ' ἐκείνης ἐν αὐτοῖσι νοῦσος γίνεται. Ταῦτα δέ μοι ἐς τοῦτο εἴρηται νῦν.

XLI. **1** Ἐθέλω δὲ ἀποφῆναι κάλλιον, ὅκως ἑκάστη ταύτης τῆς ἰκμάδος ἐν τῷ σώματι ἐλάσσων γίνεται. Τέσσερα μὲν δὴ ὑγρὰ ἐόντα ἀπέδειξα τὸν ἄνθρωπον σινεόμενα, τέσσερας δέ σφι πηγάς· τέσσερα δέ σφι λέγω εἶναι, οἷσιν ἀποκαθαίρεται ὁ ἄνθρωπος τούτων ἕκαστον· ταῦτα δέ ἐστι τό τε στόμα καὶ αἱ ῥῖνες καὶ ὁ ἀρχὸς καὶ ἡ οὐρήθρη. Καὶ ἐπήν τις πλείων γένηται τῆς ἰκμάδος τῆς πονεούσης, ἣν ἀποκαθαίρηται ὁ ἄνθρωπος ταύτῃ, οὐδεμία μιν νοῦσος πιέζει ἀπὸ ταύτης· **2** καὶ ἢν ἡ κοιλίη ⟨μὴ⟩ πλήρης ᾖ, τηκομένου τοῦ σώματος, ἀπὸ τῆς ἰκμάδος καταρρεῖ ἐς αὐτὴν καὶ ἔξω ἔρχεται κατά τι τῶν χωρίων τούτων, καὶ διὰ ταῦτα τὸ ὑγρὸν ἔλασσον γίνεται ἐν τῷ σώματι. Τὸ γὰρ σῶμα, ὥσπερ μοι καὶ πρότερον εἴρηται, τῇ κοιλίῃ ἐπιδιδοῖ, ἐπὴν κενεὴ ᾖ, καὶ

5 ὅταν recc. : ὅτε M ‖ προσγίνηται M : προσγέν- recc. ‖ 8 αὐτοῖσιν recc. : -σι M ‖ 10 ἐούσῃ M : ἐνεούσῃ Erm. ‖ πλείων (πλέων Erm.) Joly : πολλὴ M ‖ 13 ἐμπλησθέωσιν Joly : -θῶσιν recc. -θῶσι M ‖ 14 αὐτόθι ante φλέβες Erm. ‖ 18 Τέσσερα Joly : -αρα M ‖ 19 τέσσερας Joly : -αρας M ‖ τέσσερα Joly : -αρας M ‖ 25 μὴ add. Littré.

si ce dernier est vide, ou y puise, s'il est plein. — Ainsi j'ai dit comment et pourquoi diminue ce qui fait souffrir l'homme.

Cycle de trois jours pour les humeurs.

XLII. **1** Je vais exposer comment et à cause de quoi on est en bonne santé. Quand on a mangé et bu et que l'humeur arrive dans le corps, elle se mêle de la façon qu'il a été dit à celle qui est dans le corps et dans la source. Le jour qu'elle est arrivée, elle reste dans le corps ; mais le lendemain, une autre humeur arrive[1]. Cela fait deux jours et deux humeurs dans le corps ; l'une des humeurs a deux jours ; l'autre, un. **2** L'humeur la plus récente reste dans le corps, vu qu'elle est épaisse ; mais l'autre, cuite par la chaleur, est fluide et, devenue légère, survient le lendemain dans le ventre, chassée continuellement par la nouvelle humeur. Arrivée dans le ventre, elle y cuit les aliments et en fait le sang pour le corps. Mais son séjour la rend fétide[2]. Le surlendemain, elle sort avec les selles et l'urine, en quantité strictement égale à elle-même, semblable et correspondante. Même si une partie seulement s'en va, l'humeur séjourne cependant dans le corps selon le compte indiqué. **3** Le surlendemain aussi coule du corps dans le ventre la part la plus abondante et la plus fétide de l'humeur, que la nouvelle y avait laissée. Elle entraîne les aliments digérés et ce qui est morbide dans le corps : elle sort à son tour. L'urine, avec son sel, prouve que (cette humeur) entraîne aussi ce qui est morbide dans le corps. Les aliments sortent toujours le lendemain,

1. Ici s'amorce le thème du cycle de trois jours ; cf. *Notice*, p. 32.

2. Cette affirmation ne découle pas d'une observation ; elle est tranquillement déduite du fait que les excréments sont fétides. G. Bachelard a insisté sur la valorisation des odeurs, *o. l.*, p. 115 sqq. Il n'est pas rare dans la *Collection* que l'on conseille pour un remède, sans plus de précision, des substances odorantes (cf. *Maladies*, III, 1 ; *Hémorr.*, 9). Notre auteur même prescrit souvent, dans les *Maladies des femmes*, des « fumigations fétides pour le nez, aromatiques pour la matrice », et au § 235, il stipule : « mettre la préparation dans une petite boîte, afin qu'elle ne perde pas son odeur » : cf. *Le niveau...*, p. 58-59.

ἐπαυρίσκεται, ἐπὴν πλήρης ᾖ, ἀπ' αὐτῆς. Ταῦτα δέ μοι εἴρηται ὅκως τε καὶ διότι ἐλάσσονα γίνεται τὰ πονέοντα τὸν ἄνθρωπον.

XLII. **1 Ὅκως δὲ καὶ διὰ τί ὁ ἄνθρωπος ὑγιαίνει, ἐρέω. Ἐπὴν φάγῃ καὶ πίῃ καὶ ἀφίκηται ἡ ἰκμὰς ἐς τὸ σῶμα, τρόπῳ ὥσπερ εἴρηται μιγεῖσα καὶ τῇ ἄλλῃ τῇ ἐν τῷ σώματι καὶ τῇ ἐν τῇ πηγῇ ἐούσῃ, τῇ μὲν ἡμέρῃ ᾗ ⟨ἂν⟩ προσγένηται μένει ἐν τῷ σώματι, ἐς δὲ τὴν ὑστεραίην ἄλλη οἱ ἰκμὰς προσγίνεται. Αὗται δύο μὲν ἡμέραι εἰσί· δύο δὲ ἰκμάδες ἐν τῷ σώματι· τῇ μὲν ἑτέρῃ τῶν ἰκμάδων δύο ἡμέραι εἰσί, τῇ δὲ ἑτέρῃ μία. 2 Ἡ μὲν δὴ ὑστέρη μένει αὐτὴ ἐν τῷ σώματι ἅτε παχέα ἐοῦσα, ἡ δ' ἑτέρη πεφθεῖσα ὑπὸ τῆς θέρμης διακέχυται, καὶ λεπτὴ γενο-** 564
μένη παραγίνεται [ἐν] τῇ ὑστεραίῃ ἡμέρῃ ἐς τὴν κοιλίην, διὰ παντὸς τοῦ χρόνου ἐξωθεομένη ὑπὸ τῆς νέης· ἐλθοῦσα δὲ ἐς τὴν κοιλίην πέσσει τὰ σιτία ἐν τῷ τόπῳ, καὶ ποιεῖ τὸ αἷμα ἀπ' αὐτῶν ἐν τῷ σώματι· μείνασα δὲ ἐγένετο ὑπὸ τοῦ χρόνου κάκοδμος. Τῇ δὲ τρίτῃ ἡμέρῃ ἔρχεται ἔξω σὺν τῇ κόπρῳ καὶ τῷ οὔρῳ, πλῆθος αὐτὴ ἑωυτῇ πάσῃ ἴση τε καὶ παραπλησίη καὶ ἰσόρροπος· καὶ ἢν αὐτῆς μέρος τι ἴῃ, ὅμως ἡ ἰκμὰς μένει ἐν τῷ σώματι κατὰ λόγον τὸν εἰρημένον. 3 Ἐπιρρεῖ δὲ καὶ τῇ τρίτῃ ἡμέρῃ τῆς ἰκμάδος ἀπὸ τοῦ σώματος ἐπὶ τὴν κοιλίην πλεῖον καὶ κακοδμότερον τὸ ἐπιλειπὲς γενόμενον ὑπὸ τῆς ἑτέρης, καὶ καταφέρει τὰ βρώματα πεπεμμένα καὶ ὅ τι ἐν τῷ σώματι νοσερόν ἐστι, καὶ αὖτις συνέρχεται· σημαίνει δὲ τὸ οὖρον ἁλμυρὸν ἐὸν ὅτι καὶ καταφέρει ἀπὸ τοῦ σώματος τὸ νοσερόν. Τὰ σιτία δὲ ἐς τὴν ὑστεραίην αἰεὶ διαχωρεῖ, ἡ δὲ

7 ἂν add. Erm. || 8 ἐς δὲ τὴν ὑστεραίην M : τῇ δὲ -ῃ recc. || 11 Ἡ μὲν M : Καὶ ἡ μὲν Erm. || 12 παχέα Joly : -χεῖα M || δ' M : δὲ recc. || 14 ἐν secl. Erm. || 15 ἐξωθεομένη Joly : -ευμένη M edd. || 17 αὐτῶν Joly : -τῆς M || 18 ἔρχεται ἔξω M : ἐξέρχ- recc. || 20 αὐτῆς Erm. : ἑωυτῆς M Littré || ἴῃ (vel ἐξίῃ) Erm. : εἴη M ἔῃ recc. Littré || 24 ὑπὸ M : ἀπὸ Erm. || 26 συνέρχεται : συνεξέρχ- Erm. || 28 δὲ ἐς recc. : ἐς δὲ M || αἰεὶ Joly : ἀεὶ M.

l'humeur le surlendemain. C'est ainsi que la santé se réalise. — J'ai donc expliqué comment et pourquoi on se porte bien.

Nécessité de ce cycle.

XLIII. **1** Mais si cette humeur sortait partiellement le lendemain, les aliments expulsés du ventre ne seraient pas aussi fétides, mais comme bouillis et l'urine semblable à la boisson ; le corps se viderait continuellement et on aurait besoin à tout moment, aussitôt après défécation ou miction, d'une quantité de boisson et d'aliment proportionnelle aux excréments, si on voulait avoir de la force : en effet, l'humeur ne resterait pas en quantité suffisante dans le corps, mais en sortirait avec les selles le lendemain ou le jour même. Cela pour le cas où l'on mangerait ; **2** sinon, on serait vide et sans force et on ne pourrait grossir si l'humeur sortait le lendemain : il n'en resterait pas suffisamment dans le corps[1]. Mais en réalité, tout en allant à la selle, nous sommes très bien et, sans manger pendant deux jours, nous sommes en état de marcher et de faire quelque chose, loin d'être complètement affaiblis par l'évacuation[2] en ce laps de temps : l'humeur qui reste dans le corps nous donne de la force. — J'ai ainsi expliqué comment et pourquoi il n'est pas possible que l'humeur arrivée dans le corps en sorte le jour même ni le lendemain.

Accrocs au cycle.

XLIV. **1** J'ajoute encore que si l'humeur reste plus de trois jours dans le corps ou qu'une autre en grande

1. Toute cette doctrine est encore une application typique de cette « physique du récipient » à quoi l'auteur et son temps ramènent ce que nous appelons la physiologie. L'idée de spécificité des phénomènes vitaux reste inaccessible.

2. Κένωμα et surtout κένωσις sont des mots techniques que l'on retrouve dans d'autres œuvres du *Corpus* ; son contraire est πλησμονή. Cf. *Ancienne médecine*, 9 ; *Nature de l'homme*, 9 ; *Régime*, LXXVIII et LXXXIX, *Aphorismes*, II, 22, et nos *Recherches sur le traité pseudo-hippocratique Du régime*, Paris-Liège, 1961, p. 175 sq.

ἰκμὰς ἐς τὴν τρίτην. Οὕτως ἡ ὑγιείη συμβαίνει γίνεσθαι. Καὶ ταῦτα μὲν εἴρηται, ὅκως τε καὶ διότι ὑγιαίνουσιν οἱ ἄνθρωποι.

XLIII. **1** Ἡ δὲ ἰκμὰς αὕτη εἰ κατὰ μέρος ἔξω χωρέοι ἐς τὴν ὑστεραίην, τὰ σιτία οὐχ ὁμοίως ἂν ἡμῖν ἐκ τῆς κοιλίης κάκοδμα γενόμενα ἔξω χωρέοι, ἀλλ' ὥσπερ ἑφθά, καὶ τὸ οὖρον τῷ ποτῷ παρόμοιον, καὶ τὸ σῶμα ἂν ἐκενοῦτο αἰεί, καὶ ἔχρῃζε διὰ παντὸς τοῦ χρόνου ὁ ἄνθρωπος, ἐπεὶ ἀποπατήσειε καὶ οὐρήσειεν, αὐτίκα πόσιος καὶ βρώσιος κατὰ τὸν ἀπόπατον ⟨τὸ⟩ πλῆθος, εἰ ἔμελλεν ἰσχύειν, ἰκμάδος μὴ ὑπολειπομένης ἐν τῷ σώματι ἀρκεούσης, ἀλλὰ χωρεούσης σὺν τῇ κόπρῳ ἔξω τῇ ὑστεραίῃ ἢ τῇ αὐτῇ ἡμέρῃ · καὶ εἰ μέν τι ἔφαγεν · **2** εἰ δὲ μή, κενωθεὶς ἂν ἄκικύς τε ἦν, οὐδ' ἂν δύναιτο παχυνθῆναι, ⟨εἰ⟩ ἡ ἰκμὰς τῇ ὑστεραίῃ ἔξω χωρέοι · οὐ γὰρ περιλιμπάνεται ἐν τῷ σώματι ἀρκέουσα. Νῦν δὲ ἐξαποπατέοντες εὐροοῦμεν, καὶ 566
δύο ἡμερέων μηδὲν φαγόντες καὶ ἰέναι καὶ πρήσσειν τι ὑπομένομεν, καὶ οὐκ ἐξασθενέομεν τελείως ὑπὸ κενώματος ἐν τούτῳ τῷ χρόνῳ · ἡ γὰρ ἰκμὰς ἡ ἐν τῷ σώματι μένουσα τὴν ἰσχὺν παρέχει. Καὶ ταῦτα μὲν εἴρηταί μοι, ὅκως τε καὶ διότι οὐχ οἷόν τε τὴν ἰκμάδα τὴν προσγενομένην ἐν τῷ σώματι ἐξελθεῖν ἔξω αὐθημερὸν οὐδὲ τῇ ὑστεραίῃ.

XLIV. **1** Φημὶ δὲ ἤν τε ἐμμένῃ πλείονας τριῶν ἡμερέων ἡ ἰκμὰς ἐν τῷ σώματι, ἢ ἄλλη προσγένηται πολλὴ

2 ὑγιαίνουσιν recc. : -σι M ‖ 4 χωρέοι EK : -έει M ‖ 8 αἰεί Joly : ἀεὶ M ‖ ἔχρῃζε recc. : ἔχρῃζεν M ‖ 9 ἐπεὶ Joly : ἐπὴν M edd. ‖ 10 τὸν ἀπόπατον M Erm. : τοῦ ἀποπάτου Lind. Littré ‖ τὸ addidi ‖ πλῆθος secl. uoluit Erm. ‖ εἰ K' edd. : om. M ‖ 13 κενωθεὶς ἂν Joly : κενωθεῖσα M κενωθεὶς Lind. edd. ‖ 14 ἄκικύς recc. : ἄκηκύς M ‖ εἰ add. Littré ‖ 15 χωρέοι Littré : χωρέειν M ‖ 17 ἰέναι Erm. : εἶναι M ‖ 18 καὶ οὐκ ἐξασθενέομεν om. M et restituit in margine M[1] ‖ 21 τε recc. Littré : περ M ‖ προσγενομένην M Erm. : προσγ- ἀπὸ τῆς τροφῆς J Littré ‖ 22 οὐδὲ M : ἀλλ' οὐδὲ recc. ‖ 24 τριῶν M : τῶν τρ- recc.

quantité vienne tout remplir, les veines s'échauffent, s'obstruent et une maladie se manifeste, plus ou moins forte, moins forte et plus tardive en hiver, plus forte et plus hâtive en été[1]. Voilà ce qui arrive quand l'humeur reste dans le corps. **2** Mais si les aliments ne faisaient que traverser le corps, ce dernier ne profiterait pas suffisamment de l'humeur : on serait maigre et faible[2]. Mais comme les aliments et les boissons y restent le temps normal, le corps en profite, puisant tout doucement au ventre, et se remplit. C'est ainsi que j'explique comment et pourquoi les aliments ne peuvent sortir le jour même. **3** D'autre part, si les aliments restent dans le ventre plus de temps qu'il ne faut et qu'il en revient d'autres, le corps serait plein, les veines seraient pressées par la pléthore et par conséquent, la fièvre et la souffrance surviendraient, plus vite en été, plus tard en hiver. C'est qu'en été, le milieu ambiant est chaud et l'air qu'on inspire a plus de chaleur ; mais si le ventre est déjà chaud et qu'en outre, l'air qu'on inspire ait plus de chaleur qu'il ne convient, il n'est pas étonnant que dans ces circonstances, on ait de la fièvre. **4** En hiver, par contre, comme on respire un air froid, le corps peut supporter beaucoup mieux la pléthore, quand les selles sont peu abondantes. — J'ai expliqué ainsi[3] ce qui arrive quand les aliments restent trop longtemps dans le ventre ; j'ai touché aussi à tout ce qui regarde l'humeur et l'aliment et à la différence entre l'excès et le défaut

1. Ceci est l'analyse de la πλησμονή des textes cités à la note précédente ; l'auteur utilise au § 3 le synonyme πληθώρη. Il se retrouve ailleurs avec des variantes ; cf. Euryphon de Cnide, d'après l'*Anonyme de Londres*, IV, 33-34 (Jones, p. 32).

2. L'alternance du potentiel et de l'irréel n'est pas très gênante, mais les variantes de M nous inclinent à restituer l'irréel dans toute la phrase.

3. Cette formule revient très fréquemment dans toute l'œuvre, d'une manière monotone et passablement agaçante pour un lecteur d'aujourd'hui ; à la fin du paragraphe 1 de ce même chapitre, nous l'avons fortement atténuée dans la traduction, ce qu'on serait peut-être en droit de nous reprocher. Cette façon si appuyée de résumer trop longuement chaque développement arrivé à son terme relève aussi, nous semble-t-il, d'une certaine gaucherie archaïque.

πιμπλαμένη, τῶν φλεϐῶν θερμαινομένων καὶ ἱσταμένων, ἐπισημαίνει τῷ ἀνθρώπῳ κακὸν ἢ μέζον ἢ ἔλασσον, χειμῶνος μὲν ἔλασσον καὶ ὕστερον, θέρεος δὲ μέζον καὶ πρόσθεν. Ταῦτα δέ μοι εἴρηται ὅ τι συμϐαίνει γίνεσθαι, ἢν μένῃ ἡ ἰκμὰς ἐν τῷ σώματι. **2** Εἰ δὲ βρώματα διεχώρει, τὸ σῶμα οὐκ ἂν ἐπηυρίσκετο ἡμῖν τῆς ἰκμάδος ἐπαρκέον, ἀλλ᾽ ἦσαν οἱ ἄνθρωποι λεπτοί τε καὶ ἀσθενεῖς· νῦν δὲ ἐμμενόντων τῶν βρωμάτων καὶ τῶν ποτῶν, ὁκόσον χρόνον διαμένει, τὸ σῶμα ἐπαυρίσκεται καθ᾽ ἡσυχίην ἕλκον ἀπὸ τῆς κοιλίης, καὶ πίμπλαται. Καὶ ταῦτα δέ μοι εἴρηται ὅκως τε καὶ διότι τὰ βρώματα οὐχ οἷά τέ ἐστιν αὐθημερὸν ἐξιέναι. **3** Ἢν δὲ ἐμμένῃ τὰ σιτία ἐν τῇ κοιλίῃ πλείονα τοῦ δέοντος χρόνον καὶ ἕτερα ἐς αὐτὰ πίπτῃ, τὸ σῶμα πληρωθείη ἄν, καὶ πιεζομένων τῶν φλεϐῶν ὑπὸ τῆς πληθώρης, θέρμη ἂν καὶ πόνος τῷ σώματι παραγίνοιτο, θέρεος μὲν θᾶσσον, χειμῶνος δὲ ὕστερον. Τοῦ μὲν γὰρ θέρεος τὸν ἄνθρωπον θερμόν ἐστι τὸ περιέχον, καὶ θερμότερον ἕλκει τὸ πνεῦμα ἐς ἑωυτόν· κἢν ἔτι θερμῆς τῆς κοιλίης ἐούσης θερμότερον τοῦ καιροῦ τὸ πνεῦμα τῷ ἀνθρώπῳ προσγίνηται, οὐ θαῦμά ἐστι τὸν ἄνθρωπον ἐκ τοῦ τοιούτου πυρετῆναι·
4 χειμῶνος δὲ ψυχρὸν ἕλκοντος τὸ πνεῦμα ἐς ἑωυτόν, 568
μᾶλλον πολλῷ δύναιτ᾽ ἂν τὴν πληθώρην ἀναφέρειν τὸ σῶμα τοῦ ἀνθρώπου ἀποπατέοντος ὀλίγον. Ταῦτα δέ μοι εἴρηται ὅ τι συμϐαίνει γίνεσθαι, ἢν μὲν μένῃ τὰ σιτία πλείονα χρόνον ἐν τῇ κοιλίῃ, καὶ παρέψαυσταί μοι ἀποφῆναι ἅπαντα περὶ τῆς ἰκμάδος καὶ τῆς βρώσιος, τοῦ χρόνου τοῦ πλείονος καὶ τοῦ ἐλάσσονος τὸ διαφέρον, διότι

2 (et 3) μέζον Joly : μεῖζον M ‖ 5 ἡ om. M ‖ βρώματα M : τὰ βρ. Lind. ‖ διεχώρει Joly : διαχωρέει M διαχωρέοι Littré ‖ 6 ἐπηυρίσκετο Joly : ἐπαυρίσκετο M ἐπαυρίσκοιτο EKP'H[2] Littré ‖ 7 τε om. recc. ‖ 11 pr. καὶ M : om. Littré ‖ 13 δέοντος recc. Littré : δοκέοντος M ‖ χρόνον Erm. : -νου M ‖ 14-15 πιεζομένων Erm. : -ζευμένων M ‖ 21 θῶμα M ‖ 25 μένῃ M : μείνῃ recc. ‖ 26 παρέψαυσταί Lind. edd. : παρεψαῦσθαι M -αῦσται recc.

de temps, origine des maladies. Je montrerai cela plus en détail par la suite[1].

Déséquilibre dans les humeurs.

XLV. **1** Je reviens maintenant en arrière pour traiter de la santé[2]. Le corps profite de l'humeur fournie par les boissons et les aliments et chez l'homme bien portant, aliments et boissons sortent selon le rythme[3] indiqué plus haut. Et s'il sort plus d'humeur qu'il n'en est venu de nouvelle par les aliments et les boissons, l'homme devient maigre. Il en sort plus qu'il n'en arrive à cause de ceci. Si on se tient tranquille sans travailler, c'est qu'il y a quelque mal dans le corps. Seulement, comme la santé est florissante par ailleurs, on ne s'en apercevra pas trop. Voici quel est ce mal. **2** Si l'une des quatre humeurs du corps arrive en quantité un peu plus grande, le corps s'échauffe tout doucement, si bien qu'on ne s'en aperçoit pas beaucoup ; il fond ; l'humeur va dans le ventre et ôte l'appétit. D'autre part, si une humeur est plus abondante qu'une autre, il en résulte de la fièvre, mais j'expliquerai cela plus exactement un peu plus loin[4]. Il arrive aussi que l'appétit se conserve, mais que cependant on maigrisse : la raison en est la même. Quand cela se produit, il sort plus d'humeur qu'il n'en est assimilé. C'est pourquoi il arrive aux gens en repos de maigrir. **3** Mais le corps s'échauffe aussi quand on travaille. Et quand il est échauffé par le travail, l'humeur qu'il contient devient fluide et légère ; devenue inutile[5], elle s'écoule à la fois dans le ventre et dans la vessie, qui la filtrent et

1. Cf. *infra*, ch. XLIX.
2. Littré a cru remarquer une très grande ressemblance de ce chapitre avec les explications du livre III du *Régime*, au point de considérer comme possible l'identité d'auteur. En réalité, la ressemblance est tout extérieure et ces œuvres ne sauraient être du même auteur ; cf. *Recherches*, p. 191-193.
3. C'est ainsi que nous nous déterminons à traduire λόγος.
4. Cf. *infra*, ch. LIII.
5. Cette notion d'inutilité apparaît ailleurs, cf. *Régime*, VI, 2. Philolaos croit que la bile est toujours inutile (*Anonyme de Londres*, XX, 22 sq. ; Jones, p. 80).

νοσέουσιν οἱ ἄνθρωποι · δηλώσω δὲ περὶ τούτου κάλλιον τοῦ χρόνου προϊόντος.

XLV. 1 Ἀναβήσομαι δ' αὖτις ὀπίσω περὶ τῆς ὑγιείης ἐρέων, ὅτι δὴ τὸ σῶμα τοῦ ἀνθρώπου ἀπὸ τῶν ποτῶν καὶ τῶν βρωτῶν τῆς ἰκμάδος ἐπαυρίσκεται, καὶ χωρεῖ ἔξω τῷ ὑγιεῖ κατὰ τὸν εἰρημένον λόγον τά τε βρώματα καὶ ἡ ἰκμάς. Καὶ ἢν μὲν ἔξω χωρῇ τῆς ἰκμάδος πλεῖον ἢ ὅσον προσεγένετο ἀπὸ τῶν σιτίων καὶ ποτῶν, λεπτὸς γίνεται ὁ ἄνθρωπος. Πλείω δὲ χωρεῖ ἔξω τῆς προσγεγενημένης διὰ τόδε · ἢν μὲν δι' ἡσυχίης ᾖ ὁ ἄνθρωπος καὶ μὴ ταλαιπωρῇ, κακόν τί οἱ ἐν τῷ σώματι ἔνεστιν, ὑπὸ δὲ τῆς ἄλλης ὑγιείης πολλῆς ἐούσης οὐκ ἐσᾴσει κάρτα · τὸ δὲ κακὸν τοιόνδε ἐστίν · 2 ἐπὴν τούτων τι τῶν τεσσέρων τῶν γινομένων τῷ σώματι ἐπέλθῃ πλέον τι μὴ πολλῷ, τὸ σῶμα θερμαίνεται καθ' ἡσυχίην, ὡς μὴ ἐσᾴσειν κάρτα, καὶ τήκεται ἐς τὴν κοιλίην, καὶ τὸν σῖτον ἀηδέα τῷ ἀνθρώπῳ ποιεῖ · ἢν δὲ πλέων ᾖ ἡ ἰκμὰς ἡ ἑτέρη τῆς ἑτέρης, πυρετὸς ἐκ τοιούτου τῷ ἀνθρώπῳ γίνεται · ἀλλὰ περὶ τούτου ἀτρεκέστερον ὀλίγον ὕστερον ἀποφανέω. Ἔστι δ' ὅτε καὶ τοῦ σίτου ἐόντος ἡδέος λεπτὸς γίνεται ὁ ἄνθρωπος, αἴτιον δὲ τὸ αὐτό. Τούτων δὲ γινομένων ἐξέρχεται τῆς ἰκμάδος πλέον ἢ κατατάσσεται · καὶ διὰ ταῦτα τῷ μὲν ἡσυχάζοντι συμβαίνει λεπτῷ γίνεσθαι. 3 Ταλαιπωρεόντων δὲ τῶν ἀνθρώπων καὶ τὸ σῶμα θερμαίνεται · καὶ γὰρ ἀπὸ τῆς ταλαιπωρίης τούτου θερμαινομένου καὶ ἡ ἰκμὰς ἐν αὐτῷ διαχεῖται, καὶ γίνεται λεπτή · ἀχρεῖος 570
δὲ γενομένη καταρρεῖ ἐς τὴν κοιλίην καὶ ἐς τὴν κύστιν, ταῦτα δὲ διηθεῖ ἔξω · τὸ δέ τι αὐτῆς διατμεῖ ἔξω, διὰ τοῦ

3 αὖτις Joly : -θις M ‖ 4-5 ποτῶν... βρωτῶν M : βρ-... π. recc. ‖ 8 ποτῶν M : τῶν π. recc. ‖ 9 προσγ- Joly : προγ- M ‖ 12 ἐσᾴσει Joly : ἐσάσει M ‖ 13 τεσσέρων Joly : -άρων M ‖ 14 τὸ recc. : τωι M ‖ 15 ἐσᾴσειν Joly : ἐσάσειν M ‖ 17 ᾗ ἡ Joly : ει η M ᾗ recc. ‖ 18 τοιούτου ME : τούτου recc. ‖ γίνεται M : προσγ- recc. ‖ 21 γινομένων M : γεν- recc. ‖ 26 ἰκμὰς : add. ἡ Erm. ‖ γίνεται Littré : add. ἡ νοῦσος ἥδε M ‖ 28 τι αὐτῆς K' : δι' αὐτῆς M ‖ διατμεῖ M : -μιᾷ Erm.

l'expulsent ; une partie s'en évapore au dehors grâce à la porosité intérieure ; une partie de ce qui reste devient sueur et sort par (tout) le corps. Les exercices des jeunes gens ont le même effet que le travail. **4** Si l'humeur est moindre que celle qui vient de sortir, et qu'il n'en vienne pas d'autre des boissons ni non plus des aliments, on devient maigre ; et l'humeur diminue encore, si on ne peut manger en supplément. Ainsi, en raison d'une souffrance due à un travail ou à un exercice antérieur, telle ou telle humeur, selon les individus, diminue. L'embonpoint se réalise par la nourriture pour la raison suivante[1] : s'il y a dessiccation dans le temps voulu par l'humeur, que, dans le travail précédent, telle humeur soit sortie avant telle autre et parfois en abondance et qu'une humeur l'emporte de beaucoup sur les autres, il y a pléthore. **5** Si elle l'emporte vraiment de beaucoup, la fièvre résulte d'une telle situation ; si elle l'emporte de peu, il y a peu de fièvre et si le corps contient beaucoup d'humidité, il peut y résister et fait tomber la température le jour même[2] [car le corps s'échauffe par le feu][3]. Si ce qui nuit est peu de chose, la fièvre tombe de la même façon le troisième jour ; elle est donc continue pendant deux jours ; si ce qui nuit est plus important, c'est le cinquième jour ; la fièvre est donc continue, d'après notre calcul, pendant quatre jours. En ce qui concerne les jours, c'est ainsi que les maladies se jugent, si la fièvre tombe.

Pourquoi la fièvre tombe.

XLVI. **1** C'est aux jours impairs que l'on guérit et que l'on meurt ; pourquoi, je le montrerai un peu plus loin[4].

1. La seule manière de sauver la cohérence du texte est de donner à εὐεξίῃ un sens assez péjoratif, selon une évolution sémantique analogue à celle de notre « embonpoint ». Ce sens, non mentionné dans les dictionnaires, doit être rare, mais le témoignage du *Régime* l'atteste suffisamment, surtout en XXXV, 11.

2. Nous adoptons l'essentiel d'une conjecture de Littré, reprise aussi par Ermerins. La présence d'αὐθημερόν ici même est garantie par la suite, XLVI, 2.

3. Le style de l'auteur impose une très grande prudence en matière d'interpolations ; nous n'hésitons guère cependant dans ce cas-ci.

4. Référence à ce chapitre XLVI lui-même (§ 5) et au suivant. Les

ἔνδον ἀραιώματος· τὸ δέ τι καὶ ἐμμένον ἱδρὼς γενόμενος ἔξω χωρεῖ κατὰ τὸ σῶμα. Ὡσαύτως δὲ καὶ τὰ γυμνάσια τῶν νέων τὸ αὐτὸ τῇ ταλαιπωρίῃ προσεξεργάζεται. **4** Ἢν δὲ ᾖ ἐλάσσων ἡ ἰκμὰς τῆς πρότερον ἐξιούσης, μὴ προσγίνηταί τε ἄλλη ἀπὸ τῶν ποτῶν καὶ προσέτι ἀπὸ τῶν βρωτῶν, λεπτὸς γίνεται διὰ ταῦτα ὁ ἄνθρωπος· ἐλάσσων δὲ προσγίνεται, ἢν μὴ ἄλλο τι δύνηται ἐσθίειν. Καὶ πρὸς μὲν τὸ πονεῖν κατὰ τὴν προτέρην ταλαιπωρίην ἢ γυμνασίην ἄλλοισιν ἄλλη ἐλάσσων γίνεται. Ἐπιγίνεται δὲ κατὰ τὴν βρῶσιν εὐεξίη διὰ τόδε· ἐπὴν αὐαίνηται ἐν τῷ τῆς ἰκμάδος χρόνῳ, καὶ ἐν τῇ προτέρῃ ταλαιπωρίῃ ἐξέλθῃ πρότερον ἑτέρη τῆς ἑτέρης ἔστιν ὅτε πλείων, καὶ κρατῇ μία ἄλλη τῶν ἄλλων κάρτα, πληθώρη ἐστίν· **5** ἢν μὲν δὴ πολλῷ κάρτα κρατῇ, πῦρ ἐκ τοῦ τοιούτου τρόπου γίνεται· ἢν δὲ ὀλίγῳ, ὀλίγον· καὶ τὸ σῶμα δὲ οὕτως ἀναφέρειν δύναται, τῆς ὑγρότητος πλείονος αὐτῷ ἐνεούσης, ⟨καὶ αὐθημερὸν⟩ τὴν θέρμην ἀπολύεται· [θερμαίνεται γὰρ τὸ σῶμα τῷ πυρί]. Κἢν μὲν ὀλίγον ᾖ τὸ λυπέον, τῇ τρίτῃ ἡμέρῃ μεθῆκε τρόπῳ τῷ αὐτῷ, τὰς δὲ δύο ἔχει συνεχέως· ἢν δὲ πλεῖον, πέμπτῃ ἡμέρῃ· τὰς δὲ τέσσερας ἔχει κατὰ λόγον· οὕτω τῶν ἡμερέων αἱ νοῦσοι κρίνονται, ἢν μεθῇ τὸ πῦρ.

XLVI. **1** Ἐν δὲ τῇσι περισσῇσι τῶν ἡμερέων καὶ ὑγιὴς 572
γίνεται ὁ ἄνθρωπος καὶ θνῄσκει· διὸ δὲ ὀλίγον ὕστερον ἀποφανέω· νῦν δὲ ἐρέω διότι μεθίει τὸ πῦρ. Φημὶ δέ,

1 γενόμενος M : -ον Erm. || 4 μὴ Littré : καὶ μὴ ante ᾖ ἐλάσσων pos. M || 5 τε M : add. ἔτι recc. δὲ ἔτι Lind. Littré || 9 ἄλλη Joly : ἄλλα M Littré || ἐλάσσων Littré (!) : ἔλασσον M || γίνεται recc. Littré : δύνηται M δύναται H² || 12 ἐξέλθῃ : ἐσ- Erm. || πλείων recc. Littré : πλεῖον M || 13 μία M : μίη recc. || πληθώρη Erm. : -ης M || 14 πολλῷ Joly : ὑπὸ πολλῶν M || κρατῇ Joly : κρατέηται M || 15 ὀλίγῳ Joly : ὑπὸ ὀλίγων M || ὀλίγον Lind. Erm. : -γα M Littré || 17 καὶ addidi : ὥστε add. Littré || αὐθημερὸν add. Littré || 17-18 θερμαίνεται — πυρί seclusi || 20 πλεῖον recc. : πλείων M || 21 τέσσερας Joly : -αρας M || 22 ἢν Littré : ἢν δὲ M || 23 Ἐν δὲ Littré : ἐν M || 25 sec. δὲ edd. : add. εἶναι M.

Pour le moment, je vais dire pourquoi la fièvre tombe. Lorsque la fièvre, venant du corps, saisit quelqu'un, nécessairement l'humeur nuisible sort du corps le surlendemain ou un autre jour impair selon l'exposé fait plus haut[1]. En effet, elle ne sort pas avant qu'il en arrive du ventre une autre — qui, elle, est bonne. **2** Ce jour intermédiaire et le lendemain, le corps tire du ventre ce que lui-même y avait versé la veille, à moins que le ventre ne l'ait (déjà) filtré et évacué et ne contienne une autre humeur ; or, l'humeur (ainsi reprise) est mauvaise. Si la fièvre tombe le troisième jour, elle tombe de la même façon qu'il a été dit pour le jour même. C'est donc ainsi qu'il arrive que la fièvre née du corps se relâche au troisième jour. **3** Si elle tombe au cinquième, au septième ou au neuvième jour, elle tombe de la même façon qu'elle s'en va le troisième jour. En effet, la nourriture pour la fièvre se trouve aux lieux que j'ai indiqués un peu plus haut[2]. Si l'humeur l'emporte par sa plus grande quantité, on est sauvé. La fièvre tombe aux jours impairs pour cette raison que c'est aux jours pairs que le corps tire du ventre et aux jours impairs qu'il y verse et que le ventre filtre et évacue, quand on est bien portant. Voilà la raison nécessaire pour laquelle les maladies se jugent[3] les jours impairs ; c'est selon ce rythme que le fébricitant guérit. **4** J'ajoute que la plus grande souffrance se produit chez les malades, comme il est naturel, aux jours impairs pour la raison suivante. L'homme est agité quand il a la fièvre. La preuve, c'est que des frissons parcourent le corps de temps en temps, ce qui ne se produirait pas autant si l'humeur n'était agitée et s'il ne s'en séparait pas une quantité plus ou moins grande qui domine

Pythagoriciens partageaient cette doctrine du caractère critique des jours impairs ; cf. p. 102, n. 2.

1. Cf. XLII, 2-3.
2. Ch. XXXIII et suivants.
3. L'usage qui est fait ici de ce verbe montre que la notion de *crise* était familière à l'auteur. Il en est exactement de même dans les traités cnidiens.

ὅταν ἀπὸ τοῦ σώματος πῦρ λάβῃ τὸν ἄνθρωπον, ἀνάγκη ἐστὶ τῇ τρίτῃ ἡμέρῃ ἐξιέναι τὴν ἰκμάδα τὴν λυπέουσαν ἀπὸ τοῦ σώματος ἢ ἐν ἄλλῃ τινὶ τῶν περισσῶν ἡμερέων κατὰ τὸν πρότερον εἰρημένον λόγον· οὐ γὰρ ἐξέρχεται πρὶν ἤ οἱ ἑτέρη προσγένηται ἀπὸ τῆς κοιλίης ἀγαθή· **2** τῇ γὰρ μέσῃ καὶ τῇ ὑστεραίῃ ἕλκει τὸ σῶμα ἀπὸ τῆς κοιλίης, ὅ τι ἂν αὐτὸ ἐς αὐτὴν ἀφῇ τῇ προτέρῃ ἡμέρῃ, ἢν μὴ ἡ κοιλίη διηθήσῃ καὶ ἑτέρην σχῇ ἰκμάδα, καὶ τοῦτο πονηρὸν τῷ ἀνθρώπῳ γίνεται. Ἢν δὲ μεθῇ τὸ πῦρ τριταῖον, τρόπῳ τῷ αὐτῷ μεθίει, ᾧ περ καὶ αὐθημερὸν εἴρηται· καὶ οὕτω μὲν συμβαίνει τὸ πῦρ γινόμενον ἀπὸ τοῦ σώματος [ἐν] τῇ τρίτῃ ἡμέρῃ ἀνιέναι. **3** Φημὶ δὲ καὶ ἢν πέμπτῃ ἡμέρῃ καὶ ἢν ἑβδόμῃ καὶ ἢν ἐνάτῃ μεθῇ, τρόπῳ τῷ αὐτῷ μεθιέναι ὥσπερ καὶ τὸ τριταῖον ἐξέρχεται. Καὶ γὰρ ἡ τροφὴ τῷ πυρὶ κατὰ τὰ χωρία, ὁκοῖα ὀλίγῳ πρότερον εἴρηκα· ἐπικρατήσαντος γὰρ μᾶλλον τοῦ ὑγροῦ πλείονος ἐόντος, ἀνέθη ὁ ἄνθρωπος. Μεθίει δὲ τὸ πῦρ ἐν τῇσι περισσῇσι διὰ τόδε, ὅτι ἐν μὲν τῇσιν ἀρτίῃσι τῶν ἡμερέων ἕλκει τὸ σῶμα ἀπὸ τῆς κοιλίης, ἐν δὲ τῇσι περισσῇσιν ἀφίει, ἡ δὲ κοιλίη διηθεῖ ἔξω τῷ ὑγιεῖ. Κατ' ἀνάγκην τοιήνδε αἱ νοῦσοι κρίνονται ἐν τῇσι περισσῇσι τῶν ἡμερέων· καὶ ἐν τούτῳ μὲν τῷ λόγῳ ὁ ἄνθρωπος πυρετήνας ὑγιὴς ἐγένετο. **4** Φημὶ δὲ καὶ τὸ πονεῖσθαι μάλιστα τοὺς νοσέοντας ἐν τῇσι περισσῇσιν ἡμέρῃσι διὰ τόδε καὶ κατὰ λόγον γίνεσθαι. Τετάρακται μὲν δὴ ὁ ἄνθρωπος, ὁκόταν πυρεταίνῃ· σημήϊον δὲ τοῦτο, ὅτι φρίκη διαΐσσει διὰ τοῦ σώματος ἄλλοτε καὶ ἄλλοτε· τοῦτο δὲ οὐκ ἂν ἐγίνετο οὕτως, εἰ μὴ ἐταράσσετο τὸ ὑγρὸν καὶ ἀπεκρίνετο ἀπ' αὐτοῦ ἢ πλέον ἢ ἔλασσον, 574

1 ὅταν Joly : ὃ ἂν M ὅτι ἂν recc. ὅτι, ἂν Littré ὅτι ὅ τι ἂν Erm. ‖ 7 αὐτὸ secl. Erm. ‖ αὐτὴν Littré : ἑωυτὴν M ‖ 10 τρόπῳ τῷ αὐτῷ M : τῷ αὐτῷ τρ- recc. ‖ 12 ἐν secl. Erm. ‖ 16 ὑγροῦ recc. : ὑγιηροῦ MH ‖ 18 ἀρτίῃσι M : -ίοισι recc. ‖ 26 πυρεταίνῃ M Erm. : -ήνῃ recc. Littré.

telle ou telle humeur selon les cas. Quand on est malade, le trouble est le plus grand aux jours impairs et c'est alors surtout que les frissons se produisent. Cela se passe ainsi. Une part de l'humeur morbide est chassée du corps, vaincue par l'humeur la plus récente ; elle s'écoule dans le bas du ventre[1] et le ventre s'échauffe davantage en recevant plus d'humeur morbide qu'auparavant. **5** Cela se produit surtout lors de la crise de la maladie. Si le corps verse peu à peu dans le ventre l'humeur morbide et que celle-ci ne soit pas abondante, le ventre et le corps peuvent supporter la température pendant la crise et on guérit, quand l'humeur morbide est sortie, si la nourriture de la fièvre est consumée et que l'humeur saine triomphe. C'est selon ce rythme que l'homme malade guérit pour les raisons indiquées plus haut.

On meurt aux jours impairs.

XLVII. **1** Maintenant, je vais dire pourquoi on meurt les jours impairs[2]. Si l'humeur morbide est abondante dans le corps, le trouble est plus fort qu'il ne convient et cette humeur coule abondamment dans le ventre. Le corps, ne pouvant supporter la température, en souffre ; il est fatal que l'haleine devienne fétide ; le corps, vu sa faiblesse, car l'ensemble de l'humeur devient morbide, ne peut plus attirer le souffle de façon à rafraîchir le contenu du ventre[3] ; il exhale toute la partie vitale de l'humeur : c'est ainsi que meurt le patient. **2** En effet, ce qui reste d'humeur saine ne domine pas ; au contraire, troublée tout entière par l'humeur morbide qui est

1. Ἡ κάτω κοιλίη est une notion très courante, mais beaucoup plus vague que notre « bas-ventre » ; elle désigne surtout la région de l'intestin.

2. D'après Aristoxène (Diels, *Vorsokratiker*[6], 58 B 2), les Pythagoriciens étaient aussi d'avis que les jours impairs sont (seuls) critiques : ἐν περισσαῖς ἡμέραις αἱ κρίσεις τῶν νοσημάτων γίνεσθαι δοκοῦσι καὶ αἱ μεταβολαί... La présente doctrine médicale ne saurait être qu'une rationalisation superficielle de vieilles spéculations arithmologiques.

3. Nous retrouvons ici le rôle de la πνοή, qui était si important dans l'embryologie du περὶ γονῆς.

καὶ ἐκράτει ἄλλοτε ἄλλου. Μάλιστα δὲ τετάρακται ἐν τῇσι περισσῇσι τῶν ἡμερέων, ὁκόταν νοσῇ, καὶ ἡ φρίκη δὲ μάλιστα τότε γίνεται. Ἔχει γὰρ ὧδε· ἀπὸ τοῦ ὑγροῦ τοῦ πονέοντος ἐξωθεῖταί τι ἐκ τοῦ σώματος ὑπὸ τῆς νεωτάτης ἰκμάδος νικώμενον, καὶ χωρεῖ ἐς τὴν κάτω κοιλίην, καὶ ἡ κοιλίη προσσυνθερμαίνεται τοῦ πονέοντος δεχομένη ἐς ἑωυτὴν μᾶλλον ἢ τῷ πρὶν χρόνῳ. **5** Τοῦτο δὲ γίνεται μάλιστα ἐν τῇ κρίσει τῆς νούσου· καὶ ἢν κατ' ὀλίγον τὸ σῶμα ἐς τὴν κοιλίην ἀφίῃ καὶ μὴ πολλὸν ᾖ τὸ λυπέον τὸν ἄνθρωπον, ἀναφέρειν τὴν θέρμην ἡ κοιλίη καὶ τὸ σῶμα δύναται ἐν τῇ κρίσει, καὶ γίνεται ὑγιὴς ὁ ἄνθρωπος, ἐπὴν ἐξέλθῃ ἡ ἰκμὰς ἡ πονέουσα, καὶ ἢν ἡ τροφὴ τῷ πυρὶ ἐοῦσα ἐξαναλωθῇ, ἡ δὲ ὑγιηρὴ ἐπικρατήσῃ· ἐν τούτῳ τῷ λόγῳ νοσήσας ὁ ἄνθρωπος ὑγιὴς ἐγένετο δι' αἰτίας τὰς προειρημένας.

XLVII. **1** Νῦν δ' ἐρέω διότι θνῄσκουσιν ἐν τῇσι περισσῇσι τῶν ἡμερέων. Φημὶ δέ, ἢν πολλὸν ᾖ τὸ πονέον ἐν τῷ σώματι, μᾶλλον τοῦ καιροῦ τετάρακται, καὶ ἁλὲς χωρεῖ ἐς τὴν κοιλίην, καὶ μὴ δυνάμενον ἀναφέρειν τὴν θέρμην τὸ σῶμα ἐπαυρίσκεται, καὶ δυσωδίην δεῖ γίνεσθαι περὶ τὸ πνεῦμα, καὶ οὐ δυνάμενον τὸ σῶμα ὑπὸ ἀσθενείης, ἅτε τοῦ ὑγροῦ παντὸς νοσεροῦ γινομένου, τὴν πνοὴν ἕλκειν, ὡς διαψύχηται τὰ ἐν τῇ κοιλίῃ, ἐξατμίζει ἔξω τοῦ ὑγροῦ πᾶν τὸ ζωτικὸν καὶ οὕτω θνῄσκει ὁ ἄνθρωπος. **2** Οὐ γὰρ ἐπικρατεῖ ἑτέρη ἡ ὑγιηρὴ ἰκμάς, ἀλλὰ πᾶσα ὑπὸ τῆς νοσερῆς πολλῆς ἐούσης ἐπαιρομένη, ἐξαναλωμένη ἐς τὸ πῦρ, διεξήτμισεν. Οὕτω

1 ἄλλου : ἄλλον Erm. || 10 ἀναφέρειν L : -ρει M || 13 ἡ δὲ Littré : ἢν δὲ ἡ M || 16 δ' recc. : δὲ M || 19 χωρεῖ (-έει) Littré Erm. : ἰσχυρὸν M || 20 δυσωδίην Joly : -ίαν M || γίνεσθαι M : γεν- recc. || 23 ἐξατμίζει Joly : ἐξατμει M (cum supra -μει, ι et alia littera lectu difficili, eadem manu scripta) ἐξατμιεῖ recc. -ιᾷ Erm. -ιῇ Littré || 25 ἡ recc. : om. M || 27 ἐξαναλωμένη Littré : -ουμένη M || διεξήτμισεν recc. : -ησεν M.

abondante et consumée par la fièvre, elle est exhalée. C'est ainsi que la souffrance apparaît surtout les jours impairs, tout le monde le sait. Que l'humeur soit troublée ces jours-là, en voici une preuve. Ceux qui, pris de fièvre continue, sont purgés les jours pairs, ne souffrent pas de superpurgation ; mais ceux qui sont fortement purgés les jours impairs, souffrent de superpurgation et beaucoup en meurent. **3** C'est surtout sur ce point que les médecins du temps passé se trompaient[1]. En effet, ils purgeaient les jours impairs et tuaient les patients, sans savoir qu'il en est ainsi. C'est que l'humeur du corps malade est plus troublée les jours impairs quand le corps verse l'humeur dans le ventre. Mais si au trouble existant on en ajoute encore un autre en administrant un purgatif, il n'est pas étonnant que le patient en meure.

Les plaies.

XLVIII. **1** Les plaies aussi s'enflamment le plus ces jours-là. Car l'humeur, quand elle est troublée, va dans toutes les veines et les remplit, dès que la maladie arrive à la plaie. Si elle est soignée et que le pus, chassé par l'humeur qui afflue dans le trouble, ait une issue, la plaie se purge à l'extérieur. Si elle n'est pas soignée, le pus ne trouvant pas d'issue, mais se fixant à cet endroit avec l'humeur qui arrive, fait souffrir et enfle la chair autour de la plaie. De là, si la plaie est aux jambes, les veines se gonflent aux jointures des jambes ; si c'est aux

1. La critique d'autres médecins — prédécesseurs ou contemporains — apparaît plus d'une fois dans le *Corpus hippocratique* ; cf. *Régime mal. aiguës*, 8 (XXVI Jones) : οἶδα δὲ τοὺς ἰητροὺς τὰ ἐναντιώτατα ἢ ὡς δεῖ ποιέοντας, et 11 (XLI, XLIII et XLIV Jones). Notre auteur lui-même, dans les *Maladies des femmes*, a plusieurs remarques de ce genre ; cf. I, 34 (Littré, VIII, 80) : « ... il ne faut pas, comme font les médecins, employer les astringents » ; 62 (L 126) : « En outre, les médecins commettent la faute de ne pas s'informer exactement de la cause de la maladie » ; 64 (L 124) : « et les médecins croient traiter une hydropisie, mais ce n'en est pas une » ; II, 114 (L 246) : « Quelques médecins prennent cela pour un écoulement ; ils se trompent ; ceci est une humeur visqueuse venant des articulations... » (trad. Littré).

δή περ ἐν τῇσι περισσῇσιν ἡμέρῃσι μάλιστα ὁ πόνος γίνεται· τοῦτο πᾶς οἶδεν ὅς τίς ποτε. Καὶ μὴν ὅτι γε τὸ ὑγρὸν τετάρακται ἐν αὐτῇσι τῇσιν ἡμέρῃσι, σημήϊόν ἐστι τόδε· ὁκόσοι ἤδη ὑπὸ πυρὸς συνεχέος ἐχόμενοι ἐφαρμακεύθησαν ἐν τῇσιν ἀρτίῃσι τῶν ἡμερέων, οὗτοι οὐ μὴν ὑπερεκαθάρθησαν· ὁκόσοι δὲ ἐν τῇσι περισσῇσιν 576 ἐφαρμακεύθησαν ἰσχυρῇ φαρμακείῃ, ὑπερεκαθάρθησαν, πολλοὶ δὲ καὶ ἀπώλοντο ὑπερκαθαρθέντες. **3** Οἱ γοῦν πρόσθεν ἰητροὶ ἐν τούτῳ μάλιστα ἡμάρτανον· ἐφαρμάκευον γὰρ ἐν τῇσι περισσῇσιν ἡμέρῃσι καὶ ἀπώλλυον τοὺς ἀνθρώπους, οὐ γινώσκοντες ὅτι τοῦθ' οὕτως ἔχει. Τὸ γὰρ ὑγρὸν ἐν τῷ σώματι τοῦ νοσέοντος τετάρακται μᾶλλον ἐν τῇσι περισσῇσι τῶν ἡμερέων, οἷα τοῦ σώματος ἐς τὴν κοιλίην μεθιέντος τῆς ἰκμάδος· καὶ ἤν τις ἐπιτεταραγμένῳ ἐόντι ἔτι μᾶλλον ταράξῃ, φάρμακον ἐμβαλών, οὐ θαῦμά ἐστιν ἐκ τῶν τοιούτων ἀπολέσθαι τὸν ἄνθρωπον.

XLVIII. **1** Καὶ τὰ ἕλκεα [ἢν μὲν μελεδαίνηται] φλεγμαίνει μάλιστα ἐν ταύτῃσι τῇσιν ἡμέρῃσιν, ἔρχεται γὰρ τὸ ὑγρὸν ἐς ἁπάσας τὰς φλέβας, ὁκόταν ταράσσηται, καὶ πληροῖ, ἐπὴν ἔλθῃ ἐς τὸ ἕλκος ἡ νοῦσος· καὶ ἢν μὲν μελεδαίνηται καὶ ἔχῃ ἔξοδον τὸ πῦος ἐξωθεόμενον ὑπὸ τοῦ ὑγροῦ τοῦ ἐλθόντος ἐν τῇ ταραχῇ, ἔξω ἀποκαθαίρεται τὸ ἕλκος· ἢν δὲ μὴ μελεδαίνηται, οὐκ ἔχον ἔξοδον τὸ πῦος, αὐτοῦ καταμένον σὺν τῷ κατελθόντι, πόνον παρέχει καὶ ἀείρει τὴν σάρκα τὴν περὶ τὸ ἕλκος· καὶ ἀπ' ἐκείνου, ἢν μὲν ἐν τοῖσι σκέλεσιν ἔχῃ τὸ ἕλκος, ἀείρονται αἱ φλέβες αἱ ἐν τῇσι προσφύσεσι τῶν σκελέων ἐοῦσαι· ἢν δὲ ἐν τῇσι χερσίν, αἱ ⟨ἐν⟩ τῶν χειρῶν τῇσι

1 τῇσι recc. : -σιν M ‖ 4 ὁκόσοι recc. : ὁπόσοι MH ‖ συνεχέος Joly : ξ. M ‖ 5 ἀρτίῃσι M : -ίοισι Erm. ‖ 6 ὑπερεκαθάρθησαν recc. : ὑπεκαθάθησαν M ‖ περισσῇσιν recc. : -σι M ‖ 7 ὑπερεκαθάρθησαν K' Lind : ἐκαθαρίησαν M ‖ 17 ἢν μὲν μελεδαίνηται secl. Littré : ἢν μὴ μελ- Erm. ‖ 18 τῇσιν ἡμέρῃσιν recc. : -σι -σι M ‖ 26 ἢν recc. : κἢν M ‖ σκέλεσιν recc. : -σι M ‖ 28 χερσίν recc. : -σὶ M ‖ ἐν add. Littré.

bras, aux jointures des bras et il se forme des tumeurs. **2** Ceux qui n'ont aucun autre mal, la fièvre les prend à cause de l'humeur qui est plus grasse qu'il ne convient et les veines remplies causent souffrance et température à la plaie ; cette dernière, échauffée, échauffe alors le reste du corps. C'est ainsi que la chaleur se produit aux plaies. Le corps et les plaies sont échauffés par l'agitation du liquide ; le travail a le même effet. **3** Les plaies s'enflamment le cinquième jour ou, suivant l'importance des plaies, selon l'ordre des jours suivant : le troisième, le cinquième, le septième, le neuvième et le onzième. Après ce premier cycle, le troisième jour est le début d'un second cycle ; c'est le quatorzième jour depuis le début. C'est au quatorzième jour[1] que diminue l'inflammation des plus grandes plaies. — Tout cet exposé montre que les maladies sont jugées[2] les jours impairs, que l'humeur, chez l'homme bien portant, sort le troisième jour et les excréments le second. Ces cycles de trois jours font la preuve, l'un pour l'autre, qu'il en est bien ainsi. De la sorte, cet exposé est complètement achevé[3].

Pathologie générale et purgation.

XLIX. **1** Je veux maintenant dire avec plus de précision pourquoi on devient malade. Je dirai aussi dans cet exposé quels sont les principes des maladies et leurs effets respectifs. Si des aliments déjà digérés restent (dans le corps) en quantité plus grande qu'il ne convient, qu'on ne se purge pas et

1. Quatorze est un nombre pair, mais, pour notre auteur, c'est essentiellement deux fois sept. Sa théorie des nombres impairs et du cycle de trois jours n'est que l'aménagement d'un vieux système hebdomadaire (M. Thivel).

2. Cf. *supra*, p. 101, n. 3 ; L. Bourgey, *Observation et expérience...*, p. 249, n. 8, nous paraît, à propos de la *crise* et d'autres notions médicales, surestimer la différence qui existerait entre Cos et Cnide.

3. Cette phrase est fort comparable à celle qui termine la *Nature de l'enfant*, mais ici elle ne termine pas l'œuvre, si bien que la fin de la *Nature de l'enfant* ne peut être objectée contre l'unité des trois opuscules.

προσφύσεσιν ἐοῦσαι· καὶ ἐκ τούτου βουβῶνες γίνονται. **2** Ὁκόσοισι δὲ τῶν ἀνθρώπων πῦρ ἐμπίπτει, ἄλλο μηδὲν τοῦ ἀνθρώπου κακὸν ἔχοντος, ἀπὸ τῆς πιοτέρης ἐούσης τοῦ καιροῦ ἐμπίπτει, καὶ πληρούμεναι αἱ φλέβες πόνον καὶ θέρμην τῷ ἕλκει παρέχουσι· τὸ δὲ θερμανθὲν καὶ τὸ ἄλλο σῶμα θερμαίνει, καὶ ἡ θερμασίη οὕτως ἐς τὰ ἕλκεα γίνεται· θερμαίνεται γὰρ τὸ σῶμα καὶ τὰ ἕλκεα ὑπὸ τῆς κλονήσιος τοῦ ὑγροῦ, καὶ ἡ ταλαιπωρίη τοιοῦτον ἐργάζεται. **3** Ἀποφλεγμαίνει δὲ τὰ ἕλκεα πεμπταῖα, καὶ κατὰ λόγον τουτέων τῶν ἡμερέων, ὡς ἂν καὶ τὰ ἕλκεα μεγέθεος ἔχῃ, καὶ τριταῖα καὶ πεμπταῖα καὶ ἑβδομαῖα 578
καὶ ἐνναταῖα καὶ ἑνδεκαταῖα· εἶτα ἀπηρτισμένης πρώτης περιόδου, πάλιν δευτέρης ἀρχὴ ἡ τρίτη, ἥτις ἐστὶν ἀπὸ τῆς πρώτης τεσσερεσκαιδεκάτη· τὰ δὲ μέγιστα αὐτῶν τεσσερεσκαιδεκαταῖα ἀποφλεγμαίνει. Οὗτος ὁ λόγος ἐρεῖ τὰ νοσήματα κρίνεσθαι ἐν τῇσι περισσῇσι τῶν ἡμερέων, καὶ τὴν ἰκμάδα τῷ ὑγιεῖ τριταίην ἐξιέναι, τὴν δὲ κόπρον δευτεραίην· καὶ ταῦτα τριταῖα ἐόντα ἱστορεῖ ἀλλήλοισιν ὅτι οὕτως ἔχει. Οὕτω δέ μοι οὗτος ὁ λόγος πᾶς ἐκκεκορύφωται.

XLIX. **1** Νῦν δὲ ἐθέλω ἀτρεκέστερον εἰπεῖν, διότι νοσέουσιν οἱ ἄνθρωποι· ἐρέω δὲ σὺν τούτῳ τῷ λόγῳ καὶ τίνες ἀρχαὶ τῶν νούσων εἰσί, καὶ ὁκοῖα ἑκάστη αὐτέων ἐργάζεται. Φημί, ἢν μὲν ἐμμείνῃ τὰ σιτία πλείονα τοῦ καιροῦ ἤδη πεπεμμένα ἐόντα, καὶ ὁ ἄνθρωπος μὴ ἀποκαθαίρηται καὶ ἕτερα σιτία ἐπιπίπτῃ, τὸ σῶμα πληρούμενον ὑπὸ τῆς ἰκμάδος τῆς προτέρης καὶ τῆς νέης, θερμαί-

4 ἐμπ- recc. : ἐπιπ- M ‖ πληρούμεναι Joly : -εύμεναι M ‖ 5 παρέχουσι recc. : -σιν M ‖ 11 μεγέθεος Erm. : μέγεθος M ‖ 12 ἐνναταῖα recc. : ἐνατ- M ‖ 13 δευτέρης Lind. : -ρας M edd. ‖ ἀρχὴ ἡ K' : ἀρχῆς M ‖ 14 τεσσερεσκαιδεκάτη Joly : τεσσαρ- recc. τεσσαρεσκαιδεκάτης M ‖ 15 τεσσερεσκαιδεκαταῖα Joly : τεσσαρ- M ‖ 16 ἐρεῖ M : αἱρέει Erm. ‖ νοσήματα recc. : νουσ- MK Littré ‖ 19 ἀλλήλοισιν recc. : -σι M ‖ οὗτος ὁ λόγος MHE : ὁ λ. οὗτος recc. ‖ 23 εἰσί recc. : -σὶν M ‖ 24 Φημὶ M : add. δὲ recc.

que d'autres aliments viennent s'y ajouter, le corps, empli par la première humeur et par la nouvelle, s'échauffe et la fièvre en résulte. Cette fièvre ainsi produite n'est ni sans remède ni forte, quand l'humeur qui nous fait tort se trouve en quantité normale ou un peu plus. Dans ces conditions, si on est vigoureux et qu'on prenne ce qui est indiqué, on est guéri. **2** Il n'y a qu'une maladie qui provienne de toute l'humeur et elle a sept symptômes : une toux vous prend, légère et sèche ; le ventre devient sec, puisque les selles y restent ; la tête devient pesante, on vomit, on a la fièvre et l'urine ne sort pas convenablement. Tels sont les sept[1] symptômes de cette maladie provenant de toute l'humeur. En l'absence de selles, si une humeur l'emporte sur les autres, on s'en tirera beaucoup mieux. Si la fièvre provient de toute l'humeur et qu'on ne lui applique pas ce qui est indiqué, la maladie tiendra bon dans la mesure où elle-même l'emporte sur les humeurs, de la façon suivante. **3** Quand le corps s'échauffe, c'est surtout l'humeur aqueuse qui s'en exhale, la plus ennemie du feu[2] ; il reste l'humeur grasse et légère, qui est bilieuse et le meilleur aliment pour le feu[3]. L'humeur aqueuse s'en exhale de la façon suivante. C'est comme si on versait dans un chaudron de l'eau et de l'huile et qu'on le mît longtemps sur un gros feu de bois : l'eau diminuera beaucoup, car elle s'évaporera hors du chaudron ; mais l'huile ne diminuera qu'un peu. Car l'eau, vu sa porosité, peut s'alléger sous l'action du feu et, devenue légère, s'évaporer, mais l'huile, qui est compacte et dense, ne

1. Il semble tout d'abord que l'auteur n'ait énuméré que six symptômes, et non sept. Cependant, il considère sans doute τοῦ ἀποπάτου εἴσω ἐόντος comme un symptôme, qui va de pair avec le dernier : οὖρον οὐ χρηστῶς διέρχεται.

2. Cette conviction, qui a pour elle un certain bon sens, devait être plus populaire que celle qu'affirme le *Régime* où l'eau est conçue comme aliment du feu ; cf. *infra*, p. 109, n. 2.

3. Le rapprochement bile-feu est classique, la bile étant considérée comme l'humeur la plus chaude ; cf. *Maladie sacrée*, 18 ; *Nature de l'homme*, 7 ; Platon, *Timée*, 85 a, et nos *Recherches*, p. 49, n. 1.

νεται, καὶ πῦρ ἐκ τούτου γίνεται τῷ ἀνθρώπῳ. Τὸ δὲ πῦρ οὕτως γενόμενον οὐκ ἄπορον οὐδὲ ἰσχυρόν ἐστιν, ἐν ᾧ ἡ ἰκμὰς ἰσάζει κατὰ πλῆθος ⟨ᾗ⟩ ἡμέας λυπέουσα ⟨ἢ⟩ ὀλίγῳ πλέον· ἢν γὰρ τοῦθ' οὕτως ἔχῃ καί τις κάρτα ἰσχύῃ καὶ τὰ ἐπιτήδεια προσενέγκῃ, ὑγιὴς γίνεται. **2** Ἓν δὲ νόσημα μοῦνον ἀπὸ πάσης τῆς ἰκμάδος, καὶ σημήϊα ἴσχει ἑπτά· βήξ τε γὰρ ἴσχει μιν, βληχρὴ καὶ ξηρὴ ἐοῦσα, γαστήρ τε ξηρὴ γίνεται, ἅτε τοῦ ἀποπάτου εἴσω ἐόντος, καὶ τὴν κεφαλὴν βαρεῖται, καὶ ἐξερᾷ, καὶ πυρεταίνει, καὶ οὖρον οὐ χρηστῶς διέρχεται· ταῦτα δέ ἐστι τῆς νούσου ταύτης ἀπὸ πάσης τῆς ἰκμάδος γενομένης σημήϊα ἑπτά· ἢν δὲ τοῦ ἀποπάτου μὴ διαχωρέοντος κρατῇ μία ἰκμὰς τῶν ἄλλων, πολλῷ κάλλιον ἐμπο- 580
λήσει ὁ ἄνθρωπος. Καὶ ἤν τις τῷ πυρετῷ γενομένῳ ἀπὸ πάσης τῆς ἰκμάδος τὰ ἐπιτήδεια μὴ προσενέγκῃ, περιοίσεται ἡ νοῦσος, ὅσῳ γ' ἂν αὐτὴ κρατῇ τῶν ἰκμάδων, τρόπῳ τοιῷδε· **3** θερμαινομένου τοῦ σώματος ἐξατμιᾷ μάλιστα διὰ τούτου τὸ ὑδρωποειδές, ὅ τι ἐστὶ τῷ πυρὶ πολεμιώτατον· καταλείπεται δὲ τὸ λιπαρὸν καὶ κοῦφον, ὅ τι ἐστὶ χολῶδες καὶ τῷ πυρὶ τροφὴ μάλιστά ἐστιν. Ἐξατμιᾷ δὲ τρόπῳ τοιῷδε· ὥσπερ εἴ τις ὕδωρ καὶ ἄλειφα ἐς χαλκεῖον ἐγχέας, ξύλα πολλὰ ὑποκαίοι πολὺν χρόνον, τὸ μὲν δὴ ὕδωρ πολλῷ ἔλασσον ἔσται· ἐξατμισθήσεται γὰρ ἐκ τοῦ χαλκείου· τὸ δὲ ἄλειφα ὀλίγῳ ἔλασσον, ὅτι τὸ μὲν ὕδωρ καταλεπτύνεσθαι ὑπὸ τῆς ἀραιότητος δύναται ὑπὸ τοῦ πυρὸς καὶ κοῦφον γινόμενον ἐξατμιᾶν, τὸ δὲ ἄλειφα ἅτε συναφὲς ἐὸν καὶ πυκνὸν οὐ δύναται

3 ᾗ add. Littré ‖ ἢ add. Erm. ‖ 6 νόσημα M : νούσ- recc. ‖ μοῦνον Joly : μόνον M ‖ 8 γαστήρ recc. : ἡ γ. M ‖ 9 εἴσω ἐόντος M : ἐόντος ἐντὸς recc. ‖ ἐξερᾷ recc. : ἐξεᾷ M ‖ 11 νούσου recc. : νόσου M ‖ 14 γενομένῳ M : γιν- recc. ‖ 16 γ' Littré : δ' M ‖ 17 ἐξατμιᾷ Joly : -ιεῖ M -ιῇ Littré ‖ 18 τὸ ὑδρωποειδές Foes : τοῦ -έος M ‖ ἐστὶ recc. : -ὶν M ‖ 22 πολλὰ M : πουλλὰ recc. ‖ πολὺν Joly : πουλὺν M ‖ 25 καταλεπτύνεσθαι ὑπὸ τῆς ἀραιότητος M : ὑπὸ τ. ἀ. καταλ- recc. ‖ 26 γινόμενον M : γεν- recc.

peut s'alléger ni s'évaporer comme l'eau[1]. **4** Il en va de même chez l'homme. Quand le corps s'échauffe, l'eau s'exhale, mais l'humeur bilieuse, compacte et dense, ne s'allège ni ne s'exhale semblablement. L'humeur bilieuse qui reste (seule) échauffe davantage le corps, car elle est pour le feu une nourriture plus abondante et meilleure. Dispersée dans le corps ou fixée, elle renforce la maladie par rapport à la situation antérieure. — J'ai ainsi exposé ce qu'on souffre si on ne se purge ni ne se soigne.

Trois principes des maladies. Violence et pléthore.

L. **1** Si l'humeur ne l'emporte pas en quantité, soit par afflux brusque soit par accumulation lente, et que le corps soit souffrant, le patient supporte cet état vu sa vigueur, jusqu'à ce que survienne un principe de maladie ; et si le patient ne se purge pas de l'excès d'humeur, la maladie se déclare de la façon suivante. **2** Il y a trois principes d'où proviennent les maladies[2]. J'ai déjà dit le premier et les effets qu'il produit dans le corps, puisque j'ai montré comment et pourquoi on devient malade si on ne se purge pas ; le deuxième se présente quand le temps est préjudiciable et contraire au régime ; le troisième, quand il survient quelque violence. J'appelle violence une chute, une blessure, une contusion, un coup, une fatigue ou quoi que ce soit de ce genre. **3** De ces principes, le plus fort est la violence, si elle est grande ; mais non si elle est petite ; au deuxième rang, l'absence

1. Tout ce passage, selon M. Wellmann (*op. cit.*, p. 329), a pu inspirer un passage des *Pneumatica* d'Héron (éd. Schmidt, 1899, p. 14, l. 11 sq.) ; cela nous paraît fort douteux : le contexte est très différent et la thèse d'Héron pratiquement à l'opposé de celle de notre auteur.

2. Pas mal d'œuvres du *Corpus* énumèrent les causes des maladies. L'auteur du *Régime*, qui professe que toutes les maladies proviennent de la nourriture et des exercices, admet incidemment (ch. LXXXVIII et LXXXIX) une cause extérieure différente, qui est sans doute proche du βίαιον de notre texte. On peut comparer : *Nature de l'homme*, 2 ; *Humeurs*, 12 ; *Maladies*, I, 2 ; *Affections*, 1 ; *Art*, 5 et 6 ; *Ancienne médecine*, 22 ; *Lieux dans l'homme*, 42, et toute la seconde section de l'*Anonyme de Londres*, IV, 20-XX.

καταλεπτύνεσθαι, οὐδὲ ἀτμιᾶν ὁμοίως τῷ ὕδατι. **4** Οὕτω δὲ καὶ ἐν τῷ ἀνθρώπῳ ἔχει· ὁ μὲν γὰρ ὕδρωψ θερμαινομένου τοῦ σώματος ἀτμιᾷ ἔξω· τὸ δὲ χολῶδες ἅτε συναφὲς ἐὸν καὶ πυκνὸν οὐχ ὁμοίως καταλεπτυνόμενον ἀτμιᾷ ἔξω· καταλειπόμενον δὲ τὸ χολῶδες μᾶλλον θερμαίνει τὸ σῶμα· πλείων γὰρ καὶ καλλίων τροφὴ τῷ πυρὶ γίνεται, καὶ ῥακούμενον ἐν τῷ σώματι ἢ στηριξάμενον, τὴν νοῦσον ἐπεκράτυνε πρὸς τὰ πρόσθεν. Καὶ ταῦτα μὲν εἴρηται ὅτι πάσχει ὁ ἄνθρωπος, ἢν μὴ καθαίρηται καὶ μελεδαίνηται.

L. **1** Ἢν δὲ μὴ αὐτῷ πλήθει κρατήσῃ, εἴτε ἐς ἅπαξ πολλὴ γενομένη εἴτε καὶ κατὰ σμικρὸν συλλέγεται, καὶ τὸ ἄλλο σῶμα ὀδυνᾶται, τοῦτο γινόμενον ὑπὸ ἰσχύος ἀναφέρει, μέχρις οὗ ἀρχή τις ἐπιγένηται, καὶ ἢν τὸ πλεῖον γενόμενον ὑγρὸν μὴ ἀποκαθαίρηται ὁ ἄνθρωπος, νοῦσος 582 ἔνθεν γίνεται τρόπῳ τοιῷδε. **2** Ἀρχαί εἰσι τρεῖς ἀφ' ὧν αἱ νοῦσοι γίνονται· καὶ μία μὲν ἤδη εἴρηταί μοι ὁκοῖα ἅσσα ἐργάζεται ἐν τῷ σώματι· ἀπέδειξα γὰρ ὅκως τε καὶ διότι, ἢν μὴ ἀποκαθαίρηται ὁ ἄνθρωπος, νοσεῖ· δευτέρη δέ ἐστιν ἢν συμβῇ τὰ ἐκ τοῦ οὐρανοῦ ἀνεπιτήδεια καὶ παρὰ δίαιταν εἶναι· τρίτη δέ, ἤν τι βίαιον προσπέσῃ· βίαιον δὲ λέγω εἶναι καὶ πτῶμα καὶ τραῦμα καὶ φλάσμα καὶ πληγὴν καὶ ταλαπωρίην καὶ εἴ τι ἄλλο ἐστὶ τοιοῦτο. **3** Τούτων δὲ τῶν ἀρχέων μεγίστη ἐστὶ βίη, ἢν μεγάλη ᾖ, ἢν δὲ μικρή, οὐ μεγίστη· δευτέρη δέ, ἢν μὴ ἀποκαθαίρηται ὁ ἄνθρωπος· τρίτη δέ, ἢν τὰ ἐκ τοῦ οὐρανοῦ ἀνε-

3 ἀτμιᾷ M : ἐξατμ- recc. || 4-5 οὐχ ὁμοίως — ἔξω M : οὐ δύναται ἀτμιᾶν (ἐξατμιᾶν Erm.) καταλεπτ- ὁμοίως recc. || 5 καταλειπόμενον Littré : -λεπτυνόμενον M || θερμαίνει Joly : θερμαίνεται M ποιεῖ θερμαίνεσθαι recc. || 8 ἐπεκράτυνε recc. : -νεν M || 9 καθαίρηται recc. : καθήρηται M || 11 αὐτῷ K' Mack : αὐτῶν M edd. || 13 γινόμενον M : γεν- H || 14 ἀρχή recc. : ἡ ἀρ- M || ἢν recc. : om. M || 17 ἤδη recc. : δὴ M || μοι recc. : καὶ M || 18 ἅσσα Thivel : ἅσσα M Littré καὶ ὅσα recc. || 20 δευτέρη Joly : -ρα M || 21 δέ HE : om. M δέ ἐστιν recc. || 22 φλάσμα καὶ ps.-Gal. (θλ-) : om. M || 23 τοιοῦτο MHE : -ον recc. || 24 ἐστὶ recc. : -ὶν M.

de purgation ; au troisième, les intempéries préjudiciables à la santé. Il faut se garder là-contre[1] ; chacune de ces causes a dans le corps les effets que je vais exposer. **4** S'il survient une blessure, il est évident que la chair a été entamée et qu'une plaie s'est produite ; j'appelle cela une maladie. S'il survient une contusion à la suite d'un coup, d'une chute ou d'une autre affection de ce genre et qu'il y ait gonflement, le sang échauffé sur-le-champ par la violence reflue vers les veines béantes et n'ayant pas d'issue pour s'échapper, vu son abondance, se fixe : voilà l'origine du gonflement qui perdure jusqu'à évacuation, soit par les voies indiquées, soit qu'à l'endroit même du gonflement, par intervention chirurgicale ou non, le sang trouve une issue, changé ou non en pus avec le temps. **5** La fatigue produit un effet semblable. Quand on se fatigue, le sang, là où il travaille le plus, se fixe et s'échauffe et il en résulte de la souffrance[2]. Si le sang l'emporte, qu'il devienne fort abondant du fait de la fatigue et que ni le ventre ni la vessie n'évacuent rapidement cette masse, la fièvre pourrait en résulter. Si l'humeur précédente fait équilibre, il n'y a pas de fièvre ; mais si l'une d'elles demeure très abondante durant la fatigue, elle prend le dessus. — Voilà ce que j'avais à dire sur la violence et sur ses effets dans le corps. Ainsi ces deux principes morbides, la violence et la pléthore, échauffent le corps si on ne se purge pas.

Effets des intempéries et de la pléthore.

LI. **1** Le temps devenu préjudiciable a triomphé dans une certaine mesure de l'humeur ; il échauffe jusqu'à la maladie et il refroidit aussi,

1. Φυλάσσεσθαι apparaît plusieurs fois dans une formule de ce genre : *Régime*, XL et LXXXIV ; *Pronostic*, 7 ; *Airs, eaux, lieux*, 11 (Jones) ; cf. nos *Recherches*, p. 195-196.

2. Le pseudo-Galien cite deux fois ce passage et ajoute chaque fois καὶ κόπος après πόνος : nous n'en tenons pas compte, car le pseudo-Galien n'est qu'un témoin médiocre. Au contraire, nous insérons au paragraphe 2 φλάσμα sur son seul témoignage, car la mention de φλάσμα au paragraphe 4 nous paraît une garantie.

πιτήδεια ᾖ πρὸς τὴν ὑγιείην. Τούτων δεῖ φυλακὴν ἔχειν· ἕκαστα δ' αὐτῶν τοιοῦτον ἐργάζεται ἐν τῷ σώματι, ὁκοῖον ἐγὼ ἐρέω. **4** Ἢν μὲν τραῦμα γένηται, δῆλον ὅτι ἡ σὰρξ διεκόπη καὶ ἕλκος ἐγένετο· τοῦτο δὲ νόσημα ὀνομάζω εἶναι. Ἢν δὲ φλάσμα γένηται πληγέντος ἢ πεσόντος ἤ τι ἄλλο τοιοῦτο παθόντος καὶ οἴδημα γένηται, τὸ αἷμα αὐτίκα θερμανθὲν ὑπὸ τῆς βίης καὶ ὑποδραμὸν ἐς τὰς φλέβας χανούσας, οὐκ ἔχον ἔξοδον ὑπὸ πλήθεος ἀπελθεῖν, συνεστράφη, καὶ τὸ οἴδημα διὰ τοῦτο ἐγένετο καὶ μέχρι τούτου πάρεστι, μέχρις ἀποκαθαρθῇ καθότι ἀπὸ τῶν χωρίων εἴρηται, ἢ κατ' αὐτὸ τὸ οἴδημα εἴτε σὺν χειρουργίῃ εἴτε καὶ μὴ δίοδος γένηται τῷ αἵματι ἢ πυωθέντι ὑπὸ χρόνου ἢ καὶ μή. **5** Καὶ ἡ ταλαιπωρίη δὲ τοιοῦτον ἐργάζεται· ὁκόταν γὰρ οἱ ἄνθρωποι ταλαιπωρέωσιν, ὅθι ἂν μάλιστα τοῦ αἵματος ταλαιπωρίη ᾖ, κεῖθι στηρίζεται καὶ θερμαίνεται, καὶ πόνος ἐκ τοῦ τοιούτου γίνεται· ἢν δὴ κρατήσῃ μὲν τούτων, κάρτα δὲ πλῆθος γένηται ταλαιπωρίῃ, καὶ ἡ κοιλίη καὶ ἡ κύστις μηδαμῶς διηθήσῃ ἐν τάχει τὸ πλῆθος, πῦρ ἐπιπέσοι ἂν ἐκ τούτου. Κἢν μὲν ἡ πρόσθεν ἰσάσῃ ἰκμάς, οὐδαμῶς· ἢν δὲ ἐν τῇ ταλαιπωρίῃ αὐτέων πλείστη ἐν τῷ σώματι καταμένῃ, 584 κρατεῖ κείνη. Ταῦτα δέ μοι εἴρηται περὶ βίης, ὁκοῖα ἐν τῷ σώματι ἐργάζεται· καὶ αὗται μὲν δύο ἀρχαὶ ἐοῦσαι, ἥ τε βίη καὶ ἡ πληθώρη, ἢν μὴ ἀποκαθαίρωνται οἱ ἄνθρωποι, θερμαίνουσι τὰ σώματα.

LI. **1** Τὰ δὲ ἐκ τοῦ οὐρανοῦ ἀνεπιτήδεια γενόμενα ἐν τῷ ἀνθρώπῳ ἐκράτησέ τι τοῦ ὑγροῦ καὶ θερμαίνει

1 Τούτων MH : add. τοιγαροῦν recc. || 4 διεκόπη recc. : -πει M || νόσημα M : νουσ- recc. || 10 μέχρι recc. : -ις MH || 14 τοιοῦτον M : τὸ αὐτὸ Erm. τὠυτὸ Heidel || 15 ὅθι Heidel : οἷσιν M || 17 κρατήσῃ K′ : -θῇ M || 18 γένηται M : γεννήσῃ Littré || 21 ταλαιπωρίῃ Joly : -ρίη M || πλείστη recc. : add. ἡ M || 23 ἐργάζεται M : κατεργ- recc. || 26 Τὰ δὲ ἐκ Joly : ἡ δὲ ἐκ recc. : ἐκ δὲ M || ἀνεπιτήδεια γενόμενα Joly : -ειος -η codd. || 27 ἐν secl. Erm. || ἐκράτησέ recc. : -σεν M || τι M : τε Erm.

selon le cas. Je parlerai d'abord de l'échauffement. S'il se trouve chez le même homme un principe morbide pareil à ce que j'ai dit dans le cas précédent, que le temps devienne préjudiciable et que l'humeur s'échauffe, toute l'humeur échauffée dans le corps est troublée et c'est l'effet de la violence. Si le patient se purge, le surplus de l'humeur troublée est évacué. **2** Le phénomène est comparable à ce que les Scythes font du lait de jument. Ils versent ce lait dans des récipients creux en bois et l'agitent ; le lait, troublé, écume et se décompose : la partie grasse, qu'ils appellent beurre, vient à la surface, vu sa légèreté ; la partie lourde et épaisse va au fond ; ils la séparent et la font sécher ; quand elle a bien pris et qu'elle est sèche, ils l'appellent « hippace[1] ». Le petit lait est au milieu. **3** De même chez l'homme, quand tout l'humide est troublé, les principes dont j'ai parlé séparent toutes les humeurs : la bile vient à la surface, car elle est la plus légère ; puis le sang ; en troisième lieu, le flegme ; la plus lourde de toutes les humeurs est l'eau[2]. Dans ces conditions, l'humeur qui est la plus abondante dans la maladie, vu le trouble survenant dans les principes[3], afflue à l'endroit où elle est la plus abondante ; et le trouble ayant fait de la place, elle tourbillonne en se séparant et échauffe le corps, ou bien se fixant en un autre endroit avec l'humeur qui s'y

1. On sait qu'Hérodote parle longuement des Scythes, mais aussi le traité des *Airs, eaux, lieux*, qui fait allusion à l' « hippace » et le définit τυρὸς ἵππων, à la fin du ch. XVIII : « C'est dans ces chariots que les femmes vivent ; pour ce qui est des hommes, ils vont à cheval ; suivent le petit bétail qu'ils possèdent, les vaches et les chevaux. Ils restent au même endroit aussi longtemps que le fourrage suffit aux animaux ; quand il fait défaut, ils vont ailleurs. Eux-mêmes, ils mangent des viandes bouillies et boivent du lait de jument ; ils mangent aussi l'hippace, c'est-à-dire un fromage de lait de jument. »

2. Cette longue comparaison est tout à fait dans la manière de l'auteur. On songe inévitablement à une transposition, dans la prose scientifique, de la comparaison homérique.

3. Ἀρχή, terme technique de la philosophie, se rencontre ici dans un sens relativement concret ; cf. fin du chapitre L.

ὡς ἐς νοῦσον καὶ ψύχει, ὁκότερον ἂν τύχῃ γενόμενον· ἐρέω δὲ πρῶτον μὲν περὶ τοῦ ὡς θερμαίνει. Φημί, ἢν ἐν τῷ αὐτῷ ἀνθρώπῳ ἐνῇ τι νοσηρὸν ὁκοῖον ἐν τῷ πρότερον εἴρηκα, καὶ τὰ ἐκ τοῦ οὐρανοῦ ἀνεπιτήδεια γίνηται, καὶ θερμαίνηται ὁ ἄνθρωπος, ταράσσεσθαι τὸ ὑγρὸν πᾶν θερμαινόμενον ἐν τῷ σώματι, τοῦτο δὲ ποιεῖ βίῃ· καὶ ἢν μὲν ἀποκαθαίρηται ὁ ἄνθρωπος, τοῦδε ταρασσομένου, ἀποκρίνεται ὁκόσον ἂν πλέον ᾖ τοῦ καιροῦ. **2** Ἔοικε δὲ τοῦτο ὥσπερ οἱ Σκύθαι ποιέουσιν ἐκ τοῦ ἱππείου γάλακτος· ἐγχέοντες γὰρ τὸ γάλα ἐς ξύλα κοῖλα σείουσι· τὸ δὲ ταρασσόμενον ἀφριᾷ καὶ διακρίνεται, καὶ τὸ μὲν πῖον, ὃ βούτυρον καλέουσιν, ἐπιπολῆς διίσταται τοῦτο, ἐλαφρὸν ἐόν· τὸ δὲ βαρὺ καὶ παχὺ κάτω ἵσταται, ὃ καὶ ἀποκρίναντες ξηραίνουσιν· ἐπὴν δὲ παγῇ καὶ ξηρανθῇ, ἱππάκην μιν καλέουσιν· ὁ δὲ ὀρρὸς τοῦ γάλακτος ἐν μέσῳ ἐστίν. **3** Οὕτω δὲ καὶ ἐν τῷ ἀνθρώπῳ, ταρασσομένου τοῦ ὑγροῦ παντὸς ἐν τῷ σώματι, ὑπὸ τῶν ἀρχέων διίσταται ὧν εἴρηκά οἱ πάντα, καὶ ἐπιπολῆς μὲν τὸ τῆς χολῆς διίσταται· κουφότατον γάρ ἐστι· δεύτερον δὲ τοῦ αἵματος· τρίτον δὲ τοῦ φλέγματος· βαρύτατον δέ ἐστι τῶν ὑγρῶν τούτων ὁ ὕδρωψ. Τούτων δ' ἐόντων, ὅ τι ἂν ἐν νούσῳ πλεῖστον ᾖ, ἐν ἀρχῇσι γινομένης τῆς ταραχῆς, ἔρχεται ἐς χωρίον ἵνα ἂν πλεῖστον ᾖ· ἐν δὲ 586
τῇ ταραχῇ εὐρυχωρίης γινομένης, εἰλεῖται ἀποκεκριμένον καὶ θερμαίνει τὸ σῶμα, ἢ στήριξιν ἔχον πῃ τοῦ σώματος σὺν τῷ ἄλλῳ ὑγρῷ τῷ συνεόντι ἐν τῷ ἄλλῳ

1 νοῦσον Joly : νόσον M ‖ ὁκότερον ἂν Littré (ὁπ-) : πότερον ἢν M ‖ 2 πρῶτον μὲν M : πρότερον recc. ‖ Φημί MH : add. οὖν recc. ‖ 8 ἀποκρίνεται recc. : -νηται M ‖ Ἔοικε recc. : -εν M ‖ 9 ποιέουσιν recc. : -σι M ‖ 11 ἀφριᾷ P'Q' : -ιεῖ M ‖ 12 ὃ recc. : τὸ M fortasse recte ‖ καλέουσιν recc. : -σι M ‖ 14 ἀποκρίναντες recc. : -οντες M ‖ ξηραίνουσιν recc. : -σι M ‖ 15 καλέουσιν recc. : -σι M ‖ ὀρρὸς recc. : ὅρος MH ‖ 16 ἐστίν recc. : -ί M ‖ Οὕτω recc. : -ως M ‖ 17 παντὸς Mack : πᾶν τὸ M παντὸς τοῦ Erm. ‖ ἀρχέων Joly : -χῶν M ‖ 18 τὸ recc. : om. M ‖ 21 δ' ἐόντων Littré : δὲ ὄντων M ‖ 23 ᾖ Littré : εἴη M ‖ ἐν recc. : ἐὰν M ‖ 24 γινομένης M : γεν- Erm. ‖ 25 ἔχον πῃ recc. : ἔχοντι ἢ M.

trouve déjà, elle provoque de la souffrance et de la chaleur. **4** La partie échauffée échauffe en plus le reste du corps et de là résulte la fièvre ; c'est surtout le fait de la bile, du flegme et du sang, car ce sont les humeurs les plus chaudes ; quand l'une d'elles se fixe en un point du corps, la plupart du temps la maladie tire son nom de cette partie du corps[1]. L'eau, quant à elle, ne provoque pas de fièvre vraiment forte ni durable ; car l'eau n'est pas une bonne nourriture pour le feu[2]. Voilà ce que j'avais à dire là-dessus. **5** Avant d'être troublé, le surplus de l'humeur ne peut pas sortir, mais il tourbillonne vers le haut et vers le bas, mêlé au reste de l'humeur, car tout est plein ; mais dans le trouble, il se fait du vide ; le vide se fait ici plutôt que là et l'endroit qui reste plein retient (l'humeur). Ce qui vient d'ailleurs ne se mêle pas au reste, quand il se fixe, avant que les qualités ne soient assimilées ; il y a lieu d'assimiler ce flux et ce qui, en lui, contribuerait à la maladie, jusqu'à ce que soit purgé l'endroit par une purgation adéquate. **6** Si l'humeur qui fait souffrir est abondante, elle se développe et le reste qui était sain est consumé par la maladie et on meurt de la façon suivante. La maladie continue à puiser, si elle n'a plus de nourriture suffisante ; et l'humeur qui se trouve à l'endroit malade se consume. D'abord, la maladie s'en prend à l'humeur voisine ; puis elle se nourrit de celle qui est plus loin, jusqu'à ce qu'elle soit consumée et qu'il n'y ait plus de nourriture pour le corps ; la nourriture, pour l'homme, c'est l'humeur légère. **7** De même que d'abord se produit peu à peu

1. C'est la doctrine implicite des traités cnidiens ; cf. Hérodicos de Cnide, in *Anonyme de Londres*, V, 28 sqq., et aussi Ménécrate, *ibid.*, XIX, 43 sqq. ; elle équivaut à la négation de la notion de spécificité que l'on ne trouve pas plus à Cos qu'à Cnide ; cf. *Le niveau de la science hippocratique*, p. 130, n. 1. — Sur le nom des maladies, cf. *Régime des maladies aiguës*, 3, fin (Jones), *Pronostic*, 25, et notre note dans la Revue des Études anciennes, 1956, p. 200 sq., avec nos *Recherches*, p. 207, n. 2.

2. Cette affirmation est en contradiction avec la doctrine du *Régime* ; cf. nos *Recherches*, p. 193.

χωρίῳ πόνον καὶ θέρμην παρέχει. **4** Τὸ δὲ θερμαινόμενον προσσυνθερμαίνει καὶ τὸ ἄλλο σῶμα, καὶ ἐκ τούτου ὁ πυρετὸς γίνεται, καὶ γίνεται μᾶλλον ἀπὸ τῆς χολῆς καὶ τοῦ φλέγματος, καὶ ἀπὸ αἵματος· θερμότατα γὰρ ταῦτά ἐστι, καὶ ἤν τι τούτων ἀποστηρίξῃ πῃ τοῦ σώματος, ὡς ἐπὶ τὸ πλεῖστον ὠνόμασται κεῖθεν τὸ νόσημα καὶ ἐπωνυμίην ἔχει. Ἀπὸ τοῦ δ' ὕδρωπος οὐ γίνεται πυρετὸς ἰσχυρὸς κάρτα οὐδὲ πολυχρόνιος· τῷ γὰρ πυρὶ οὐκ ἀγαθὴ τροφὴ ὁ ὕδρωψ ἐστίν. Καὶ ταῦτα μὲν ἐς τοῦτο εἴρηται. **5** Πρὶν δὲ ταραχθῆναι οὐκ ἔχει ἐκχωρεῖν τὸ πλεῖον τοῦ ὑγροῦ, ἀλλὰ ἄνω καὶ κάτω εἱλεῖται μεμιγμένον τῷ ἄλλῳ ὑγρῷ· πάντα γὰρ πλήρεά ἐστιν· ἐν δὲ τῇ ταραχῇ κενοῦται· κενοῦται δέ τι ἕτερον ἑτέρου μᾶλλον, καὶ τὸ πλεῖον ἐὸν χωρίον κατίσχει· καὶ τὸ μὲν ἀλλότριον οὐκ ἐπιμίσγεται τῷ ἄλλῳ, ἣν περιστηρίξῃ, πρὶν ἰσωθῇ ἐς δύναμιν· ἔστι δέ μιν ἰσοῦσθαι. καὶ ὃ ἀπ' αὐτοῦ ἐπανέλθοι ⟨ἂν⟩ ἐς τὴν νοῦσον, ἕως οὗ ἀποκαθαρθῇ τὸ χωρίον, ὁκοίη ἡ κάθαρσίς ἐστιν. **6** Ἢν δὴ πολλὸν ᾖ τὸ πονέον, ἐπαυρίσκεται καὶ ἐξαναλίσκεται ἐς τὴν νοῦσον καὶ τὸ ἄλλο πρὶν ὑγιηρὸν ἐόν, καὶ θνῄσκει ὁ ἄνθρωπος τρόπῳ τοιῷδε· προσεπαυρίσκεται γάρ, ἢν μηκέτι τροφὴν ἀρκέουσαν ἔχῃ τὸ νόσημα, καὶ ἐξαναλίσκεται ὑπὸ τοῦ ὑγροῦ τοῦ ἐν τῷ ἐπιπόνῳ χωρίῳ ἐόντος· πρῶτον τὸ πλησίον προσλαμβάνει, εἶτ' ἐπὶ τῷ προσωτέρω νέμεται, μέχρις [ἂν] ἐξαναλωθῇ καὶ μηκέτι ἐνῇ τῷ σώματι τροφή· τροφὴ δέ ἐστιν τὸ κοῦφον ἀνθρώπῳ ὑγρόν. **7** Ὥσπερ οὖν δὴ τὸ

1 παρέχει recc. : -χον M || 2 προσσυνθερμαίνει : προσξ- M || καὶ ἐκ M : κἀκ recc. || 3 μᾶλλον M : μάλιστα Erm. || 5 πῃ recc. : τιη (?) M || 6 νόσημα M : νουσ- recc. || 7 τοῦ δ' M : δὲ τοῦ recc. || 8 τῷ recc. : τὸ MH || 9 ἐστίν recc. : -ι M || 11 ἀλλὰ M : ἀλλ' recc. || 12 ἐστιν recc. : -ι M || 13 τι M : τὸ Erm. || 16 ἀπ' Foes edd. : ἐπ' M || ἐπανέλθοι recc. : ἅπαν ἔλθοι M || 17 ἂν addidi || ὁκοίη Mack : ὁποίη M ὅπη Erm. || 18 ἐστιν recc. : -ι M || 21 γάρ, ἢν recc. : πλὴν εἰ M || 22 νόσημα EHJ : νούσ- M || 23 πρῶτον M : καὶ π. Erm. || 24 εἶτ' M : εἶτα recc. || προσωτέρωι M || ἂν seclusi || 26 τὸ κοῦφον ἀνθρώπῳ M : ἀνθρ- τὸ κ. recc. || δὴ τὸ K : χρὴ M.

la gangrène, si la chaleur est considérable ; ensuite, quand la nourriture ne lui suffit plus, elle se nourrit des parties saines, en commençant par ce qui l'entoure, jusqu'à ce que toute la chair soit décomposée ; et quand la gangrène a tout rongé, la nourriture lui fait défaut. De même, la maladie commence par cet endroit, puis, quand elle n'y a plus assez de nourriture, elle se nourrit en avançant de proche en proche et, quand elle a tout parcouru, la nourriture est consumée et il n'y a plus de partie saine pour reprendre le dessus ; quand cela se produit, on meurt. **8** De plus, dans le trouble, quand l'humeur morbide se tient en un espace trop grand et tourbillonne sans se fixer[1], elle ne se mêle pas au reste de l'humeur et se consume au profit de la maladie, si elle n'est pas purgée. Ensuite, les veines s'emplissent et, remplies, elles ne lâchent rien avant d'avoir de la place. Ainsi, quand on a reçu un coup violent, le sang afflue à cet endroit, car les veines ont été vidées par le coup ; et quand les chairs s'emplissent comme une éponge, elles ne lâchent plus rien jusqu'à ce qu'un vide se fasse à quelque endroit des chairs : en effet, le sang accumulé ferme la voie en raison de sa masse. **9** C'est comme si on remplissait d'huile un lécythe en cuir à goulot étroit et qu'on le renversât complètement, l'ouverture en bas ; dans ces conditions, l'huile ne pourra sortir, car elle étrangle l'issue, étant abondante et compacte ; mais si on incline le lécythe, il n'y aura plus d'étranglement au goulot et[2] l'huile en sortira. Ce serait la même chose pour de l'eau sur une table[3]. De même, quand

1. Στηρίζω qui, dans d'autres textes, traduit souvent la notion de *dépôt*, est beaucoup plus fréquent dans les textes cnidiens que dans ceux de Cos. Il ne nous étonnerait pas que les divergences entre les deux écoles concernent surtout le vocabulaire.

2. La modification que nous proposons est à peine une correction, mais l'amélioration du texte nous paraît sensible.

3. La même comparaison se trouve déjà au ch. XVIII, 3. Dans sa concision, la formule reste obscure. Le paragraphe 9 est à comparer à LVII, 4-5, mais nous ne voyons pas en quoi ce dernier passage éclairerait l'expression ὕδωρ ἐπὶ τραπέζης (cf. Kahlenberg, *o. l.*, p. 255).

πρῶτον μὲν κατὰ μικρὸν σηπεδὼν ἐγένετο, ἢν μάλιστα θερμαίνηται, ἔπειτα ἐπὴν κεῖθι τῇ σηπεδόνι τροφὴ μηκέτ’ 588 ἐξαρκῇ, νέμεται ἀπὸ τοῦ ὑγιέος τοῦ πλησίον ἀρξαμένη πρὸς τὸ σῶμα, μέχρις ὅλον τὸ σαρκῶδες σήψῃ, ἐπὴν δὲ ἐπίπαν νέμηται, ἀναλοῦται ἡ τροφὴ τῇ σηπεδόνι· οὕτω δὲ καὶ ἡ νοῦσος, ἀπὸ τοῦ χωρίου κείνου ἀρξαμένη, ἐπὴν κεῖθι ἡ τροφὴ μηκέτι ἀρκέουσα ἐνῇ, νέμεται ἐς τὸ πρόσω ἀπὸ τοῦ πλησίον ἀρξαμένη· ἐπὴν γὰρ ἐπίπαν ἔλθῃ, ἀνήλωται ἡ τροφὴ τῇ νούσῳ, καὶ ἕτερον ὑγιηρὸν οὐκ ἐπικρατεῖ, κἢν τοῦτο γένηται, θνῄσκει ὁ ἄνθρωπος. **8** Ἔτι δὲ ἐν τῇ ταραχῇ, ἐπὴν τοῦτο πλέονος χωρίου λάβηται καὶ μὴ στηρίξῃ, ἀλλὰ εἰλῆται, οὐκ ἔτι τῷ ἄλλῳ μίσγεται, ἀλλ’ ἐξαναλίσκεται ἐς τὴν νοῦσον, ἢν μὴ ἀποκαθαίρηται· εἶτα αἱ φλέβες ὑπερπίμπλανται, πλήθουσαι δὲ κάρτα οὐ χαλῶσιν ἐξ ἑωυτέων, πρὶν εὐρυχωρίη σφιν γένηται. Ὥσπερ ἐπήν τις πληγῇ καρτερῶς, ὑποτρέχει ὑπὸ τὴν πληγὴν αἷμα, ἅτε τῶν φλεβῶν κενωθεισέων ὑπὸ τῆς πληγῆς· ἐπὴν δὲ αἱ σάρκες πλησθέωσιν ὅκως περ σπόγγος, οὐκ ἔτι χαλῶσιν, ἀλλὰ ἔχουσιν ἐν ἑωυτῇσι μέχρις οὗ κενωθῇ κατὰ χωρίον τι αὐτέων· ἀπολαμβάνει γάρ, ἐπὴν συλλεχθῇ, τὸ αἷμα τὴν ὁδὸν ὑπὸ πλήθεος. **9** Ὥσπερ εἴ τις λήκυθον σκυτίνην στενόστομον ἐμπλήσας ἀλείφατος καταστρέψειεν ἐπὶ τὸ στόμα κατ’ ἰθύ, κἂν τοῦτο ποιήσῃ, οὐ δυνήσεται ἐξ αὐτῆς χωρεῖν τὸ ἔλαιον, ἔπνιξε γὰρ τὴν ὁδὸν τὸ ἄλειφα, ἅτε πολλὸν καὶ ἁλὲς ἐπικείμενον· ἢν δὲ ἐπικλίνῃ τις τὴν λήκυθον, κενεὴ ἔσται ἡ ἀπὸ τοῦ στόματος πνὶξ ᾗ ῥεύσεται ἐξ αὐτῆς τὸ ἄλειφα· τὸ δ’ αὐτὸ ποιήσειεν ⟨ἂν⟩ καὶ ἐπὶ τραπέζης ὕδωρ· οὕτω

1 ἢν M : ᾗ ἂν Erm. ‖ 4 μέχρις M : add. ἂν recc. ‖ 6 δὲ M : δὴ recc. ‖ ἡ νοῦσος Erm. : τῇ νούσῳ M Littré ἐν τῇ ν. Lind. ‖ 12 εἰλῆται recc. : -λέεται M ‖ 15 ἑωυτέων Joly : αὐτέων M ‖ 17 φλεβῶν Joly : -βέων M ‖ 18 πλησθέωσιν Joly : πλησθῶσι M ‖ 21 Ὥσπερ M : add. οὖν K Littré ‖ 23 τὸ recc. : om. M ‖ 24 ποιήσῃ Joly : -ήσειεν M ‖ 25 ἔπνιξε M : ἀπεπν- Erm. ‖ 27 ᾗ Joly : ἢ M ᾗ recc. καὶ Q’ Littré ‖ 28 ποιήσειεν Joly : -ειε M ‖ ἂν add. Erm.

une humeur surabondante dans le corps se tient par l'effet du trouble à un endroit et remplit les veines, elle n'en sort pas avant que ne se fasse un vide dû à la maladie qui consomme la nourriture. — Voilà ce que j'avais à dire pour le cas où quelque humeur dans le corps provoque des maladies, alors que les autres sont en plénitude ; (j'ai dit aussi) comment les principes provoquent la chaleur et le trouble pour l'humeur, conduisant ainsi à la maladie.

Le refroidissement. LII. **1** Je vais exposer maintenant les effets des conditions atmosphériques devenues préjudiciables au corps, quand elles l'emportent sur l'humeur dans le corps[1]. Quand l'humeur se liquéfie au point de provoquer une maladie, je dis qu'une partie de l'humeur du corps se ramasse et s'épaissit et qu'une autre se dilate et se sépare. Ce phénomène ressemble à ce qui arrive au lait. Si on verse de la présure dans le lait, le froid ainsi produit épaissit le lait et le caille ; le petit lait se trouve autour de la partie épaissie[2]. **2** De même, chez l'homme, après un refroidissement morbide, l'humeur se ramasse et s'épaissit ; autour de l'eau même se mêle aussi le reste de l'humeur, en proportion de son excès dans le reste du corps ; mais si elle vient dans le ventre, elle dérange les excréments, provoque des tranchées dans le ventre et sort sans avoir fait grand mal ; si elle ne vient pas dans le ventre, elle se fixe à l'endroit du corps où elle a le plus de place. **3** Dès qu'elle a trouvé cette place, elle se met à tourbillonner ; la partie de l'eau séparée par la

1. Philistion (*Anonyme de Londres*, XX, 38 sq.), parmi les causes des maladies, range sous la même rubrique τὰ ἐκτός les conditions atmosphériques et le βίαιον de notre auteur.

2. C'est de ce texte et de celui du ch. LI sur l'*hippace* que part C. Vogel (*Zur Entstehung der hippokr. Viersäftelehre*, Marburg, 1956, dactylogr.) pour proposer une nouvelle thèse sur l'origine de la théorie des quatre humeurs. Nous ne saurions suivre cet auteur qui considère le *Corpus* comme une unité et modernise dangereusement la doctrine en question.

δὲ καὶ ἐπὴν τὸ πλεῖον ὑγρὸν ἐν τῷ σώματι ὑπὸ τῆς ταραχῆς χωρίου λάβηται καὶ πλήσῃ τὰς φλέβας, οὐκ ἔτι ἀπέρχεται ἐξ αὐτέων πρὶν ἢ ὅκου ἐστὶ τὸ χωρίον κενεόν, τῆς τροφῆς ἐξαναλισκομένης τῇ νούσῳ. Καὶ ταῦτα μὲν εἴρηταί 590 μοι, ἐπήν τι ἐν τῷ σώματι ᾖ, ἀφ' ὧν αἱ νοῦσοι γίνονται, πληθυόντων καὶ τῶν ἄλλων, καὶ ὅκως ἐργάζονται αἱ ἀρχαὶ τὴν θέρμην καὶ τὴν ταραχὴν τῷ ὑγρῷ ὑπάγουσαι ἐς νοῦσον.

LII. **1** Νῦν δ' ἐρέω τὰ ἐκ τοῦ οὐρανοῦ, ἢν ἀνεπιτήδεια γένηται φύντα ἐν τῷ σώματι, τίνα ἐργάζεται [καὶ] ὁκόταν κρατῇ ἐν τῷ σώματι τοῦ ὑγροῦ. Φημὶ τὸ μέν τι συστρέφεσθαι καὶ παχύνεσθαι τῆς ἐν τῷ ἀνθρώπῳ ἰκμάδος, ἐπὴν τηχθῇ ἕως νοῦσον ἀποτέκῃ, τὸ δὲ διευρύνεσθαι καὶ διακρίνεσθαι. Ἔοικε δὲ καὶ τοῦτο τὸ πάθος γάλακτι· ἐπήν τις ὀπὸν ἐμβάλῃ ἐς τὸ γάλα, ψῦξις γενομένη ἐπ' αὐτῷ τῷ γάλακτι συνεπάχυνε τὸ γάλα καὶ ὁμοῦ ἐποίησε, περὶ δὲ τὸ παχυνθὲν ὁ ὀρρός ἐστιν· **2** οὕτω δὲ καὶ ἐν τῷ ἀνθρώπῳ τὸ ὑγρὸν τῆς ἐπινόσου ψύξιος γενομένης συνεστράφη καὶ συνεπαχύνθη· περὶ δὲ αὐτὸν τὸν ὕδρωπα ἔτι καὶ τὸ ἄλλο ὑγρόν, ὁκόσῳ ἂν πλεῖον ᾖ ἐν τῷ ἄλλῳ σώματι, συμμέμικται· ἀλλ' ἢν μὲν ἐς τὴν κοιλίην ἔλθῃ, διετάραξε τὴν κόπρον καὶ στρόφον ἐν τῇ κοιλίῃ ἐποίησε καὶ διεξῆλθεν ἔξω, οὐδὲν μέγα σῖνος παρασχόν· ἢν δὲ μὴ ἐς τὴν κοιλίην ἔλθῃ, στηρίζει τοῦ σώματός πῃ, ἵνα οἱ εὐρυχωρίη πλείστη. **3** Εἰλεῖται οὖν ἐξευρὸν ἑωυτῷ εὐρυχωρίην, καὶ τοῦ μὲν ὕδρωπος τὸ ἀποκριθὲν ἀπὸ

1 δὲ M : δὴ recc. || 2 πλήσῃ Erm. : -σειε M || 6 ἐργάζονται recc. : -ωνται M || 9 δ' M : δὲ recc. || 10 φύντα M : ψύχεα Heidel || καὶ secl. Erm. || 11 φημὶ M : add. δὲ recc. || συστρέφεσθαι M : ξ. recc. || 13 ἕως M : add. ἂν Erm. || ἀποτέκῃ recc. : -κει M || 14 Ἔοικε recc. : -εν M || 15 ἐπήν M : add. γὰρ Erm. || 16 ἐποίησε recc. : -σεν M || 17 ὀρρός recc. : ὀρός M || δὲ M : δὴ recc. || 18 ἐπινόσου recc. : -νούσου M || γενομένης recc. : γιν- M || 19 αὐτὸν τὸν ὕδρωπα M : αὐτὸ Erm. || 20 ἔτι K' Littré : ἐστι M Erm. || 22 ἐποίησε recc. : -σεν M || 24 στηρίζει recc. : ξει M || 25 ἑωυτῷ Joly : ἑαυτῷ M edd.

coagulation va vers le bas, puisque c'est l'humeur la plus froide et la plus lourde dans le corps et tourbillonnant[1] autour des os et des nerfs[2], elle tuméfie encore davantage le corps ; il est clair que c'est autour des nerfs et surtout des os que l'eau provoque le froid. En effet, c'est surtout aux parties osseuses que l'homme ressent le froid et les cheveux se dressent quand l'épiderme se condense et devient plus sec qu'auparavant sous l'effet de l'eau qui se retire de là et tourbillonne autour des os. **4** Le lieu où se trouve tout d'abord l'humeur ne peut seul créer le froid d'où provient le frisson. Le reste de l'humeur, épaissie et très égale, se trouve dans tout le corps ; mais ce qui est en excès, si le ventre n'est pas rempli et que l'humeur morbide ne soit pas abondante, arrive parfois au ventre et n'y fait pas grand mal ; parfois, elle ne provoque pas de fièvre ; parfois, elle en provoque une, faible et anodine, et l'humeur morbide sort avec les excréments. Mais si le ventre rempli contient beaucoup d'humeur morbide, il y a danger qu'il en naisse une maladie, si l'humeur en question se fixe[3] au côté ou sur un viscère ou enflamme quelque autre endroit où elle a d'abord provoqué le trouble. **5** Les gens chez qui (cette humeur), à cause de la chaleur, n'est guère vaincue par l'eau[4] — laquelle se trouve autour des os et près de la moelle — en sentiront davantage les effets avec le temps, d'abord à l'endroit lui-même, puis à la région voisine ; en effet, l'humeur s'étend davantage et le ventre,

1. Cette notion revient plusieurs fois dans l'œuvre et nous paraît assez rare ailleurs.

2. Il ne faut pas prêter à νεῦρον le sens spécifique de « nerf » dans la physiologie d'aujourd'hui ; il désigne d'une façon assez globale tout ce qui est fibre, ligament, tendon et nerf.

3. Ici le verbe στηρίζω est fort proche de la notion de dépôt ; cf. la note à LI, 8.

4. Le passage est difficile et probablement altéré : cette relative sans verbe ne paraît pas très normale. La correction de Littré est ingénieuse, mais elle ne nous convainc pas.

τῆς συστροφῆς ἔρχεται, ἅτε ψυχρότατον ἐν τῷ σώματι καὶ βαρύτατον ἐόν, ἐς τὸ κάτω, καὶ περὶ τὰ ὀστέα καὶ περὶ τὰ νεῦρα εἰλεόμενον ἔτι μᾶλλον τὸ σῶμα ἐς φλεγμονὴν ἄγει, καὶ δηλονότι περὶ τὰ νεῦρα καὶ περὶ τὰ ὀστέα μάλιστα ὁ ὕδρωψ ὁ τὸν κρυμὸν ποιέων ἐστί. Τὰ γὰρ ὀστώδεα τοῦ σώματος μάλιστα ῥιγοῖ ὁ ἄνθρωπος, καὶ αἱ τρίχες ὀρθαὶ ἵστανται συστραφείσης τῆς ἐπιδερμίδος καὶ ξηροτέρης γινομένης ἢ ἐν τῷ πρὶν χρόνῳ, ἅτε τοῦ ὕδρωπος 592 ἐκλείποντος αὐτόθεν καὶ περὶ τὰ ὀστέα εἰληθέντος. **4** Ἐντεῦθεν δὴ μοῦνον τὸ χωρίον, ὅκου ἐστὶ τὸν πρῶτον χρόνον, οὐ δύναται κρυμὸν ποιεῖν, ὅθεν καὶ τὸ ῥῖγος γίνεται· τὸ δὲ ἄλλο ὑγρὸν τὸ ἰσώτατον παχυνθέν, τὸ ⟨μὲν⟩ ἐν τῷ σώματι παντί ἐστι· τὸ δὲ ὅσῳ πλέον, ἢν μὲν μὴ τύχῃ ἡ κοιλίη πλέη ἐοῦσα καὶ ὀλίγον ᾖ τὸ λυπέον, ἔρχεται ἔστιν ὅτε ἐς τὴν κοιλίην καὶ σῖνος οὐδὲν μέγα ἐποίησε, καὶ ποτὲ μὲν πῦρ οὐκ ἐπήγαγε, ποτὲ δὲ βληχρὸν καὶ ἀσινές, καὶ ἐξῆλθε τὸ πονέον σὺν τῇ κόπρῳ. Ἦν δ' ἡ κοιλίη πλήρης ἐοῦσα πολλὸν ἔχῃ τὸ λυπέον, κίνδυνός ἐστιν ἐξ αὐτοῦ νοῦσόν τινα γενέσθαι, ἤν πῃ στηρίζῃ τὸ σινεόμενον ἢ πρὸς πλευρὸν ἢ πρὸς σπλάγχνον τι, ἤ πῃ ἄλλῃ συνθερμαίνῃ, ἵνα συνετάραξε πρῶτον ἐκεῖνο. **5** Ὁκόσοισι δὲ οὐχὶ κάρτα πρὸς τῆς θέρμης ὑπὸ τοῦ ὕδρωπος νενικημένον, ἅτε περὶ τοῖσιν ὀστέοισιν ἐόντος καὶ πλησίον τοῦ μυελοῦ, χρόνῳ μᾶλλον ἐσᾴσει, πρῶτον μὲν αὐτὸ τὸ χωρίον, ἔπειτα τὸ πλησίον αὐτοῦ, καὶ δὴ νέμεται

1 ἐν τῷ σώματι M : post ἐὸν pos. recc. ‖ 3 εἰλεόμενον Joly : -ούμενον K' edd. : -μενα M ‖ 4 μάλιστα M : ante περὶ τὰ ὀ. pos. recc. ‖ 5 κρυμὸν Littré : χυμὸν M ‖ 6 ῥιγοῖ (-εῖ?) M ῥιγοῖ Mack ex Aem. Porto : ῥιγᾷ recc. ῥιγεῖ ν edd. ‖ αἱ recc. : om. M ‖ 11 κρυμὸν Littré : χυμὸν M ‖ 12 μὲν add. Lind. ‖ 13 μὴ K' ν Lind. : δὴ M ‖ 15 ἔστιν recc. : -ι M ‖ ἐποίησε recc. : -σεν M ‖ 16 ἐπήγαγε recc. : -εν M ‖ 17 ἐξῆλθε recc. : -εν M ‖ σὺν M : ξ. recc. ‖ Ἦν recc. : εἰ M ‖ δ' M : δὲ recc. ‖ 19 αὐτοῦ M : -έου recc. ‖ νοῦσον recc. : νόσον M ‖ 21 συνετάραξε Littré : συνταράξῃ M ‖ Ὁκόσοισι M Erm. : secl. Littré ‖ 23 ὀστέοισιν recc. : -σι M ‖ 24 χρόνῳ K : add. δὲ M ‖ ἐσᾴσει Joly : ἐσάσσει Littré ὅσα εἴη M ἄασε Erm.

qui est chaud, y puise. Ensuite, le ventre et l'humeur morbide s'enflamment davantage. L'humeur épaisse et échauffée devient fluide d'abord autour de la région douloureuse ; devenue fluide, elle se mêle à l'eau qui cause la souffrance ; ensuite, par la coagulation, il se fait plus de vide dans le corps, qui connaît le frisson jusqu'à ce que l'eau soit mêlée au reste de l'humeur.

La fièvre.

LIII. **1** La fièvre se forme comme suit. Les humeurs morbides, fixées à tel endroit, forcent le corps échauffé à accueillir la fièvre ; échauffé par l'humeur morbide et par le ventre, il domine le reste de l'eau et ainsi la fièvre survient[1] après le froid, si l'humeur surabondante se fixe en un point du corps. **2** Si au contraire elle tourbillonne, la fièvre se produit après le froid de la façon suivante. L'humeur morbide[2] tourbillonne surtout autour du ventre et du bas-ventre, car c'est là qu'il y a le plus de place ; dans ce tourbillon, d'abord les régions voisines s'échauffent, puis les viscères et ce qui est dans le ventre. Puis est gagné aussi par la chaleur le reste de l'humeur, devenue fluide, et elle se mêle à l'eau. La fièvre s'y produit après le frisson, si l'humeur morbide tourbillonne sans se fixer en un point du corps. **3** — J'ai ainsi exposé comment se produit le frisson morbide, quand, comment et par quelle nécessité la fièvre survient ; ensuite, quels sont les principes des maladies, quelle maladie chacun d'eux provoque dans le corps, comment et pourquoi les maladies sont jugées aux jours impairs, ce qui fait la santé et la

1. Un verbe nous paraît indispensable ici ; nous proposons γίνεται.
2. Ermerins a eu raison, selon nous, de corriger πονεόμονον en πονέον que le sens exige et qui correspond à λυπέον du chapitre précédent. En insérant μέν, nous croyons confirmer la correction d'Ermerins : la faute du copiste s'explique beaucoup mieux à partir de μὲν τὸ πονέον et le δέ de la ligne 17, s'il n'est pas une preuve, est du moins un indice favorable à notre conjecture.

ἐς τὸ προσωτέρω, καὶ ἡ κοιλίη οἱ προσλαμβάνει, θερμὴ ἐοῦσα· ἔπειτα ἐπὶ μᾶλλον θερμαίνει ἥ τε κοιλίη καὶ τὸ σινόμενον. Τὸ δὲ ὑγρὸν παχὺ θερμαινόμενον διαχεῖται πρῶτον τὸ πλησίον τοῦ πονέοντος ἐόν· διαχεόμενον δὲ μίσγεται τῷ πονέοντι ὕδρωπι· εἶτα κενεώτερον ἐγένετο τοῦ σώματος ἐν τῇ συστροφῇ, καὶ μέχρι τούτου ῥῖγος ἔχει, μέχρις οὗ ὁ ὕδρωψ τῷ ἄλλῳ ὑγρῷ σύνεστι.

LIII 1 Καὶ τὸ πῦρ ὧδε γεννηθὲν γίνεται· τὰ γὰρ πονέοντα πρὸς τὸ χωρίον στηρίξαντα θερμαινόμενον τὸ σῶμα ἀναγκάζει ἐς ἑωυτὸ πῦρ δέχεσθαι· καὶ ὑπὸ τοῦ σινεομένου καὶ ὑπὸ τῆς κοιλίης θερμανθὲν ἐπικρατεῖ τοῦ ἄλλου ὕδρωπος, καὶ οὕτω τὸ μὲν πῦρ μετὰ τὸν κρυμὸν ⟨γίνεται⟩, ἥν πῃ τοῦ σώματος στηρίξῃ τὸ ὑγρὸν 594
τὸ πλεῖον. 2 Ἢν δὲ εἱλῆται, τρόπῳ τοιῷδε γίνεται μετὰ τὸν κρυμὸν τὸ πῦρ· εἱλεῖται μάλιστα ⟨μὲν⟩ τὸ πονέον περὶ τὴν κοιλίην καὶ τὴν ἄνω καὶ τὴν κάτω· ἔνθα γὰρ ἡ εὐρυχωρίη πλείστη ἐστίν· εἱλεομένου δὲ αὐτοῦ πρῶτον τὰ πλησίον θερμαίνεται, τά τε σπλάγχνα καὶ τὰ ἐν κοιλίῃ ἐς τὴν θέρμην· ἔπειτα ἐπαυρίσκεται τῆς θέρμης καὶ τὸ ἄλλο ὑγρὸν διαχεόμενον, καὶ μίσγεται τῷ ὕδρωπι, καὶ τὸ πῦρ μετὰ τὸ ῥῖγος ἐνθάδε γίνεται, ἐπὴν εἱλῆται τὸ πονέον, ἀλλὰ μὴ στηρίζῃ πρὸς τοῦ σώματός πῃ. 3 Ταῦτα δέ μοι εἴρηται, ὅκως τε τὸ ῥῖγος γίνεται τὸ νοσῶδες, καὶ ὁκότε καὶ ὅκως καὶ ὁκοίης ἐξ ἀνάγκης ὁ πυρετὸς μετὰ τοῦτο ἐπιπίπτει, καὶ αἵτινες ἀρχαὶ τῶν νούσων εἰσί, καὶ ὁκοίην ἑκάστη αὐτέων νοῦσον ἐν τῷ σώματι ἐπάγει, καὶ ὅκως τε καὶ διότι ἐν τῇσι περισσῇσιν ἡμέρῃσιν αἱ νοῦσοι κρίνονται, καὶ ὑπὸ τεῦ ὑγιαίνουσιν οἱ ἄνθρωποι,

1 τὸ προσωτέρω recc. : τῶι -ρωι M || 7 μέχρις M : -ρι recc. || σύνεστι K' : om. M || 10 δέχεσθαι K' : γίνεσθαι M || ὑπὸ L Mack : ὑπὲρ M || 14 γίνεται addidi || 15 μὲν addidi || τὸ πονέον Erm. : πονεόμενον M || 16 ἔνθα Erm. : -θεν M || 18 κοιλίῃ M : τῇ κ. recc. || 20 pr. καὶ K' Mack : om. M || 24 ὁκότε recc. : ὁπότευ M || 25 ἐπιπίπτει M : ἐπεισπ- recc. || ἀρχαὶ M : αἱ ἀρχαὶ recc. || 27 ἡμέρῃσιν recc. : -σι M.

maladie pour l'homme, comment la bile et le flegme augmentent et diminuent ; j'ai exposé aussi les nombreux autres facteurs qui lui sont naturels et qui rentraient dans mon discours. Ce sujet touche ici à son terme[1].

Le ver solitaire.

LIV. **1** Maintenant, je vais traiter des vers plats. Je dis qu'ils naissent dans l'enfant quand il est dans la matrice[2]. En effet, dès qu'il en est sorti, les excréments ne restent pas assez de temps dans le ventre pour qu'un animal de cette taille puisse s'y former de leur décomposition et de leur séjour[3]. Car, si on doit bien se porter, on expulse chaque jour les excréments de la veille et un tel animal ne pourrait naître même si on n'allait pas à la selle pendant de nombreux jours. **2** Beaucoup de choses arrivent à l'enfant dans la matrice, de la façon suivante. Quand du pus ardent se forme du lait et du sang décomposés[4] et surabondants, comme ils sont doux, un animal se forme à cet endroit. Les vers ronds se forment aussi de cette façon. Voici la preuve qu'il en est ainsi. A la naissance des enfants, les femmes leur donnent les mêmes médicaments, pour que les excréments sortent de l'intestin sans se calciner et en même temps pour que l'intestin s'élargisse. Après cette potion, beaucoup d'enfants expulsent avec les premiers excréments des vers ronds et plats[5], et s'ils ne les expulsent pas, les vers se développent dans le ventre. **3** Les vers ronds se reproduisent, mais non le ver plat.

1. Encore une formule de conclusion qui paraît définitive. Il est vrai qu'ici, l'œuvre est bien à son terme logique : un moderne aurait sans doute mis ce qui suit en appendice.

2. Ceci est une erreur complète.

3. L'auteur croit à la « génération spontanée », comme toute son époque et notamment Aristote. On sait que cette conviction a eu la vie dure. C'est un des innombrables pièges que dressent sur le chemin de la science les « données immédiates » de l'observation courante.

4. Thrasymaque de Sardes croit, lui, que le sang peut devenir du pus, mais aussi du flegme ou de la bile : cf. *Anonyme de Londres*, XII, 3 sqq.

5. Cela est faux ; les premières selles ne contiennent jamais de vers.

καὶ ὑπὸ τεῦ νοσέουσι, καὶ ὅκως ἥ τε χολὴ καὶ τὸ φλέγμα πλέον καὶ ἔλασσον γίνεται, καὶ τὰ ἄλλα ἐν αὐτῷ φύσει ἐόντα ἀπέδειξα [ἐν τῇ ἀνθρωπίνῃ] πολλά, ὁκόσα ἐπεδέχετο οὗτος ὁ λόγος, καὶ ταῦτα μὲν εἰρημένα οὕτως τέλος ἔχει.

LIV. **1** Νῦν δ' ἐρέω περὶ κηριῶν· γίνεσθαι γάρ φημι ἐν τῷ παιδίῳ ἐν τῇσι μήτρῃσιν ἐόντι· οὐ γάρ ἐστιν, ἐπὴν ἅπαξ ἐκ τῶν μητρέων ἐξέλθῃ, χρόνος τῇ κόπρῳ ἐν τῇ κοιλίῃ τοσοῦτος, ὥστε σαπείσης καὶ χρονισάσης ζῷον παγῆναι ἐν αὐτῇ, ὅ τι τοσοῦτον μεγέθει γίνεται· ἀποπατεῖ γὰρ αἰεὶ τὴν ἕωλον κόπρον ἀνὰ πάσας ἡμέρας, ἢν μέλλῃ ὑγιαίνειν ὁ ἄνθρωπος· γίνοιτο δ' ἂν τοιοῦτο ζῷον οὐδ' ἢν πολλῶν ἡμερέων μὴ ἀποπατήσῃ ὁ ἄνθρωπος. **2** Πολλὰ γὰρ γίνεται ἐν τῇσι μήτρῃσιν 596
ἐόντι τῷ παιδίῳ τρόπῳ τοιῷδε· ἐπὴν ἐγγένηται πῦος καυσῶδες ἀπὸ τοῦ γάλακτος καὶ τοῦ αἵματος συσσηπομένου καὶ πλεονάζοντος, ἅτε γλυκέος ἐόντος, ζῷον ἐγγίνεται αὐτόθι· γίνονται δὲ καὶ στρογγύλαι ἕλμινθες αὐτοῦ τρόπῳ τῷ αὐτῷ. Σημήϊον δὲ ὅτι τοῦθ' οὕτως ἔχει, ἐπὴν τὰ παιδία γένηται, ψωμίζουσιν αὐτὰ αἱ γυναῖκες τὰ αὐτὰ φάρμακα, ὥστε ἡ κόπρος ἐξέλθῃ ἐκ τοῦ ἐντέρου καὶ μὴ συγκαυθῇ καὶ ἅμα τὸ ἔντερον εὐρυνθῇ· ἐπὴν ψωμίσωσι, πολλὰ δὴ τῶν παιδίων καὶ στρογγύλας καὶ πλατέας ἕλμινθας ἀπεπάτησαν ἅμα τῇ κόπρῳ τῇ πρώτῃ· ἢν δὲ μὴ ἀποπατήσῃ, γίνονται καὶ ἐν τῇσι γαστῆρσι. **3** Καὶ αἱ μὲν στρογγύλαι τίκτουσιν, ἡ δὲ πλατέα οὐκ ἔτι. Καίτοι

1 νοσέουσι recc. : -σιν M ‖ ὅκως K' : om. M ‖ 2 τὰ ἄλλα M : τἄλλα recc. ‖ 3 ἐν τῇ ἀνθρωπίνῃ secl. Littré ‖ 6 δ' M : δὲ recc. ‖ κηριῶν Erot. K 58 : ἑλμίνθων πλατείων M ‖ 10 παγῆναι recc. : ταγ- MK ‖ 11 αἰεὶ Joly : ἀεὶ M ‖ 13 μὴ recc. : om. M ‖ ἀποπατήσῃ recc. : -σειεν M ‖ 14 μήτρῃσιν recc. : -σι M ‖ 15 τρόπῳ τοιῷδε recc. : τοιῷδε τρ. M ‖ ἐγγένηται M : γεν- recc. ‖ 17-18 ἐγγίνεται M : ἀπογεννᾶται recc. ‖ 20 ψωμίζουσιν recc. : -σι M ‖ 21 ἡ K : ἢν M ‖ 22 συγκαυθῇ Joly : ξ. M ‖ 23 δὴ recc. : δὲ M ‖ 25 γαστῆρσι recc. : γαστρῇσι M ‖ 26 τίκτουσιν recc. : -σι M ‖ ἡ δὲ πλατεῖα (πλατέα Joly) M : αἱ δὲ -αι recc.

Pourtant, on dit qu'il se reproduit. C'est que la personne qui a le ver plat expulse de temps en temps avec les selles comme une graine de concombre et il se trouve des gens pour prétendre que ce sont les petits du ver. Ils me paraissent avoir tort, car d'un seul animal ne pourraient naître autant de petits[1] et il n'y a pas assez de place dans l'intestin pour en nourrir. Chez l'enfant sorti de la matrice, le ver se développe dans l'intestin, à partir de ce qui arrive dans le ventre ; il devient égal à l'intestin, chez les uns avec la puberté, chez d'autres, plus tard, chez d'autres encore peu auparavant. **4** Quand le ver a la longueur de l'intestin, il grandit tout de même encore, mais tout ce qui dépasse cette longueur se sépare de l'anus et tombe avec les selles, comme une graine de concombre[2] et souvent plus gros. Parfois aussi, au cours d'une marche ou d'un travail, le ventre s'échauffant, le ver descend et l'excédent[3] sort de l'anus et se sépare, à moins qu'il ne rentre. **5** Voici des preuves que (ce ver) ne se reproduit pas[4], mais qu'il en va comme je dis. Si on soigne quelqu'un pour le ver[5], qu'on lui donne une potion et qu'il soit bien préparé, le ver sort tout entier rond comme une boule et le patient guérit ; mais si on prend le médicament sans préparation, une portion du ver se détache, deux ou trois coudées ou beaucoup plus ; après quoi il se passe beaucoup de temps sans que les signes reparaissent dans les selles ; mais plus tard, le ver se développe (à nouveau). **6** Ce sont là des preuves que le ver ne se reproduit pas, mais se rompt ; son apparence est celle d'une raclure blanche

1. Cette preuve est évidemment beaucoup plus douteuse que le fait lui-même. Tout ce passage est fort bien observé.

2. Aristote a une comparaison analogue en *Hist. des an.*, V, 17, 4, 549 a 29.

3. Il nous semble inutile de corriger avec Littré πεφυσηκός en ἐκπεφυκός.

4. L'opinion que combat notre auteur est attestée dans la *Collection* en *Épidémies*, VII, 52 (L V 420, 19) : 'Ετελεύτησεν ἐμέσας μικρόν, βραχύ, φλεγματῶδες, ὥστε δόξαι οἷον γονὴν τῆς πλατέης.

5. Le fait que l'auteur dit ἕλμινς (πλατέα) dans tout le chapitre n'empêche pas qu'il ait pu dire κηρίαι en commençant ce chapitre ; cf. E. Nachmanson, *Erotianstudien*, p. 408-409. Galien atteste κειρίαι en XIV, 755 K.

φασὶ τίκτειν αὐτήν· ἀποπατεῖ γὰρ ὁ ἄνθρωπος ἔχων τὴν ἕλμινθα τὴν πλατέαν, ὁκοῖον σικύου σπέρμα ἄλλοτε καὶ ἄλλοτε σὺν τῇ κόπρῳ, καὶ τοῦτο εἰσὶν οἱ φήσαντες τῶν ἀνθρώπων τῆς ἕλμινθος τέκνα εἶναι· ἐμοὶ δοκέουσι λέγειν οὐκ ὀρθῶς οἱ τὰ τοιαῦτα λέγοντες· οὔτε γὰρ ἀφ' ἑνὸς ζῴου γένοιτ' ἂν τοσαῦτα νεόσσια, οὔτ' εὐρυχωρίη ἐστὶν ἐν τῷ ἐντέρῳ, ὡς ἐκτρέφειν τέκνα. Τῷ δὲ παιδίῳ ἐκ τῶν μητρέων αὐξανομένῳ αὔξεται ἐν τῷ ἐντέρῳ καὶ ἡ ἕλμινς ἀπὸ τῶν ἐς τὴν κοιλίην ἐσιόντων, καὶ γίνεται ἴση τῷ ἐντέρῳ, τοῖσι μὲν ἅμα τῇ ἥβῃ, τοῖσι δὲ ὕστερον, τοῖσι δὲ πρόσθεν ὀλίγῳ. **4** Καὶ ἐπὴν ἰσωθῇ τῷ ἐντέρῳ, ὁμοίως ἐπαύξεται, καὶ ὁκόσα ἂν μέζω γένηται, ἀποκρίνεται ἀπὸ τοῦ ἀρχοῦ σὺν τῷ ἀποπάτῳ, καὶ ἐκπίπτει οἷον σικύου σπέρμα, πολλάκις δὲ καὶ μέζω· ἔστι δὲ οἷσιν ὁδοιπορέουσιν ἢ ταλαιπωρέουσι καὶ τῆς κοιλίης θερμαινομένης ἔρχεται ἐς τὸ κάτω, καὶ ἐξίσχει ἐκ τοῦ ἀρχοῦ αὐτοῖσι τὸ πεφυσηκός, [τοῦτό τε ποιεῖ,] καὶ ἀποκρίνεται ἀπὸ τοῦ ἀρχοῦ ἢ ὀπίσω ἔρχεται. **5** Σημήϊα δέ ἐστιν ὅτι οὐ 598
τίκτει, ἀλλ' οὕτως ἔχει ὡς ἐγὼ λέγω· ἐπήν τις ἰῆται τὸν ἄνθρωπον τὴν ἕλμινθα καὶ φάρμακον διδῷ ποτόν, ἢν μὲν τύχῃ ὁ ἄνθρωπος καλῶς παρεσκευασμένος, ἐξέρχεται ὅλη στρογγύλη γενομένη ὥσπερ σφαῖρα, καὶ ὑγιὴς γίνεται ὁ ἄνθρωπος· ἢν δὲ ἐς τὴν φαρμακείην ἔρχηται εὐθύ, ἀπορρήγνυται ἀπὸ τῆς ἕλμινθος, ὁκόσον δύο ἢ τρεῖς πήχεας ἢ καὶ πλεῖον πολλῷ, καὶ ἐπὴν ἀπορραγῇ, χρόνῳ πολλῷ οὐ γίνεται σὺν τῷ ἀποπάτῳ τὰ σημήϊα, ὕστερον δ' αὔξεται· **6** ταῦτα δ' ἱστόριά ἐστιν ὅτι οὐ τίκτει ἡ ἕλμινς, ἀλλὰ περιρρήγνυται· ἔστι δὲ τὸ

2 πλατέαν Joly : -εῖαν M ‖ 4 ἐμοὶ M : add. δὲ recc. ‖ 11 ὀλίγῳ recc. : -γαι M ‖ 12 ὁκόσα ἂν μέζω M Littré : ὁκόσῳ ἂν μείζων Mack ex Aem. Porto Erm. ‖ 14 οἷσιν ὁδοιπορέουσιν recc. : -σι (bis) M ‖ 15 ἢ recc. : ἢν M ‖ 16 ἔρχεται recc. : ἄρχεται M ‖ 17 πεφυσηκός M : ἐκπεφυκὸς Littré ‖ τοῦτό τε ποιεῖ seclusi ‖ ἀποκρίνεται Lind. : ἀποπρίεται M Erm. ‖ ἀπὸ : ὑπὸ Erm. ‖ 20 διδῷ Littré : διδοίη M ‖ 24 εὐθύ Littré : εὐθεῖα M εὐθὺς Erm. ‖ 27 δ' M : δὲ recc. ‖ sec. δ' M : δὲ recc. ‖ 28 ἡ recc. : om. M.

d'intestin. Voici les symptômes. De temps en temps, on expulse avec les selles comme une graine de concombre ; si on est à jeun, le ver se jette parfois sur le foie et fait souffrir. Il arrive aussi, quand le ver s'est jeté sur le foie, que la salive afflue à la bouche, mais pas toujours ; d'autres perdent la voix quand le ver s'attaque fortement au foie et la salive coule abondante de la bouche ; peu après, elle s'arrête et de fortes tranchées se produisent de temps en temps dans le ventre. Il arrive aussi que la douleur survienne au dos, car il se fixe là aussi. **7** Ce sont là les symptômes du ver plat. Ceci aussi arrive : celui qui a le ver n'éprouverait pas grand mal pendant longtemps, mais s'il a été malade, il se remet avec peine. En effet, le ver prend sa part des aliments qui arrivent dans le ventre. Si on est traité convenablement, on guérit[1] ; sinon, le ver ne sort pas de lui-même ; il ne donne pas la mort, mais il se maintient jusqu'à la vieillesse. — Voilà ce que j'avais à dire du ver plat, de son origine, de ses symptômes et de ceux de cette maladie.

Pierres à la vessie. LV. **1** Quant à la lithiase, le principe de cette maladie est dans le lait, quand l'enfant tette un lait impur[2]. Le lait est impur chez la nourrice quand elle use d'une nourriture pituiteuse, d'aliments et de boissons impurs, car tout ce qui en arrive dans le ventre

1. Les formes passives de ὑγιαίνω sont choquantes pour la langue et douteuses au point de vue de la tradition manuscrite, la confusion avec ὑγιάζεσθαι étant très facile. Mlle Nadia Van Brock a fort bien étudié ce problème dans son beau livre *Recherches sur le vocabulaire médical du grec ancien*, Paris, Klincksieck, 1961, p. 150 sqq., et l'Appendice VII, p. 269-271. Après avoir fait l'inventaire de ces formes et de leur tradition manuscrite dans la *Collection*, l'auteur note l'incohérence des éditeurs sur ce point à l'exception d'Ermerins, et ajoute : « On notera que toutes les formes médio-passives de ce verbe se ramènent à deux thèmes, celui du présent et celui de l'aoriste passif. Or, ces formes sont justement celles qu'il est le plus facile d'expliquer comme des produits d'une transmission entachée d'erreurs. »

2. Sur l'importance de ces détails pour l'unité de l'œuvre, cf. *Notice*, p. 12.

εἶδος αὐτῆς ὁκοῖόν περ ἐντέρου ξύσμα λευκόν. Σημήϊα δὲ ἴσχει· ἀποπατεῖ τε ἄλλοτε καὶ ἄλλοτε, οἷον σικύου σπέρμα, καὶ ἐπὴν νῆστις ὁ ἄνθρωπος ᾖ, ἀΐσσει πρὸς τὸ ἧπαρ ἄλλοτε καὶ ἄλλοτε καὶ πόνον παρέχει, καὶ ἔστι μὲν ὅτε πτύαλα ἐπιρρεῖ τῷ στόματι, ἐπὴν ἀΐξῃ πρὸς τὸ ἧπαρ, ὁτὲ δὲ οὐχί· ἔστι δὲ καὶ οἷσιν ἀναυδίην ἐμβάλλει ἐπὴν ἰσχυρῶς προσπέσῃ πρὸς τὸ ἧπαρ, καὶ πτύαλά τε πολλὰ ῥεῖ ἐκ τοῦ στόματος κάρτα, ὀλίγῳ δὲ ὕστερον ἵσταται, καὶ στρόφος ἐγγίνεται πολλὸς ἐν τῇ κοιλίῃ ἄλλοτε καὶ ἄλλοτε· ἔστι δ' ὅτε ὀδύνη ἐμπίπτει ἐς τὸ μετάφρενον, στηρίζει γὰρ καὶ ἐνθάδε. **7** Ἔστι δ' ὅτε ταῦτα σημήϊά ἐστιν ἕλμινθος πλατέης· γίνεται δὲ καὶ τόδε· ὃς ἔχει τοῦτο θηρίον, ἐν μὲν τῷ σύμπαντι χρόνῳ δεινόν τί ⟨οἱ⟩ κάρτα οὐκ ἂν γένοιτο, ἐπειδὰν δὲ ἀσθενήσῃ, μόγις ἀναφέρεται· καὶ γὰρ ἡ ἕλμινς μετέχει τι μόριον τῶν ἐσιόντων ἐς τὴν κοιλίην. Ἢν μὲν οὖν μελεδανθῇ κατὰ τρόπον, ὑγιάζεται· ἢν δὲ μὴ μελεδανθῇ, αὐτομάτη οὐκ ἐξέρχεται, θάνατον μέντοι οὐκ ἐπάγει, ἀλλὰ συγκαταγηράσκει. Ταῦτα δέ μοι εἴρηται περὶ ἕλμινθος πλα- 600
τέης, ὅθεν γίνεται, καὶ τὰ σημήϊα αὐτῆς καὶ τοῦ νοσεύματος.

LV. **1** Περὶ δὲ λιθίδος, ἀρχὴ μὲν ἐγγίνεται ἀπὸ τοῦ γάλακτος τῇ νούσῳ, ἐπὴν τὸ παιδίον θηλάζῃ γάλα μὴ καθαρόν· τὸ δὲ γάλα γίνεται ἐν τῇ τροφῷ οὐ καθαρόν, ἐπὴν φλεγματώδεσι τροφῇσι καὶ σιτίοισι καὶ ποτοῖσι χρῆται μὴ καθαροῖσι· συμβάλλεται γὰρ πάντα τὰ ἐς

3 ᾖ recc. : om. M || 9 ἵσταται Foes in not. edd. : ἀνίσταται M || 10 ἔστι recc. : -ιν M || 10-11 ἐς τὸ μετάφρενον M : ante ὀδύνη pon. recc. || 12 πλατέης Joly : -είης M || 14 δεινόν τί Mercurialis edd. (τι) : τείνοντι M || οἱ addidi || 16 et 17 μελεδανθῇ P' edd. : μελανθῇ M || 17 ὑγιάζεται Van Brock : ὑγιαίνεται M edd. ὑγιαίνει Erm. || 18-19 συνκαταγηράσκει M : ξ. recc || 19-20 πλατέης Joly : -είης M || 20 τὰ σημήϊα recc. : -εῖα M || 22 ἀρχὴ, ἐγγίνεται recc. : -ὴν, -νεσθαι M || 24 τροφῷ edd. : τροφη K (cum ῶ supra η) -φῇ M || 25 φλεγματώδεσι recc. : -δησι M.

contribue à la formation du lait. Voici comment cela se passe. Si la nourrice n'est pas bien portante, mais qu'elle soit bilieuse, aqueuse, sanguine ou pituiteuse, le lait aussi est mauvais pour l'enfant, car le corps et le ventre y contribuent et chacun lui fournit surtout ce qu'il contient le plus en lui-même. **2** Si l'enfant tette un lait qui n'est pas pur, mais bilieux, il devient lui-même maladif et faible et il souffre surtout aussi longtemps qu'il tette un lait mauvais et morbide. S'il tette un lait qui n'est pas pur, mais terreux ou pituiteux et que les veines qui vont du ventre à la vessie soient larges et tirent bien, quand la boisson et le lait arrivent de la nourrice au ventre de l'enfant, la vessie[1] tire du ventre tout le lait que les veines peuvent y amener. Et s'il y a quelque chose d'impur dans le lait, ce qui s'en nourrit dans la vessie devient pierre de la façon suivante. **3** C'est comme de l'eau impure qu'on agite dans une coupe ou dans un récipient en cuivre et qu'on laisse reposer : il se forme au milieu du fond un sédiment compact ; il en est de même dans la vessie à partir de l'urine impure. Ce sédiment n'est pas expulsé avec l'urine parce qu'il est dans un creux ; et surtout, devenu compact par le tourbillon, il ne sort pas dans la miction. Il se solidifie par l'effet du flegme, qui est cru ; le flegme mêlé au sédiment devient de la colle[2]. Il ne s'y forme tout d'abord qu'un petit duvet ; puis le sable qui arrive s'y ajoute, car le flegme provenant du lait devient colle

1. Cette phrase est manifestement corrompue ; notre correction nous paraît paléographiquement plus simple et donc plus vraisemblable que celle de Littré. C'est aussi à nos yeux le seul moyen de rétablir la clarté dans la doctrine exposée ici.

2. Encore une image qui prend une valeur explicative pour la mentalité courante et préscientifique. Même l'électricité a été conçue comme une colle : cf. Bachelard, *o. l.*, p. 103 : « On pense comme on voit, on pense ce qu'on voit ; une poussière *colle* à la paroi électrisée, donc l'*électricité est une colle*, une glu. On est alors engagé dans une mauvaise voie où les faux problèmes vont susciter des expériences sans valeur, dont le résultat négatif manquera même de rôle avertisseur, tant est aveuglante l'image première, l'image naïve, tant est décisive son attribution à une substance. »

τὴν κοιλίην πίπτοντα ἀπ' αὐτῶν ἐς τὸ γάλα. Ἔχει δὲ καὶ τόδε οὕτως· ἢν ἡ τροφὸς μὴ ὑγιηρὴ ᾖ, ἀλλὰ χολώδης ἢ ὑδρωποειδὴς ἢ αἱματώδης ἢ φλεγματώδης, καὶ γάλα γίνεται πονηρὸν τῷ παιδίῳ· συμβάλλεται γὰρ τὸ σῶμα καὶ ἡ κοιλίη· πλεῖστον δὲ ἄγει αὐτῷ ἐς τὸ γάλα ὅ τι ἂν αὐτὸ πλεῖστον ἔχῃ ἐν ἑωυτῷ. **2** Καὶ τὸ παιδίον, ἢν θηλάζῃ ἀπὸ τῆς τροφοῦ γάλα μὴ καθαρόν, ἀλλὰ χολῶδες, ὡς ἔλεξα, ἐπίνοσον αὐτὸ γίνεται καὶ ἀσθενὲς ἐκεῖνο καὶ τὸ παρεὸν μάλιστα λυπεῖ, μέχρι θηλάζῃ γάλα πονηρὸν καὶ ἐπίνοσον. Καὶ ἐπὴν θηλάζῃ γάλα μὴ καθαρόν, ἀλλὰ γεῶδες καὶ φλεγματῶδες, καὶ ἔχῃ τὸ παιδίον τὰς φλέβας τὰς ἀπὸ τῆς κοιλίης ἐς τὴν κύστιν τεινούσας καὶ εὐρέας καὶ ὁλκούς, χωρῆται δὲ καὶ τὸ ποτὸν καὶ τὸ γάλα ὑπὸ τῆς τροφοῦ ἐς τὴν κοιλίην τοῦ παιδίου, ἡ κύστις ἕλκει ἀπὸ τῆς κοιλίης ἀπὸ τοῦ γάλακτος τὸ πᾶν ὁμοίως, ὅ τι ἂν αἱ φλέβες διωθεῖν δύνωνται ἐς τὴν κοιλίην· καὶ ἤν τι ἐπὶ τῷ γάλακτι μὴ καθαρὸν ᾖ, τὸ ἐπαυρισκόμενον ἐν τῇ κύστει γίνεται λίθος τρόπῳ τοιῷδε. **3** Ὥσπερ ὑφ' ὕδατι μὴ καθαρῷ ταραχθέντι ἐν κύλικι ἢ ἐν χαλκῷ καὶ καταστάντι ὑποστάθμη ἁλὴς γίνεται ἐν μέσῳ, οὕτω καὶ ἐν τῇ κύστει ἀπὸ τοῦ οὔρου, μὴ καθαροῦ ἐόντος· καὶ οὐκ ἐξουρεῖται, ἅτε ἐν τῷ κοίλῳ ἐοῦσα, καὶ μάλιστα ἁλὴς γινομένη ὑπὸ δίνης οὐ διέρχεται διὰ τῆς οὐρήσιος·
πήγνυταί τε ὑπὸ τοῦ φλέγματος ὠμοῦ ἐόντος, κόλλα γὰρ 602
γίνεται τῇ ὑποστάθμῃ τὸ φλέγμα μεμιγμένον, καὶ πρῶτον μικρὴ ἄχνη ἐπιγίνεται, ἔπειτα τὸ ἐπιὸν ψαμμῶδες προσγί-

1 ἀπ' αὐτῶν Joly : ἐπ' αὐτῶν M ἐπ' αὐτῷ recc. secl. Littré ‖ 5 καὶ ἡ κοιλίη : secl. Erm. ‖ δὲ ἄγει secl. Erm. ‖ αὐτῷ M : αὐτὸ Littré αὐτῇ Mack secl. Erm. ‖ 6 αὐτὸ M : om. recc. ‖ 9 παρεὸν Joly : παρὸν M ‖ μέχρι M : μέχρις ἂν recc. ‖ 13 εὐρέας Joly : -είας M ‖ χωρῆται Littré (-ρέηται) : -ρέεται M ‖ 14 τροφοῦ recc. : -φῆς M ‖ ἡ κύστις Joly : ὁκοίην M ὁκοῖον P' Mack Erm. χωρέεται ὁκοῖον Littré ‖ 16 διωθεῖν M : διηθέειν Erm. ‖ κοιλίην M : κύστιν Littré ‖ 19 ὑφ' Heidel : ἐφ' M ‖ 20 ἁλὴς Heidel : ἅλις M ‖ μέσῳ M : τῷ μ. recc. ‖ οὕτω recc. : -ως M ‖ 23 ἁλὴς Littré : ἅλις M ‖ δίνης M Heidel : ὀδύνης recc. ‖ 25 πρῶτον M : τὸ πρ- recc.

dans la vessie ; le sédiment se développe et tout ce qui survient d'aqueux au cours de la concrétion est expulsé par la miction. **4** Alors le sédiment se solidifie et devient pierre. C'est ainsi que le fer provient des pierres et de la terre brûlées ensemble. Lors de la première mise à feu, les pierres et la terre collent ensemble avec la scorie, mais à la seconde et à la troisième, la scorie fondue se sépare du fer : ce phénomène est bien visible. Le fer, lui, reste (d'abord) dans le feu ; puis, il tombe, abandonné par la scorie, et devient dur et compact. De même, le sédiment dans la vessie ; le flegme devenu colle, ce qui est fondu par l'urine est expulsé avec elle et le sédiment se dépose, devient compact et se solidifie comme le fer. **5** Ainsi déposé et solidifié, il est agité dans la vessie, en haut et en bas, et provoque la douleur en frappant la vessie ; il en emporte même quelque chose quand il la frappe fortement, et l'ulcère. Ce qui est ainsi emporté provoque encore davantage la concrétion du sable qui survient. C'est ainsi que la pierre se forme à partir du lait dans la vessie. Il arrive aussi, si l'enfant... ou que quelque autre... provienne de cela...[1]. De temps en temps, quand il a uriné, il saisit vivement le pénis. **6** S'il se forme une pierre quand l'enfant, déjà grandissant, a absorbé de la terre, il n'en souffre pas avant de manger par lui-même. — Voilà ce que j'avais à dire là-dessus. La maladie a cinq symptômes. Si on veut

1. Littré propose « avec le plus grand doute » des restitutions audacieuses inspirées d'un passage des *Airs, eaux, lieux*, 9 : καὶ ὁκόταν οὐρῇ, πρὸς τὸν στόμαχον τῆς κύστιος προσπίπτει ὑπὸ τοῦ οὔρου βιαζόμενον καὶ κωλύει οὐρεῖν καὶ ὀδύνην παρέχει ἰσχυρήν· ὥστε τὰ αἰδοῖα τρίβουσι καὶ ἕλκουσι τὰ παιδία τὰ λιθιῶντα· δοκεῖ γὰρ αὐτοῖς τὸ αἴτιον ἐνταῦθα εἶναι τῆς οὐρήσιος. « Quand on urine, la pierre, forcée par l'urine, va se loger au col de la vessie, empêche la miction et provoque une douleur violente. C'est ce qui fait que les garçons calculeux frottent et tirent leur verge, car ils ont l'impression que là est la cause de la miction. » Nous préférons laisser tel quel ce *locus desperatus*, en supposant une lacune, avec Ermerins.

νεται, κόλλης γινομένης τοῦ φλέγματος τοῦ ἐν τῇ κύστει ἐνεόντος ἀπὸ τοῦ γάλακτος, καὶ αὔξεται, καὶ ὅ τι μὲν ἂν ὑγρὸν ἐν τῇ κολλήσει ἐπιγένηται ἐξουρεῖται. **4** Αὖτις δὲ ἡ ὑποστάθμη στερεοῦται ἢ λιθοειδὴς γίνεται· ὥσπερ σίδηρος ἐκ τῶν λίθων καὶ τῆς γῆς συγκαιομένης γίνεται, καὶ ἐν μὲν τῇ πρώτῃ ἐς τὸ πῦρ ἐμβολῇ κεκόλληνται τῇ σκωρίῃ οἱ λίθοι καὶ ἡ γῆ πρὸς ἄλληλα, καὶ ἐπὴν τὸ δεύτερον καὶ τὸ τρίτον ἐς τὸ πῦρ ἐμβληθῇ, ἡ μὲν σκωρίη ἔξω ἔρχεται τηκομένη ἐκ τοῦ σιδήρου, καὶ ὄψει ὁρᾶται τὸ γινόμενον· ὁ δὲ σίδηρος λιμπάνεται ἐν τῷ πυρὶ καὶ συμπίπτει προσδιδούσης τῆς σκωρίης καὶ γίνεται στερεός τε καὶ πυκνός· οὕτω δὲ καὶ ἡ ὑποστάθμη ἐν τῇ κύστει· κόλλης γινομένης τοῦ φλέγματος, ἐξουρεῖται τὸ τηκόμενον ὑπὸ τοῦ οὔρου, αὕτη δὲ συμπίπτει καὶ πυκνὴ γίνεται καὶ στερεοῦται ὥσπερ σίδηρος. **5** Ἐπὴν δὲ συμπέσῃ καὶ στερεωθῇ, κλονεῖται ἐν τῇ κύστει ἄνω καὶ κάτω, καὶ πόνον παρέχει κόπτουσα τὴν κύστιν, καὶ ἀποφέρει τι ἀπ' αὐτῆς ἐπὴν ἰσχυρῶς κόπτῃ καὶ ἑλκοῖ· τὸ δὲ ἀποφερόμενον ἔτι μᾶλλον τῷ ἐπιόντι ψαμμώδει σύμπηξιν ἐργάζεται· καὶ ὁ λίθος γίνεται τρόπῳ τοιῷδε ἀπὸ τοῦ γάλακτος ἐν τῇ κύστει. Ἔστι δ' ὅτε γίνεται κἢν τὸ παιδίον ἐόν γε ⟨...⟩ ἢ ἄλλη τις ἀπὸ τούτου γένηται· ἄλλοτε γὰρ καὶ ἄλλοτε, ἐπὴν οὐρήσῃ, ταχέως ἐπιλαμβάνει τῆς οὐρήθρης. **6** Ἢν δὲ τοῦ παιδίου ἤδη αὐξα- 604
νομένου λίθος γένηται ἀπὸ γεωτραγίης, ὁ πόνος οὐ πάρεστιν οἱ πρὶν ἢ σῖτον αὐτὸς ἑωυτῷ αἴρηται. Καὶ ταῦτα μὲν ἐς τοῦτό μοι εἴρηται. Σημήϊα δὲ ἡ νοῦσος ἔχει πέντε·

1 γινομένης M : γεν- recc. ‖ 4 ἡ recc. : om. M ‖ ἢ λιθοειδὴς γίνεται om. M, sed in margine restituit M[1] ‖ 7 οἱ Littré : om. M ‖ 10 γινόμενον M : γεν- Lind. Littré ‖ 12 δὲ M : δὴ recc. ‖ 14 τὸ K' Mack Littré : om. M ‖ αὕτη : αὐτὴ Erm. ‖ 18 ἑλκοῖ Foes in not. : ἑλκώῃ K' Mack ἕλκῃ M Littré ‖ 19 ἀποφ- Littré : ἐπιφ- M ‖ ἐπιόντι Littré : ἀπ- M ‖ 20 καὶ ὁ λ. Fœs : ὁ λ. καὶ M ‖ 22 κἢν τὸ παιδίον ἐόν γε M : πρὸς τὸ αἰδοῖον Littré ‖ lacunam indicavit Erm. ‖ τις M : add. κώλυσις Littré ‖ γένηται M : γίνεται edd. ‖ 23 οὐρήσῃ recc. : -ῆσαι M ‖ 23-24 ἐπιλαμβάνει M : -νεται recc. ‖ 25 γεωτραγίης M : -τρωγίης Foes in not. Erm. ‖ 26 οἱ recc. : ἢ M.

uriner, on souffre et l'urine coule peu abondante comme chez ceux qui souffrent de strangurie ; l'urine est sanguignolente, vu que la vessie est ulcérée par la pierre ; la vessie s'enflamme, mais cela n'est pas visible ; le signe en est au prépuce ; parfois, l'urine est chargée de sable. Elle est chargée pour les raisons suivantes. Parfois, deux petites pierres ou plusieurs se forment de la façon que j'ai exposée pour une seule. **7** Voici pourquoi. Quand une pierre est formée, le sable qui survient peut trouver un creux isolé dans la vessie ; la pierre ne peut alors fixer le sable sur elle-même et il devient trop lourd et trop abondant pour ne pas se solidifier séparément. C'est ainsi que deux pierres se produisent ; il peut même s'en produire plusieurs de la même façon. Comme elle s'entrechoquent dans l'agitation, elles s'émiettent et l'urine est chargée de sable. Il arrive aussi qu'elle soit chargée quand le sable descendu dans la vessie ne se fixe pas à une pierre[1].

La boisson ne va pas au poumon.

LVI. **1** Certains disent que la boisson va dans le poumon et de là au reste du corps[2]. Ceux qui disent cela sont trompés par le fait suivant : le poumon est creux et un tuyau lui est attaché ; si le poumon n'était pas creux ni pourvu d'un tuyau, les êtres vivants n'auraient pas de voix, car nous parlons grâce au poumon, parce qu'il est creux et qu'un tuyau y est attaché ; les mâchoires et la langue articulent le son : j'ai expliqué ce fait plus en détail dans la *Péripneumonie*[3]. **2** Je vais m'opposer à ceux qui croient

1. Cette dernière affirmation est meilleure que la précédente ; seule, la valorisation inconsciente du mouvement peut faire croire que le choc des pierres pourrait les émietter.

2. C'était là une opinion courante et en particulier cnidienne (cf. Littré, I, p. 377 ; Bourgey, *Observation et expérience*..., p. 52). Littré note le lien qui unit ce chapitre au suivant et dernier : « Cette discussion est amenée parce que l'auteur veut parler de l'hydropisie et qu'il a besoin, pour son explication, d'un fait vrai, à savoir que la boisson va dans le ventre » (t. VII, p. 605).

3. Allusion à une œuvre que nous ne possédons plus.

ἐπήν τε οὐρῆσαι θέλῃ, πονεῖται, καὶ τὸ οὖρον κατ' ὀλίγον ῥεῖ ὥσπερ στραγγουρικοῖσι, καί ἐστιν ὕφαιμον οἷα τῆς κύστιος ἡλκωμένης ὑπὸ τοῦ λίθου, καὶ ἡ κύστις φλεγμαίνει· ἀλλὰ τοῦτο μὲν ἀφανές· σημήϊον δὲ ἀκροποσθίη· ἔστιν ὅτε διουρεῖται ψαμμώδεα. Ὑπὸ τοιούτων δὲ οἵων ἐγὼ ἐρέω, διουρεῖται· ἔστιν ὅτε λίθοι δύο ἢ καὶ πλείονες ἕτεροι σμικροὶ τρόπῳ τῷ αὐτῷ, ὥσπερ καὶ τὴν μίαν εἴρηκα, ⟨γίνονται⟩· **7** γίνεται δὲ καὶ ὑπὸ τοιούτου· ἐπὴν ὁ λίθος συμπαγῇ καὶ βάθος γένηται ἐς τὴν κύστιν τῇ ψάμμῳ τῇ γενομένῃ χωρίς, ἐλθούσης δὲ τῆς ψάμμου ὁ λίθος μὴ προσλάβῃ πρὸς ἑωυτῷ, ἀλλὰ βαρυτέρη καὶ πλείων γένηται, ὥστε μὴ πήγνυσθαι αὐτὴν πρὸς ἑωυτήν, καὶ οὕτως δύο λίθοι γίνονται· γίνονται δὲ καὶ πλείονες τρόπῳ τῷ αὐτῷ, καὶ συγκρουομένων πρὸς ἀλλήλους ἐν τῇ κλονήσει περιθραύεται καὶ διουρεῖται τὸ ψαμμῶδες. Ἔστι δ' ὅτε ⟨διουρεῖται⟩ καὶ ἐπὴν κατέλθῃ ψάμμος ἐς τὴν κύστιν, καὶ μὴ προσπαγῇ.

LVI. **1** Λέγουσι δέ τινες ὅτι τὸ πινόμενον ἐς τὸν πλεύμονα ἔρχεται, ἐκ δὲ τούτου ἐς τὸ ἄλλο σῶμα· οὗτοι δὲ οἱ ταῦτα λέγοντες διαβάλλονται τούτῳ, ᾧ μέλλω ἐρεῖν· ὅτι ὁ πλεύμων κοῖλός ἐστι καὶ πρὸς αὐτῷ ἐστι σύριγξ· ὁ δὲ πλεύμων εἰ μὴ κοῖλος ἦν καί οἱ σύριγξ
προσείχετο, οὐκ ἂν ἐφώνει τὰ ζῷα· φθεγγόμεθα γὰρ 606
ἀπὸ τοῦ πλεύμονος ὅτι κοῖλός ἐστι καὶ ἡ σύριγξ πρόσεστι· διαρθροῖ δὲ τὸν φθόγγον τὰ χείλεα καὶ ἡ γλῶσσα· κάλλιον δέ μοι περὶ τούτου δεδήλωται ἐν τῇ περιπλευμονίῃ. **2** Τοῖσιν οὖν δοκέουσιν ἀνθρώποισι τὸ ποτὸν

3 κύστιος recc. : -εως M ‖ ἡλκωμένης recc. : ειλκ. M (cum η super ει) ‖ 5 ἔστιν ὅτε M : ἔστι δ' ὅτε Erm. ‖ οἵων recc. : οἷον M ‖ 6 διουρεῖται Littré : add. δ' M ‖ λίθοι, πλείονες Littré : -ους, -ας M ‖ 7 ἕτεροι : add. δὲ M ‖ τὴν μίαν M : τὸν ἕνα Erm., fortasse recte ‖ 8 γίνονται add. Littré ‖ γίνεται M : γίνονται K' Foes in not. Mack ‖ 9 γένηται recc. : γιν- M ‖ 10 γεν- recc. : γιν- M ‖ 12 ὥστε M Erm. : ἢ ὥστε Littré ‖ 16 διουρεῖται addidi ‖ 18 τὸ recc. : om. M ‖ 19 πλεύμονα recc. : πν- M (ubique) ‖ 22 σύριγξ M : ἡ σ. recc. ‖ 23 φθεγγόμεθα recc. : -μενα M ‖ 24 καὶ ἡ M : καί οἱ ἡ Lind. Littré fortasse recte ‖ 27 τοῖσιν, δοκέουσιν recc. : -σι (bis) M.

que la boisson se porte au poumon. Il en va comme suit. La boisson va dans le ventre ; et le reste du corps puise au ventre. Il faut réfléchir à ce que je vais dire ; voici comment je prouve que la boisson ne va pas au poumon, mais au ventre[1]. Si la boisson allait au poumon, quand ce dernier est rempli, j'affirme qu'on ne respirerait ni ne parlerait facilement, car rien ne pourrait faire résonner le poumon, qui serait plein. Cela fait une preuve. **3** Ensuite, si la boisson allait au poumon, les aliments restés secs en nous ne se digéreraient pas de la même façon. Cela fait deux preuves[2]. Les purgatifs que nous buvons sortent du ventre. Voici ce qu'il en est. Tous les purgatifs, par le haut, par le bas ou par les deux voies, ont les mêmes effets : tous brûlent fortement et les (plus) forts d'entre eux, s'ils touchent à une partie tendre du corps, l'ulcèrent ; les plus légers (même) causent du trouble, si on en frotte quelque endroit de la peau. **4** Si l'un de ces médicaments allait au poumon, il me semble qu'il y ferait grand mal ; le flegme qui vient de la tête l'ulcère (déjà) en fort peu de temps, car le poumon est chose tendre et poreuse et s'il est ulcéré, on ne se portera pas bien, pour beaucoup de raisons. Le ventre, par contre, n'est pas ulcéré par le médicament, car c'est une chose résistante comme la peau. La plupart des Libyens[3] se servent de la peau de leurs bêtes comme vêtements, et du ventre comme sacs, car le ventre est quelque chose de résistant. **5** Ensuite, quand on s'enivre de vin noir, les selles sont noires[4]. Voilà autant

1. Cette dernière précision n'est pas superflue : elle annonce, au contraire, le dernier sujet que traitera l'auteur, au chapitre LVII.

2. Sur cette insistance, cf. la note de L. Bourgey, *supra*, *Notice*, p. 27.

3. Ces références à des peuples étrangers, Lybiens, Scythes, nous paraissent très normales à l'époque, ou peu s'en faut, d'Hérodote et du traité des *Airs, eaux, lieux*.

4. Nous ne pensons pas que cette affirmation puisse recevoir le statut de vérité contrôlée, nous y verrions bien plutôt une valorisation substantialiste de la couleur. Propriété substantielle *profonde*, le noir — tout spécialement — est conçu pour ainsi dire comme une substance en soi qui traversera le corps sans se laisser altérer par la digestion. C'est la même attitude d'esprit qui fait affirmer par l'auteur du *Régime* que le vin blanc, seul, est diurétique.

ἐς τὸν πλεύμονα φέρεσθαι ἐναντιώσομαι· ἔχει δὲ οὕτως· χωρεῖ τὸ ποτὸν ἐς τὴν κοιλίην, ἀπὸ δὲ τῆς κοιλίης τὸ ἄλλο σῶμα ἐπαυρίσκεται. Νοῆσαι δὲ χρὴ ὁκόσα μέλλω ἐρεῖν· λέγω δὲ ἱστόρια, ὅτι τὸ ποτὸν οὐ χωρεῖ ἐς τὸν πλεύμονα, ἀλλὰ ἐς τὴν κοιλίην, τάδε. Εἰ γὰρ τὸ ποτὸν χωρεῖ ἐς τὸν πλεύμονα, ὁκόταν ὁ πλεύμων πλησθῇ, οὐκ ἂν ῥηϊδίως ⟨φημὶ⟩ τὸν ἄνθρωπον ἀναπνεῖν οὐδὲ φθέγγεσθαι δύνασθαι· οὐ γὰρ ἂν εἴη τὸ ἀντηχέον τῷ πλεύμονι πλήρει ἐόντι· καὶ ἓν μὲν τοῦτο ἱστόριόν ἐστιν. **3** Ἔπειτα εἰ ἐχώρει τὸ ποτὸν ἐς τὸν πλεύμονα, τὰ σιτία ἐν ἡμῖν ξηρὰ ἐόντα οὐκ ἂν ὁμοίως ἐπέσσετο· δύο δὲ ἱστόρια ταῦτά ἐστι. Καὶ τὰ φάρμακα δὲ τὰ ὑπήλατα ἐπὴν πίωμεν, χωρεῖ ἡμῖν ἔξω τῆς κοιλίης· ἔχει δὲ καὶ τόδε οὕτως· ὁκόσα φάρμακα καθαρτικά ἐστιν ἢ ἄνω ἢ κάτω ἢ καὶ ἀμφότερα, ταῦτα ποιεῖ· πάντα καίει κάρτα, καὶ τὰ μὲν ἰσχυρὰ αὐτῶν ἢν τύχῃ ἅψασθαί τι τῶν ἁπαλῶν τοῦ σώματος, ἑλκοῖ· τὰ δὲ μαλακώτερα ἄραδον ποιεῖ, τοῦ χρωτὸς ὅ τι ἂν ἀλειφθῇ· **4** εἰ δὲ ἔλθοι τι τούτων τῶν φαρμάκων ἐς τὸν πλεύμονα, δοκεῖ ἄν μοι μέγα τι ποιῆσαι κακόν· τὸ γὰρ φλέγμα τὸ ἀπὸ τῆς κεφαλῆς ἐν κάρτα ὀλίγῳ χρόνῳ ἑλκοῖ· ἁπαλὸν γὰρ καὶ ἀραιὸν χρῆμά ἐστιν ὁ πλεύμων, καὶ ἢν ἑλκωθῇ, οὐ καλῶς ἕξει κεῖνος ὁ ἄνθρωπος διὰ πολλά. Ἡ δὲ κοιλίη ὑπὸ τοῦ φαρμάκου οὐχ ἑλκοῦται, ὅτι χρῆμά ἐστιν ἰσχυρὸν ὥσπερ δέρμα· καὶ τῶν μὲν Λιβύων χρέωνται οἱ πλεῖστοι τῶν κτηνέων τοῖσι μὲν δέρμασιν ἀντὶ ἱματίων, τῇσι δὲ κοιλίῃσιν ἀντὶ 608
θυλάκων· ἰσχυρὸν γὰρ χρῆμα ἡ κοιλίη ἐστίν. **5** Ἔπειτα ἐπὴν ὑπὸ οἴνου μέλανος θωρηχθέωσιν οἱ ἄνθρωποι,

2-3 τὸ ἄλλο Heringa (apud Littraeum) Littré : ἐς τὸ ἄλλο M ‖ 3 ἐπαυρίσκεται EJP Erm. : ἀπ- M ‖ 4 τὸ recc. : om. M ‖ 7 φημὶ add. Littré ‖ 8 ἀντηχέον recc. : -τεχέον M ‖ 9 τοῦτο recc. : τούτῳ M ‖ 11 ἐν K' Mack Littré : ἂν M Erm. ‖ 13 πίομεν M ‖ ἔξω τῆς κοιλίης M Littré : τῆς κ. ἔξω recc. Erm. ‖ 15 ταῦτα M : ταὐτὰ Littré ‖ 22 ἕξει recc. : om. M ‖ 25 χρέωνται Joly : χρέονται M ‖ 26 δέρμασιν recc. : -σι M ‖ 28 θωρηχθέωσιν Joly : -θῶσιν M.

de preuves ; et si on mange de l'ail ou tout autre aliment d'odeur forte, l'urine a la même odeur. Voilà les preuves. On peut aussi prendre en considération ce qui va suivre. Si on buvait un cycéon, qu'on prît un potage de farine cuite ou quelque chose de ce genre et que cela allât au poumon, nous pensons qu'on n'y survivrait pas, même peu de temps. **6** Car dès qu'une petite quantité de flegme arrive au poumon ou à la trachée, il se produit (déjà) une toux durable et forte et du spasme. Et si même on pouvait vivre après avoir bu un cycéon ou pris un potage, je crois que pendant la digestion il se produirait une chaleur très forte dans le corps et beaucoup de souffrances, si bien que les selles ne seraient pas naturelles s'il y avait passage dans le poumon. **7** Cela fait sept preuves[1]. Ensuite, comment le lait nourrirait-il l'enfant, s'il allait dans le poumon? C'est à mes yeux une preuve supplémentaire. Je n'en aurais pas accumulé autant si tant de gens ne croyaient pas que la boisson va au poumon : devant des opinions fortement ancrées, il est nécessaire de dresser beaucoup de preuves si on veut par des discours persuader l'auditeur[2] d'abandonner une croyance antérieure. **8** La boisson ne va pas au poumon, mais au ventre, parce que l'œsophage, toujours béant, est attenant au ventre et que la boisson y passe ; d'autre part, la trachée est surmontée (d'une fermeture) en

1. Avec un peu d'attention, on compte en effet sept preuves : l'auteur désigne lui-même les deux premières (§ 3, début) ; la troisième occupe les §§ 3 et 4. Les quatrième et cinquième sont au début du § 5 (le vin noir ; l'ail) ; la sixième a trait au cycéon, mais la septième commence au § 6 : « et si même on pouvait vivre... ». On ne peut manquer d'être sensible à la force de l'argumentation proposée par l'auteur.

2. Ἀκούοντα de M est bien meilleur que ἄκοντα des *recentiores* ; Littré, qui connaît la leçon de M par les manuscrits H, J et K, préfère ἄκοντα, malgré ses prédécesseurs. Le mot nous fait entrevoir le caractère de discours oral qu'avaient beaucoup d'œuvres, même médicales, à haute époque.

ἀποπατέουσι μέλανα. Ταῦτα δὲ πάντα ἱστόριά ἐστι, καὶ ἐπὴν σκόροδα φάγωμεν ἤ τι ἄλλο ὀδμαλέον βρῶμα, διουρέομεν ὀζόμενον τοῦ βρώματος. Ταῦτα μὲν τὰ ἱστόρια· ἔξεστι σκέψασθαι καὶ τόδε ὅ τι μέλλω ἐρεῖν· εἴ τις κυκεῶνα πίοι ἢ ἄλητον ἑφθὸν ῥυφέοι, ἤ τι ἄλλο τοιοῦτο, καὶ ἔλθοι ἐς τὸν πλεύμονα τοῦτο, δοκέομεν ἂν αὐτὸν οὐδὲ ζώειν οὐδὲ ὀλίγον χρόνον· **6** ἐπὴν γάρ τι μικρὸν ἔλθῃ ἐς τὸν πλεύμονα φλέγμα ἢ ἐς τὴν σύριγγα αὐτοῦ, πολλὴ βήξ τε καὶ ἰσχυρὴ γίνεται καὶ σπασμός· εἰ δ' οὖν καὶ ζώει ὁ ἄνθρωπος καὶ πιὼν τὸν κυκεῶνα ἢ τὸ ἄλητον ῥυφέων, πεσσομένου τοῦ ῥυφήματος, θέρμην ἂν δοκέω πολλήν τε καὶ ἰσχυρὴν τῷ σώματι γίνεσθαι καὶ πόνον πολλόν, ὥστε οὐκ ἂν ἀποπατέοι κατὰ τρόπον εἰ ἐς τὸν πλεύμονα ἔλθοι. **7** Ταῦτα δὲ ἱστόρια ἑπτά ἐστιν· ἔπειτα τὸ γάλα πῶς ἂν ἔτρεφε τὰ παιδία, εἴ γε χωρέοι πρὸς τὸν πλεύμονα; τοῦτο δὲ ἱστόριον ἄλλο μοι, καὶ ταῦτα οὐδ' ἂν ἐπηγαγόμην ἔγωγε τῷ λόγῳ [τοῦτο ἱστόριον] οὐδέν, εἰ μὴ ὅτι πολλοὶ κάρτα τῶν ἀνθρώπων τὸ ποτὸν δοκέουσιν ἐς τὸν πλεύμονα χωρεῖν, καὶ ἀνάγκη ἐστὶ πρὸς τὰ ἰσχυρῶς δοκέοντα τὰ πολλὰ ἱστόρια ἐπάγεσθαι, εἴ τις μέλλει τὸν ἀκούοντα ἐκ τῆς πρὶν γνώμης μεταστρέψαι τοῖσιν ἑωυτοῦ λόγοισι πείσειν. **8** Καὶ διὰ τόδε οὐ χωρεῖ τὸ ποτὸν ἐς τὸν πλεύμονα, ἀλλ' ἐς τὴν κοιλίην, ὅτι προσαφὴς αὐτῇ ἐστιν ὁ στόμαχος τοῦ ἀνθρώπου αἰεὶ χάσκων, καὶ χωρεῖ ἐς ἐκεῖνον, καὶ ἅμα ἐπί-

1 ἐστι recc. : -ιν M ‖ 3 ἱστόρια M : add. ἐστιν Littré ‖ 4 σκέψασθαι Erm. : add. δὲ M δὲ σκεψ- Littré ‖ 5 πίοι Littré : ποιήσῃ M ‖ ῥυφέοι Joly : ῥοφοίη M ‖ 6 ἔλθοι recc. : -θῃ M ‖ δοκέωμεν M ‖ 9-10 οὖν καὶ M : οὖν ἄρα καὶ recc. ‖ 10 καὶ M : om. recc. ‖ 11 ῥυφέων, ῥυφήματος Joly : ῥοφ- (bis) M ‖ πεσσομένου KL : add. γὰρ M ‖ 13 οὐκ ἂν Foes in not. Erm. : εἰ M μὴ Foes Littré ‖ ἀποπατέοι Joly : -τοίη M ‖ εἰ Foes edd. : ἢ M ‖ 15 χωρέοι recc. : -έει M ‖ 17 ταῦτα secl. Erm. ‖ τοῦτο ἱστόριον seclusi ‖ 19 δοκέουσιν recc. : -σι M ‖ 20 alt. τὰ M : post πολλὰ pos. Erm. ‖ 21 τις K' : om. M ‖ ἀκούοντα M Erm. : ἀκόντα (sic) Littré recc. ‖ 24 αὐτῇ K' Littré : αὐτῷ M ‖ 24-25 τοῦ ἀνθρώπου αἰεὶ χάσκων recc. (ἀεὶ) : καὶ ἀεὶ χ. τοῦ ἀνθρ- M.

forme de feuille de lierre qui ne laisserait pas passer la boisson si elle prenait cette direction. — Voilà ce que j'avais à dire là-dessus.

L'hydropisie.

LVII. **1** La boisson va dans le ventre[1] et quand il est plein, la rate en reçoit de lui et distribue aux veines, à l'épiploon et plus bas, aux bourses, aux jambes et aux pieds. Quand survient la maladie[2], l'eau afflue au ventre et vient à la rate, du fait de la boisson, si on boit. Cette maladie peut ne pas comporter de fièvre, si ce n'est[3] dans le ventre ou quand on a soif, que la vessie et le ventre ne filtrent pas convenablement et qu'on n'use pas d'un régime adéquat. **2** La rate, un peu malade, tire la boisson du ventre, la maladie se déclare, les bourses deviennent transparentes, les clavicules, le cou et la poitrine maigrissent ; le patient fond du fait de la maladie et l'humeur coule dans le ventre ; les parties inférieures sont pleines d'eau, le ventre est sans nourriture ; tantôt, il y a constipation, tantôt diarrhée et la vessie ne filtre pas convenablement. Le plus souvent, un frisson parcourt le corps de temps en temps ; il arrive que la fièvre survienne ; chez les uns, le visage est gonflé, chez d'autres non. **3** Chez certains aussi, quand la maladie se prolonge, les jambes s'ouvrent et de l'eau s'en écoule. L'insomnie survient et la faiblesse dans le corps, mais spécialement aux lombes. Dès qu'on mange ou qu'on boit un peu trop, la rate fait souffrir et la res-

1. Ce début marque fort bien le lien qui unit les deux derniers chapitres.

2. Parmi les autres passages de la *Collection* hippocratique qui traitent de l'hydropisie, citons l'*Appendice* au *Régime des maladies aiguës*, LII et LVIII, et *Prénotions coaques*, XXIII, 443-452 ; cf. aussi la note suivante.

3. Ce passage est corrompu. En corrigeant ἄλλην en πλήν, nous obtenons un texte admissible. Littré tente, ici aussi, une opération beaucoup plus téméraire, en s'inspirant d'un passage des *Maladies des femmes*. M. Thivel remarque fort à propos que l'hydropisie, dans les traités cnidiens, s'accompagne en général de chaleur au ventre (*Maladies des femmes*, 1 ; *Affections internes*, 26), ce qui expliquerait cette notion bizarre d'une fièvre limitée au ventre.

κειται τῇ σύριγγι τοῦ πλεύμονος, ὥσπερ κισσοῦ φύλλον, ὥστε οὐκ ἂν παρακαθιείη ἐν τῇ καταπόσει, εἰ χωρέοι ἐς αὐτόν. Καὶ ταῦτα ἐς τοῦτό μοι εἴρηται.

LVII. **1** Χωρεῖ δὲ τὸ ποτὸν ἐς τὴν κοιλίην, καὶ ἐπὴν 610
πλησθῇ, ὁ σπλὴν ἀπ' αὐτῆς δέχεται καὶ διδοῖ ἐς τὰς φλέϐας καὶ ἐς τὸ ἐπίπλοον καὶ ἐς τὸ κάταντες, ἔς τε τὴν ὄσχην καὶ ἐς τὰ σκέλεα καὶ ἐς τοὺς πόδας, καὶ ἐπὴν νοῦσος ἐπιγένηται, τῷ ὕδατι πολλῷ χωρεῖ ὑπὸ τῆς κοιλίης, καὶ ἐς τὸν σπλῆνα ἔρχεται αἰεὶ ἀπὸ τοῦ ποτοῦ, ἐπὴν πίῃ ὁ ἄνθρωπος. Γίνεται δὲ ἐπὶ τῆς νούσου ταύτης ὥστε μὴ πυρεταίνειν, πλὴν ἐν τῇ κοιλίῃ, ἢ ὁκόταν ὁ ἄνθρωπος διψῇ, ἡ δὲ κύστις καὶ ἡ κοιλίη μὴ διηθέωσι κατὰ τρόπον, μηδὲ ἐπιτηδείῃ διαίτῃ ὁ ἄνθρωπος χρῆται. **2** Ὁ δὲ σπλὴν ὑπονοσέων ἕλκει ἀπὸ τῆς κοιλίης ἀπὸ τοῦ ποτοῦ, ἡ δὲ νοῦσος γίνεται, καὶ ἡ ὄσχη διαφανὴς γίνεται, καὶ αἱ κληῖδες καὶ ὁ τράχηλος καὶ τὰ στήθεα καταλεπτύνεται· τήκεται γὰρ ὑπὸ τῆς νούσου, καὶ καταρρεῖ ἐς τὴν κοιλίην, τά τε κάτω ὕδατος πλέα ἐστὶ καὶ ἀσιτεῖ ἡ κοιλίη, καὶ ὁτὲ μὲν κάρτα στέγει, ὁτὲ δὲ καταρρεῖ, ἥ τε κύστις οὐ διηθεῖ κατὰ τρόπον· ὡς ἐπὶ τὸ πλεῖον φρίκη τε διαΐσσει ἄλλοτε καὶ ἄλλοτε διὰ τοῦ σώματος, καὶ πῦρ ἔστιν ὅτε ἐπιλαμϐάνει, καὶ τὸ πρόσωπον τῶν μὲν οἰδαλέον γίνεται, τῶν δὲ οὔ· **3** Κἄστιν οἷσι καταρρήγνυνται αἱ κνῆμαι, ἐπὴν χρόνιον τὸ νόσημα γίνηται, καὶ ῥεῖ αὐτόθεν ὕδωρ, καὶ ἀγρυπνίη ἐπιπίπτει καὶ ἀδυναμίη τοῦ σώματος καὶ μάλιστα τῆς ὀσφύος, καὶ ἐπήν τι φάγῃ ἢ πίῃ καὶ ὀλίγῳ πλέον, πονεῖται ὁ σπλήν,

1 πλεύμονος recc. : πν. M ‖ 2 παρακαθιείη Joly : παρακαθιεῖ M ‖ χωρέοι M : -έει recc. ‖ 3 ἐς (τοῦτο) recc. : εἰς M ‖ 5 σπλὴν Littré : add. τε M ‖ διδοῖ : διαδ- Erm. ‖ 8 τῷ πολλῷ Erm. ‖ 9 αἰεὶ Joly : ἀεὶ M ‖ ἀπὸ K' : ὑπὸ M ‖ 11 πλὴν Joly : ἄλλην M ἀλλ' ἣν Littré ‖ κοιλίῃ : add. καῦμά τι ἢ Littré ‖ 14 ὑπονοσέων Lind. : ὑπὸ νουσέων M ὑπονουσέων recc. ‖ 17 νούσου M : add. ταύτης recc. ‖ 20 οὐ recc. : καὶ οὐ M ‖ 23 Κἄστιν Joly : κἔστιν M ἔστι δ' recc. ‖ 24 νόσημα M : νούσ- recc.

piration est toujours rapide. Tels sont les symptômes de l'hydropisie. Elle peut concerner le ventre seul, avec ou sans fièvre ; l'abdomen devient gros, mais les jambes ne s'emplissent pas d'eau et les parties supérieures maigrissent. Dans ces conditions, tous les symptômes sont atténués et surtout si l'eau ne vient pas dans les jambes, la souffrance est d'autant moindre. **4** L'hydropisie du ventre seul se produit pour la raison suivante. Quand il survient un flux, mais que dès le début il n'y a pas d'issue vers le bas et que l'humeur reste en masse dans les veines, elle se fixe, puisqu'elle n'a pas de respiration ni par en haut ni par en bas. C'est comme si, prenant un grand vase à goulot étroit, on le renversait brusquement et qu'ensuite, on retirât le bouchon tout doucement : si on opère ainsi, l'eau ne coulera pas au dehors[1] ; en effet, elle n'a pas de respiration, mais elle est bloquée par l'air intérieur. **5** En effet, l'air intérieur remplit le vase et résiste à l'air extérieur ; dès lors, l'eau n'aura pas d'issue entre l'air qui remplit le vase et celui qui fait pression (de l'extérieur). Mais si on incline doucement le vase ou qu'on fasse une ouverture au fond, l'air sortira du vase et avec lui, l'eau sort aussi. Il en va de même dans l'hydropisie. S'il y a dès le début respiration par en haut ou par en bas à travers les veines, l'eau va dans les jambes et les pieds ; sinon, elle tourbillonne uniquement autour du ventre. — Voilà ce que j'avais à dire là-dessus. **6** Chez les femmes, l'hydropisie peut survenir à la matrice, mais les symptômes pour le ventre[2],

1. Cette affirmation paraît insoutenable ; elle nous fait croire que l'auteur n'a pas réalisé cette expérience, mais, simplement, l'imagine. Grâce à l'obligeance de M. Charles Delvoye, nous avons pu écrire à Miss Virginia Grace, spécialiste américaine de la vaisselle domestique grecque. Miss Grace a bien voulu nous écrire qu'elle a discuté ce petit problème avec sa collègue Miss Lucy Talcott. Quoique certains récipients comme les jarres à une anse aient dû laisser couler l'eau très lentement, ces savantes croient aussi que notre auteur « is theorizing ». Nous exprimons à tous trois notre vive gratitude. — Quoi qu'en dise M. Wellmann (*op. cit.*, p. 329), tel passage des *Pneumatica* d'Héron (éd. Schmidt, 1899, p. 4, l. 17 sq.) ne peut s'inspirer de ce passage des *Maladies IV* : l'expérience qui y est proposée y est très différente.

2. Nous nous demandons si le pluriel τῇσι κοιλίῃσι n'est pas une

καὶ τὸ πνεῦμα πυκνὸν αἰεὶ ἀφίει. Ταῦτα δὲ σημήϊα ὕδρωπος. Ἔστι δὲ καὶ περὶ τὴν κοιλίην μοῦνον ἢ καὶ πυρὸς λαβόντος ἢ καὶ οὐχί, καὶ ἡ γαστὴρ μεγάλη γίνεται, καὶ τὰ σκέλεα ⟨οὐ⟩ πίμπλαται ὕδατος, τὰ δὲ ἄνω τοῦ σώματος λεπτὰ γίνεται· οὕτω δὲ διατεθεῖσι τὰ σημήϊα ἅπαντα 612
βληχρότερά ἐστι, καὶ ἅμα καὶ ἐν τοῖσι σκέλεσιν ὕδωρ οὐκ ἐπιγίνεται, καὶ ὁ πόνος τοσούτῳ ἐλάσσων. **4** Περὶ δὲ τὴν κοιλίην μοῦνον διὰ τόδε ὕδρωψ γίνεται· ἐπὴν γὰρ ἁλὲς ἐπιγένηται, καὶ ὁδὸς ἐν ἀρχῇσι μὴ γίνηται ἐς τὸ κάτω, ἀλλ' ἀποληφθῇ ἁλὲς ἐν τοῖσι φλεβίοισιν, ἅτε καὶ ἀναπνοὴν μὴ ἔχον μήτε ἄνω μήτε κάτω, ἀποστήριξιν ἔχει. Ὥσπερ εἴ τις ἄγγος μέγα μικρόστομον απολαβὼν καταστρέψειεν ἐν τάχει, εἶτα καθ' ἡσυχίην ἀπὸ τοῦ στόματος ἀφέλοι τὸ ἐπικείμενον, καὶ ἢν τοῦτο ποιήσῃ, τὸ ὕδωρ οὐκ ἐκρεύσεται ἔξω· οὐ γὰρ ἔχει πνοήν, ἀλλὰ ἀποκέκλεισται ἀπὸ τοῦ ἐντὸς πνεύματος· **5** ἐνεὸν γὰρ τὸ πνεῦμα πληροῖ τὸ ἄγγος καὶ ἀντιστηρίζει τῷ ἔξω πνεύματι, καὶ οὐκ ἔσται τῷ ὕδατι ἐκδρομὴ ὑπὸ τοῦ πνεύματος τοῦ πληροῦντος τὸ ἄγγος καὶ ἅμα ἐπικειμένου τοῦ ἠέρος· ἢν δέ τις κλίνῃ καθ' ἡσυχίην τὸ ἄγγος ἢ κατὰ πυθμένα τρήσῃ, ἐξελεύσεται τὸ πνεῦμα ἐκ τοῦ ἄγγεος· ἐξιόντος δὲ τοῦ πνεύματος, χωρεῖ καὶ τὸ ὕδωρ ἔξω. Οὕτω δὲ καὶ τῷ ὕδρωπι· ἢν μὲν παραπνοὴ ἢ ἄνω ἢ κάτω διὰ τῶν φλεβίων γένηται ἐν ἀρχῇ τῆς νούσου, ἔρχεται ἐς τὰ σκέλεα καὶ ἐς τοὺς πόδας ὁ ὕδρωψ· εἰ δὲ μή, αὐτοῦ μοῦνον εἰλεῖται περὶ τὴν κοιλίην. Καὶ οὕτω μέν μοι περὶ τούτων εἴρηται. **6** Γίνεται δὲ καὶ τῇσι γυναιξὶν ὁ ὕδρωψ ἐν τῇσι μήτρῃσι, καὶ τὰ ἐν τῇσι κοιλίῃσι, καὶ τὰ ἐν τοῖσι σκέλεσι, καὶ τὰ ἄλλα σημήϊα πάντα

1-2 ὕδρωπος M : add. εἰσιν recc. || 4 οὐ add. Littré || 5 δὲ διατεθεῖσι τὰ Erm. : οἰηθεῖσι τὰ δὲ M δ' ἔχουσι τὰ Littré || 11-12 ἀποστήριξι M || 15 ἐκρεύσεται Joly : -ξεται M ἂν ῥεύσειεν recc. || ἀλλὰ M : ἀλλ' recc. || 20 κλίνῃ Joly : -νειεν M || 21 τρήσῃ Joly : -σειεν M || 22 δὲ M : δὴ recc. || 25 εἰ M : ἢν recc. || 26 μοῦνον recc. : μόνον M || 29 τὰ ἄλλα M : τἄλλα recc. || σημήϊα recc. : -μεῖα M || πάντα M : om. recc.

pour les jambes et tous les autres sont les mêmes. J'ai exposé cela dans les *Maladies des femmes*[1]. Telles sont les trois espèces de maladies provenant de l'eau. Toutes ces affections deviennent vite graves et toutes se développent rapidement ; elles sont encore plus graves quand elles affectent quelqu'un qu'une autre maladie a déjà épuisé. Si l'hydropisie surprend brusquement le patient sans se déclarer, il en meurt, car la maladie aura été très longue[2] ; et si le ventre ne coule pas bien, on meurt très vite avec tout son sens et la parole. — Voilà ce que j'avais à dire de l'hydropisie, de son origine et de ses symptômes.

faute de copiste due au contexte. L'auteur emploie partout le singulier, mais l'argument n'est pas décisif.

1. Cf. *Maladies des femmes*, I, 59-61 (L VIII, 116-126), et *Nature de la femme*, 2 (L VII, 312-314).

2. L'auteur veut dire que la maladie aura couvé trop longtemps pour être *guérissable*.

ταὐτὰ ἴσχει· ἀποπέφανται δέ μοι ἐν τοῖσι γυναικείοισι
νοσήμασι περὶ αὐτοῦ. Αὗται αἱ τρεῖς ἰδέαι τῶν νοσημά-
των ἀπὸ τοῦ ὕδρωπος. Γίνεται δὲ τὰ νοσήματα πάντα
ταχέως χαλεπὰ καὶ πάντα αὔξεται ταχέως· ἔτι δὲ χαλε-
πώτερα γίνεται, ἢν ἐξ ἑτέρης νούσου τὸ σῶμα τηχθὲν
ἐς τοῦτο περιέλθῃ. Ἢν μὲν οὖν ἐν τάχει προκαταλάβηται
τὸ νόσημα τὸν ἄνθρωπον, θνῄσκει, ἅτε τῆς νούσου χρο- 614
νιωτάτης γενομένης· ἐπὴν δὲ καὶ ἡ κοιλίη ⟨μὴ⟩ εὔροος
γένηται, κάρτα θνῄσκει τάχιστα, ἐπαΐων τε καὶ διαλε-
γόμενος. Ταῦτα δέ μοι εἴρηται περὶ ὕδρωπος, ὅθεν τε
γίνεται καὶ ὅτι τὰ σημήϊα αὐτοῦ τάδε.

2 νοσήμασι M : νουσ- recc. || νοσημάτων M : νουσ- recc. || 3 νοσήματα M : νουσ- recc. || 7 νόσημα M : νουσ- recc. || 8 μὴ add. Erm. || 9 τάχιστα : ταχέως Erm. (vel [κάρτα]).

NOTE ADDITIONNELLE POUR LE CHAPITRE XIII, p. 55-56

Les mentions de Galien dans l'apparat critique des pages 55 et 56 sont insuffisantes : Galien fait deux longues citations de ce passage, dans le *De spermate*, IV, 525-526 K (de XIII, 1, ὡς δὲ εἶδον, à XIII, 3, διαφαίνοιτο) et dans le *De fœtuum formatione*, IV, 653-655 K. (de XIII, 1, Καὶ μὴν..., à XIII, 4, περιέχων τὴν γονήν). Ces citations diffèrent entre elles et, malgré l'absence d'une édition critique de ces deux œuvres, il n'est pas sans intérêt de faire, d'après l'édition Kühn, le relevé complet des variantes qui s'écartent du texte de la présente édition.

De spermate	*De fœtuum formatione*
	ἐν τῇσι μήτρῃσι
	αὐτός τε εἶδον
	ποιέομαι
οἰκέτις (pro οἰκείης)	οἰκέτις
πολύτιμος ἦν	
	φοιτῶσα
ἔη	εἴη
οἷα γυναῖκες	οἷα αἱ γυναῖκες
πρὸς ἀλλ. λέγουσι	πρὸς ἀλλ. λέγουσι
ὅτι ἐπὴν	ὅτι ἦν
om. οἱ	om. οἱ
	ἐμμένει
	ξυνῆκε
τοῦτο ἐφύλασσεν ἀεὶ	τοῦτ' ἐφύλασσεν ἀεὶ
καί κως ὡς	
om. οἱ	om. οἱ
	καὶ ἔφρασε
ἕως ἐμὲ	πρὸς ἐμὲ
κἀγὼ	
ἐκελευσάμην αὐτὴν	ἐκελευσάμην αὐτὴν
πρὸς τὴν γῆν	πρὸς τὴν γῆν
ἑκτάκις ἐπειδὴ	ἐπεὶ ἑπτάκις
om. ἤδη	om. ἤδη
om. καὶ (ἡ γονὴ)	om. καὶ
	om. ἰδοῦσα
ἐθεᾶτο αὐτὴν	ἐθεᾶτο

ἐθαύμαζεν	ἐθαύμαζεν
	ὁκοίη
	τὸ ἔσω ὑγρὸν
διεφαίνετο	
	om. ὁ (τρόπος)
	om. καὶ (ἐρυθρὸν)
	τινες ἶνες
	τὸ μέσον
	om. τοῦ ὑμένος
	ἐπεῖχε
	λεπτόν, ὅ τι
	καὶ ἐκείνῳ
	ιακ ἔξω καὶ ἔσω
	πᾶς ὁ π.

Ajoutons que Galien a fait aussi plusieurs allusions à ce texte : II, 86 ; IV, 452 ; 662 Kühn.

INDEX VERBORVM[1]

A

ἀγαθός **46**, 1.
ἀγάλακτος **30**, 6.
ἀγγεῖον **37**, 2 ; **40**, 3.
ἄγγος **9**, 3 ; **57**, 4 ; 5.
ἄγονος **2**, 2.
ἄγριον **34**, 4 ; 5.
ἀγρυπνίη **57**, 3.
ἄδηλος **22**, 3.
ἀδρός **2**, 3 ; **30**, 5 ; 6.
ἀδυναμίη **57**, 3.
ἀείρω : cf. αἴρω.
ἀηδής **39**, 2 ; **45**, 2.
ἀθροίζω **12**, 1.
αἰδοῖον **1**, 1 ; **2**, 3 ; **2**, 1 ; 3 ; **4**, 1 ; **15**, 6, **17**, 2 ; **30**, 4 ; **31**, 1.
αἷμα **1**, 3 ; **3**, 1 ; **4**, 3 ; **14**, 1 ; 2 ; **15**, 1 ; 2 ; 3 ; 4 ; 5 ; 6 ; **16**, 1 ; **18**, 2 ; 3 ; 4 ; 5 ; **30**, 5 ; 6 ; **32**, 1 ; **33**, 1 ; 2 ; **37**, 1 ; **38**, 1 ; 2 ; 3 ; **40**, 2 ; **42**, 2 ; **50**, 4 ; 5 ; **51**, 3 ; 4 ; 8 ; **54**, 2.
αἱμάλωψ **13**, 3 ; **19**, 1.
αἱματώδης **18**, 3 ; **30**, 12 ; **33**, 2 ; **34**, 5 ; **37**, 1 ; **39**, 4 ; **55**, 1.
αἴρω **2**, 1 ; **12**, 6 ; **30**, 3 ; **37**, 3 ; **38**, 1 ; **48**, 1 ; **55**, 6.
αἰσθάνομαι **15**, 3 ; **21**, 3 ; **30**, 8.
ἀΐσσω **54**, 6.
αἰτίη **36**, 4 (?) ; **46**, 5.
αἴτιον **2**, 3 ; **15**, 4 ; **45**, 2.
αἴτιος **9**, 2.
αἰωρέω **25**, 3 ; 4.
ἄκιδνος **30**, 1.
ἄκικυς **43**, 2.
ἀκίνδυνος **18**, 1.
ἀκούω **56**, 7.
ἀκρόδρυον **12**, 4.
ἀκροποσθίη **55**, 6.
ἀλγέω **36**, 1.
ἄλειφα **49**, 3 ; **51**, 9.
ἀλείφω **21**, 3 ; **56**, 3.
ἀλεκτορίς **29**, 2.
ἀληθής **13**, 4.
ἀλής **47**, 1 ; **51**, 9 ; **55**, 3 ; **57**, 4.
ἄλητον **56**, 5 ; 6.
ἀλλότριος **51**, 5.
ἁλμυρός **42**, 3.
ἀμαλδύνω **2**, 1 ; **17**, 3.
ἁμαρτάνω **47**, 3.
ἀναβαίνω **11**, 1 ; **18**, 8 ; **27**, 1 ; **45**, 1.
ἀναγκάζω **53**, 1.
ἀνάγκη **6**, 1 ; **8**, 1 ; 2 ; **9**, 2 ; **10**, 2 ; **12**, 5 ; **15**, 3 ; **18**, 7 ; 8 ; **21**, 2 ; **23**, 3 ; **24**, 1 ; **30**, 9 ; **34**, 5 ; **35**, 3 ; **39**, 3 ; **46**, 1 ; 3 ; **53**, 3 ; **56**, 7.

1. Cet *index*, non exhaustif, mais assez étendu, est analogue à celui du *Régime*. Toutefois, comme l'œuvre ici éditée abonde en répétitions, nous avons renoncé à signaler le nombre de fois qu'un même mot revient à l'intérieur d'un paragraphe. Quelques mots par trop fréquents ont été omis, par exemple ἀνήρ, γυνή, ἡμέρη, ἄνθρωπος, γίνομαι...

ἀναλαμβάνω **26**, 1.
ἀναλόω **22**, 3 ; **51**, 7.
ἀναμίσγω **17**, 4.
ἀναπίνω **21**, 3.
ἀναπνέω **24**, 2 ; **56**, 2.
ἀναπνοή **57**, 4.
ἄναρθρος **18**, 7.
ἀνάριθμος **34**, 1.
ἀνατέλλω **10**, 2 ; **22**, 2 ; **23**, 2.
ἀναυδίη **54**, 6.
ἀναφέρω **44**, 4 ; **45**, 5 ; **46**, 5 ; **47**, 1 ; **50**, 1 ; **54**, 7.
ἄνεμος **24**, 2 ; **25**, 6.
ἀνεπιτήδειος **50**, 2 ; 3 ; **51**, 1 ; **52**, 1.
ἀνθρώπινος **27**, 1 ; **29**, 1.
ἀνθρωποειδής **32**, 1.
ἀνίημι **46**, 2.
ἀνοίγω **39**, 2.
ἀνταποδίδωμι **18**, 5 ; **39**, 1.
ἀντέχω **28**, 1.
ἀντηχέω **56**, 2.
ἀντισπάω **12**, 3 ; 5 ; **30**, 7.
ἀντιστηρίζω **57**, 5.
ἀντλέω **25**, 5 ; 6.
ἁπαλός **22**, 3 ; **23**, 1 ; **26**, 3 ; **30**, 2 ; **56**, 3 ; 4.
ἀπανθέω **9**, 3.
ἀπαρτίζω **48**, 3.
ἀπαρύω **39**, 1.
ἀπειρίη **30**, 11.
ἄπειρος **30**, 4.
ἀπέρχομαι **50**, 4.
ἀπέχω **12**, 6 ; **13**, 3 ; **14**, 2.
ἀποβράσσομαι **31**, 3.
ἀποδεικνύω **50**, 2 ; **53**, 3.
ἀποδίδωμι **23**, 3 ; **25**, 5 ; **26**, 2 ; **39**, 2.
ἀποθνήσκω **18**, 4 ; **39**, 2.
ἀποκαθαίρω **15**, 6 ; **18**, 4 ; **30**, 6 ; **37**, 2 ; **41**, 1 ; **49**, 1 ; **50**, 1 ; 2 ; 3 ; 4 ; 5 ; **51**, 1 ; 5 ; 8.
ἀποκάθαρσις **37**, 2.
ἀποκενόω **15**, 4.
ἀποκλείω **57**, 4.
ἀποκρίνω **1**, 1 ; 2 ; 3 ; **3**, 1 ; **4**, 2 ; **15**, 4 ; **16**, 1 ; **20**, 6 ; **30**, 12 ; **40**, 1 ; **46**, 4 ; **51**, 1 ; 2 ; 3 ; **52**, 3 ; **54**, 4.
ἀπόκρισις **2**, 2.
ἀπολαμβάνω **20**, 4 ; **51**, 8 ; **57**, 4.
ἀπόλλυμι **18**, 4 ; **47**, 2 ; 3.
ἀπολύω, **45**, 5.
ἀποπατέω **43**, 1 ; **44**, 4 ; **54**, 1 ; 2 ; 3 ; 6.
ἀπόπατος **43**, 1 ; **49**, 2 ; **54**, 5.
ἀποπηδάω **21**, 2.
ἀποπιέζω **25**, 3.
ἀποπνέω **24**, 3 ; **25**, 2 ; 3.
ἄπορος **49**, 1.
ἀπορρήγνυμι **54**, 5.
ἀποστηρίζω **51**, 4.
ἀποστήριξις **57**, 4.
ἀποτάμνω **2**, 1.
ἀποτίκτω **52**, 1.
ἀποφαίνω **2**, 3 ; **29**, 1 ; **32**, 2 ; **33**, 1 ; 2 ; **35**, 1 ; 5 ; **38**, 3 ; **41**, 1 ; **44**, 4 ; **45**, 2 ; **46**, 1 ; **57**, 6.
ἀποφέρω **26**, 3 ; 5 ; **30**, 1 ; **55**, 5.
ἀποφλεγμαίνω **48**, 3.
ἀποχρέμπτομαι **35**, 2.
ἀποχωρέω **1**, 2.
ἅπτομαι **56**, 3.
ἄραδος **56**, 3.
ἀραιός **17**, 1 ; **20**, 1 ; 2 ; 3 ; 4 ; 5 ; **24**, 1 ; 2 ; **25**, 1 ; 2 ; 4 ; 6 ; **30**, 7 ; **56**, 4.
ἀραιόσαρκος **21**, 2 ; 3.
ἀραιότης **49**, 3.
ἀραιόω **20**, 4.
ἀραίωμα **45**, 3.
ἀραιῶς **24**, 2.
ἄρθρον **17**, 2.
ἀρθρόω **10**, 2 (?) ; **17**, 1 ; 2 ; **18**, 7.
ἀριθμός **11**, 1.

ἀρκέω **23**, 3; **30**, 5; 6; 7; 8; 9; **39**, 3; **43**, 1; 2; **51**, 6; 7.
ἁρμῷ **15**, 1.
ἄρσην **6**, 1; 2; **7**, 1; 2; **18**, 1; 8; **21**, 1; **31**, 2; 3.
ἄρτιος **46**, 3; **47**, 2.
ἄρτος **12**, 6.
ἀρυστήρ **9**, 3.
ἀρύω **25**, 6.
ἀρχή **15**, 3; **18**, 3; **21**, 4; **27**, 1; **32**, 2; **34**, 2; **35**, 4; **36**, 3; **48**, 3; **49**, 1; **50**, 2; 3; 5; **51**, 3; 9; **53**, 3; **55**, 1; **57**, 4; 5.
ἄρχομαι **51**, 7.
ἀρχός **41**, 1; **54**, 4.
ἀσθενείη **22**, 1; **47**, 1.
ἀσθενέω **54**, 7.
ἀσθενής **1**, 1; **2**, 2; **6**, 1; 2; **7**, 2; **8**, 1; **9**, 1; 2; **11**, 1; **18**, 8; **31**, 3; **32**, 1; **40**, 1; **44**, 2; **55**, 2.
ἀσινής **38**, 2; **52**, 4.
ἀσιτέω **57**, 2.
ἀσκαρίζω **30**, 1; 5; 6; 9.
ἀσκός **25**, 3; 4.
ἄτιμος **13**, 1.
ἀτμιάω **49**, 3; 4.
ἀτρεκείη **28**, 1.
ἀτρεκέως **39**, 3; **45**, 2; **49**, 1.
ἀτρεμέω **12**, 1.
ἀττικός **18**, 3.
αὐαίνω **17**, 4; **34**, 2; **45**, 4.
αὐθημερόν **30**, 4; **43**, 2; **44**, 2; **45**, 5 (?); **46**, 2.
αὐλίσκος **17**, 4.
αὐλός **39**, 1.
αὐξάνω **54**, 3; **55**, 6.
αὔξη **2**, 3; **9**, 1; 2; 3; **16**, 1; **17**, 1; **18**, 2.
αὔξησις **14**, 2; **22**, 1; 3; **23**, 2; 3; **30**, 5; 7.
αὔξομαι **2**, 3; **4**, 2; **14**, 1; **15**, 1; **16**, 1; **17**, 1; **19**, 1; 3; **24**, 1; **26**, 2; 4; **30**, 5; 7; 9; **34**, 5; **54**, 3; 5; **55**, 3; **57**, 6.
αὔξω **14**, 2.
αὐτόματος **18**, 4; **30**, 4; **34**, 3; **54**, 7.
ἀφαιρέω **57**, 4.
ἀφανής **55**, 6.
ἀφανίζω **22**, 3.
ἀφηγέομαι **30**, 12.
ἀφίημι **2**, 2; **4**, 1; **12**, 3; 4; 5; **23**, 1; 2; **25**, 4; **26**, 5; **39**, 2; **46**, 2; 3; 5; **57**, 3.
ἀφρέω **1**, 2; 3.
ἀφριάω **51**, 2.
ἄχνη **55**, 3.
ἀχρεῖος **45**, 3.

B

βάθος **55**, 7.
βαθύς **25**, 6.
βαρέομαι **49**, 1.
βαρύς **23**, 1; **24**, 1; 3; **30**, 2; **40**, 1; **51**, 2; 3; **52**, 3; **55**, 7.
βαρύτης **22**, 2.
βεβαίως **26**, 4.
βελόνη **25**, 3.
βήξ **49**, 2; **56**, 6.
βίαιος **10**, 1; **30**, 2; 7; **50**, 2.
βιάομαι **22**, 2; **30**, 2; **35**, 2.
βίη **30**, 12; **32**, 1; **50**, 3; 4; 5; **51**, 1.
βλαστάνω **23**, 2; **26**, 5; **34**, 2.
βλαστός **23**, 2; 3.
βληχρός **49**, 2; **52**, 4; **57**, 3.
βουβών **15**, 6; **48**, 1.
βούτυρον **51**, 2.
βραχίων **17**, 2; **19**, 2.
βρῶμα **33**, 1; **34**, 5; **35**, 2; 5; **36**, 1; 2; 4; **42**, 3; **44**, 2; **45**, 1; **56**, 5.
βρῶσις **43**, 1; **44**, 4; **45**, 4.
βρωτόν **12**, 2; **21**, 2; 3; **33**,

2 ; **34**, 5 ; **37**, 2 ; **38**, 2 ; 3 ; **39**, 2 ; 4 ; 5 ; **40**, 1 ; **45**, 1 ; 4.
βύζην **15**, 1.
βύω **24**, 2.

Γ

γάλα **21**, 2 ; 4 ; **30**, 5 ; **51**, 2 ; **54**, 2 ; **55**, 1 ; 2 ; 3 ; 5 ; **56**, 7.
γαμψός **31**, 1.
γαστήρ **13**, 1 ; **15**, 1 ; 2 ; 4 ; **18**, 4 ; **21**, 3 ; **30**, 3 ; 4 ; 5 ; **49**, 2 ; **54**, 2 ; **57**, 3.
γένειον **20**, 1 ; 3 ; 5.
γενειάω **20**, 4.
γένεσις **32**, 1.
γενετή **20**, 6.
γεννάω **53**, 1.
γένος **30**, 6 ; **34**, 4.
γένυς **28**, 1.
γεώδης **55**, 2.
γεωτραγίη **55**, 6.
γῆ **10**, 2 ; **13**, 2 ; **17**, 4 ; **22**, 1 ; 3 ; 4 ; 5 ; **23**, 1 ; 2 ; 3 ; **24**, 1 ; 3 ; 4 ; **25**, 1 ; 2 ; 4 ; 5 ; 6 ; **26**, 1 ; 3 ; 5 ; **27**, 1 ; **33**, 3 ; **34**, 1 ; 2 ; 3 ; 4 ; 5 ; **55**, 4.
γινώσκω **47**, 3.
γλισχρός **12**, 6 ; **35**, 2.
γλυκαίνω **21**, 4 ; **26**, 3.
γλυκύς **30**, 5 ; **34**, 4 ; **54**, 2.
γλῶσσα **56**, 1.
γνώμη **13**, 1 ; **29**, 1 ; **56**, 7.
γονή **1**, 1 ; **2**, 1 ; 2 ; **3**, 1 ; **4**, 1 ; **5**, 1 ; **7**, 2 ; **8**, 1 ; **11**, 1 ; **12**, 1 ; 5 ; 6 ; **13**, 1 ; 2 ; 4 ; **14**, 1 ; **15**, 1 ; **17**, 4 ; **18**, 5 ; 8 ; **20**, 2 ; 4 ; **21**, 1 ; **29**, 1 ; **31**, 1 ; 3.
γόνος **7**, 1 ; 2 ; **18**, 5 ; **20**, 2 ; **30**, 4.
γυμνασίη **45**, 4.
γυμνάσιον **45**, 3.
γυναικεῖος **4**, 3 ; **15**, 6 ; **57**, 6.

Δ

δάκτυλος **19**, 1 ; 3.
δεινός **54**, 7.
δέκα **30**, 2 ; 3 ; 5 ; 6 ; 9.
δέκατος **30**, 2.
δένδρεον **10**, 2 ; **17**, 2 ; **19**, 1 ; **23**, 1 ; 2 ; 3 ; **26**, 1 ; 2 ; 4 ; 5.
δέον **44**, 3.
δέρμα **20**, 4 ; **21**, 3 ; **56**, 4.
δεσμός **30**, 1 ; 9.
δέσποινα **13**, 2.
δευτεραῖος **48**, 3.
δεύτερος **48**, 3 ; **50**, 2 ; 3 ; **51**, 3 ; **55**, 4.
δέχομαι **5**, 1 ; **31**, 1 ; **39**, 1 ; 2 ; **46**, 4 ; **53**, 1 ; **57**, 1.
δηλόω **38**, 3 ; **44**, 4.
διαβάλλω **30**, 3 ; **56**, 1.
διαγινώσκω **39**, 3.
διάγνωσις **13**, 4 ; **29**, 1.
διάδεσμος **14**, 2.
διάδηλος **6**, 2.
διαδίδωμι **15**, 5 ; **21**, 4 ; **23**, 2 ; **25**, 5 ; **33**, 3 ; **36**, 3 ; **37**, 1 ; **38**, 1 ; 2 ; **39**, 3 ; **40**, 2.
διαθερμαίνω **12**, 3 ; **21**, 4.
διάθερμος **1**, 3.
διαΐσσω **46**, 4 ; **57**, 2.
δίαιτα **50**, 2 ; **57**, 1.
διακενόω **30**, 12.
διακινέω **20**, 6 (?) ; **25**, 5.
διακόπτω **50**, 4.
διακρίνομαι **51**, 2 ; **52**, 1.
διάκρισις **3**, 1 ; **18**, 5.
διαλέγομαι **57**, 6.
διαμένω **44**, 2.
διαπηδάω **21**, 3.
διαπήδησις **21**, 3.
διαπνοή **24**, 1.
διαρθρόω **17**, 3 ; 4 ; **18**, 1 ; 5 ; 7 ; **19**, 1 ; **30**, 7 ; **56**, 1.
διάρθρωσις **18**, 7.

διαρρέω **30**, 3.
διασημαίνω **36**, 4.
διαταράσσω **52**, 3.
διατείνω **22**, 2.
διατίθεμαι (?) **57**, 3.
διατμέω **45**, 3.
διαφανής **57**, 2.
διαφθείρω **18**, 7.
διαχέω **1**, 2 ; 3 ; **26**, 3 ; **42**, 2 ; **45**, 3 ; **52**, 5 ; **53**, 2.
διαχωρέω **25**, 4 ; **42**, 3 ; **44**, 2 ; **49**, 2.
διαψύχομαι **47**, 1.
δίδυμον **31**, 1 ; 2 ; 3.
δίειμι **24**, 2 ; 3 ; **25**, 4 ; **30**, 7 ; **35**, 5.
διεκδίδωμι (?) **39**, 3.
διεξατμίζω **47**, 2.
διέξοδος **30**, 2.
διέρχομαι **49**, 2 ; **52**, 2 ; **55**, 3.
διευρύνω **52**, 1.
διηγέομαι **13**, 1.
διηθέω **25**, 6 ; **36**, 3 ; **37**, 2 ; 3 ; **38**, 2 ; **45**, 3 ; **46**, 2 ; 3 ; **50**, 5 ; **57**, 1 ; 2.
διίημι **24**, 4.
διίστημι **30**, 11 ; **51**, 2 ; 3.
δίνη **55**, 3.
δίοδος **2**, 1 ; 2 ; 3 ; **12**, 6 ; **50**, 4.
διοζόομαι **17**, 2 ; **19**, 1.
διουρέω **55**, 6 ; 7 ; **56**, 5.
δίς **31**, 3.
διψάω **57**, 1.
διωθέω **55**, 2.
δοκέω **56**, 7.
δόρυ (?) **24**, 2.
δριμύς **35**, 1.
δύναμις **15**, 1 ; **22**, 2 ; 3 ; 5 ; **23**, 1 ; 2 ; 3 ; **26**, 3 ; **30**, 1 ; **34**, 1 ; 4 ; 5 ; **36**, 4 ; **39**, 4 ; **51**, 5.
δύο **18**, 1 ; 2 ; 5 ; 6 ; 7 ; **26**, 1 ; **42**, 1 ; **43**, 2 ; **45**, 5 ; **54**, 5 ; **55**, 6 ; 7.
δυσωδίη **47**, 1.

E

ἑβδομαῖος **48**, 3.
ἕβδομος **46**, 3.
ἐγγεννάω **35**, 2.
ἐγγίνομαι **54**, 2 ; 6 ; **55**, 1.
ἔγκειμαι **26**, 4 ; 5.
ἐγκέφαλον **1**, 2.
ἔγκοιλος **40**, 3.
ἐγκρατής **30**, 2.
ἐγχρονίζω **15**, 6.
ἔθος **5**, 1.
εἶδος **18**, 4 ; **19**, 1 ; **32**, 1 ; **54**, 6.
εἴκοσι **18**, 1 ; **29**, 2 ; **30**, 8.
εἰλέω **13**, 3 ; **51**, 3 ; 5 ; 8 ; **52**, 3 ; **57**, 5.
εἰρύω **37**, 1 ; **38**, 1.
εἷς **31**, 1 ; 2 ; **39**, 1 ; **42**, 1 ; **45**, 4 ; **49**, 2 ; **50**, 1 ; **54**, 3 ; **55**, 6.
ἐκβάλλω **22**, 3.
ἐκδίδωμι **22**, 5 ; **23**, 3 ; **26**, 2 ; 4 ; **40**, 2.
ἐκδιηθέω **37**, 1.
ἐκδρομή **57**, 5.
ἐκζέω **22**, 4 ; 5 ; **26**, 3.
ἐκθερμαίνω **24**, 2.
ἐκκορυφόω **48**, 3.
ἐκλείπω **52**, 3.
ἐκλέπω **29**, 2 ; **30**, 8.
ἐκλογισμός **12**, 3.
ἐκπίπτω **54**, 4.
ἐκρέω **20**, 5 ; **57**, 4.
ἐκταῖος **13**, 1 ; 4.
ἐκτρέφω **54**, 3.
ἐκτρίβω **2**, 1.
ἐκφύω **20**, 4 ; **22**, 4.
ἐκχωρέω **20**, 2 ; **51**, 5.
ἔλαιον **21**, 3.
ἐλαφρός **51**, 2.
ἑλικοειδής **40**, 2.
ἑλίσσω **12**, 3 ; 4 ; **30**, 1.
ἑλκόω **1**, 3 ; **55**, 6 ; **56**, 4.

ἕλκος **48**, 1 ; 2 ; 3 ; **50**, 4.
ἕλκω **12**, 2 ; **14**, 2 ; **15**, 1 ; 2 ; **16**, 1 ; **19**, 1 ; **20**, 6 ; **21**, 4 ; **22**, 4 ; 5 ; **23**, 2 ; 3 ; **24**, 1 ; **25**, 1 ; 4 ; **26**, 2 ; 5 ; **29**, 1 ; **30**, 5 ; 7 ; **33**, 1 ; 3 ; **34**, 1 ; 2 ; 5 ; **35**, 1 ; 2 ; **36**, 1 ; 2 ; 4 ; **37**, 1 ; 3 ; **38**, 1 ; **39**, 3 ; 5 ; **40**, 1 ; 2 ; **44**, 2 ; 3 ; 4 ; **46**, 2 ; 3 ; **47**, 1 ; **55**, 2 ; 5 ; **57**, 2.
ἕλμινς **54**, 1 ; 2 ; 3 ; 5 ; 6 ; 7.
ἐλπίζω **35**, 1.
ἐμβάλλω **47**, 3 ; **52**, 1 ; **54**, 6 ; **55**, 4.
ἐμβολή **55**, 4,
ἔμβρυον **9**, 1 ; 2 ; **10**, 1 ; **21**, 2 ; **30**, 1 ; 5 ; 7 ; 9 ; 11.
ἐμμένω **5**, 1 ; **44**, 1 ; 2 ; 3 ; **45**, 3 ; **49**, 1.
ἔμπειρος **5**, 1 ; **30**, 11.
ἐμπίπλημι **16**, 2 ; **39**, 1 ; **40**, 3 ; **51**, 9.
ἐμπίπτω **48**, 2 ; **54**, 6.
ἐμπολάω **49**, 2.
ἐμφανής **7**, 1 ; **13**, 4 ; **29**, 1 ; **30**, 8 ; **36**, 1.
ἐμφράσσω **2**, 1.
ἐναντιόομαι **56**, 2.
ἐναντίος **8**, 1.
ἐναρμόζω **39**, 1.
ἔνατος **46**, 3.
ἑνδεκαταῖος **48**, 3.
ἐνδέομαι **39**, 5.
ἔνθερμος (?) **24**, 2.
ἔνθετος **26**, 5.
ἐνθυμέομαι **24**, 2.
ἐνναταῖος **48**, 3.
ἐννοέω **5**, 1 ; **12**, 3 ; **27**, 1.
ἔντερον **17**, 3 ; **54**, 2 ; 3 ; 4 ; 6.
ἐντίθημι **26**, 4 ; 5.
ἕξ **13**, 1 ; **15**, 6.
ἐξαερόομαι **25**, 6.
ἐξαίρω **30**, 3.
ἐξαΐσσω **4**, 2.
ἐξάμβλωσις **18**, 7.
ἐξαναλίσκω **30**, 8 ; **46**, 5.
ἐξαποπατέω **43**, 1.
ἐξαρκέω **34**, 2 ; 3 ; **51**, 7.
ἐξασθενέω **43**, 2.
ἐξατμιάω **49**, 3.
ἐξατμίζω **49**, 3.
ἔξειμι **31**, 3 ; **44**, 2 ; **45**, 4 ; **46**, 1 ; **57**, 5.
ἐξεράω **49**, 2.
ἐξέρχομαι **30**, 2 ; 4 ; 6 ; 7 ; **35**, 2 ; 3 ; **38**, 2 ; **43**, 2 ; **45**, 2 ; 4 ; **46**, 1 ; 3 ; 5 ; **52**, 4 ; **54**, 1 ; 2 ; 5 ; 7 ; **57**, 5.
ἐξευρίσκω **52**, 3.
ἐξίσχω **54**, 4.
ἔξοδος **30**, 12 ; **48**, 1 ; **50**, 4.
ἐξονειρώσσω **1**, 3.
ἐξουρέω **55**, 3 ; 4.
ἐξωθέω **36**, 4 (?) ; **42**, 2 ; **46**, 4 ; **48**, 1.
ἔοικα **8**, 1 ; 2 ; **51**, 2 ; **52**, 1.
ἐπάγω **32**, 2 ; **38**, 3 ; **52**, 4 ; **53**, 3 ; **54**, 7 ; **56**, 7.
ἐπαΐσσω **17**, 2.
ἐπαΐω **57**, 6.
ἐπανέρχομαι **54**, 4.
ἐπαρκέω **44**, 2.
ἐπαύξομαι **54**, 4.
ἐπαυρίσκομαι **21**, 4 ; **26**, 5 ; **30**, 5 ; **33**, 1 ; **39**, 2 ; 4 ; **41**, 2 ; **44**, 2 ; **45**, 1 ; **47**, 1 ; **51**, 6 ; **53**, 2 ; **55**, 2 ; **56**, 2 (?).
ἔπειμι **1**, 2 ; **55**, 3 ; 5.
ἐπέρχομαι **45**, 2.
ἐπιγίνομαι **20**, 4 ; **36**, 3 ; **45**, 4 ; **55**, 3 ; **57**, 1 ; 4.
ἐπιδερμίς **20**, 1 ; 2 ; 3 ; 4 ; 5 ; 6 ; **52**, 3.
ἐπιδέχομαι **39**, 2 ; **53**, 3.
ἐπιδίδωμι **39**, 1 ; **41**, 2.
ἐπιθέω **35**, 1.
ἐπικαθέζομαι **30**, 7.
ἐπικαίω **20**, 4.

ἐπικατέρχομαι **30**, 4.
ἐπίκειμαι **35**, 2; **51**, 9; **56**, 8; **57**, 4; 5.
ἐπικλίνω **51**, 9.
ἐπικρατέω **30**, 10; **46**, 3; 5; **47**, 2; **51**, 7; **53**, 1.
ἐπικρατύνω **49**, 4,
ἐπιλαμβάνω **55**, 5; **57**, 2.
ἐπιλειπής **42**, 2.
ἐπιμίσγομαι **51**, 5.
ἐπίνοσος **4**, 3; **38**, 2; **40**, 3; **52**, 1; **55**, 2.
ἐπιπηδάω **13**, 2.
ἐπιπίμπλημι **39**, 5.
ἐπιπίπτω **32**, 2; **49**, 1; **50**, 5; **53**, 3; **57**, 3.
ἐπίπλοον **21**, 2; 3; **57**, 1.
ἐπιπολῆς **12**, 6; **25**, 5; **51**, 2; 3.
ἐπίπονος **37**, 3; **51**, 6.
ἐπιρρέω **42**, 3; **54**, 6.
ἐπισημαίνω **14**, 1; **21**, 2; **35**, 4; **36**, 3; **44**, 1.
ἐπίσκληρος **19**, 1.
ἐπιταράσσω **47**, 3.
ἐπιτήδειος **49**, 1; 2; **57**, 1.
ἐπίχυσις **4**, 2.
ἑπτά **49**, 2; **56**, 7.
ἑπτάκις **13**, 2.
ἐπωνυμίη **51**, 4.
ἐργάζομαι **32**, 2; **34**, 5; **49**, 1; **50**, 2; 3; 5; **51**, 9; **52**, 1; **55**, 5.
ἐρεύθω **38**, 1.
ἐρίζω **9**, 3.
ἑρμηνεύω **38**, 3; **39**, 4.
ἐρυθρός **13**, 3.
ἐρύω **37**, 1; **38**, 1.
ἐσαΐω **35**, 4; **36**, 3; **37**, 1; 2; **38**, 2; **39**, 4; **45**, 1; 2; **52**, 5.
ἔσειμι **31**, 3; **54**, 3; 7.
ἐσέρχομαι **31**, 3.
ἐσθίω **33**, 3; **35**, 1; 2; 3; **36**, 1; 4; **38**, 1; 3; **39**, 3; 5; **42**, 1; **43**, 1; 2; **45**, 4; **56**, 5; **57**, 3.
ἐσπνέω **12**, 1.
ἐσπνοή **12**, 4.
ἐσφέρω **18**, 5.
ἑτερόκαρπος **26**, 5.
εὐεξίη **45**, 4.
εὐνοῦχος **2**, 1; **20**, 4; 5.
εὔροος **2**, 3; **21**, 4; **37**, 2; **57**, 6.
εὐροόω **43**, 2.
εὖρος **24**, 1.
εὐρύνω **30**, 2; **54**, 2.
εὐρύς **22**, 4; **24**, 4; **26**, 3; **40**, 2; **55**, 2.
εὐρυχωρίη **2**, 3; **9**, 2; 3; **10**, 2; **25**, 3; 4; **30**, 10; **33**, 2; **40**, 1; 3; **51**, 3; 8; **52**, 2; 3; **53**, 2; **54**, 3.
ἑφθός **43**, 1; **56**, 5.
ἕωλος **54**, 1.

Z

ζάω **26**, 4; 5; **27**, 1; **30**, 8.
ζέω **4**, 2.
ζητέω **30**, 8; 9.
ζῷον **9**, 1; **14**, 2; **30**, 9; **31**, 1; 2; 3; **32**, 1; **54**, 1; 2; 3; **56**, 1.
ζωόομαι **31**, 1.
ζώω **39**, 2; 3; **56**, 6.

H

ἡβάω **20**, 4.
ἥβη **20**, 1; 2; **54**, 3.
ἡδέως **39**, 5.
ἥδομαι **4**, 1; 2.
ἡδονή **1**, 1; **4**, 1; 2.
ἡδυοινίη **34**, 3.
ἡδύς **34**, 3; **39**, 3; 4; **45**, 2.

ἠήρ **25**, 1 ; 5 ; **30**, 7 ; **57**, 5.
ἥλιος **22**, 4 ; 5 ; **25**, 1 ; 4 ; 5 ; **26**, 3 ; **34**, 2 ; 3.
ἡμερόω **34**, 5.
ἥμισυς **18**, 3.
ἡμιτελής **26**, 5,
ἧπαρ **33**, 2 ; **36**, 1 ; 2 ; 4 ; **40**, 1 ; **54**, 6.
ἡσυχάζω **30**, 10 ; **45**, 2.
ἡσυχίη **44**, 2 ; **45**, 1 ; 2 ; **57**, 4 ; 5.

Θ

θάνατος **54**, 7.
θαῦμα **11**, 1 ; **44**, 3 ; **47**, 3.
θαυμάζω **7**, 3 ; **13**, 2 ; **19**, 3 ; **26**, 5 ; **29**, 3.
θεήομαι **13**, 2.
θεράπευμα **34**, 3.
θερμαίνω **1**, 1 ; 2 ; **4**, 3 ; **12**, 1 ; 2 ; 4 ; 5 ; 6 ; **15**, 4 ; **18**, 3 ; **20**, 5 ; **22**, 4 ; **24**, 2 ; **25**, 5 ; 6 ; **26**, 2 ; 3 ; **30**, 3 ; 7 ; **44**, 1 ; **45**, 1 ; 3 ; **45**, 5 (?) ; **48**, 2 ; **49**, 1 ; 3 ; 4 ; **50**, 4 ; 5 ; **51**, 1 ; 3 ; 4 ; 7 ; **52**, 5 ; **53**, 1 ; 2 ; **54**, 4.
θερμασίη **15**, 3 ; **24**, 2 ; **25**, 5 ; **48**, 2.
θέρμη **1**, 1 ; **4**, 1 ; 2 ; **15**, 4 ; **17**, 2 ; **21**, 4 ; **30**, 12 ; **42**, 2 ; **44**, 3 ; **45**, 5 ; **46**, 5 ; **47**, 1 ; **48**, 2 ; **51**, 3 ; 9 ; **52**, 5 ; **53**, 2 ; **56**, 6.
θερμόν **12**, 1 ; 2 ; 5 ; **24**, 3 ; **26**, 1 ; 2.
θερμός **12**, 3 ; 5 ; **24**, 1 ; 2 ; 3 ; **25**, 5 ; 6 ; **26**, 1 ; **44**, 3 ; **51**, 4 ; **52**, 5.
θέρος **24**, 1 ; 3 ; 4 ; **25**, 1 ; 2 ; 4 ; 5 ; 6 ; **26**, 1 ; **44**, 1 ; 3.
θηλάζω **21**, 4 ; **55**, 1 ; 2.
θηλή **21**, 2.
θηλυγονίη **8**, 2.
θῆλυς **6**, 1 ; 2 ; **7**, 1 ; 2 ; **18**, 1 ; 5 ; 8 ; **21**, 1 ; **31**, 3.
θηλυτοκέω **7**, 1 ; 2.
θηρίον **30**, 9 ; **31**, 1 ; **54**, 7.
θνήσκω **46**, 1 ; **47**, 1 ; **51**, 6 ; 7 ; **57**, 6.
θρίξ **20**, 1 ; 2 ; 3 ; 4 ; 5 ; 6 ; **21**, 1 ; **52**, 3.
θυγάτηρ **8**, 2.
θύλακος **56**, 4.
θωρήσσω **56**, 5.

I

ἰάομαι **54**, 5.
ἰδέη **3**, 1 ; **11**, 1 ; **32**, 1 ; 2 ; **57**, 6.
ἰδρώς **45**, 3.
ἱέρειον **18**, 4.
ἰητρός **47**, 3.
ἱκανός **38**, 2.
ἰκμαλέος **4**, 1 ; 3 ; **24**, 1 ; 2.
ἰκμάς **5**, 1 ; **20**, 1 ; 2 ; 3 ; 6 ; **22**, 1 ; 2 ; **23**, 1 ; 2 ; 3 ; **24**, 1 ; 3 ; **25**, 1 ; 4 ; **26**, 3 ; 5 ; **27**, 1 ; **33**, 3 ; **34**, 1 ; 2 ; 3 ; 4 ; **35**, 4 ; **36**, 2 ; **37**, 2 ; **38**, 2 ; **39**, 2 ; 3 ; 5 ; **40**, 1 ; 2 ; **41**, 1 ; 2 ; **42**, 1 ; 2 ; 3 ; **43**, 1 ; 2 ; **44**, 1 ; 2 ; **45**, 1 ; 2 ; 3 ; 4 ; **46**, 1 ; 2 ; 4 ; 5 ; **47**, 2 ; 3 ; **48**, 3 ; **49**, 1 ; 2 ; **50**, 5 ; **52**, 1.
ἱμάτιον **24**, 2 ; **56**, 4.
ἱμείρομαι **39**, 5.
ἵμερος **39**, 5.
ἶνες **13**, 3.
ἱππάκη **51**, 2.
ἵππειος **51**, 2.
ἰσάζω **49**, 1 ; **50**, 5.
ἰσόρροπος **42**, 2.
ἴσος **42**, 2 ; **52**, 4 ; **54**, 3.
ἰσόω **39**, 5 ; **51**, 5 ; **54**, 4.

ἵσταμαι **44**, 1; **51**, 2; **54**, 6.
ἱστορέω **18**, 7; **48**, 3.
ἱστόριον **1**, 1; **8**, 2; **13**, 4; **18**, 5; **29**, 1; **30**, 7; **31**, 2; **54**, 6; **56**, 2; 3; 5; 7.
ἴσχια **15**, 5; **30**, 11.
ἰσχυρός **1**, 1; 2; **4**, 2; **6**, 1; 2; **7**, 2; **8**, 1; **9**, 1; **20**, 5; **21**, 1; **22**, 3; **31**, 3; **47**, 2; **49**, 1; **51**, 4; **56**, 3; 4; 6.
ἰσχυρῶς **4**, 3; **12**, 2; **24**, 2; **25**, 3; **54**, 6; **55**, 5.
ἰσχύς **9**, 1; **43**, 2; **50**, 1.
ἰσχύω **43**, 1; **49**, 1.
ἰχώρ **13**, 3; **18**, 3; **30**, 12.
ἰώδης **34**, 4.
Ἰωνίη **34**, 2; 3.

K

καθαίρω **18**, 1; 2; **49**, 4.
καθαρός **17**, 2; **55**, 1; 2; 3.
κάθαρσις **15**, 4; **18**, 1; 2; 3; 4; 5; **7**; 8; **30**, **12**; **51**, 5.
καθαρτικός **56**, 3.
καθίστημι **55**, 3.
καιρός **4**, 1; 3; **9**, 2; **34**, 2; **37**, 1; **39**, 4; 5; **40**, 2; 3; **44**, 3; **47**, 1; **48**, 2; **49**, 1; **51**, 1.
καίω **12**, 3; 4; **20**, 5; **56**, 3.
κάκοδμος **42**, 2; 3; **43**, 1.
κακός **14**, 6; **44**, 1; **45**, 1; **48**, 2; **56**, 4.
καρδίη **33**, 2; **36**, 1; **37**, 1; **38**, 1; 2; **40**, 2.
καρδιωγμός **40**, 1.
καρπόομαι **26**, 3.
καρπός **22**, 3; 4; 5; **26**, 3; 4.
καρποφορέω **26**, 3; 4; **34**, 5.
καρτερῶς **51**, 8.
κατάγνυμι **29**, 2.
κατακαίω **24**, 2.
καταλεπτύνω **49**, 3; 4; **57**, **2**.
καταμένω **48**, 1; **50**, 5.
καταναγκάζω **9**, 3.
κάταντες **24**, 4; **25**, 2; **57**, **1**.
κατάποσις **56**, 8.
καταρρέω **13**, 2; **41**, 2; **45**, 3; **57**, 2.
καταρρήγνυμι **30**, 12; **57**, 3.
κατάρρηξις **30**, 2.
καταστρέφω **51**, 9; **57**, 4.
κατασφηνόω **24**, 2.
κατατάσσω **45**, 2.
κατατείνω **37**, 3.
καταφέρω **30**, 4; **42**, 3.
καταφυσάομαι **17**, 3.
κάτειμι **30**, 5.
κατέρχομαι **48**, 1; **55**, 7.
κατίσχω **51**, 5.
καυσώδης **54**, 2.
κενεός **15**, 4; **33**, **1**; **39**, **1**; **41**, 2; **51**, 9.
κενόω **33**, 1; **39**, 2; **43**, 1; 2; **51**, 5; 8.
κένωμα **43**, 2.
κεφαλή **2**, 2; **17**, 2; **19**, 2; **20**, 1; 3; 6; **28**, 1; **30**, 2; 10; 11; 12; **33**, 2; **35**, 2; 3; 4; 5; **37**, 1; **40**, 2; 3; **49**, 2; **56**, 4.
κηρίαι **54**, 1.
κηρός **6**, 2.
κινδυνεύω **18**, 4.
κίνδυνος **15**, 5; **52**, 4.
κινέω **1**, 2; **4**, 1; **10**, 2; **21**, 1; 2; **25**, 4; **30**, 1; 7; 8.
κίνησις **1**, 2; **18**, 3; **20**, 5; **21**, 4.
κισσός **56**, 8.
κλάδος **23**, 1; 3.
κλάζω **23**, 1.
κλείω **15**, 5.
κληΐς **57**, 2.
κλίνω **57**, 5.
κλονέω **1**, 2; **2**, 2; 3; **20**, 5; **30**, 1; **55**, 5.

κλόνησις **2**, 3; **48**, 2; **55**, 7.
κνήμη **57**, 3.
κνῆσμα **17**, 4.
κνησμός **1**, 1; **2**; 2; **4**, 1.
κοιλαίνω **19**, 1.
κοιλίη **17**, 3; **21**, 2; 3; 4; **26**, 2; **30**, 3; **33**, 1; 2; 3; **34**, 5; **35**, 2; 3; 5; **36**, 2; 4; **37**, 1; 2; 3; **38**, 2; **39**, 1; 2; 3; **41**, 2; **42**, 2; 3; **43**, 1; **44**, 2; 3; 4; **45**, 2; 3; **46**, 1; 2; 3; 4; 5; **47**, 1; 3; **50**, 5; **52**, 2; 4; 5; **53**, 1; 2; **54**, 1; 3; 4; 6; 7; **55**, 1; 2; **56**, 2; 3; 4; 8; **57**, 1; 3; 4; 5; 6.
κοῖλος **19**, 1; **31**, 2; **33**, 2; **35**, 2; 5; **51**, 2; **55**, 3; **56**, 1.
κολάπτω **30**, 8.
κόλλα **55**, 3; 4.
κολλάω **55**, 4.
κολπόομαι **16**, 1.
κόλπος **16**, 1; **31**, 1; 3.
κόπρος **24**, 2; **35**, 3; **42**, 2; **48**, 3; **52**, 2; **54**, 1; 2; 3.
κόπτω **55**, 5.
κοτύλη **18**, 3.
κούρη **18**, 1; 2; 5; 6; 7.
κουρογονίη **8**, 2.
κοῦρος **8**, 2; **18**, 1; 2; 5; 6; 7.
κουροτοκέω **7**, 1; 2.
κοῦφος **22**, 2; **23**, 2; **25**, 1; 2; 4; **26**, 3; **36**, 1; **49**, 3; **51**, 3; 6.
κρατέω **6**, 1; 2; **7**, 2; **45**, 4; 5; **46**, 4; **49**, 2; **50**, 1; 5; **51**, 1; **52**, 1.
κρεμάννυμι **25**, 3; 4.
κριθαί **24**, 2.
κρίνω **32**, 2; **45**, 5; **46**, 3; **48**, 3; **53**. 3.
κρίσις **46**, 5.
κτῆνος **7**, 2; **21**, 3; **30**, 9; **56**, 4.
κρυμός **52**, 3; 4; **53**, 1; 2.
κυέω **31**, 1.
κυκεών **56**, 5; 6.
κύλιξ **55**, 3.
κύσσαρος **17**, 3.
κύστις **15**, 5; **17**, 3; 4; **35**, 5; **36**, 2; **37**, 1; 2; 3; **38**, 2; **45**, 3; **50**, 5; **55**, 2; 3; 4; 5; 6; 7; **57**, 1; 2.
κύων **31**, 2.

Λ

λαγνείη **1**, 3; **20**, 3; 5; 6; **21**, 4.
λάγνευμα **31**, 1; 2.
λαγνεύω **1**, 1; 3; **2**, 1; 2; **21**, 4.
λαμβάνω **5**, 1; **13**, 1; **14**, 1; **15**, 4; **30**, 4; **33**, 1; **46**, 1; **51**, 8; 9.
λεῖος **20**, 4; 5.
λεπτός **2**, 1; 2; **9**, 1; 2; **10**, 2; **12**, 6; **13**, 3; **14**, 2; **17**, 4; **19**, 2; 3; **20**, 2; **26**, 5; **39**, 2; **40**, 1; **42**, 2; **44**, 2; **45**, 1; 2; 3; 4; **57**, 3.
λεπύριον **13**, 3; **20**, 6; **21**, 4; **30**, 8.
λευκός **13**, 3; **20**, 6; **21**, 4; **30**, 8; **54**, 6.
λήγω **4**, 2; **18**, 3; **30**, 2.
λήκυθος **51**, 9.
Λιβύη **34**, 3.
Λίβυος **56**, 4.
λιθίς **55**, 1.
λιθοειδής **55**, 4.
λίθος **10**, 2; **55**, 2; 4; 5; 6; 7.
λιμπάνω **55**, 4.
λιπαρός **49**, 3.
λογίζομαι **30**, 4.
λόγος **7**, 2; **8**, 2; **11**, 1; **13**, 2; 4; **15**, 6; **17**, 1; **18**, 2; 3; 4; 5; 7; 8; **20**, 2; 6; **26**, 5; **27**, 1; **29**, 1; 2; **30**, 4; 7;

8; 9; **31**, 3; **35**, 5; **42**, 2; **45**, 1; 5; **46**, 1; 3; 4; 5; **48**, 3; **49**, 1; **53**, 3; **56**, 7.
λόχειος **18**, 4.
λόχια **18**, 2; 4; 5; 7; **30**, 12.
λυπέω **45**, 5; **46**, 1; 5; **49**, 1; **52**, 4; **55**, 2.
λύσις **30**, 4.
λύω **30**, 1; 9.

M

μαζός **21**, 2; 4; **30**, 12.
μακρηγορέω **12**, 5.
μαλ(θ)ακός **3**, 1; **56**, 3.
μανίη **1**, 3.
μανῶς **24**, 2.
μέγας **24**, 4; **35**, 4; **40**, 3; **48**, 3; **50**, 3; **52**, 2; **54**, 4; **57**, 4.
μέγεθος **19**, 2; **48**, 3; **54**, 1.
μεθίημι **4**, 1; **6**, 1; **23**, 1; **26**, 5; **29**, 1; **30**, 6; **45**, 5; **46**, 1; 2; 3; **47**, 3.
μέλας **20**, 6; **56**, 5.
μελεδαίνω **18**, 4; **48**, 1; **49**, 4; **54**, 7.
μέλος **18**, 5; 7; **19**, 1; **30**, 11; 12; **32**, 1.
μένω **35**, 3; 4; **42**, 1; 2; **43**, 2; **44**, 1.
μέρος **42**, 2; **43**, 1.
μέσατος **1**, 3.
μέσος **46**, 2; **55**, 3.
μεταίρω **34**, 4.
μεταστρέφω **56**, 7.
μετάφρενον **54**, 6.
μετέχω **40**, 2; **54**, 7,
μέτριος **12**, 3; **20**, 1; 2.
μήν **14**, 1; **15**, 1; 2; **21**, 1; **30**, 2; 3; 5; 6; 9.
μήτηρ **8**, 1; 2; **9**, 1; **10**, 1; **12**, 1; 2; 5; **14**, 1; **15**, 2; **16**, 1; **21**, 1; **22**, 1; **27**, 1; **30**, 2; 5; 7; 8; 9; 10.
μῆτραι **2**, 3; **4**, 1; 2; 3; **5**, 1; **9**, 1; 2; **10**, 1; 2; **12**, 1; 5; **14**, 1; **15**, 1; 2; 4; 5; 6; **16**, 1; **18**, 5; **21**, 2; 3; 4; **22**, 1; **27**, 1; **28**, 1; **30**, 1; 3; 4; 10; **31**, 1; 2; **32**, 1; **54**, 1; 2; 3; **57**, 6.
μήτρη **13**, 1.
μητρῷος **30**, 6.
μικρός **39**, 4; **40**, 3; **50**, 1; 3; **51**, 7; **55**, 3; 6; **56**, 6.
μικρόστομος **57**, 4.
μίξις **4**, 1; 2; 3; **7**, 1; **31**, 2.
μίσγομαι **4**, 1; 3; **5**, 1; **7**, 1; **12**, 1; **30**, 4; **35**, 4; **36**, 3; **37**, 2; **38**, 2; **40**, 3; **42**, 1; **51**, 5; 8; **53**, 2; **55**, 3.
μίσγω **6**, 2.
μόγις **54**, 7.
μοῖρα **39**, 5.
μόλιβος **17**, 4.
μόριον **54**, 7,
μουσόεργος **13**, 1.
μυελός **1**, 2; 3; **2**, 2; **52**, 5.
μυρίος **34**, 4.
μύω **5**, 1.
μωρός **2**, 1.

N

νάσσω **24**, 2.
νέμω **51**, 6; 7; **52**, 5.
νεογνός **9**, 3.
νέος **2**, 3; **18**, 2; **35**, 2; **39**, 2; **42**, 2; **45**, 3; **46**, 4; **49**, 1.
νεόσσιον **54**, 3.
νεοσσός **30**, 8.
νεῦρον **1**, 1; **2**, 1; **17**, 2; **19**, 2, 3; **52**, 3.
νέφος **25**, 1.
νεφρός **1**, 3.

νηδύς **36**, 2.
νῆστις **54**, 6.
νικάω **46**, 4; **52**, 5.
νοέω **34**, 2; **56**, 2.
νόμος **1**, 1.
νοσερός **32**, 1; **42**, 3; **47**, 1; 2.
νόσευμα **54**, 7.
νοσέω **9**, 1; 2; **21**, 3; **32**, 2; **34**, 2; **40**, 2; 3; **44**, 4; **46**, 4; 5; **47**, 3; **49**, 1; **50**, 2; **53**, 3.
νόσημα **1**, 3; **11**, 1; **15**, 6; **18**, 4; **32**, 1; **40**, 2; **48**, 3; **49**, 1; **50**, 4; **51**, 4; 6; **57**, 3; 6.
νοσηρός **51**, 1.
νοσώδης **53**, 3.
νοτερός **12**, 4; **24**, 2.
νοῦς **30**, 8.
νοῦσος **3**, 1; **4**, 3; **18**, 4; **32**, 1; 2; **38**, 3; **40**, 1; 3; **41**, 1; **45**, 5; **46**, 3; 5; **48**, 1; **49**, 1; 2; 4; **50**, 1; **51**, 1; 3; 6; 7; 8; 9; **52**, 1; 4; **53**, 3; **55**, 1; **57**, 1; 2; 5; 6.
νύγμα **25**, 3.
νωτιαῖος **1**, 2; **2**, 2.

Ξ

ξηραίνω **51**, 2.
ξηρός **4**, 3; **24**, 2; **30**, 6; **34**, 4; **37**, 3; **49**, 1; **52**, 3; **56**, **3**.
ξύλον **12**, 2; 3; **49**, 3; **51**, 2.
ξύσμα **54**, 6.

Ο

ὀγκηρός **21**, 2.
ὀδμαλέος **56**, 5.
ὁδός **1**, 2; 3; **2**, 1; 3; **4**, 3; **12**, 1; 2; 4; **17**, 3; **20**, 2; 4; **24**, 4; **30**, 12; **51**, 8; 9; **57**, 4.
ὁδοιπορέω **54**, 4.
ὀδυνάομαι **36**, 2; **50**, 1.
ὀδύνη **54**, 6.
ὄζομαι **56**, 5.
ὀζόομαι **19**, 1; **21**, 1; **22**, 3; **24**, 1.
οἶδα **5**, 1; **13**, 4; **47**, 2.
οἰδαλέος **57**, 2.
οἰδέω **22**, 2; **23**, 1; 2.
οἴδημα **15**, 5; **50**, 4.
οἰκεῖος **13**, 1.
οἶνος **4**, 2; **34**, 3; **56**, 5.
ὁλκός **55**, 2.
ὄλλυμαι **30**, 10.
ὅλος **18**, 3; **54**, 5.
ὁμαλός **39**, 1.
ὅμοιος **17**, 1; 4; **31**, 3; **33**, 3; **34**, 1; 4; 5; **35**, 5; **36**, 4.
ὁμοίως **43**, 1.
ὀμφαλός **13**, 3; **14**, 2; **17**, 3; **28**, 1; **29**, 1; 3; **30**, 2; 11.
ὄναρ **1**, 3.
ὀνομάζω **18**, 5; **34**, 5; **39**, 1; 59, 4; **51**, 4.
ὄνυξ **19**, 2; 3; **20**, 1; **21**, 1.
ὀπός **52**, 1.
ὀπτάω **12**, 6.
ὀργάω **4**, 1; **21**, 2.
ὀργυιή **34**, 4.
ὀρθός **52**, 3.
ὁρμάω **22**, 3; **23**, 3.
ὄρνεον **30**, 7; 8; **31**, 1.
ὀρνίθειος **29**, 3.
ὄρνις **29**, 2.
ὀρρός **51**, 2; **52**, 1.
ὄρχις **1**, 3; **2**, 1.
ὀστέον **17**, 2; **19**, 1; 3; **52**, 3; 5.
ὀστώδης **52**, 3.
ὀσφύς **1**, 2; **15**, 5; **30**, 11; **57**, 3.
ὄσχη **57**, 1; 2.

οὐλή **2**, 2; **20**, 4.
οὐρανός **24**, 1; 3; **50**, 2; 3; **51**, 1; **52**, 1.
οὐρέω **43**, 1; **55**, 5; 6.
οὐρήθρη **41**, 1; **55**, 5.
οὔρησις **55**, 3.
οὖρον **1**, 3; **42**, 2; 3; **43**, 1; **49**, 2; **55**, 3; 4; 6.
οὖς **2**, 2; **17**, 2.
ὀφθαλμός **17**, 2; **26**, 4; 5.
ὄψις **55**, 4.

Π

πάθημα **10**, 1; **30**, 2; 7.
πάθος **52**, 1.
παιδίον **9**, 2; 3; **10**, 1; 2; **11**, 1; **14**, 1; **18**, 1; 2; 3; 5; 7; **19**, 1; **21**, 1; 2; 4; **22**, 1; **27**, 1; **28**, 1; **29**, 1; 3; **30**, 1; 2; 5; 6; 7; 9; 10; **31**, 2; **54**, 1; 2; **55**, 1; 2; 5; 6; **56**, 7.
παῖς **2**, 2; **15**, 4; **20**, 2; 4.
παλαιός **35**, 2; **36**, 2; 3; **37**, 1.
παντοῖος **22**, 1; **34**, 1.
παρακαθίημι **56**, 8.
παραπλήσιος **27**, 1; **30**, 7; **42**, 2.
παραπνοή **25**, 3; **57**, 5.
παρασκευάζω **54**, 5.
παραψαύω **38**, 3; **44**, 4.
παρθένος **2**, 3; **3**, 1; **20**, 2.
παρόμοιος **43**, 1.
πάσχω **30**, 2; 6; **49**, 4; **50**, 4.
πατήρ **8**, 1; 2; **9**, 1.
παύομαι **36**, 2; **39**, 5.
παχύνω **12**, 1; **43**, 2; **52**, 1; 4.
παχύς **9**, 1; **10**, 2; **13**, 3; **18**, 3; **19**, 2; **21**, 1; **22**, 4; **26**, 3; **31**, 3; **38**, 1; **39**, 2; **40**, 1; 2; 3; **42**, 2; **51**, 2; **52**, 5.
πείθω **56**, 7.
πειράομαι **34**, 3.
Πελοπόννησος **34**, 2; 3.
πεμπταῖος **48**, 3.
πέμπτος **45**, 5; **46**, 3.
πέντε **15**, 6; **18**, 1; **55**, 6.
περιγίνομαι **12**, 6.
περιέρχομαι **57**, 6.
περιέχον **10**, 1; **43**, 3.
περιέχω **13**, 4.
περιθραύω **55**, 7.
περιλιμπάνομαι **43**, 1.
περίοδος **48**, 3.
περιπνευμονίη **56**, 1.
περιρρήγνυμι **17**, 4; **30**, 8; 9; **54**, 6.
περισσός **32**, 2; **46**, 1; 3; 4; **47**, 1; 2; 3; **48**, 3; **53**, 3.
περιστηρίζω **51**, 5.
περιτείνω **12**, 6; **14**, 2.
περιφέρω **6**, 2; **49**, 2.
πέσσω **22**, 5; **26**, 2; 3; **42**, 2; 3; **49**, 1; **56**, 3; 6.
πηγή **24**, 3; 4; **25**, 6; **33**, 1; 2; 3; **34**, 5; **39**, 1; 2; 3; 5; **41**, 1; **42**, 1.
πήγνυμι **6**, 2; **14**, 2; **17**, 2; **18**, 4; 8; **21**, 1; **32**, 1; **51**, 2; **54**, 1; **55**, 3; 7.
πηδάω **13**, 2.
πηρόω **10**, 1; 2; **11**, 1.
πῆχυς **17**, 2; **19**, 2; **54**, 5.
πῖαρ **21**, 3; **26**, 4.
πιαρός **21**, 3; 4.
πιέζω **15**, 5; **21**, 2; 3; **24**, 1; 2; 3; **41**, 1; **44**, 3.
πιεσμός **21**, 2.
πικρός **36**, 1.
πίμπλημι **21**, 4; **22**, 1; 2; **23**, 3; **38**, 1; **39**, 1; 3; **44**, 1; 2; **51**, 8; 9; **56**, 2; **57**, 1; 3.
πίνω **33**, 3; **35**, 1; 2; 3; **36**, 1; 4; **37**, 1; **38**, 1; 3; **39**, 3; 5; **42**, 1; **56**, 1; 3; 6; **57**, 1; 3.

πίων **1**, 2 ; **19**, 1 ; **21**, 2 ; 3 ; 4 ; **22**, 3 ; **26**, 3 ; **48**, 2 ; **51**, 2.
πλάγιος **30**, 10.
πλατύς **54**, 1 ; 2 ; 3 ; 7.
πλεονάζω **54**, 2.
πλέος **24**, 3 ; **33**, 1 ; **52**, 4 ; **57**, 2.
πλεύμων **56**, 1 ; 2 ; 3 ; 4 ; 5 ; 7 ; 8.
πλεῦρον **52**, 4.
πληγή **50**, 2 ; **51**, 8.
πλῆθος **6**, 1 ; 2 ; **18**, 3 ; **23**, 3 ; **24**, 1 ; **42**, 2 ; **43**, 1 ; **49**, 1 ; **50**, 1 ; 4 ; 5 ; **51**, 8.
πληθύς **36**, 2.
πληθύω **51**, 9.
πλήθω **51**, 8.
πληθώρη **44**, 3 ; 4 ; **45**, 4 ; **50**, 5.
πλήρης **15**, 4 ; 5 ; **21**, 2 ; **39**, 1 ; **41**, 2 ; **51**, 5 ; **52**, 4 ; **56**, 2.
πληρόω **1**, 1 ; **2**, 2 ; **15**, 3 ; 4 ; 5 ; **39**, 2 ; **44**, 3 ; **48**, 1 ; 2 ; **49**, 1 ; **57**, 5.
πλησιάζω **34**, 3 ; **40**, 2.
πλησίον **51**, 7 ; **52**, 5 ; **53**, 2.
πλησίος **51**, 6.
πλήσσω **10**, 1 ; **50**, 4 ; **51**, 8.
πνεῦμα **12**, 1 ; 2 ; 3 ; 4 ; 5 ; 6 ; **17**, 1 ; **19**, 1 ; **22**, 2 ; **23**, 1 ; 2 ; **24**, 2 ; 3 ; **25**, 1 ; 2 ; 4 ; 5 ; 6 ; **30**, 3 ; 7 ; **44**, 3 ; 4 ; **47**, 1 ; **57**, 3 ; 4 ; 5.
πνέω **12**, 1 ; 2 ; 5 ; **14**, 2 ; **16**, 1.
πνίγω **51**, 9.
πνίξ **51**, 9.
πνοή **12**, 5 ; **13**, 3 ; **14**, 1 ; 2 ; **15**, 2 ; **17**, 3 ; **24**, 3 ; **29**, 1 ; **30**, 7 ; **47**, 1 ; **57**, 4.
ποθέω **30**, 5.
πολέμιος **49**, 3.
πολιή **20**, 6.
πολύγονος **31**, 1.
πολύτιμος **13**, 1.
πολύτοκος **30**, 11.
πολυχρόνιος **51**, 4.
πόμα **35**, 2.
πονέω **15**, 1 ; 5 ; **18**, 2 ; **30**, 11 ; **38**, 1 ; **41**, 1 ; 2 ; **45**, 4 ; **46**, 4 ; 5 ; **47**, 1 ; **51**, 6 ; **52**, 4 ; 5 ; **53**, 1 ; 2 ; **55**, 6 ; **57**, 3.
πονηρός **18**, 4 ; **46**. 2 ; **55**, 1.
πόνος **4**, 3 ; **15**, 1 ; 2 ; 5 ; **30**, 11 ; 12 ; **35**, 4 ; **36**, 2 ; **37**, 1 ; **38**, 1 ; 2 ; **44**, 3 ; **47**, 2 ; **48**, 1 ; 2 ; **50**, 5 ; **51**, 3 ; **54**, 6 ; **55**, 5 ; 6 ; **56**, 6 ; **57**, 3.
πόσις **43**, 1.
ποταμός **25**, 1.
ποτόν **12**, 2 ; **21**, 2 ; 3 ; **26**, 2 ; **33**, 1 ; 2 ; **34**, 5 ; **35**, 5 ; **36**, 1 ; 4 ; **37**, 2 ; 3 ; **38**, 2 ; 3 ; **39**, 2 ; 4 ; 5 ; **40**, 1 ; **43**, 1 ; **44**, 2 ; **45**, 1 ; 4 ; **54**, 5 ; **55**, 1 ; 2 ; **56**, 1 ; 3 ; 7 ; 8 ; **57**, 1 ; 2.
πούς **19**, 1 ; **28**, 1 ; **30**, 1 ; 10 ; **57**, 1 ; 5.
πρέσβυς **18**, 2.
πρόβατον **31**, 1.
προδίδωμι **30**, 1.
προέχω **19**, 3.
προκαταλαμβάνω **57**, 6.
προσάγομαι **34**, 5.
προσαφής **56**, 8.
προσγίνομαι **26**, 1 ; **44**, 3 ; **55**, 3.
προσδίδωμι **55**, 4.
πρόσειμι **56**, 1.
προσεξεργάζομαι **45**, 3.
προσεπαυρίσκομαι **51**, 6.
προσέχομαι **56**, 1.
προσλαμβάνω **30**, 1 ; **52**, 5 ; **55**, 7.
προσπήγνυμι **55**, 7.
προσπίπτω **50**, 2 ; **54**, 6.
προσσυνθερμαίνω **46**, 4 ; **51**, 4.
προσφέρω **49**, 1 ; 2.
πρόσφυσις **48**, 1.
πρόσωπον **38**, 1 ; **57**, 2.
πρῶτος **48**, 3 ; **52**, 4 ; **55**, 4.
πρωτοτόκος **18**, 2 ; **30**, 6 ; 11.

πτύαλον **54**, 6.
πτῶμα **50**, 2.
πυγή **13**, 2.
πυθμήν **57**, 5.
πυκνός **2**, 1 ; **17**, 1 ; **19**, 2 ; 3 ; **20**, 4 ; **24**, 1 ; 2 ; 3 ; **25**, 5 ; **38**, 1 ; **39**, 2 ; **40**, 2 ; **49**, 4 ; **55**, 4 ; **57**, 3.
πυκνόσαρκος **21**, 2 ; **30**, 6.
πῦον **15**, 6.
πῦος **15**, 6 ; **48**, 1 ; **54**, 1.
πυόω **50**, 4.
πῦρ **6**, 2 ; **24**, 2 ; **32**, 2 ; **45**, 5 ; **46**, 1 ; 2 ; 3 ; 5 ; **47**, 2 ; **48**, 2 ; **49**, 1 ; 3 ; **50**, 5 ; **51**, 4 ; **52**, 4 ; **53**, 1 ; 2 ; **55**, 4 ; **57**, 2 ; 3.
πυρεταίνω **44**, 3 ; **46**, 3 ; 4 ; **49**, 2 ; **57**, 1.
πυρετός **45**, 2 ; **49**, 2 ; **51**, 4.
πυρετώδης **32**, 2.
πυροί **24**, 2.
πυρρός **20**, 6.
πῶρος **2**, 1.
πωρόω **2**, 1.

Ρ

ῥαγή **12**, 2 ; 4.
ῥακόω **49**, 4.
ῥέω **39**, 1 ; **51**, 9 ; **54**, 6 ; **55**, 6 ; **57**, 3.
ῥήγνυμι **10**, 1 ; **12**, 2 ; 4 ; **22**, 2 ; **23**, 1 ; **24**, 1 ; 4 ; **30**, 1 ; 2 ; 4 ; 5 ; 9.
ῥηϊδίως **56**, 2.
ῥῖγος **32**, 2 ; **52**, 4 ; 5 ; **53**, 2 ; 3.
ῥιγόω **52**, 3.
ῥίζη **20**, 5 ; **22**, 2 ; 4 ; **23**, 1 ; 2 ; 3 ; **26**, 2 ; 4 ; 5.
ῥιζόομαι **20**, 1 ; **21**, 1 ; **22**, 3 ; **23**, 2 ; 3.
ῥιπίς **25**, 5.
ῥίς **17**, 2 ; 3 ; **35**, 1 ; 3 ; **38**, 2 ; **41**, 1.
ῥόδον **34**, 1.
ῥοπή **30**, 10.
ῥύσις **26**, 3.
ῥυφέω **56**, 5 ; 6.
ῥύφημα **56**, 6.

Σ

σαρκώδης **51**, 7.
σάρξ **14**, 2 ; **16**, 1 ; **17**, 1 ; 2 ; 4 ; **19**, 1 ; **20**, 2 ; 6 ; **21**, 2 ; 3 ; **48**, 1 ; **50**, 3 ; **51**, 8.
σαφηνίη **18**, 5.
σβέννυμι **4**, 2.
σείω **51**, 2.
σημαίνω **42**, 3.
σημήϊον **20**, 4 ; **35**, 1 ; **38**, 3 ; **46**, 4 ; **47**, 2 ; **49**, 2 ; **54**, 2 ; 5 ; 6 ; 7 ; **55**, 6 ; **57**, 3 ; 6.
σηπεδών **51**, 7.
σήπω **15**, 6 ; **22**, 3 ; **24**, 2 ; **51**, 7 ; **54**, 1.
σθεναρός **18**, 3.
σθένος **30**, 1.
σίδηρος **55**, 4.
σικύη **35**, 2.
σικυήλατον **9**, 3.
σίκυος **9**, 3 ; **54**, 3 ; 4 ; 6.
σίλφιον **34**, 3.
σινέομαι-σίνομαι **35**, 4 ; **36**, 4 ; **41**, 1 ; **52**, 4 ; 5 ; **53**, 1.
σῖνος **52**, 2 ; 4.
σιτίον **26**, 2 ; **36**, 4 ; **42**, 2 ; 3 ; **43**, 1 ; **44**, 3 ; **45**, 1 ; **49**, 1 ; **55**, 1 ; **56**, 3.
σῖτος **12**, 4 ; **21**, 3 ; **45**, 2 ; **55**, 6.
σκέλος **17**, 2 ; **19**, 2 ; **48**, 1 ; **57**, 1 ; 3 ; 5 ; 6.
σκέπτομαι **34**, 3 ; **56**, 5.
σκίδναμαι **25**, 5.
σκληρός **2**, 1 ; **49**, 2.

σκληρύνω **17**, 2.
σκολιός **10**, 2.
σκοπέω **29**, 2.
σκόροδον **34**, 1 ; **56**, 5.
Σκύθαι **51**, 2.
σκύτινος **51**, 9.
σκωρίη **55**, 4.
σπάνιος **30**, 5 ; 6 ; 9.
σπασμός **56**, 6.
σπέρμα **6**, 1 ; 2 ; **8**, 2 ; **11**, 1 ; **22**, 1 ; 2 ; 3 ; 5 ; **23**, 2 ; 3 ; **32**, 1 ; **34**, 1 ; 5 ; **54**, 3 ; 4 ; 6.
σπλάγχνον **17**, 3 ; **52**, 4 ; **53**, 2.
σπλήν **33**, 2 ; **37**, 1 ; 2 ; 3 ; **40**, 2 ; 3 ; **57**, 1 ; 2 ; 3.
σπληνώδης **37**, 1.
σπογγός **51**, 8.
σταθμέω **30**, 2.
στάσιμος **25**, 5 ; 6.
στέαρ **6**, 2.
στέγω **57**, 2.
στενός **2**, 3 ; **9**, 2 ; **10**, 2.
στενόστομος **51**, 9.
στενοχωρίη **9**, 3.
στερεός **2**, 2 ; **3**, 1 ; **22**, 3 ; **38**, 1 ; **40**, 2 ; **55**, 4.
στερεόω **22**, 4 ; 5 ; **26**, 4 ; **55**, 4 ; 5.
στῆθος **20**, 3 ; **57**, 2.
στηρίζω **49**, 4 ; **50**, 5 ; **51**, 8 ; **52**, 2 ; 4 ; **53**, 1 ; 2 ; **54**, 6.
στόμα **5**, 1 ; **17**, 3 ; **35**, 1 ; 3 ; **41**, 1 ; **51**, 9 ; **54**, 6 ; **57**, 4.
στόμαχος **56**, 8.
στομόομαι **2**, 3 ; **17**, 2 ; **20**, 2.
στραγγουρίη **15**, 5.
στραγγουρικός **55**, 6.
στρέφω **30**, 4.
στρογγύλος **12**, 6 ; **13**, 3 ; 5 ; **54**, 2 ; 3.
συγγένεια **17**, 3 ; **34**, 2.
συγγενής **17**, 1 ; **18**, 4 ; **22**, 4 ; **34**, 1 ; 2 ; 4.
συγκαίω **24**, 2 ; **54**, 2 ; **55**, 4.
συγκαταγηράσκω **54**, 7.
συγκρούω **55**, 7.
συλλέγω **50**, 1 ; **51**, 8.
συμβάλλω **7**, 1 ; **8**, 2 ; **25**, 1 ; **26**, 3 ; **29**, 2 ; **55**, 1.
συμμίσγομαι **52**, 2.
συμμύω **39**, 2.
συμπαχύνω **52**, 1 ; 2.
συμπήγνυμι **14**, 2 ; **55**, 7.
σύμπηξις **55**, 5.
συμπίπτω **55**, 4 ; 5.
συμφυής **3**, 1.
συμψύχω **25**, 2.
συναρμόζω **39**, 1.
συναφής **49**, 4.
συνδέω **24**, 2.
συνέρχομαι **32**, 1 ; **42**, 3.
συνετός **38**, 3.
συνεχέως **45**, 5.
συνεχής **12**, 6 ; **25**, 1 ; **47**, 2.
συνήθης **40**, 1.
συνθερμαίνω **52**, 4.
συνταράσσω **52**, 4.

T

ταλαιπωρέω **45**, 1 ; 3 ; **50**, 5 ; **54**, 4.
ταλαιπωρίη **1**, 3 ; **45**, 3 ; 4 ; **48**, 2 ; **50**, 2 ; 5.
ταμιείη **26**, 2.
τάμνω **2**, 2.
ταράσσω **15**, 1 ; 3 ; 4 ; **18**, 3 ; **46**, 4 ; **47**, 1 ; 2 ; 3 ; **48**, 1 ; **51**, 1 ; 2 ; 3 ; 5 ; **55**, 3.
ταραχή **4**, 2 ; **51**, 3 ; 5 ; 8 ; 9.
ταχέως **55**, 5 ; **57**, 6.
τάχος **57**, 4.
τείνω **1**, 1 ; 2 ; **2**. 1 ; 3 ; **13**, 4 ; **14**, 2 ; **21**, 4 ; **28**, 1 ; **29**, 3 ; **30**, 11 ; **38**, 1 ; **39**, 2 ; **55**, 2.
τεκμήριον **13**, 1.
τέκνον **8**, 1 ; 2 ; **9**, 1 ; 2 ; **54**, 3.

τέλειος **18**, 1.
τελείως **43**, 2.
τέλος **27**, 1 ; **29**, 1 ; **31**, 3 ; **53**, 3.
τεσσεράκοντα **18**, 1 ; 2 ; 5 ; 6 ; 7.
τέσσερες **3**, 1 ; **11**, 1 ; **21**, 1 ; **32**, 1 ; **33**, 1 ; 2 ; **38**, 3 ; **41**, 1 ; **45**, 2 ; 5.
τεσσερεσκαιδέκατος **48**, 3.
τήκω **6**, 2 ; **33**, 1 ; **41**, 2 ; **45**, 2 ; **52**, 1 ; **55**, 4 ; **57**, 2 ; 6.
τίκτω **18**, 2 ; **21**, 4 ; **30**, 9 ; 10 ; 11 ; **31**, 2 ; **54**, 3 ; 5 ; 6.
τιτράω **14**, 2 ; **17**, 2 ; **25**, 3 ; 4 ; **57**, 5.
τοιουτότροπος **15**, 6.
τοκεύς **9**, 2 ; **11**, 1 ; **32**, 1.
τόκος **5**, 1 ; **18**, 1 ; 2 ; **30**, 1 ; 2 ; 9.
τομή **2**, 1 ; 2 ; **12**, 3.
τόπος **42**, 2.
τράπεζα **18**, 3 ; **51**, 9.
τραῦμα **23**, 1 ; **50**, 2 ; 4.
τράχηλος **57**, 2.
τρεῖς **21**, 1 ; **39**, 1 ; **44**, 1 ; **50**, 2 ; **54**, 5 ; **57**, 6.
τρέφω **9**, 2 ; **12**, 2 ; 3 ; 5 ; **22**, 1 ; 2 ; 5 ; **23**, 3 ; **34**, 3 ; 5 ; **56**, 7.
τρηχύς **34**, 4.
τρίβω **1**, 2 ; **4**, 1.
τριήκοντα **18**, 1 ; 2 ; 5 ; 7.
τρίς **31**, 3.
τριταῖος **46**, 2 ; **48**, 3.
τρίτος **42**, 2 ; 3 ; **45**, 5 ; **46**, 1 ; 3 ; **48**, 3 ; **50**, 2 ; 3 ; **51**, 3 ; **55**, 4.
τριχόομαι **20**, 2.
τροφή **20**, 1 ; 2 ; **22**, 1 ; 3 ; **23**, 3 ; **26**, 2 ; 5 ; **30**, 2 ; 5 ; 6 ; 7 ; 8 ; 9 ; **34**, 1 ; **39**, 3 ; **46**, 3 ; 5 ; **49**, 3 ; 4 ; **51**, 4 ; 6 ; 7 ; 9.
τροφός **55**, 1, 2.
τρύπημα **39**, 1.
τυρόν **35**, 1.

Υ

ὑγιάζομαι (?) **20**, 4 ; **54**, 7.
ὑγιαίνω **4**, 3 ; **14**, 1 ; **18**, 4 ; **26**, 1 ; **42**, 1 ; 3 ; **53**, 3 ; **54**, 1.
ὑγιείη **22**, 1 ; **27**, 1 ; **33**, 3 ; 42, 3 ; **45**, 1 ; **50**, 3.
ὑγιεινός **18**, 4.
ὑγιηρός **32**, 1 ; **46**, 5 ; **47**, 2 ; **51**, 6 ; 7 ; **55**, 1.
ὑγιής **11**, 1 ; **45**, 1 ; **46**, 1 ; 3 ; 5 ; **48**, 3 ; **49**, 1 ; **51**, 7 ; **54**, 5.
ὑγραίνω **4**, 3 ; **35**, 3.
ὑγρόν **1**, 1 ; 2 ; 3 ; **2**, 2 ; 3 ; **3**, 1 ; **4**, 2 ; **11**, 1 ; **12**, 3 ; **13**, 3 ; **17**, 1 ; 2 ; **20**, 3 ; 5 ; 6 ; **22**, 3 ; **30**, 8 ; **32**, 1 ; **36**, 3 ; **37**, 2 ; **38**, 2 ; **39**, 2 ; 5 ; **41**, 1 ; 2 ; **46**, 3 ; 4 ; **47**, 1 ; 3 ; **48**, 1 ; 2 ; **50**, 1 ; **51**, 1 ; 3 ; 5 ; 6 ; 9 ; **52**, 1 ; 2 ; 4 ; 5 ; **53**, 2.
ὑγρός **6**, 2 ; **15**, 3 ; **30**, 12 ; **31**, 3 ; **34**, 4 ; **55**, 3.
ὑγρότης **45**, 5.
ὑδαρής **22**, 3 ; 5.
ὑδρωποειδής **33**, 2 ; **39**, 4 ; **49**, 3 ; **55**, 1.
ὕδρωψ **30**, 12 ; **32**, 1 ; **33**, 1 ; **37**, 1 ; **38**, 3 ; **49**, 4 ; **51**, 3 ; 4 ; **52**, 2 ; 3 ; 5 ; **53**, 1 ; 2 ; **57**, 3 ; 4 ; 5 ; 6.
ὕδωρ **3**, 1 ; **4**, 2 ; **17**, 4 ; **18**, 3 ; **22**, 5 ; **24**, 1 ; 3 ; 4 ; **25**, 1 ; 2 ; 3 ; 4 ; 5 ; 6 ; **33**, 2 ; **37**, 1 ; 2 ; 3 ; **39**, 1 ; **40**, 2 ; **49**, 3 ; **51**, 9 ; **55**, 3 ; **57**, 1 ; 2 ; 3 ; 4 ; 5.
ὑμενοειδής **12**, 6.
ὑμενόω **12**, 6 ; **31**, 1.
ὑμήν **10**, 1 ; **12**, 6 ; **13**, 3 ; 4 ; **14**, 1 ; 2 ; **16**, 1 ; **28**, 1 ; **29**, 1 ; 3 ; **30**, 2 ; 5 ; 8 ; 9 ; 10 ; **31**, 2.

ὑπάγω **51**, 9.
ὑπερκαθαίρω **47**, 2.
ὑπερπίμπλημι **51**, 8.
ὑπήλατος **56**, 3.
ὑπογίνομαι **36**, 3.
ὑποκαίω **49**, 3.
ὑπομένω **43**, 2.
ὑπονοσέω **57**, 2.
ὑποστάθμη **55**, 3; 4.
ὑποτίθημι **29**, 2.
ὑποτρέχω **50**, 4; **51**, 8.
ὑποτρίβω **1**, 1.
ὑπόχλωρος **12**, 3.
ὗς **31**, 2.
ὕφαιμος **55**, 6.
ὑφήγησις **18**, 3.

Φ

φαλακρός **20**, 5.
φαρμακείη **47**, 2; **54**, 5.
φαρμακεύω **47**, 2; 3.
φάρμακον **18**, 4; **36**, 4; **47**, 3; **54**, 2; 5; **56**, 3; 4.
φέρω **56**, 2.
φθέγγομαι **56**, 1; 2.
φθείρω **10**, 1.
φθόγγος **56**, 1.
φλάσμα **50**, 2; 4.
φλάω **10**, 1.
φλέβιον **2**, 2; **20**, 2; **21**, 4; **40**, 1; **57**, 4; 5.
φλεβώδης **40**, 3.
φλέγμα **3**, 1; **20**, 5; **32**, 1; **33**, 1; 2; **35**, 1; 2; 4; **38**, 3; **40**, 2; **51**, 3; 4; **53**, 3; **55**, 3; 4; **56**, 4; 6.
φλεγμαίνω **48**, 1; **55**, 6.
φλεγματώδης **20**, 5; **33**, 2; **34**, 5; **35**, 1; 2; 3; **39**, 4; **55**, 1; 2.
φλεγμονή **52**, 3.
φλέψ **1**, 1; 3; **2**, 3; **15**, 3; 4; 5; **19**, 2; 3; **21**, 4; **22**, 4; **26**, 3; **30**, 12; **33**, 3; **34**, 5; **35**, 4; 5; **37**, 2; **38**, 1; **39**, 2; **40**, 2; 3; **44**, 1; **48**, 1; **50**, 4; **51**, 8; 9; **55**, 2; **57**, 1.
φλόξ **4**, 2.
φλύκταινα **20**, 4.
φοιτέω **13**, 1.
φρέαρ **25**, 5; 6.
φρίκη **46**, 4; **57**, 2.
φυλακή **50**, 3.
φύλλον **12**, 2; 4; **22**, 2; 3; **23**, 2; 3; **56**, 8.
φυλλόομαι **23**, 2.
φῦμα **15**, 6.
φυόμενον **9**, 3; **22**, 5; **27**, 1; **34**, 1; 2; 5.
φῦσα **30**, 3; 4.
φυσάω **12**, 6; **17**, 3; 4; **22**, 2; **54**, 4.
φύσις **9**, 3; **11**, 1; **15**, 3; **17**, 2; **20**, 1; **27**, 1; **29**, 1; 2; **30**, 2; 6; **32**, 1; **34**, 2; **40**, 1; 2; 3; **53**, 3.
φυτευτήριον **23**, 1; 2; 3.
φυτόν **23**, 1; 2; **24**, 1; **33**, 3; **34**, 2; 4.
φύω **19**, 2; 3; **20**, 1; 4; **22**, 1; 3; **34**, 1; 3; 4; **52**, 1.
φωνέω **56**, 1.

X

χαδέω **9**, 3.
χαλάω **2**, 1; **31**, 1; **51**, 8.
χαλκεῖον **39**, 1; 2; **49**, 3.
χαλκός **55**, 3.
χαίνω **9**, 1; **15**, 4; **30**, 4; **50**, 4.
χαλεπός **57**, 6.
χαλεπῶς **30**, 10.
χάσκω **4**, 1; **56**, 8.
χατίζω **39**, 4.
χέδροπον **12**, 4.

χεῖλος **56**, 1.
χειμών **24**, 1 ; 3 ; 4 ; **25**, 1 ; 3 ; 6 ; **26**, 1 ; **44**, 1 ; 3 ; 4.
χείρ **19**, 1 ; **28**, 1 ; **30**, 1 ; **48**, 1.
χειρουργίη **50**, 4.
χλωρός **12**, 4 ; **30**, 7 ; 8.
χολή **3**, 1 ; **32**, 1 ; **33**, 1 ; 2 ; **36**, 1 ; 2 ; 3 ; 4 ; **38**, 3 ; **40**, 1 ; **51**, 3 ; 4 ; **53**. 3.
χολώδης **33**, 2 ; **36**, 1 ; 2 ; 3 ; 4 ; **39**, 4 ; **49**, 3 ; 4 ; **55**, 1 ; 2.
χόριον **16**, 1 ; **30**, 11 ; **31**, 2.
χρῆμα **38**, 1 ; **56**, 4.
χρηστός **2**, 1.
χρηστῶς **49**, 2.
χρονίζω **15**, 4 ; **54**, 1.
χρόνιος **18**, 1 ; 5 ; 8 ; **30**, 3 ; 5 ; **57**, 3 ; 6.
χρώς **56**, 3.
χωλόω **15**, 5.
χωρέω **1**, 3 ; **2**, 2 ; 3 ; **4**, 3 ; **5**, 1 ; **7**, 2 ; **8**, 2 ; **12**, 2 ; 3 ; 4 ; **14**, 1 ; **15**, 1 ; 2 ; 4 ; **18**, 2 ; 3 ; 4 ; **20**, 3 ; **21**, 2 ; 4 ; **25**, 1 ; 2 ; 3 ; **30**, 1 ; 2 ; 3 ; 4 ; 6 ; 9 ; 10 ; 11 ; **31**, 2 ; 3 ; **33**, 1 ; **34**, 5 ; **36**, 3 ; **40**, 3 ; **43**, 1 ; **45**, 1 ; 3 ; 4 ; **47**, 1 ; **55**, 2 ; **56**, 2 ; 3 ; 7 ; 8 ; **57**, 1 ; 5.
χώρη **17**, 1 ; **34**, 3.
χωρίζω **31**, 1.
χωρίον **8**, 2 ; **10**, 2 ; **33**, 2 ; **34**, 4 ; **36**, 1 ; 2 ; 4 ; **37**, 2 ; 3 ; **39**, 1 ; 4 ; **40**, 1 ; **41**, 2 ; **46**, 3 ; **50**, 4 ; **51**, 3 ; 4 ; 6 ; 7 ; 8 ; 9 ; **52**, 3 ; 5 ; **53**, 1.
χωρίς **55**, 7.
χῶρος **34**, 3.

Ψ

ψάμμος **17**, 4 ; **55**, 7.
ψαμμώδης **55**, 3 ; 5 ; 6 ; 7.
ψόφος **12**, 4 ; **13**, 2.
ψῦξις **15**, 3 ; **26**, 2 ; **52**, 1 ; 2.
ψῦχος **25**, 2 ; 5.
ψυχρόν **26**, 1 ; 2.
ψυχρός **12**, 1 ; 2 ; 3 ; 5 ; **24**, 1 ; **25**, 1 ; 4 ; 6 ; **26**, 1 ; **44**, 4 ; **52**, 3.
ψύχω **25**, 6 ; **51**, 1.
ψωμίζω **54**, 2.

Ω

ὠδίς **18**, 3 ; **30**, 10.
ὠμός **13**, 3 ; **55**, 3.
ὦμος **17** 2.
ὥρη **34**, 2.
ᾠόν **13**, 3 ; **29**, 2 ; 3 ; **30**, 7 ; 8.

DU FŒTUS DE HUIT MOIS

NOTICE

I

La tradition manuscrite et la structure de l'œuvre

Il est indispensable ici de commencer par la tradition manuscrite.

Les deux courts textes π. ἑπταμήνου et π. ὀκταμήνου sont connus sensiblement par les mêmes manuscrits que le περὶ γονῆς, en tout cas par les deux seuls manuscrits anciens, *Marcianus gr.* 269 (M) et *Vaticanus gr.* 276 (V), que nous avons collationnés personnellement sur microfilm.

Le *Marcianus gr.* 269 donne de suite le περὶ ἑπταμήνου et le περὶ ὀκταμήνου, comme les connaissent toutes les éditions[1].

Par contre, le *Vaticanus gr.* 276[2] donne sous le nom de περὶ ἑπταμήνου un texte beaucoup plus court que le « traité » en question, texte que l'Aldine a repris au folio 20, de même que Cornarius et Van der Linden[3]. Ce texte, nettement apocryphe, est rejeté avec raison par les éditeurs. Suit alors le περὶ ὀκταμήνου[4], annoncé par son titre, mais le vrai περὶ ἑπταμήνου y fait suite sans aucune interruption, au milieu d'une ligne. Enfin, le περὶ ἑπταμήνου n'y est pas donné en entier : il s'arrête à la fin du paragraphe 3 du chapitre ix et, précisément

1. Folios 385 r°-387 v° et 388 r°-389 r°.
2. Folio 122 v°.
3. Bâle, 1538, p. 541 ; Van der Linden en 1665. Ce fragment vient d'être réédité et très bien interprété par H. Grensemann, *Corpus Medicorum Graecorum*, I, 2, 1, 1968, p. 120-130.
4. Folios 122 v°-123 r°. Περὶ ἑπταμήνου : folios 123 r°-124 r°.

à cet endroit, la première main a écrit en marge du *Marcianus* ἐν ἄλλῳ τὰ ἀπὸ τούτου οὐκ ἦν. Ces données ont été signalées par Ilberg[1], la note marginale du *Marcianus* exceptée.

Comme Littré et Ermerins ignoraient ces particularités de la tradition[2], le problème se pose surtout maintenant de savoir s'il faut préférer le *Marcianus* ou le *Vaticanus*, à moins qu'une troisième solution ne semble meilleure.

On a reconnu depuis Littré au moins que nos deux textes forment une seule œuvre, ou peut-être le fragment d'une œuvre plus vaste, mais cette dernière hypothèse ne s'impose nullement.

Très tôt déjà Jurk avait suggéré[3] que le περὶ ὀκταμήνου précédait en réalité le περὶ ἑπταμήνου.

La même thèse est défendue dans une brève note récente par W. Kahlenberg[4].

Cet auteur, à nos yeux, se fonde sur des faits contestables. Il trouve important que le manuscrit C ne donne pas les premiers mots du περὶ ὀκταμήνου : περὶ δὲ ὀκταμήνου γενέσιος. C'est aussi le cas de son modèle V, mais que tirer de là? Il affirme aussi que V est le meilleur manuscrit entrant en ligne de compte, alors que M est évidemment antérieur et souvent supérieur. Il croit encore que le titre περὶ ὀκταμήνου a été ajouté par la suite en V, ce qui est une erreur[5].

H. Grensemann a donné dans une thèse dactylographiée de Kiel une édition critique de l'œuvre[6]. Ce travail

1. *Zur Ueberlieferung des hippokr. Corpus*, in Rheinisches Museum, t. 42, 1887, p. 446.

2. Littré n'en a rien dit, quoique le *Parisinus gr.* 2146 soit une copie de V ; il signale seulement que la fin du περὶ ἑπταμήνου n'y est pas.

3. *Ramenta Hippocratea*, Berlin, 1900, p. 59, n. 1.

4. Hermes, t. 85, 1957, p. 379-380.

5. Cf. H. Grensemann, *Die hippokratische Schrift* περὶ ὀκταμήνων. *Ausgabe und kritische Bemerkungen*, Kiel, 1960, p. 40, n. 1.

6. Cf. la note précédente. Cette édition vient de paraître dans le

apporte beaucoup de faits et d'idées nouvelles, mais nous estimons que l'auteur s'est laissé entraîner un peu vite par ses innovations. Il croit pour sa part que l'œuvre débutait en réalité par le chapitre IX de Littré, continuait par le περὶ ὀκταμήνου traditionnel et puis par le reste du περὶ ἑπταμήνου : voyons ses arguments.

L'auteur verse au dossier le contenu de deux manuscrits arabes, le *Monacensis arab.* 805, du XVIIe siècle[1], et le *Scorialensis arab.* 888, dont la date lui est inconnue. Ces deux manuscrits contiennent chacun un texte où l'œuvre qui nous occupe se trouve contaminée, notamment avec des passages du *Commentaire* que lui avait consacré Galien. Le *Monacensis* seul attribue ce texte au fameux médecin Ḥunain ibn Isḥāq, du IXe siècle.

Grensemann croit surtout que l'archétype de ces deux manuscrits atteste un texte antérieur à celui de l'archétype de M et de V. Mais la démonstration de ce point ne nous paraît pas réussie.

Grensemann établit, p. 41, une liste de douze variantes, décisives selon lui. Cependant, les trois premières concernent la partie du chapitre IX pour laquelle V fait défaut, tandis que les cinq dernières sont des cas où la bonne leçon du texte arabe est d'accord soit avec M, soit avec V : dans les quatre cas où l'accord se fait avec M, la faute de V ne semble pas du tout remonter très haut dans la tradition. Il ne reste que quatre cas que nous examinerons dans les notes de la présente édition.

Il faut ajouter que H. Grensemann est fort conscient

Corpus Medicorum Graecorum, I, 2, 1, 1968. L'auteur a changé d'avis à propos de quelques variantes du texte, mais il a surtout revu l'ionien et adopté maintenant des normes dialectologiques qui le rapprochent beaucoup plus de Kühlewein et de nous-même. La seule différence sensible ne concerne plus que la terminaison -οις du datif pluriel, que Grensemann accepte beaucoup plus souvent que nous. C'est cette édition C. M. G. que nous citons désormais.

1. Ce manuscrit est mentionné par H. Diels dans *Handschriften der griechischen Aerzte*.

lui-même de ce que ces textes arabes devraient être l'objet d'une étude approfondie par un spécialiste et il admet que l'auteur arabe a fort bien pu rétablir lui-même la bonne leçon[1], ce qui nous paraîtrait s'imposer dans les quelques cas où on se croirait obligé d'admettre que son modèle grec était déjà fautif.

Le texte arabe présente l'ordre donné par V, et Grensemann croit que cet ordre est le bon. Notre position est différente : le texte arabe dépend seulement de la tradition propre à V et, en ce qui concerne l'ordre du texte, cette tradition est perturbée et inacceptable. D'ailleurs, Grensemann ne suit pas V complètement, puisqu'il fait commencer l'œuvre au chapitre IX Littré. D'autre part, V ne donne qu'une petite partie de ce chapitre IX et Grensemann, tout en rejetant la suite immédiate, ne suit pas V sur ce point non plus. Enfin V donne sous le titre περὶ ἑπταμήνου un texte tardif et apocryphe que personne ne défend.

Les raisons qui conduisent Grensemann à considérer le chapitre IX comme initial sont faibles : ce sont deux détails du texte dont il force singulièrement l'interprétation.

On lit en IV, 2 : καὶ τὰ ἄλλα τὰ καταγεγραμμένα... Grensemann y voit un renvoi au chapitre IX et remarque que le parfait est la preuve que le chapitre IX précède en réalité la mention du chapitre IV. Mais il n'est pas certain que ce soit un renvoi au chapitre IX. Roscher y voyait une allusion à une autre œuvre ; Ilberg supposait une lacune dans la même œuvre[2]. Nous suivrions plutôt Roscher ; il faut voir dans ce texte, comme nous

1. Cf. *op. cit.*, p. 38 et 41. Pour cette édition du C. M. G., l'auteur a renoncé à faire état dans l'apparat critique des variantes des manuscrits arabes, lesquelles étaient notées par le sigle a dans sa thèse de 1960. Nous le suivons sur ce point, puisque pour nous ces textes arabes ont beaucoup moins d'importance encore que pour H. Grensemann.

2. Cf. Grensemann, *Textkritischer Anhang.*

le suggère M. Thivel, une référence à une table de jours critiques, intitulée τεσσαρακοντάδες καὶ μῆνες ἕκαστοι. Le grec en question serait on ne peut plus gauche s'il visait un autre passage du περὶ ὀκταμήνου.

Le second texte allégué est fort intéressant en lui-même (IX, 7) : ἄλλη δὲ τεσσαρακοντὰς ἐν ᾗ περὶ τὸν ὄγδοον μῆνα τὰ ἔμβρυα ἐν τῇ μήτρῃ νοσεῖ, περὶ ὧν ὅδε ὁ λόγος σύμπας λέγεται. Grensemann voit dans le présent λέγεται une preuve que ce texte se trouvait au début de l'œuvre, faute de quoi c'est le parfait qui aurait dû être employé. Il suffit de remarquer qu'à cet endroit du texte, selon l'ordre traditionnel, le λόγος n'est pas terminé : l'auteur est dans son plein droit en employant le présent. Grensemann veut prendre la phrase dans son sens le plus strict, mais cela ne sert à rien : il est encore question de la souffrance de quarante jours après cette phrase selon l'ordre traditionnel du texte[1].

Rien ne prouve donc que le chapitre IX soit le début de l'œuvre. Mais Jurk, Kahlenberg et Grensemann se trouvent du moins d'accord pour placer le περὶ ὀκταμήνου avant le περὶ ἑπταμήνου. Cette disposition est-elle plus satisfaisante ? Il nous semble, au contraire, qu'elle l'est beaucoup moins que l'ordre traditionnel.

Le περὶ ὀκταμήνου traite surtout de la naissance, des conditions nouvelles faites au nouveau-né, et rejette enfin l'idée de grossesse de onze mois.

Le περὶ ἑπταμήνου part du septième mois de la grossesse, s'occupe surtout de la « souffrance de quarante jours », puis des fœtus de neuf et de dix mois ; il revient sur la maladie du huitième mois, au fond son sujet essentiel, et il se termine par ce long chapitre IX, qui est une digression et une généralisation des doctrines numérologiques de l'auteur.

Pourquoi imaginer que l'auteur aurait parlé de l'ac-

1. Cf. la phrase suivante et X, 1.

couchement et du nouveau-né pour revenir ensuite aux fœtus de sept, huit, neuf et dix mois? Cet ordre que l'on prétend meilleur est contraire à toute logique et n'est le fait que d'un manuscrit dont les erreurs sont manifestes sur plusieurs points concernant l'œuvre même qui nous occupe (pour ne rien dire des manuscrits arabes, qui dépendent de la même tradition).

Remarquons surtout que le chapitre I Littré est un excellent début pour une œuvre consacrée à « la souffrance de quarante jours ». Celle-ci en effet déborde le huitième mois de part et d'autre : il est donc tout à fait indiqué de commencer le traité par le septième mois.

Outre ceux que nous avons déjà examinés, les arguments que l'on invoque, parfois d'une manière si péremptoire, nous semblent dépourvus de portée.

Nous n'en voyons plus que deux.

Le premier était déjà celui de Jurk : la phrase que nous lisons à la fin du chapitre II : ... διὰ τὰς πάθας κ. τ. λ., serait un renvoi évident à la phrase X, 1 : δισσὰς ἐφεξῆς... κ. τ. λ. Il n'en est rien, malgré une ressemblance formelle : les πάθαι du chapitre II ne désignent que la souffrance de quarante jours, *dont il a déjà été question deux fois dans ce même chapitre II*. Les κακοπάθειαι du chapitre X désignent à la fois la souffrance de quarante jours et celle de la naissance : il s'agit d'une reprise, d'un résumé de thèmes antérieurs et fondamentaux.

Le second argument est explicité par Grensemann, p. 43. Il consiste à affirmer que les détails du chapitre XIII sont nécessaires pour comprendre pourquoi, au chapitre I, l'auteur compte quinze jours pour le premier mois de la grossesse, et que donc le chapitre XIII doit précéder immédiatement le chapitre I. Cette dernière inférence ne s'impose pas du tout : le calcul de l'auteur, au chapitre I, est tout à fait clair quand on lit : « Si pour le premier mois on compte quinze jours... » C'est le droit strict de l'auteur de ne pas entrer ici dans le pourquoi ;

il nous demande seulement d'admettre l'hypothèse. Par contre, quand il s'agit, à la fin de l'œuvre, de réfuter l'idée d'une grossesse de onze mois, la justification des quinze jours admis pour le premier mois devient indispensable... et l'auteur la donne.

En réalité, l'ordre du *Marcianus*, notre meilleur manuscrit, est infiniment plus satisfaisant. L'œuvre y présente une structure d'ensemble très logique. Quant à la digression du chapitre IX et à la redite du chapitre X, elles n'ont rien d'étonnant : c'est monnaie courante à l'époque, et en particulier dans les œuvres médicales. L'auteur de la *Maladie sacrée* déclare à cinq reprises, dans une œuvre assez brève, que l'épilepsie n'est pas plus divine que toute autre maladie[1].

* * *

Tous les manuscrits postérieurs qui contiennent le περὶ ἑπταμήνου et le περὶ ὀκταμήνου nous sont connus par le *Régime* ou la *Génération*. Ce sont :

Laurentianus plut. 74, 1 (XVe s.) ;
Bodleianus Holkhamensis gr. 92 (XVIe s.) ;
Hauniensis ant. fund. reg. 224 (XVIe s.) ;
Ambrosianus C 85 sup. (XVe ou XVIe s.) ;
Mutinensis gr. 227 [II H 12] (XVIe s.) ;
Monacensis gr. 71 (XVe s.) ;
Baroccianus 204 (XIVe s.) ;
Parisinus gr. 2140 (XIIIe s.) ;
Parisinus gr. 2141 (XVe s.) ;
Parisinus gr. 2142 (XIVe s.) ;
Parisinus gr. 2143 (XIVe s.) ;
Parisinus gr. 2144 (XIVe s.) ;
Parisinus gr. 2145 (XVe s.) ;
Parisinus gr. 2146 (XVIe s.) ;

1. *M. S.*, I ; V (*bis*) ; XVI et XXI.

Parisinus gr. 2254 (xve s.) ;
Urbinas gr. 68 (xive s.) ;
Vaticanus gr. 277 (xive s.) ;
Vaticanus gr. 278 (a. 1512) ;
Vaticanus Palat. gr. 192 (xve s.).

Aucun manuscrit ne contient l'un des textes sans l'autre.

Diels signale une traduction latine (commentaire?) du περὶ ὀκταμήνου à Munich (*Monac. lat.* 805, xviie s.).

En dehors des œuvres complètes d'Hippocrate, le περὶ ἑπταμήνου a été édité par Jo. Cajus en 1562 (et 1569) et par G. Lallamantius en 1571, avec le περὶ ὀκταμήνου et d'autres œuvres.

Ces éditions anciennes n'ont plus aucun intérêt.

La nôtre, comme celle de H. Grensemann[1], est fondée sur les manuscrits M et V.

1. L'édition de Grensemann améliore beaucoup de passages du texte ; nous avons accepté un certain nombre de ses conjectures. Du côté de la couleur dialectale, son texte ne nous paraît pas absolument fidèle aux normes qu'il définit p. 70-75. C'est ainsi qu'on remarque dans le texte des terminaisons -οις devant consonne : 78, 7 (τοῖς χρόνοισι) ; 82, 9 (τοῖς πᾶσιν ; 14 (ἑβδόμοις καὶ et τοῖς σώμασι) ; 86, 11 (χλιεροῖς τε καὶ ὑγροῖς καὶ...) ; 88, 9 (μορίοις μᾶλλον) ; 90, 5 (ἄλλοις χρόνοις, οἱ) ; 92, 13 (τοῖς δέκα) ; 94, 9 (αὐτοῖς μαλθακά). Autres cas : 78, 17 (ὑγιαινούσῃσιν devant consonne) ; 80, 22 (χωρισθῶσι, contracte) ; 88, 6 (μίη pour μία) ; 94, 3 (γεγενεαλογημένοι pour γεγενεηλ-).

Voici une concordance de nos deux éditions :

Littré-Joly	Grensemann
Ch. I	4, fin-5
II	5
III	6
IV	7-8
V	9
VI	10
VII	10
VIII	10
IX	1
X	2
XI	2, fin
XII	3
XIII	4

II

Le titre de l'œuvre et les testimonia

Galien a bien connu l'œuvre et nous apprend que les uns l'attribuent à Hippocrate, d'autres à Polybe.

Dans son commentaire à *Épidémies* II, 3, 17[1], il cite plusieurs fois le περὶ ὀκταμήνου et il apparaît que deux fois le passage visé appartient au περὶ ἑπταμήνου traditionnel[2]. Il y parle aussi au futur d'un commentaire de l'œuvre qu'il n'a sans doute jamais écrit. Nous avons conservé un fragment grec de ce que les manuscrits appellent son περὶ τῶν ἑπταμήνων βρεφῶν qui commente le début du περὶ ἑπταμήνου[3]. A ce fragment est venue s'ajouter une version arabe complète, publiée par R. Walzer[4]. Galien y parle toujours du περὶ ὀκταμήνου γενέσεως ou du τὸ περὶ τῶν ὀκταμήνων βρεφῶν τῆς γενέσεως, tout en citant et en commentant ce que la tradition manuscrite appelle περὶ ἑπταμήνου. Rien n'est moins étonnant que l'incertitude des titres, nous l'avons vu à propos du περὶ φύσιος παιδίου[5]. Nous croyons cependant que l'ensemble de l'œuvre a porté originellement le titre περὶ ὀκταμήνου, comme un passage du texte lui-même, cité plus haut, le donne à penser[6]. Il est certain que περὶ ὀκταμήνου est un titre plus exact pour l'ensemble que ne l'est περὶ ἑπταμήνου pour la première partie[7].

1. Corpus Medicorum Graecorum, V, 10, 1, p. 300, 5-301, 28 et 303, 38-304, 13 ; traduction allemande du texte arabe par Pfaff.

2. Grensemann, *o. l.*, p. 41 sq.

3. H. Schöne, *Die Schrift Galens « Ueber die Siebenmonatskinder »*, in Quellen und Studien zur Geschichte der Naturwissenschaften und Medizin, t. 3, 1933, p. 120 sqq.

4. R. Walzer, *Galens Schrift « Ueber die Siebenmonatskinder »*, in Rivista degli Studi Orientali, t. 10, 1935, p. 323 sqq. L'auteur reproduit en outre le fragment grec.

5. H. Grensemann croit pouvoir tirer de là que dans le manuscrit hippocratique de Galien l'œuvre commençait au ch. x Littré.

6. Cf. p. 153.

7. Dans le volume XVII A, p. 448 Kühn, des *Opera omnia* de

Le début du texte, à propos des cent quatre-vingt-deux jours et une fraction[1], est passé dans la doxographie, sans autre détail que l'attribution à Polybe[2]. La même citation est plus intéressante chez Clément d'Alexandrie : φασὶ δὲ καὶ τὸ ἔμβρυον ἀπαρτίζεσθαι πρὸς ἀκρίβειαν μηνὶ τῷ ἕκτῳ, τουτέστιν ἑκατὸν ἡμέραις καὶ ὀγδοήκοντα πρὸς ταῖς δύο καὶ ἡμίσει, ὡς ἱστορεῖ Πόλυβος μὲν ὁ ἰατρὸς ἐν τῷ περὶ ὀκταμήνων[3].

Le titre était-il au singulier ou au pluriel? La question est assez oiseuse. Grensemann se prononce pour le pluriel. Le texte lui-même emploie toujours le pluriel τὰ ἑπτάμηνα, etc..., ou οἱ ἑπτάμηνοι, etc..., mais c'est sans doute une raison pour considérer le singulier περὶ ὀκταμήνου comme *lectio difficilior*. Que ce soit dans son texte grec ou dans la version arabe, Galien emploie presque toujours le singulier. Le pluriel apparaît chez Clément d'Alexandrie, chez Vindicianus[4], dans la *Vie d'Hippocrate* éditée par Schöne[5] et dans le texte arabe de Grensemann : tous témoins fort sujets à caution.

III

Origine de l'œuvre

Il est difficile de préciser la provenance de l'opuscule. La brièveté même est un obstacle à cet égard. Dans son ensemble, la doctrine devait être un bien commun des écoles médicales. L'arithmologie du chapitre IX laisse

Galien, on lit ὅπερ ἐν τῷ ἑπταμήνου φησὶ Ἱπποκράτης, mais l'ensemble de ce commentaire est un faux de la Renaissance.

1. Voyez la note 1, p. 164.
2. Aétius, V, 18, 4 (Pseudo-Galien, περὶ φιλοσόφου ἱστορίας, XIX, 331 K.). Galien hésite entre Hippocrate et Polybe ; cf. Walzer, *op. cit.*, p. 332 et n. 1.
3. *Stromates*, VI, XVI, 139, 1 sq. ; Stählin, II, 502, 21 sqq.
4. M. Wellmann, *Die Fragmente der sikelischen Aerzte*, p. 211, 8 sqq. (§ 5).
5. Rheinisches Museum, t. 58, 1903, p. 56-68, lignes 101-102.

supposer que l'auteur n'appartient pas à l'école de Cos. Serait-il cnidien? Rien de précis ne nous semble l'attester non plus.

La question vient de rebondir grâce à un long article de H. Grensemann[1], dont les thèses sont ici aussi très nouvelles : le περὶ ὀκταμήνου appartiendrait à l'école de Cos et plus précisément à Polybe, le gendre d'Hippocrate.

Ce que nous venons de dire du chapitre IX n'embarrasse pas M. Grensemann, car il considère le passage le plus nettement arithmologique, notre paragraphe 4, comme une interpolation. Nous ne nous rendons cependant pas à ses arguments[2].

La preuve la plus substantielle de Grensemann est que la doctrine de la non-viabilité du fœtus de huit mois serait spécifique de l'école de Cos. C'est là s'engager beaucoup plus que ne le permettent les données du problème. Tout ce qu'on peut dire, c'est que cette doctrine est attestée dans l'école de Cos[3] et que les textes cnidiens que nous possédons n'ont pas eu l'occasion d'aborder la question.

Censorin[4] attribue à Euryphon, le maître de Cnide, l'idée que le fœtus de sept mois n'est pas viable. Mais, outre que Censorin est un témoin sujet à caution, il faudrait encore être sûr que la doctrine d'Euryphon était à Cnide un véritable dogme ; nous savons en tout cas, par le *Régime des maladies aiguës*, par *Maladies IV* notamment, que bien des idées pouvaient être remises en cause à l'intérieur de l'école cnidienne.

De plus, H. Grensemann signale lui-même que le traité *Des chairs* affirme aussi la non-viabilité du fœtus de

1. *Der Arzt Polybos als Verfasser hippokratischer Schriften*, in Abhandlungen der Geistes-und Sozialwiss. Klasse der Akad. der Wiss. und der Literatur in Mainz, 1968, 2, p. 53-95.

2. Cf. à ce sujet la note additionnelle.

3. Surtout dans les *Épidémies*, Littré, V 78, 13 et 118, 8 sq. Plusieurs autres textes invoqués sont fort contestables.

4. Éd. Hultsch, p. 12, 29 sqq. (Leipzig, 1867).

huit mois[1] : comme cet opuscule ne saurait être de Cos, il s'ensuit que cette doctrine n'est pas propre à cette école.

Les autres arguments sont plus faibles encore. L'appartenance à Polybe en particulier ne repose que sur des considérations extrêmement précaires. Polybe étant l'auteur de la *Nature de l'homme*, et cette œuvre n'offrant avec le *Fœtus de huit mois* aucun point de contact matériel, tout essai de démonstration était par avance voué à la subtilité. Il ne nous paraît pas utile de nous étendre ici davantage[2].

Ce qui paraît certain, c'est que l'auteur n'est pas celui du περὶ γονῆς. En effet, s'il y a des points de contact, quelques sérieuses divergences se font jour entre les œuvres.

Il serait plus qu'étonnant que l'auteur du περὶ φύσιος παιδίου ne dise rien de la souffrance de quarante jours s'il était l'auteur du περὶ ὀκταμήνου.

Le περὶ ὀκταμήνου n'explique pas l'accouchement de la même façon que le περὶ φύσιος παιδίου : il ne fait pas allusion au manque de nourriture[3], qui est pour le περὶ φύσιος παιδίου la cause initiale[4].

Il est question en περὶ ὀκταμήνου, III, 1, d'un déplacement du fœtus à l'âge de sept mois ; c'est pour l'auteur une phase capitale qui n'a pas son équivalent en περὶ φύσιος παιδίου.

Les manières d'expliquer les malformations du fœtus ne se rejoignent pas plus : le περὶ γονῆς y voit l'effet de l'étroitesse de la matrice, d'une blessure ou d'une contusion survenue à la mère ; le περὶ ὀκταμήνου y voit l'effet d'une grave maladie survenue au huitième mois[5].

1. *Op. cit.*, p. 64 ; *Des chairs*, Littré, VIII 612, 1 sqq.
2. Nous donnerons plus de détails dans un compte rendu à paraître dans Gnomon, 1970.
3. I, 2 ; XII, 4.
4. XXX, 5 sq.
5. V, 1.

L'effet en question est un dépôt, ἀπόστασις, mot qui n'apparaît pas en *Maladies IV*.

Dans ce dernier opuscule, ce sont les jours impairs qui sont critiques[1] ; le περὶ ὀκταμήνου, plus influencé par la doctrine des hebdomades, valorise davantage le premier jour, le septième, le quatorzième, le vingt-huitième et le quarante-deuxième[2].

Le περὶ ὀκταμήνου affirme que tous les fœtus se développent la tête en haut[3], ce que le περὶ φύσιος παιδίου considère comme impossible à préciser[4].

Enfin, si les deux œuvres admettent que l'affirmation d'un onzième mois de grossesse relève d'une erreur, l'explication est fort différente de part et d'autre[5].

Nous ne voyons aucune raison décisive en faveur d'une date plus tardive que la fin du ve siècle. Si elles ne sont pas du même auteur, les œuvres que nous venons de comparer peuvent fort bien être de la même époque. Pour le *Fœtus*, l'inspiration nettement empédocléenne de IX, 6, vaut confirmation.

Aristote n'a pas cité l'opuscule, mais paraît bien le connaître.

Nous relevons en tout cas que, pour le Stagirite, la perte de l'embryon dans les tout premiers jours s'appelle ἔκρυσις[6] ; le περὶ ὀκταμήνου oppose aussi ἔκρυσις à τρωσμός, mais en parlant des premier et septième jours. Ce rapprochement n'est bien entendu pas décisif ; le mot a pu être largement employé à l'époque sans que nous ayons d'autres témoignages.

Un autre passage de la *Génération des animaux* affirme

1. XLVI sqq.
2. IX, 2-3.
3. X, 2.
4. XXVIII.
5. Περὶ ὀκταμήνου, XIII, 3 ; περὶ φύσιος παιδίου, XXX, 3.
6. *Hist. an.*, VII, 3, 583 b 12 ; *Génér. an.*, III, 9, 758 b 5-6 ; περὶ ὀκταμήνου, IX, 2.

que l'embryon femelle met plus de temps à se former que l'embryon mâle (idée commune dans la médecine du ve siècle), mais ajoute aussi qu'une fois nées, les femelles atteignent plus vite l'âge adulte et la vieillesse à cause de leur faiblesse. Or, cette même double affirmation se trouve en περὶ ὀκταμήνου, ix, 6 : il est difficile de croire qu'il n'y ait pas influence du texte hippocratique sur celui d'Aristote[1].

Plus caractéristique encore est, nous semble-t-il, un troisième passage de la *Génération des animaux*[2], qui note un fait très particulier : καὶ ἐγρηγορότα μὲν οὐ γελᾷ τὰ παιδία, καθεύδοντα δὲ καὶ δακρύει καὶ γελᾷ, ce qui correspond à περὶ ὀκταμήνου, ix, 8, tout en cautionnant une correction de texte. L'indice nous paraît probant et pourrait même valoir, comme le précédent, en faveur de l'authenticité du chapitre ix, si elle était un jour contestée.

Les rapprochements que nous venons de faire sont, à notre connaissance, nouveaux[3], alors que Kühlewein avait déjà montré[4] que le livre VII de l'*Histoire des animaux* utilisait en plusieurs passages le περὶ ὀκταμήνου, notamment le texte que nous venons de citer, et de telle façon qu'il suggérait à Kühlewein une correction très satisfaisante : τὰ δὲ παιδία ὅταν γένωνται τῶν τεσσαράκοντα ἡμερῶν ἐγρηγορότα μὲν οὔτε γελᾷ οὔτε δακρύει, νύκτωρ δ' ἐνίοτε ἄμφω · οὐδὲ κνιζόμενα τὰ πολλὰ αἰσθάνεται[5].

1. *Génér. an.*, IV, 6, 775 a 9 sqq. Le texte développe deux fois cette doctrine.
2. V, 1, 779 a 11-12.
3. Mais Grensemann cite aussi les deux derniers passages dans son édition, p. 104 et 106.
4. Philologus, t. 42, 1883, p. 127 sqq. L'auteur considère ce livre VII comme apocryphe, ce qui donnerait plus de prix au passage parallèle de la *Génération des animaux* ; mais cette opinion est aujourd'hui de plus en plus contestée.
5. *Hist. an.*, VII, 10, 63 ; 587 b.

SIGLA

M = Marcianus gr. 269, saec. x.
 M^2 = manus posteriores.
V = Vaticanus gr. 276, saec. xii.

Raro memorantur :
C = Parisinus gr. 2146, saec. xvi.
D = Parisinus gr. 2254, saec. xv.
F = Parisinus gr. 2144, saec. xiv.
H = Parisinus gr. 2142, saec. xiv in. (pars recentior).
J = Parisinus gr. 2143, saec. xiv.
K = Parisinus gr. 2145, saec. xv.
L = Cod. Serv. apud Foes.
recc. = recentiores (nonnulli vel omnes).
Gal. = Galenus.

edd. = editores (alii, ceteri vel omnes).
Corn. = Cornarius, 1538.
Foes = Ed. 1595.
Lind. = Van der Linden, 1665.
Mack = Ed. 1747.
Littré = E. Littré, *Œuvres complètes d'Hippocrate*, t. VII, 1851.
Erm. = F. Z. Ermerins, *Hippocratis... reliquia*, t. III, 1864.
Kühlewein = H. Kühlewein, *Beiträge zur Geschichte und Beurteilung der hippokratischen Schriften*, Philologus, t. 42, 1884, p. 127-133.
Grens. = H. Grensemann, Περὶ ὀκταμήνων, in C. M. G., I, 2, 1, Berlin, 1968.
Diller = H. Diller, apud Grensemann.

DU FŒTUS DE HUIT MOIS

Le fœtus à sept mois.

I. **1** Les fœtus ont sept mois après cent quatre-vingt-deux jours, plus une fraction. En effet, si pour le premier mois on compte quinze jours et pour les cinq suivants cent quarante-sept jours et demi — car cinquante-neuf jours font presque exactement deux mois accomplis — dans ces conditions, il reste, pour arriver au septième mois, vingt jours et quelque chose[1], puisqu'une fraction de jour s'ajoute au demi-jour dans une moitié d'année[2].

2 Quand donc arrive ce début de parachèvement, le fœtus se développe et acquiert beaucoup plus de force à ce moment qu'en tout autre temps et les membranes[3] dans lesquelles il était nourri dès l'origine sont obligées, comme aussi celles des épis, de se relâcher, avant que le fruit soit parfaitement développé. Ainsi les fœtus les plus vigoureux et les plus développés forcent et déchirent

1. « Il s'agit de mois grecs. L'année est, pour l'auteur, de trois cent soixante-cinq jours un quart ; le fœtus n'entre donc dans le septième mois qu'après cent quatre-vingt-deux jours et quinze heures. Cinq mois et les quinze jours du premier mois font cent soixante-deux jours et demi. Pour atteindre et passer les six mois, il faut donc plus de vingt jours, c'est-à-dire vingt jours et trois heures » (Littré). Certains éditeurs ont songé à introduire καὶ ἡμίσεος après δύο, mais on peut considérer que μορίου désigne ici une fraction supérieure à la moitié, d'autant plus que le texte de Galien appuie la tradition manuscrite. Le ἥμισυ de la doxographie (cf. *Introduction*, p. 158) apparaît comme une simplification, une schématisation légitime. Le calcul de notre auteur correspond fort bien à celui de Méton (432 avant J.-C.).

2. Nous suivons ici Galien, comme Ermerins et Grensemann, qui donnent un texte clair ; la correction de Littré aboutit à un texte d'une grécité douteuse : le datif τῷ μέρει y est fort obscur.

3. Cette idée que l'enfant est entouré de plusieurs membranes qu'il doit déchirer pour naître ne correspond pas à la réalité ; nous l'avons déjà rencontrée dans la *Nature de l'enfant*, XXX, 1.

ΠΕΡΙ ΟΚΤΑΜΗΝΟΥ

I. **1** Οἱ δὲ ἑπτάμηνοι γίνονται ἐκ τῶν ἑκατὸν ἡμερέων VII 436
καὶ ὀγδοήκοντα καὶ δύο καὶ προσεόντος μορίου· ἢν γὰρ τοῦ πρώτου λογίσῃ μηνὸς πεντεκαίδεκα ἡμέρας, τῶν δὲ πέντε μηνῶν ἑκατὸν καὶ τεσσαράκοντα καὶ ἑπτὰ καὶ ἥμισυ ἡμέρης, ἐν γὰρ ἑξήκοντα μιῇς δεούσῃσιν ἡμέρῃσιν ἐγγύτατα δύο μῆνες ἐκτελεῦνται, οὕτως οὖν τούτων ἐόντων ἐς τὸν ἕβδομον μῆνα περιγίνονται ἡμέραι πλεῖον ἢ εἴκοσιν, ἐς ἥμισυ τοῦ ἐνιαυτοῦ καὶ τῆς ἡμέρης μέρεος τῷ μέρει προσγινομένου.

2 Ὁκόταν οὖν ἐς τὴν ἀρχὴν τῆς τελειώσιος ἔλθῃ ταύτην, ἁδρυνομένου τοῦ ἐμβρύου καὶ τὴν ἰσχὺν πολὺ ἐπιδιδόντος ἐν τῇ τελειώσει μᾶλλον ἢ ἐν τοῖσιν ἄλλοισι χρόνοισιν, οἱ ὑμένες ἐν οἷσι τὴν ἀρχὴν ἐτράφη, ὥσπερ καὶ τῶν ἀσταχύων, ἐξεχάλασαν πρόσθεν ἀναγκαζόμενοι ἢ τελείως ἐξαδρυνθῆναι τὸν καρπόν· τὰ οὖν ἰσχυρότατα

Titulus περὶ ὀκταμήνου restitui : π. ἑπταμήνου M || 1 δὲ MV : δ' Gal. (Schöne, l. 30) || γίνονται M Gal. : γιγν- V (quod in V frequens est neque jam memorabitur) || ἡμερέων MV : -ρῶν Gal. || 2 post δύο add. καὶ ἡμίσεος Corn. || προσεόντος Gal. : -σόντος MV || 3 λογίσῃ μηνὸς MV : μηνὸς λ. Gal. || μηνὸς : add. τὰς Gal. || 3-5 τῶν δὲ πέντε — ἡμέρης V : om. M, sed restituit in margine M² || 4 ἑκατὸν M² : ἕκαστον V || 5 μιῇς M : μιᾶς Gal. μίησι V || δεούσῃσιν ἡμέρῃσιν MV : -σαις -ραις Gal. || 6 ἐγγύτατα MV : ἔγγιστα Gal. || ἐκτελεῦνται M : -οῦνται Gal. -λευταίων V || οὕτως M : δὲ V || τούτων M : -έων V || 8 ἢ M : om. V || ἐς ἥμισυ Littré : ἡμίσει MV || καὶ MV : om. Gal. secl. Littré || τῆς ἡμέρης M Gal. : τῇσιν -ῃσιν V || μέρεος Littré : τοῦ μ. V Gal. Grens. τοῦ μέρους M || 9 προσγινομένου Gal. (-γιγν-) Erm. : ποστῷ γινομένῳ M ποσγινομένου M² τῷ πρὸς τῷ γινομένῳ V ποσοῦ γινομένου Littré || 10 οὖν V : om. M || ἐς τὴν M : εἰς V || τελειώσιος Littré : -σηος V -σεως M || ἔλθῃ M : om. V || 12-13 τοῖσιν ἄλλοισι χρόνοισιν V : τοῖς -οις -οις M || 13 οἷσι V : οἷς M || ὥσπερ M : ὡς V || 14 καὶ M : om. V || ἐξεχάλασαν Littré : ὁπότ' ἐξεχ- M ὁπότε ἐξεχ- Erm. ἐξεκάλεσαν V || 15 ἐξαδρυνθῆναι V : -θεῖναι M || οὖν V Littré : μὲν M Erm.

les membranes, provoquant nécessairement l'accouchement.

Mortalité. II. 1 La plupart périssent, car, tout en étant petits, ils subissent un plus grand changement que les autres et ils ont à supporter en dehors de la matrice[1] la souffrance de quarante jours, qui tue même beaucoup de fœtus de dix mois. Mais il en est de ces fœtus de sept mois qui survivent, peu parmi beaucoup ; c'est que la proportion de temps pendant lequel ils ont été nourris dans la matrice les met en mesure de posséder tout ce que possèdent les fœtus parfaitement développés et les plus aptes à survivre **2** et les fait sortir de la mère avant de souffrir les maladies du huitième mois. Car, si, en plus de ces souffrances, il arrive encore que l'enfant vienne au jour, il est impossible qu'il survive, à cause des maladies en question, dont je dis qu'elles tuent les fœtus de huit mois[2] et aussi bon nombre de ceux de dix mois.

Quarante jours dangereux. III. 1 Beaucoup de fœtus, à cet âge de sept mois, quand les membranes se relâchent, passent dans la partie qui cède[3] et se procurent là leur nourriture ;

1. Ce détail se comprend parfaitement à la lumière du chapitre XII.
2. Grensemann corrige ce masculin et met le neutre ; mais l'auteur emploie ailleurs aussi le masculin ; cf. ch. I, première ligne.
3. Le fragment de Vindicianus (§ 12, p. 216, 7-8, Wellmann) n'est guère utile : *septimo mense ad inferiora loca descendit ex superioribus spatiis* ; cf. ici, IV, 2. Le terme ὑπεῖξαν paraît obscur et, à première vue, on y soupçonnerait une corruption de texte. Ce serait pourtant une erreur, car l'expression ἐς τὸ ὑπεῖκον apparaît trois fois en *Lieux dans l'homme* où elle a un caractère technique évident ; il ne s'y agit d'ailleurs pas des mouvements du fœtus, mais de flux d'humeurs. Cf. ch. 9 (L VI 292, 10) : « en effet, tout liquide échauffé perd de sa densité et s'écoule tout dans ce qui cède » ; ch. 10 (296, 13-14) : « s'il reste dans la chair quelque chose qui n'ait pas d'issue..., cela se porte aux endroits qui cèdent », et ch. 22 (314, 14) : « quand... la fluxion n'a pas où aller, se portant sur les articulations, elle flue sur les endroits qui cèdent... ».

καὶ ἁδρότατα τῶν ἐμβρύων βιησάμενα καὶ διαρρήξαντα τοὺς ὑμένας ἠνάγκασε τὸν τόκον γενέσθαι.

II. **1** Καὶ τὰ μὲν πλεῖστα τούτων ἀπώλοντο· μικρὰ γὰρ ἐόντα τῇ μεταβολῇ μέζονι χρέωνται τῶν ἄλλων· 438
καὶ τὴν τεσσαρακονθήμερον κακοπάθειαν ἀναγκάζονται κακοπαθεῖν, ἐξελθόντα ἐκ τῆς μήτρης, ⟨ἣ⟩ καὶ τῶν δεκαμήνων πολλὰ ἀποκτείνει. Ἔστι δὲ ἃ τούτων τῶν ἑπταμήνων καὶ περιγίνονται, ἐκ πολλῶν ὀλίγα, ὅτι ὁ λόγος καὶ ὁ χρόνος, ἐς ὃν ἐτράφη ἐν τῇ μήτρῃ, κατέστησεν ὥστε μετέχειν πάντων ὧνπερ καὶ τὰ τελειότατα μετέχει καὶ μάλιστα περιγινόμενα, **2** καὶ ἐξήλλαξε τῆς μητρὸς πρόσθεν ἢ νοσῆσαι τὰ ἐν τῷ ὀγδόῳ μηνὶ νοσεόμενα· τούτοισι γὰρ τοῖσι πόνοισιν ἢν ἐπιγίνηται, ὥστε ἐς τοὐμφανὲς ἐλθεῖν τὸ παιδίον, ἀδύνατον περιγενέσθαι διὰ τὰς πάθας τὰς προειρημένας, ἃς ἐγώ φημι τοὺς ὀκταμήνους ἀποκτείνειν, πολλοὺς δὲ καὶ τῶν δεκαμήνων.

III. **1** Τὰ δὲ πολλὰ τῶν ἐμβρύων τῶν ἐν ταύτῃ τῇ ἡλικίῃ τῇ ἑπταμήνῳ, ὅταν οἱ ὑμένες χαλάσωσι, μετεχώρησαν ἐς τὸ ὑπεῖξαν, καὶ ἐνταῦθα τὴν τροφὴν ποιεῖται,

1 τῶν ἐμβρύων M : αὐτῶν V ‖ βιησάμενα M : -σόμενα V ‖ 2 ἠνάγκασε M : -σεν V ‖ 3 τούτων Grens. : -έων MV ‖ ἀπώλοντο M : -λλοντο V ‖ 4 ἐόντα Grens. : ὄντα MV ‖ μέζονι V : μειζ- M ‖ χρέωνται Grens. : χρέονται M χρῶνται καὶ V ‖ 5 τὴν M : om. V ‖ κακοπάθειαν Erm. : -θείην V Littré -θίην M ‖ 6 μήτρης M : μητρὸς V ‖ ἣ add. Erm. Diller ‖ 7 πολλὰ — ἑπταμήνων M : om. V ‖ τῶν recc. : om. M ‖ 8 ἐκ M : om. V ‖ ὁ λόγος M : ὀλίγος V ‖ 9 ἐς ὃν M : ὅσον V Grens. ‖ μήτρῃ M : μητρὶ V ‖ κατέστησεν ὥστε M : κατέστησέ πως V ‖ 10 ὧνπερ recc. : ὅν περ M ὥσπερ V ‖ τὰ M : om. V ‖ 11 ἐξήλλαξε M : ἐξήβασσε V ‖ 12 ἢ νοσῆσαι τὰ Littré : νοσήσασαι τὰ V ἣν ὁ σης αἵ τε M ἢ κυούσης ἅτε recc. ‖ νοσεόμενα Joly : νοσέοντα V νενοσεύμενα M Littré νοσήματα Grens. ‖ 13 τούτοισι Grens. : -έοισι V -τοις M ‖ τοῖσι πόνοισιν V : τοῖς -νοις M ‖ ἐπιγίνηται V : -νωντα M ‖ ὥστε ἐς Lind. (ὥστ') : ὥστ' εἰς M ὥστι V ‖ 14 περιγενέσθαι M : -γίγνεσθαι V ‖ διὰ M : διὰς V ‖ 15 τοὺς V : τὰς M ‖ τοὺς ὀκταμήνους, 16 πολλοὺς : τὰ -μηνα, πολλὰ Grens. ‖ 16 ἀποκτείνειν V : -αίνειν M ‖ 17 ταύτῃ V : αὐτῇ M ‖ 18 ὅταν M : ὁκόταν V ‖ χαλάσωσι V (-σιν) : χαλῶσιν M ‖ 19 ὑπεῖξαν M : ὑφῆξαν V.

les quarante[1] premiers jours, ils souffrent, les uns plus, les autres moins, à cause de leur déplacement hors des lieux qui les nourrissaient, et aussi parce qu'ils tirent et déplacent[2] le cordon ombilical, et à cause des souffrances de la mère. **2** En effet, les membranes tendues et le cordon ombilical tiré causent des souffrances à la mère et le fœtus, libéré de l'ancien lien, devient plus lourd. Beaucoup de femmes ont même de la fièvre quand cela se produit, d'autres en meurent avec leurs fœtus. Elles sont unanimes[3] sur ce point : elles déclarent que c'est pendant le huitième mois qu'elles portent le plus difficilement leur ventre, et avec raison. Mais ce n'est pas uniquement le huitième mois[4] qui est en cause ; il faut encore y ajouter des jours des septième et neuvième mois. **3** Seulement, pour ce qui est des jours, les déclarations et les idées des femmes ne sont pas les mêmes. Ce qui les trompe, c'est que le fait n'est pas uniforme, mais que plusieurs jours, tantôt du septième mois, tantôt du neuvième, viennent s'ajouter pour faire les quarante jours. En effet, il doit en être ainsi selon l'époque du mois[5] où la femme est devenue enceinte. Le huitième, par contre, est hors de conteste, car c'est pendant ce mois que la situation devient critique, et

1. Nous n'introduisons pas, dans cette œuvre, les formes ioniennes en ε de τέσσαρες et de ses composés, car aucun des deux bons manuscrits ne les atteste jamais.

2. Grensemann supprime καὶ μετεχώρησε, mais nous ne voyons aucune nécessité de le suivre.

3. A propos de cette excellente correction de Littré, Grensemann renvoie à la variante ὀλίγος de V pour ὁ λόγος en ɪɪ, 1, et à la même correction de L. Valla à Thucydide, V, 85.

4. Ermerins et Grensemann suivent V et n'admettent pas dans le texte ὄγδοος μὴς de M ; Grensemann, p. 115, explique que ὁ χρόνος οὗτος désigne aussi le huitième mois et que dès lors, le texte de M est absurde. Mais il est très naturel de croire aussi que ὁ χρόνος οὗτος désigne « le temps le plus pénible » et, dans ce cas, la leçon de M est indispensable. L'absence de l'article ὁ devant ὄγδοος n'est pas non plus un argument très fort, ni grammaticalement ni paléographiquement. Le texte de M nous paraît bien préférable.

5. Il y a ici une sorte de ἓν διὰ δυοῖν qui nous paraît très grec. Cf. en ɪɪ, 1, l'expression analogue ὁ λόγος καὶ ὁ χρόνος.

τὰς μὲν τεσσαράκοντα ἡμέρας τὰς πρώτας πονέοντα, τὰ μὲν μᾶλλον, τὰ δὲ ἧσσον, διὰ τὴν μεταβολὴν ἣν ἐκ τῶν χωρίων τῶν θρεψάντων μετεβάλετο, καὶ ὅτι τὸν ὀμφαλὸν ἔσπασε καὶ μετεχώρησε, καὶ διὰ τῆς μητρὸς τοὺς πόνους. **2** Οἱ γὰρ ὑμένες τεινόμενοι καὶ ὁ ὀμφαλὸς σπασθεὶς ὀδύνας ποιεῖ τῇ μητρί· καὶ τὸ ἔμβρυον ἐκ τοῦ ἀρχαίου συνδέσμου ἐκλυθὲν βαρύτερον γίνεται· πολλαὶ δὲ τῶν γυναικῶν καὶ ἐπιπυρεταίνουσι τούτων γινομένων, αἱ δὲ καὶ ἀπόλλυνται σὺν τοῖσιν ἐμβρύοισι. Χρέωνται δὲ πᾶσαι ἑνὶ λόγῳ περὶ τούτου· φασὶ γὰρ τοὺς ὀγδόους 440 τῶν μηνῶν καὶ χαλεπώτατα φέρειν τὰς γαστέρας, ὀρθῶς λέγουσαι. Ἔστι δὲ ὄγδοος μεὶς οὐ μοῦνον ὁ χρόνος οὗτος, ἀλλὰ καὶ ἡμέραι πρόσεισι ἀπό τε τοῦ ἑβδόμου μηνὸς καὶ τοῦ ἐνάτου. **3** Ἀλλὰ τὰς ἡμέρας οὐχ ὁμοίως οὔτε λέγουσιν οὔτε γινώσκουσιν αἱ γυναῖκες· πλανῶνται γὰρ διὰ τὸ μὴ κατὰ τὸ αὐτὸ γίνεσθαι, ἀλλ' ὁτὲ μὲν ἀπὸ τοῦ ἑβδόμου μηνὸς πλέονας ἡμέρας προσγενέσθαι ἐς τὰς τεσσαράκοντα, ὁτὲ δὲ ἀπὸ τοῦ ἐνάτου· ὧδε γὰρ ἀνάγκη γίνεσθαι, ὅκως ἂν τύχῃ ἡ γυνὴ ἐν γαστρὶ λαβοῦσα τοῦ μηνός τε καὶ τοῦ χρόνου. Ὁ δὲ μὴν ὄγδοος ἀναμφισβήτητός ἐστι, κατὰ τοῦτον γὰρ γίνεται, ὥστε δυσκρίτως

1 πονέοντα M : -εῦνται V ‖ τὰ (bis) recc. : τὰς M Grens. ‖ 2 ἣν Littré : τὴν M Erm. om. V ‖ 3 θρεψάντων M : -όντων V ‖ μετεβάλετο M μεταβολαὶ το V secl. Erm. ‖ καὶ ὅτι τὸν ὀμφαλὸν Littré : καὶ ἀντὶ τοῦ ὀμφαλοῦ M κασι τοῦ τε ὀμφαλοῦ V ‖ 4 καὶ μετεχώρησε secl. Grens. ‖ 5 ὁ M : om. V ‖ 7 συνδέσμου M : ἐνδέσμου V ‖ ἐκλυθὲν M : ἑλκυσθὲν V ‖ 8 ἐπιπυρεταίνουσι V : -σιν M ‖ τούτων M : -έων V ‖ 9 τοῖσιν ἐμβρύοισι V : τοῖς -οις M ‖ χρέωνται Grens. : -εονται M -ῶνται V ‖ 10 ἑνὶ λόγῳ Littré : ἐν ὀλίγῳ MV ‖ περὶ M : πυρί V ‖ τούτου M : -έῳ V ‖ 12 ὄγδοος μεὶς Joly : ὀγ- μὴς M om. V secl. Erm. ‖ μοῦνον Grens. : μόνον M μοῦνος V ‖ 13 καὶ M : om. V ‖ ἡμέραι V : -ας M ‖ πρόσεισι MV : λάβοι recc. ‖ ἀπό τε recc. : ἀπὸ M ἅς ποτε V ‖ 14 τοῦ ἐνάτου M : τοῦ ἐνιαυτοῦ V add. καὶ ἀπὸ τοῦ ἐνιαυτοῦ M ‖ 16 μὴ Grens. : μήτε M μηδὲ V ante γίνεσθαι pos. D Littré ‖ ὁτὲ Littré : ὅτε M (ἀλλὰ τὸ V ‖ 18 ὁτὲ δὲ (recc.) Littré : τότε δ' M τὸ δὲ V ‖ ἐνάτου M : ἐνιαυτοῦ V ‖ ὧδε V : τότε M ‖ 19 ὅκως V : ὅπως M ‖ 19-20 τοῦ μηνός τε καὶ M : om. V ‖ μὴν M Erm. : δὴ V Littré Grens. ‖ ἀναμφισβήτητος M : ἀμφισβητήσιμος V ‖ 21 γίνεται M : κρίνεται V ‖ δυσκρίτως M : εὐκρ- V.

comme le mois est une fraction (simple)[1] dans les dix mois, le huitième est facile à retenir.

L'expérience des femmes. La fin de la grossesse.

IV. **1** Il ne faut pas refuser de croire les femmes au sujet des accouchements : elles disent tout ce qu'elles savent[2] et elles continueront à le faire, car on ne saurait ni en fait ni en parole les persuader qu'elles connaissent quelque chose mieux[3] que ce qui se passe dans leur corps. Laissons contester ceux qui le veulent : les femmes qui tranchent la question en apportant des preuves victorieuses à ce sujet affirmeront toujours qu'elles mettent au monde des enfants de sept, de huit, de neuf, de dix ou de onze mois[4], que parmi eux, ceux de huit mois ne survivent pas, mais que les autres (peuvent) survivre. **2** Elles confirmeront aussi que la plupart des avortements ont lieu dans la première quarantaine et le reste qui est écrit dans *Les quarantaines et les mois un à un*[5]. Quand, au septième mois, les membranes se rompent et que le fœtus se déplace, alors surviennent les souffrances dont on situe l'origine autour du huitième mois et de la sixième quarantaine. Passé ce temps, chez celles qui iront bien,

1. Tel nous paraît être le sens de ce passage. A la fin de la phrase, nous donnons la préférence à M, contre M[1], V et Littré. On pourrait certes accepter εὐμνηστον, comme Grensemann, à titre de *lectio difficilior* (*op. cit.*, p. 115), mais le sens passif de ce terme est vraiment fort rare : il nous paraît plutôt dérivé et tardif.

2. Littré adopte le texte de M, qui est bien étrange. Nous préférons suivre Grensemann, qui corrige le texte de V : la forme exceptionnelle εἰδέωσι a pu entraîner la corruption du texte.

3. Le texte est de nouveau corrompu. La correction de Grensemann représente un progrès, mais ne donne pas un sens acceptable : « qu'elles connaissent autre chose que ce qui se passe... » ; sa traduction, acceptable, elle, dépasse de beaucoup le grec : « etwas anderes für richtig zu halten als das... ». Nous croyons rétablir le vrai sens à peu de frais.

4. Littré a supprimé ἐνδεκάμηνα malgré M et V ; il est vrai que notre auteur réfute cette erreur au chapitre XIII, mais précisément il sait que l'erreur est fort répandue ; l'idée du contexte, que les femmes ont raison, peut ne pas porter sur ce détail.

5. Cf. Introduction, p. 153.

ἔχειν, καὶ ἓν δὲ μέρος ἐν τοῖσι δέκα μησὶν ὁ μήν ἐστιν, ὥστε τοῦτον εὐμνημόνευτον εἶναι.

IV. **1** Χρὴ δὲ οὐκ ἀπιστεῖν τῇσι γυναιξὶ ἀμφὶ τῶν τόκων· λέγουσι γὰρ ἅπερ ἂν εἰδέωσι καὶ αἰεὶ ἐρέουσιν· οὐ γὰρ ἂν πεισθείησαν οὔτ' ἔργῳ οὔτε λόγῳ μᾶλλόν τι γνῶναι ἢ τὸ ἐν τοῖσι σώμασιν αὐτέων γινόμενον. Τοῖσι 442 δὲ βουλομένοισιν ἄλλο τι λέγειν ἔξεστιν, αἱ δὲ κρίνουσαι καὶ τὰ νικητήρια διδοῦσαι περὶ τούτου τοῦ λόγου αἰεὶ ἐρέουσι καὶ φήσουσι τίκτειν καὶ ἑπτάμηνα καὶ ὀκτάμηνα καὶ ἐννεάμηνα καὶ δεκάμηνα καὶ ἑνδεκάμηνα, καὶ τούτων τὰ ὀκτάμηνα οὐ περιγίνεσθαι, τὰ δ' ἄλλα περιγίνεσθαι·

2 Φήσουσι δὲ καὶ τοὺς τρωσμοὺς πλείστους ἐν τῇ πρώτῃ τεσσαρακοντάδι γίνεσθαι, καὶ τὰ ἄλλα τὰ καταγεγραμμένα ἐν τῇσι τεσσαρακοντάσι καὶ ἐν τοῖσι μησὶν ἑκάστοισιν. Ὅταν δὲ τῷ ἑβδόμῳ μηνὶ περιρραγέωσιν οἱ ὑμένες καὶ τὸ ἔμβρυον μεταχωρήσῃ, ὑπέλαβον οἱ πόνοι οἱ περὶ τὸν μῆνα τὸν ὄγδοον γεγενεηλογημένοι καὶ περὶ τὴν ἕκτην τεσσαρακοντάδα· τούτου δὲ τοῦ χρόνου παρελθόντος, ὅσῃσι μέλλει εὖ εἶναι, αἱ φλεγμοναὶ ἐλύθησαν

1 καὶ ἓν δὲ V : κατ' ἐμὲ καὶ τὸ M || τοῖσι Joly : τοῖς MV || δέκα V : ἕνδεκα M || 2 εὐμνημόνευτον M (in margine γρ. καὶ εὔμνηστον M[1]) Erm. : εὔμνηστον Grens. εὐμένιστον V || 3 δὲ V : δ' M || τῇσι V : ταῖς M || ἀμφὶ V : περὶ M || 4 ἅπερ ἂν εἰδέωσι Grens. : ἅπερ καὶ εἰδέουσι V πάντα καὶ αἰεὶ λέγουσι M Littré || καὶ αἰεὶ ἐρέουσιν M (-σι) : om. V || οὐ M : οὔτε V || 5-6 μᾶλλόν τι γνῶναι ἢ Joly : ἀλλ' ὅτι γνῶναι M edd. ἄλλο τι γνῶναι ἢ Grens. ἀλλ' οὐ γίγνονται ἢ V || 6 τὸ V : καὶ M || τοῖσι V : τοῖς M || αὐτέων M : -τέοισιν V || 6-7 τοῖσι, βουλομένοισι V Erm. : τὰς — ας M Littré || 7 ἄλλο τι V Erm. : ἄλλο M Littré || 8 τούτου Grens. : -έου V αὐτέου M || 10 ἐννεάμηνα recc. : ἐννάμηνα MV || δεκάμηνα καὶ ἑνδεκάμηνα V : ἑνδεκ- M δεκάμηνα Littré || τούτων Grens. : -έων MV || 11 περιγίνεσθαι Grens. : -γενέσθαι M || τὰ δ' ἄλλα περιγίνεσθαι V Grens. : om. M edd. || 12 τρωσμοὺς M : τρόμους V || ἐν τῇ πρώτῃ M : ἐς V || 13 τεσσαρακοντάδι γίνεσθαι recc. : τεσσαράκοντα διαγιν- M -κοντα δὴ γ. V || τὰ ἄλλα M : τἄλλα V || τὰ M : om. V || 14 τεσσαρακοντάσι M : -κοντα V || 14-15 ἑκάστοισιν V : -σι M || 15 ὅταν M : ὁκόταν V || 16 ὑπέλαβον M : μετέλαβον V || 17 τὸν μῆνα τὸν ὄγδοον M : τὸν ὄγδοον μ. V || γεγενεηλογημένοι Joly -αλογημένοι Grens. : ἐνγενεαλογημένον V γενεαλογημένοι M || 18 τούτου M : -έου V || 19 ὅσῃσι V : ὁπόσαις M || αἱ M : om. V.

disparaît l'inflammation du fœtus et de la mère, le ventre s'amollit et la masse descend des hypocondres et des flancs vers le bas, en vue d'une position convenable pour l'accouchement. **3** C'est là que reste le fœtus pendant la plus grande partie de la septième quarantaine ; l'endroit lui est agréable, ses mouvements deviennent plus faciles et plus fréquents ; c'est pour ces raisons qu'il se dispose plus facilement pour l'accouchement. Les derniers jours de cette quarantaine, les femmes portent plus facilement leur ventre, jusqu'au moment où le fœtus commence à se tourner. Après cela viennent les douleurs et les souffrances, jusqu'à ce que les femmes soient délivrées de l'enfant et de l'arrière-faix.

Maladies du huitième mois.

V. **1** Toutes les femmes qui ont eu beaucoup d'enfants, dont un boiteux, aveugle ou souffrant de quelque autre infirmité, déclareront que pour celui-là, le huitième mois a été plus difficile à passer que pour les autres qui n'ont aucune infirmité. C'est que le fœtus estropié a été gravement malade au huitième mois [1], si bien que la maladie a formé un dépôt [2], comme le font aussi chez les adultes les maladies graves. Ceux des fœtus qui sont gravement malades à un autre moment meurent avant qu'un dépôt ne se

1. Que le huitième mois soit le plus critique, au sens moderne du terme, est une idée qui apparaît ailleurs ; cf. *Épidémies*, II, 3, 17 (Littré, V, 118, 8) : τῶν ἐπιμηνίων περίοδος, τὰ πρὸ τούτων βαρέα ἀδελφὰ τῶν ὀκταμήνων πόνων, cité par Grensemann, *Der Arzt Polybos als Verfasser hippokratischer Schriften*, Mainz, 1968, p. 19.

2. La doctrine du dépôt est, pour Grensemann, *op. cit.*, p. 20, typiquement coaque. S'il paraît certain que le mot ἀπόστασις ne se rencontre pas dans les écrits cnidiens, il n'en est pas de même du verbe ἀφίσταμαι, qui atteste seul la même doctrine en *Nature de l'homme* (ch. x) et que nous rencontrons aussi en *Affections internes*, 24 (Littré, VII, 228, 19-21) : ἢν δέ σοι δοκῇ που ἀφίστασθαι τοῦ ἥπατος, καῦσαι ὅκου ἂν φανῇ σιδηρίῳ et en *Maladies*, II, 57, fin. D'autre part, les Cnidiens ont certainement connu et décrit des « phénomènes » tout à fait semblables, avec un autre vocabulaire ; cf. *supra*, p. 110, n. 1, et 112, n. 3.

καὶ τοῦ ἐμβρύου καὶ τῆς μητρός, ἥ τε γαστὴρ ἐμαλάχθη, καὶ ὁ ὄγκος ὑποκατέβη ἀπὸ τῶν ὑποχονδρίων καὶ τῶν κενεώνων ἐς τὰ κάτω χωρία ἐς εὐτρέπειαν τῆς ἐπὶ τοὺς τόκους στροφῆς. **3** Καὶ τὴν ἑβδόμην τεσσαρακοντάδα ἐνταῦθά ἐστι τὸ πλεῖστον τοῦ χρόνου τὰ ἔμβρυα· τὰ γὰρ χωρία αὐτοῖσι μαλακά, καὶ αἱ μετακινήσιες αὐτοῖσιν εὐπετέστεραι γίνονται καὶ πυκνότεραι· καὶ διὰ ταῦτα κατέστη πρὸς τὸν τόκον εὐλυτώτερα. Καὶ πάσης τῆς τεσσαρακοντάδος ταύτης αἱ γυναῖκες φέρουσι τὰς τελευταίας ἡμέρας εὐπετέστερον τὰς γαστέρας, ἔστ' ἂν ὁρμήσῃ τὸ ἔμβρυον στρέφεσθαι· μετὰ δὲ ταῦτα αἵ τε ὠδῖνες εἰσὶ καὶ οἱ πόνοι ἐπίκεινται, ἔστ' ἂν ἐλευθερωθῇ τοῦ τε παιδίου καὶ τοῦ ὑστέρου.

V. **1** Ὅσαι δὲ τῶν γυναικῶν ἔτεκον πολλὰ παιδία 444
καί τι αὐτῶν ἐγένετο χωλὸν ἢ τυφλὸν ἢ ἄλλο τι κακὸν ἔχον, φήσουσιν ἐπὶ τούτου τοῦ παιδίου τὸν ὄγδοον μῆνα χαλεπώτερον διαγαγεῖν ἢ ἐφ' ὧν ἔτεκον οὐδὲν κακὸν ἐχόντων· τὸ γὰρ ἔμβρυον τὸ πηρωθὲν ἐν τῷ ὀγδόῳ μηνὶ ἰσχυρῶς ἐνόσησεν, ὥστε καὶ ἀπόστασιν ἐποίησεν ἡ νοῦσος, ὡς καὶ τοῖσιν ἀνδράσιν αἱ ἰσχυραὶ νοῦσοι ἐποίησαν. Ὅσα δ' ἂν τῶν ἐμβρύων ἐν ἄλλῳ χρόνῳ ἰσχυρῶς νοσήσῃ, ἀπόλλυται πρόσθεν ἢ αὐτῷ ἀπόστασιν

1 ἥ τε V : ὥστε M ‖ ἐμαλάχθη C Zwing.[m] Foes : ἡ μαλθ- V μαλαχθῇ M ‖ 2 ὑποκατέβη V : ὑπὸ κατάβη M ‖ sec. τῶν V : τὸν M ‖ 3 εὐτρέπειαν Erm. : -είην V -ίην M εὐτρεπῆ Schneider (apud Littraeum) Littré ‖ 3-4 τῆς — στροφῆς Erm. Grens. : τὴν — τροπήν M τὴν ἀπὸ τοῦ στομάχου στρέφοι V ‖ 5 ἐνταῦθα Erm. : -θ' V ἐντεῦθεν M ‖ πλεῖστον M : λοιπὸν V ‖ 6 αὐτοῖσι Joly : -τοῖς M - τέους V ‖ αἱ V : om. M ‖ αὐτοῖσιν Joly : -τέοισιν V -τοῖς M ‖ 8 εὐλυτώτερα M : -ότερα V ‖ πάσης τῆς -άδος M Erm. : τεσσαράκοντα V Littré ‖ 9 ταύτης Erm. : -τας M om. V ‖ 10 εὐπετέστερον M : -τερας V ‖ τὰς γαστέρας M : om. V ‖ ἂν M : ἣν V ‖ 11 ὁρμήσῃ V[1] : -σει V ἁρμόσῃ M ‖ 12 εἰσι M : ἔτι τε V ‖ καὶ M : τε καὶ V ‖ 13 τοῦ ὑστέρου M : ἑτέρου V ‖ 14 Ὅσαι M : ὁκόσαι V ‖ 15 αὐτῶν Erm. : -έων MV ‖ ἐγένετο M Erm. : ἐξεγ- V ‖ 16 ἔχον M : om. V ‖ τούτου Grens. : -έου V -έων M ‖ 17 ἔτεκον V : -εν M ‖ 18 πηρωθὲν M : πληρ- V ‖ 19 ἐνόσησεν M : ἐνεδέησεν V ‖ 20 τοῖσιν V : τοῖς M ‖ 21 Ὅσα edd. : ὅσ M ὁκόσα V ‖ ἄλλῳ M : ὀλίγῳ V ‖ 22 αὐτῷ Grens. : -έῳ M -έων V.

forme. **2** Ceux de huit mois[1] qui ne sont pas gravement malades, mais n'ont subi que quelque souffrance naturelle due au déplacement, continuent la plupart du temps à se mal porter dans la matrice pendant les quarante jours pour les raisons nécessaires indiquées plus haut[2], mais ils naissent bien portants. Par contre, ceux qui naissent dans ces quarante jours, il est impossible qu'ils survivent ; en effet, ils sont encore malades dans la matrice quand leur surviennent en outre les changements et les souffrances qui suivent l'accouchement[3].

Naissance au neuvième mois.

VI. **1** Les enfants qui, après une maladie dans la matrice, arrivent au neuvième mois et naissent en ce mois, ne survivent pas moins que ceux de sept mois, mais peu d'entre eux peuvent être élevés. En effet, ils n'ont pas la grosseur des enfants arrivés à terme, et il n'y a pas longtemps que sont passées les souffrances subies dans la matrice, si bien qu'ils sont maigres.

Naissance à terme.

VII. **1** L'enfant a le plus de chances d'échapper s'il naît à la fin du neuvième mois. En effet, il serait plus fort et très loin des maladies survenant aux fœtus de huit mois[4]. En effet, les enfants mis au monde en sept quarantaines s'élèvent le mieux parce qu'ils sont, parmi

1. Grensemann supprime ὀκταμήνων pour plusieurs raisons qui sont loin d'être décisives. Ce mot nous paraît s'imposer, au contraire : l'auteur a parlé des fœtus qui sont gravement malades au huitième mois ; il doit une explication pour les mêmes fœtus qui ne sont pas gravement malades. Ὀκταμήνων répond bien à ἐν ἄλλῳ χρόνῳ de la ligne précédente.

2. Cf. chapitre III.

3. Cf. chapitre XII.

4. Grensemann fait ici état de la traduction arabe pour corriger τοῖσιν ὀκταμήνοισι en ἐν τῷ ὀγδόῳ μηνί. Mais est-il certain que l'arabe n'a pu traduire ainsi le texte de M, dont V ne s'écarte que peu? La nuance est négligeable et ce passage du texte nous paraît garanti par le début du chapitre VIII.

γενέσθαι· 2 ὅσα δ' ἂν τῶν ὀκταμήνων ἐμβρύων μὴ σφόδρα νοσήσῃ, ἀλλὰ κατὰ φύσιν ἕν τι ἐκ τῆς μεθόδου κακοπαθήσῃ, τὰς μὲν τεσσαράκοντα ἡμέρας διετέλεσεν ἀσθενέοντα τὸ πλεῖστον ἐν τῇ μήτρῃ διὰ τὰς ἀνάγκας τὰς προειρημένας, ἐγένετο δὲ ὑγιαίνοντα. Ὅ τι δ' ἂν γένηται ἐν τῇσι τεσσαράκοντα ἡμέρῃσι ταύτῃσιν, ἀδύνατον περιγενέσθαι· νοσέοντι γὰρ αὐτῷ ἔτι ἐν τῇ μήτρῃ ἐπιγίνονται αἱ μεταβολαὶ καὶ αἱ κακοπάθειαι αἱ μετὰ τὸν τόκον.

VI. 1 Ὅ τι δ' ἂν ἀπονοσῆσαν ἐν τῇ μήτρῃ ἐς τὸν ἔνατον μῆνα ἔλθῃ καὶ ἐν τούτῳ τῷ μηνὶ γένηται, περιγίνεται μὲν οὐκ ἔλασσον ἢ τὰ ἑπτάμηνα, ὀλίγα δὲ καὶ τούτων ἐκτρέφεται· οὔτε γὰρ τὴν παχύτητα ἴσχει ἥνπερ τὰ τελειότατα ἴσχει, οἵ τε πόνοι οἱ ἐν τῇ μήτρῃ οὐ πάλαι πεπονημένοι εἰσὶν αὐτοῖσιν, ὥστε λεπτὸν γενέσθαι.

VII. 1 Σωθείη δ' ἂν μάλιστα εἰ τοῦ ἐνάτου μηνὸς γένοιτο ἐν ἐξόδῳ· ἰσχυρότερον γὰρ ἂν γένοιτο καὶ πλεῖστον ἀπέχον τῶν νούσων τῶν τοῖσιν ὀκταμήνοισι γενο- 446 μένων. Καὶ γὰρ τὰ ἐν ἑπτὰ τεσσαρακοντάσι τικτόμενα, τὰ δεκάμηνα καλεόμενα, διὰ ταῦτα μάλιστα ἐκτρέφεται,

1 ὅσα M : ὁκόσα V ‖ ὀκταμήνων : secl. Grens. ‖ 2 φύσιν ἕν τι Erm. : φύσιν V Littré Grens. εντι M ‖ 4 ἀσθενέοντα Littré : -έον V ἐν ἀσθενίῃ M ‖ τὸ πλεῖστον V : τὰ δὲ -α M ‖ μήτρῃ M : μητρὶ V ‖ 5 ἐγένετο M : -οντο V ‖ δὲ M : om. V ‖ 6 τῇσι τεσσαράκονθ' ἡμέρῃσι ταύτῃσι V : τεσσαρ- ἡμέραις ταύταις M ‖ 7 αὐτῷ Grens. : -έῳ MV ‖ μήτρῃ M : -ὶ V ‖ 8 ἐπιγίνονται M : γιν- V ‖ κακοπάθειαι V : -θίαι M ‖ αἱ V : om. M ‖ 11 ἔνατον M : ἔννατον V ‖ τούτῳ Grens. : -έῳ MV ‖ 11-12 περιγίνεται V Erm. : iteravit M Littré ‖ οὐκ M : οὖν καὶ V ‖ τὰ V : om. M ‖ 13 τούτων Grens. : -έων MV ‖ 14 οἵ τε Cornarius Grens. : οὔτε οἱ V οὔτε M ‖ οἱ M : om. V ‖ μήτρῃ M : -τρὶ V ‖ 15 πεπονημένοι M : πονευμένοισιν V ‖ αὐτοῖσιν Joly : -έοισιν V -έοις M ‖ 16 ἐνάτου M : ἐννάτου V ‖ 17 γένοιτο M : γίγν- V ‖ γὰρ ἂν M : τε γὰρ V ‖ 18 τῶν νούσων τῶν M : τὴν νοῦσον V ‖ τοῖσιν ὀκταμήνοισι edd. : τοῖς -οις M τοῖσιν ἐν -οισι V ἐν τῷ ὀγδόῳ μηνὶ Grens. ‖ γενομένων M : γιγνομένοισι V ‖ 19 τὰ M : add. τῇσιν V ‖ τεσσαρακοντάσι V : -σιν M ‖ τικτόμενα M : γιγνόμενα V ‖ 20 καλεόμενα M : -εύμενα V.

les enfants viables, les plus forts et les plus éloignés du temps où ils enduraient, vers le huitième mois, les quarante jours marqués par la maladie.

Retour aux souffrances du huitième mois.

VIII. **1** Les souffrances qui surviennent aux fœtus de huit mois sont prouvées aussi par les fœtus de neuf mois, qui naissent maigres par rapport à la durée de la grossesse et à leur taille, parce qu'ils sortent (à peine) des souffrances dues aux maladies, tout différents des fœtus de sept mois, qui naissent bien en chair, avec la grosseur convenable, parce qu'ils sont restés sans maladie pendant le temps passé dans la matrice.

Jours critiques. Numérologie médicale.

IX. **1** Chez les femmes, la conception, l'avortement et l'accouchement se jugent dans les mêmes temps que la maladie, la santé et la mort chez tout le monde. Tout cela, en effet, se manifeste par jour, par mois, par quarantaine de jours ou par année[1]. Dans tous ces laps de temps, il y a pour chacun beaucoup d'éléments utiles et beaucoup de nuisibles ; des éléments utiles viennent la santé et le développement ; des contraires viennent la maladie et la mort.

1. La théorie de notre auteur concernant les jours critiques ne semble pas typiquement coaque, quoi qu'en pense Grensemann : des analogies plus palpables rapprocheraient le *Fœtus* du traité *Des chairs*. En ce qui concerne Cos, il suffit de citer Louis Bourgey, *Observation et expérience chez les médecins de la Collection hippocratique*, Paris, Vrin, 1953, p. 239, n. 4 : « Trois des grands ouvrages de la *Collection* présentent un essai de détermination précise des jours critiques. Ce sont le *Pronostic* : dans les fièvres, les crises peuvent se produire les 4e, 7e, 11e, 14e, 17e, 20e, 34e, 40e et 60e jours ; les *Épidémies*, I : certaines affections se jugent aux jours pairs, les 6e, 8e, 10e, 20e, 30e, 40e, 60e, 80e, 100e ; d'autres aux jours impairs, les 3e, 5e, 7e, 9e, 11e, 17e, 21e, 31e jours ; les *Aphorismes* : dans les maladies, certains jours sont indicateurs (ἐπίδηλοι) ou importants à observer (θεωρηταί), les 4e et 7e, 8e et 11e, 14e et 17e. Il y a une correspondance certaine entre ces différentes listes, qui ne s'appliquent pas absolument aux mêmes cas. »

ὅτι ἰσχυρότατά ἐστι καὶ πλεῖστον ἀπέχει τῶν γονίμων παιδίων τοῦ χρόνου ἐν ᾧ ἐκακοπάθησε τὰς τεσσαράκοντα ἡμέρας τὰς νοσεομένας περὶ τὸν μῆνα τὸν ὄγδοον.

VIII. **1 Σαφηνίζει δὲ περὶ τῶν παθημάτων τῶν τοῖσιν ὀκταμήνοισι γινομένων καὶ τὰ ἐννεάμηνα λεπτὰ τικτόμενα κατὰ τὸ πλῆθος τοῦ χρόνου ὃν γέγονε καὶ τὸ μέγεθος τοῦ σώματος, ἐκ νούσων κακοπαθείης ἀφιγμένα· οὐχ ὥσπερ τὰ ἑπτάμηνα τίκτεται σεσαρκωμένα καὶ τὸ πάχος ἔχοντα εὐπρεπές, ὡς ἄνοσα διατετελεκότα ὃν χρόνον ἐν τῇ μήτρῃ διεφέρετο.**

IX. **1 Τῇσι δὲ γυναιξὶν αἱ συλλήψιες τῶν ἐμβρύων καὶ οἱ τρωσμοί τε καὶ οἱ τόκοι ἐν τούτοισι τοῖσι χρόνοισι κρίνονται ἐν οἷσί περ αἵ τε νοῦσοι καὶ αἱ ὑγίειαι καὶ οἱ θάνατοι τοῖσι σύμπασιν ἀνθρώποισι. Πάντα γὰρ ταῦτα τὰ μὲν καθ' ἡμέρας, τὰ δὲ κατὰ μῆνας ἐπισημαίνει, τὰ δὲ κατὰ τεσσαρακοντάδας ἡμερέων, τὰ δὲ κατ' ἐνιαυτόν· ἐν πᾶσι γὰρ τοῖσι χρόνοισι τούτοισιν ἔνεστι πρὸς ἕκαστον πολλὰ μὲν συμφέροντα, πολλὰ δὲ πολέμια· ἐκ μὲν οὖν τῶν συμφερόντων αἵ τε ὑγίειαι γίνονται καὶ αἱ αὐξήσιες· ἐκ δὲ τῶν ἐναντίων αἵ τε νοῦσοι καὶ οἱ θάνατοι.**

1 γονίμων V : γνωρίμων M ‖ 2 ἐκακοπάθησε recc. : -σεν M -σαν V ‖ 3 τὰς νοσεομένας Grens. : τὰς -ουμένας MV ‖ περὶ M : om. V ‖ 4 παθημάτων V : νοσημάτων M (in margine γρ. καὶ παθημάτων) νοσ- καὶ παθ- recc. ‖ τῶν M : ante γινομένων pos. V ‖ τοῖσιν V : τοῖς M ‖ 6 ὃν γεγονε V Grens. : οὗ γέγονε C ἐγγέγονεν M ‖ καὶ M : κατὰ V ‖ 7 νούσων V : νόσων M ‖ κακοπαθείης M : καικοπ- V add. ἐς ἃς Grens. ‖ ἀφιγμένα Erm. : -νοισι(ν) MV -νης recc. Littré ‖ 8 ἑπτάμηνα M : ὀκτάμηνα V ‖ 9 εὐπρεπές, ὡς ἄνοσα C : εὔπεσπες ὡς ἂν ὅσα V εὐτραφέως ἄνοσα M ‖ ὃν recc. : τὸν MV Grens. ‖ 10 χρόνον : add. ὅσον Grens. ‖ ἐν — διεφέρετο M : ἐγράφη V ‖ 11 τῇσι V : ταῖς M ‖ αἱ M : καὶ V ‖ 12 τούτοισι τοῖσι χρόνοισι Joly : τουτέῳ τῷ χρόνῳ M ἐν τωὐτῷ τῷ χρ. Erm. τοῖσιν αὐτοῖσι χρόνοισι Grens. om. V ‖ 13 οἷσι V : οἷς M ᾧ recc. ‖ περ αἵ τε νοῦσοι M : περαιταίνουσι V ‖ ὑγίειαι V : ὑγιαι M ‖ 14 σύμπασιν V : -σι M ‖ πάντα, ταῦτα M : τ. π. V ‖ 16 ἡμερέων V : -ρῶν M ‖ 17 τοῖσι χρόνοισι τούτοισιν Joly : τοῖς χρ- -έοισιν V τοῖς -οις -έοις M ‖ 18 μὲν M : om. V ‖ 19 συμφερόντων M : ξ. V ‖ ὑγίειαι M : ὑγεῖαι V.

2 Dans la plupart des cas, les jours les plus significatifs sont le premier et le septième, tant pour les maladies que pour le fœtus ; en effet, la plupart des avortements se produisent ces jours-là : ils se nomment alors non pas avortements, mais pertes[1]. Les autres jours à l'intérieur de la quarantaine sont moins significatifs, mais beaucoup encore sont critiques[2].

3 Le même état de choses existe pour les mois et les jours selon une (même) proportion. Les règles apparaissent chaque mois chez les femmes bien portantes, ce qui prouve que le mois a une influence propre sur le corps. De là vient aussi que le septième mois, chez les femmes enceintes, met le fœtus au premier point de son parfait développement ; chez les enfants de sept mois se produisent aussi d'autres particularités physiques ; même les dents commencent à se montrer à cette époque[3].

4 Le même raisonnement[4] s'applique aux jours critiques, si on veut profiter de ce que j'ai dit et de ce que je vais dire pour information. Le médecin qui veut aller droit au salut des malades doit considérer tous les jours

1. L'opposition ἔκρυσις-τρωσμός réapparaît chez Aristote, *Gén. an.*, III, 8, 758 b 6 : « ... et leur embryon, après le début de sa formation, devient d'une certaine façon semblable à un œuf. En effet, sa partie liquide est entourée d'une fine membrane, comme celle d'un œuf dont on aurait enlevé la coquille. Et voilà pourquoi la perte du fœtus à cette période s'appelle un écoulement », et déjà *Histoire des animaux*, VI, 3, 583 b 12 : « On appelle « écoulement » l'avortement du fœtus dans les sept premiers jours, et fausse couche, l'expulsion dans les quarante jours, et c'est pendant cette période de quarante jours que la plupart des embryons avortent » (trad. Louis), et Censorin, XI : « qui, cum multas animadverterent semen non retinere conceptum, compertum habuerunt, id quod intra sex dies septemve ejiciebatur, esse lacteum et vocaverunt ἔκρυσιν ; quod postea autem, sanguineum, idque ἐκτρωσμός adpellatur. »

2. Cette doctrine est précisée plus bas, au § 4. La thèse des *Maladies IV* est différente : là, seuls les jours impairs sont critiques (cf. chap. XLVII).

3. Ceci est répété à la fin du chapitre.

4. Tout ce § 4 est jugé interpolé par Grensemann : ce n'est pas notre avis ; cf. la note additionnelle. Ajoutons que l'acception de ἱστορίη nous semble typique de l'ionien classique.

2 Αἱ μὲν οὖν ἡμέραι ⟨αἱ⟩ ἐπισημόταταί εἰσιν ἐν τοῖσι πλείστοισιν αἵ τε πρῶται καὶ αἱ ἕβδομαι, πολλαὶ μὲν περὶ νούσους, πολλαὶ δὲ καὶ τοῖσιν ἐμβρύοισι· τρωσμοὶ 448
[τε] γὰρ γίνονται καὶ οἱ πλεῖστοι ταύτῃσι τῇσιν ἡμέρῃσιν· ὀνομάζονται δὲ τὰ τηλικαῦτα ἐκρύσιες, ἀλλ' οὐ τρωσμοί· αἱ δ' ἄλλαι ἡμέραι ὅσαι ἐντὸς τῶν τεσσαράκοντα, ἐπίσημοι μὲν ἧσσον, πολλαὶ δὲ κρίνουσιν.

3 Ἐν δὲ τοῖσι μησὶ ταὐτά τε καὶ ἐν τῇσιν ἡμέρῃσι γινόμενα ἔνεστι κατὰ λόγον. Καὶ τὰ καταμήνια τῇσι γυναιξὶ τῇσιν ὑγιαινούσῃσι φαίνονται καθ' ἕκαστον τῶν μηνῶν, ὡς ἔχοντος τοῦ μηνὸς ἰδίην δύναμιν ἐν τοῖσι σώμασιν. Ἐξ ὧν δὴ καὶ οἱ ἕβδομοι μῆνες τῇσιν ἐν γαστρὶ ἐχούσῃσι τὰ ἔμβρυα ἐς τὴν ἀρχὴν καθιστᾶσι τῆς τελειώσιος, τοῖσι δὲ παιδίοισιν ἑπταμήνοισιν ἐοῦσι καὶ ἄλλα διαφέροντα γίνονται ἐν τοῖσι σώμασι· καὶ οἱ ὀδόντες φαίνεσθαι ἄρχονται ἐν τούτῳ τῷ χρόνῳ.

4 Ὁ δὲ αὐτὸς λόγος καὶ ἐπὶ κρισίμων, εἴ περ ἴσως καὶ τοίσιδέ τις συγχρέοιτο ὁκοῖα ἔλεξα ἱστορίης τε ἕνεκα εἰρήσθω· σκοπεῖν γὰρ χρὴ τὸν μέλλοντα ἰητρὸν ὀρθῶς στοχάζεσθαι τῆς τῶν καμνόντων σωτηρίης, θεωρέοντα

1 ἡμέραι M : ἠρημέναι V || αἱ add. Diller || ἐπισημόταταί M : -οι V || 1-2 τοῖσι πλείστοισιν V : τοῖς -οις M || 2 πολλαὶ V : -ὰ M || 3 νούσους V : -ων M || καὶ M : om. V || τοῖσιν ἐμβρύοισι V : τοῖς -οις M || 4 τε secl. Erm. || γίνονται M : κρίνονται Grens. Erm. || ταύτῃσι τῇσιν ἡμέρῃσιν V : ταύταις ταῖς -αις M ἐν τ. τ. ἡ. Grens. || 5 ὀνομάζονται V : -ζεται M || 6 ὅσαι ἐντὸς M : ἐν τῇσι V || 7 πολλαὶ M : -ὰ V || 8 τοῖσι V : τοῖς M || ταὐτά Grens. : ταῦτα MV || τε M : add. ἃ V || τῇσιν ἡμέρῃσι V : τῇ -ῃ M || 9 κατὰ M : om. V || τὰ V : om. M || 9-10 τῇσι γυναιξὶ V : ταῖς -ξὶν M || 10 τῇσιν ὑγιαινούσῃσι V : ταῖς -αις M || φαίνονται M : -εται V || 11 ὡς M : om. V || τοῖσι V : τοῖς M || 12-13 τῇσιν, ἐχούσῃσι V : ταῖς, -αις M || 14 παιδίοισιν V : -ίοις M || ἐοῦσι V : -σιν M || 15 ἐν τοῖσι edd. : ἐν τοῖς M ἐνίοισι V || 16 τούτῳ Grens. : -έῳ MV || Post χρόνῳ deest V cum subscriptione ἱπποκράτους περὶ ὀκταμήνου; in margine M[1] praebet ἐν ἄλλῳ τὰ ἀπὸ τούτου οὐκ ἦν || 17 Ὁ δὲ αὐτὸς λόγος usque ad διεζευγμένῃσι secl. voluit Grens. || εἴ Grens. : ἢ M ἢν edd. || 18 τοίσιδέ Joly : τοῖσδε M || ὁκοῖα Foes in not. edd. : -οίας M || ἔλεξα DK : -ας M || 19 εἰρήσθω M : εἰρήσω Zwing.[m] || ἰητρὸν M : secl. Grens. || 20 σωτηρίης H : -ίας M || θεωρέοντα Joly : -οῦντας M -οῦντα recc.

impairs et parmi les jours pairs, le quatorzième, le vingt-huitième et le quarante-deuxième. En effet, certains mettent cette limite à la proportion de l'accordement[1] et c'est le nombre pair et parfait ; pour quelle raison, il serait trop long de l'examiner ici. Il faut considérer aussi d'après les triades et les tétrades, les triades en les joignant toutes, les tétrades, les unes liées deux par deux, les autres accouplées deux par deux[2].

5 Les quarantaines, elles, jugent d'abord pour les fœtus ; celui qui dépasse les quarante premiers jours échappe d'ordinaire à l'avortement : les avortements sont plus fréquents dans la première quarantaine que dans les autres. Ce temps écoulé, les fœtus sont plus forts et chacune des parties du corps devient distincte ;
6 chez les garçons, tout y devient très distinct ; quant aux filles, les chairs à cette époque paraissent n'avoir encore que des bourgeonnements. En effet, le semblable reste plus longtemps semblable dans le semblable et met plus de temps à devenir distinct, à cause de l'habitude et de l'amour. Pour le reste d'ailleurs, une fois sorties de leur mère, les filles deviennent pubères, ont du sens et vieillissent plus vite que les garçons, à cause de la faiblesse de leur corps et de leur régime. **7** Une autre quarantaine est celle où, autour du huitième mois, le fœtus est malade dans la matrice, à quoi ce discours

1. Sur tout ce passage, cf. A. Delatte, *Les harmonies dans l'embryologie hippocratique*, in Mélanges Paul Thomas, 1930, p. 165, 168 sqq., et P. Kucharski, *Sur la notion pythagoricienne du* καιρός, in Revue philosophique, 1963, p. 161.

2. Les triades, liées par συναφή, se présentent ainsi : 1 2 3 4 5 6 7 8 9... Par contre, les tétrades, où la συναφή alterne avec la διάζευξις, donnent le schéma suivant : 1 2 3 4 5 6 7 8 9 10 11 12 13 14 15 16 17 18 19 20 21... Cette explication d'Ermerins coïncide parfaitement avec les définitions de Galien, XVIII, 2, 232 ; cf. aussi IX, 877 et 901. Ce vocabulaire technique est d'origine musicale. Mme Timpanaro-Cardini nous signale opportunément Aristoxène, *Harmonique*, III, 58-59 : les tétracordes ἑξῆς.. ἢ συνῆπται ἢ διέζευκται ; il y a συναφή quand ils ont une note commune, διάζευξις, quand ils sont séparés par l'intervalle d'un ton.

Il n'y a aucune raison de considérer, avec Grensemann, tout ce

μὲν ⟨τὰς⟩ περισσὰς πάσας, τῶν δὲ ἀρτίων τὴν τεσσαρεσκαιδεκάτην καὶ τὴν ὀγδόην εἰκοστὴν καὶ ⟨τὴν⟩ τεσσαρακοστὴν καὶ δευτέρην. Οὗτος γὰρ ὁ ὅρος τίθεται τῷ τῆς ἁρμονίης λόγῳ πρός τινων καὶ ὁ ἀρτιφυής τε καὶ τέλειος ἀριθμός· δι' ἣν δὲ αἰτίην, μακρότερον ἂν εἴη ἐπὶ τοῦ παρεόντος διελθεῖν· θεωρεῖν δὲ χρὴ οὕτως τριάσι τε καὶ τετράσι· τῇσι μὲν τριάσι συνημμένῃσι ἁπάσῃσι, τῇσι δὲ τετράσι δύο μὲν παρὰ δύο συνημμένῃσι, δύο δὲ παρὰ δύο διεζευγμένῃσι.

5 Αἱ δὲ τεσσαρακοντάδες πρῶτον μὲν κρίνουσιν ἐπὶ τῶν ἐμβρύων· ὅ τι δ' ἂν ὑπερβάλῃ τὰς τεσσαράκοντα ἡμέρας τὰς πρώτας, ἐκφεύγει τοὺς τρωσμοὺς ἐπὶ παντὸς 450
γινομένους· πλέονες δὲ γίνονται ἐν τῇ πρώτῃ τεσσαρακοντάδι τρωσμοὶ ἢ ἐν τῇσιν ἄλλῃσιν ἐούσῃσι. Τούτου δὲ τοῦ χρόνου παρελθόντος ἰσχυρότερά ἐστι τὰ ἔμβρυα, καὶ διακρίνεται καθ' ἕκαστα τῶν μελέων τὸ σῶμα· **6** καὶ τῶν μὲν ἀρσένων σφόδρα διάδηλα γίνεται πάντα· τὰ δὲ θήλεα, ἐς τοῦτον τὸν χρόνον σάρκες φαίνονται ἀποφύσιας μοῦνον ἔχουσαι· πλείονα γὰρ χρόνον τὰ ὅμοια ἐν τῷ ὁμοίῳ ὅμοιά ἐστι, καὶ κρίνεται βραδύτερον, διὰ τὴν συνήθειάν τε καὶ φιλότητα· καίτοι τά γε ἄλλα, ὅταν χωρισθέωσιν τῆς μητρὸς αἱ θυγατέρες, τῶν κούρων θᾶσσον ἡβῶσι καὶ φρονέουσι καὶ γηράσκουσι διὰ τὴν ἀσθενείην τε τῶν σωμάτων καὶ τὴν δίαιταν. **7** Ἄλλη δὲ τεσσαρακοντὰς ἐν ᾗ περὶ τὸν ὄγδοον μῆνα τὰ ἔμβρυα ἐν τῇ μήτρῃ νοσεῖ, περὶ ὧν ὅδε ὁ λόγος σύμπας λέγεται·

1 τὰς περισσὰς Erm. : περὶ τὰς M περιττὰς Zwing.m edd. || 2 τὴν add. Lind. || 6 παρεόντος Joly : -ρόντος M || διελθεῖν M : διεξελ- recc. || 7 τῇσι Joly : ταῖς M similiter in verbis sequentibus -ῃσι pro -αις ubique restitui || συνημμένῃσι recc. : συνηγμέναις M || 8 παρὰ in marg. restituit M[1] || 9 διεζευγμένῃσι Grens. (-αις) : συνεζ- M || 11 ὑπερβάλῃ recc. : -βάλλῃ M || 14 τῇσιν ἄλλῃσι Grens. : ταῖς -αις M || ἐούσῃσι Joly : -σαις M πάσαις Corn. πάσῃσι Grens. || Τούτου δὲ Grens. : Τοῦδε M || 17 διάδηλα recc. : διάληλα (?) M διάλληλα FHJK || 20 ὅμοιά Joly : ὅμοιόν M || κρίνεται M : διακρ- Erm. Grens. || 21 γε recc. : γ' M || 22 χωρισθέωσιν Joly : -σθῶσιν M || 26 ὅδε Erm. : ᾧδε M.

est consacré en entier. Une troisième est celle où les enfants naissent et, tout en ayant souffert, paraissent, s'ils échappent aux quarante jours, plus forts et plus intelligents ; en effet, ils voient plus clairement la lumière[1] et entendent le bruit, chose qu'ils ne pouvaient faire auparavant ; ce qui prouve que cette période comporte un progrès pour l'intelligence par l'intermédiaire du corps et pour tout le reste. **8** De fait, l'intelligence personnelle est manifeste dans le corps dès le premier jour. En effet, dès la naissance, on voit les enfants rire et pleurer dans leur sommeil. Éveillés, ils ne rient ni ne pleurent spontanément avant quarante jours ; ils ne rient même pas[2] avant ce même laps de temps si on les touche ou les chatouille : leurs facultés sont émoussées par les mucosités[3]. La mort même est soumise à la règle[4], de sorte que c'est un témoignage pour tous que toutes choses, constituées des mêmes éléments, subissent par nature des changements selon les époques appropriées[5].

9 En chaque cas apparaît telle chose parmi celles qui naissent et qui meurent. Dans l'année accomplie surviennent bien des maladies et bien des guérisons, en proportion du temps, selon les mois et les jours ; c'est tous les sept jours que beaucoup d'autres phénomènes

passage comme interpolé. Il faut plutôt y voir, comme en *Régime*, I, VIII, le reflet de spéculations pythagoriciennes.

Par contre, les textes cités ici nous autorisent à suivre la correction de συνεζευγμένῃσι en διεζ. Il nous reste cependant un doute, en raison d'un texte de Galien : XIX, 454 K., cité au ch. x, n. 2.

1. Le témoin arabe donne « Hellleuchtende Dinge », ce qui ne saurait représenter le vrai texte, mais paraît plutôt une conjecture à partir d'un texte déjà corrompu.

2. La conjecture de Calvus est-elle appuyée par le témoin arabe? Grensemann (1968) n'en dit plus rien. De toute façon, c'est le contexte qui l'inspire, et à tort, selon nous.

3. Ceci fait penser à l'opinion de Diogène d'Apollonie : κωλύειν δὲ τὴν ἰκμάδα · ταὐτὸν δ' αἴτιον εἶναι καὶ ὅτι τὰ παιδία ἄφρονα · πολὺ γὰρ ἔχειν τὸ ὑγρόν..., Diels-Kranz, 64 A 19 ; Théophraste, *De sensu*, 44-45.

4. Nous suivons Grensemann, qui met ici une virgule, et non un point, comme Littré.

5. Cf. P. Kucharski, in Revue philosophique, 1963, p. 162 et n. 1.

Τρίτη δὲ ἐν ᾗ τὰ παιδία, ὅταν γένηται καὶ κακοπαθήσαντα, ἣν περιφύγῃ τὰς τεσσαράκοντα ἡμέρας, ἐφάνη ἰσχύοντά τε μᾶλλον καὶ φρονέοντα · καὶ γὰρ τὰς αὐγὰς ὁρᾷ σαφέστερον, καὶ τὸν ψόφον ἀκούει πρόσθεν οὐ δυνάμενα, ὡς ἐπίδοσιν ἔχοντος τοῦ χρόνου τούτου κατὰ τὰ ἄλλα καὶ κατὰ τὴν φρόνησιν τὴν διὰ τοῦ σώματος. **8** Τὸ μὲν γὰρ ἴδιον φρόνημα δῆλόν ἐστιν ἐνεὸν ἐν τῷ σώματι τῇ πρώτῃ ἡμέρῃ · ἔν τε γὰρ τοῖσιν ὕπνοισιν ἐνίοτε, εὐθέως ἐπὴν γένωνται, γελῶντα φαίνεται τὰ παιδία καὶ κλαίοντα · ἐγρηγορότα τε αὐτόματα οὔτε γελᾷ οὔτε κλαίει πρόσθεν ἢ τεσσαράκοντα ἡμέραι γενοίατο · οὐδὲ γελᾷ ψαυόμενά τε καὶ ἐρεθιζόμενα πρόσθεν ἢ αὐτὸς ὁ χρόνος οὗτος γένηται · ἀμβλύνονται γὰρ αἱ δυνάμιες ἐν τῇσι μύξῃσι. Καί γε διὰ τὴν μοῖραν ὁ θάνατος ἔλαχεν, ὥστε παράδειγμα τοῖσι πᾶσιν εἶναι, ὅτι πάντα φύσιν ἔχει, ἐκ τῶν αὐτῶν ἐόντα, μεταβολὰς ἔχειν διὰ χρόνων τῶν ἱκνεομένων.

9 Σαφηνίζεται δὲ ἄλλο τι ἐν ἑκάστοισι τῶν γινομένων καὶ ἀπογινομένων · ἐν δὲ τῷ ἐνιαυτῷ τελεομένῳ πολλαὶ μὲν νοῦσοι γίνονται, πολλαὶ δὲ ὑγίειαι κατὰ λόγον τοῦ χρόνου, πρὸς τοὺς μῆνάς τε καὶ τὰς ἡμέρας ἑκάστας · τοῖσι 452

2 ἣν recc. : η M ‖ 3 τε M : δῆτα recc. ‖ 4 αὐγὰς L Corn. edd. : αὐτὰς M ‖ 5 οὐ M : μὴ recc. ‖ 7 ἐνεὸν Zwing. : ἐνὸν M ‖ 8 σώματι M : add. ἕν γε recc. ‖ τοῖσιν Joly : τοῖς M ‖ ὕπνοισιν recc. : -σι M ‖ 9 ἐνίοτε Kühlewein : ἐοῦσι M ‖ 10 αὐτόματα recc. : αὐτόμα M ‖ 10-11 οὔτε γελᾷ οὔτε κλαίει Lind. Erm. : εὐθέως γελᾷ τε καὶ κλαίει M ‖ 12 γελᾷ M : add. οὐδὲ κλαίει Calvo auctore Erm. ‖ 14 δυνάμιες Grens. : -εις M ‖ τῇσι Grens. : ταῖς M ‖ μύξῃσι recc. : μίξεσι M μεταβολῇσι Diller (ibique lacunam statuit) ‖ Καί γε recc. : om. M ‖ 14 μοῖραν Erm. : μυρίνην M μοίρην recc. κυρίην Diller ‖ 15 ὁ θάνατος M : ante διὰ pos. recc. edd. ‖ τοῖσι Grens. : τοῖς M ‖ 16 αὐτῶν Grens. : -έων M ‖ ἐόντα recc. : ὄντα M ‖ 17 ἱκνεομένων Grens. : -ουμένων M ‖ 18 ἐν ἑκάστοισι M : ante ἄλλο pos. recc. edd. ‖ 19 τελεομένῳ Grens. : -ουμένῳ M ‖ 20 γίνονται recc. : γίνται M ‖ δὲ M : add. καὶ Erm. ‖ ὑγίειαι Erm. : ὑγεῖαι M ‖ 21 τοῖσι δὲ ἑβδ- Erm. : τοῖς -οις M.

apparaissent distinctement dans les corps ; chez les enfants, les dents tombent et d'autres poussent. [Ce qui concerne les corps, je l'écrirai[1].]

Naissance à huit mois. Dangers de l'accouchement.

X. **1** Pour la naissance à huit mois, je dis qu'il est impossible que les enfants supportent les deux souffrances survenant coup sur coup : c'est la raison pour laquelle les fœtus de huit mois ne survivent pas[2]. Il leur arrive en effet coup sur coup de subir la souffrance survenue dans la matrice et celle de l'accouchement ; c'est pour cela qu'aucun fœtus de huit mois ne survit. Quant aux fœtus de dix mois, je veux dire ceux qui sont appelés à naître dans les sept quarantaines de jours, c'est surtout eux qu'il convient d'élever. Ils sont tout à fait à terme dans les quarante premiers[3] jours, mais quand ils naissent, un grand nombre meurt[4]. Force leur est en effet, subissant beaucoup de changements en peu de temps, d'être gravement malades : d'où la mort. **2** L'enfant commence à souffrir avant l'accouchement et risque de mourir quand il se retourne dans la matrice. Tous se développent avec la tête en haut[5] et la plupart naissent la tête en avant ; ainsi, ils s'en tirent

1. Il est préférable de retrancher cette petite phrase énigmatique et en mauvais grec.

2. Cette question est abordée ailleurs et résolue par des considérations arithmologiques. Cf. Galien, XIX, 454 K. : διὰ ποίαν αἰτίαν τῶν ἑπταμήνων γονίμων ὄντων τὰ ὀκτάμηνα ἄγονά ἐστιν ; λέγεται οὕτως ὅτι ὁ ὀκτὼ ἀριθμὸς ἄρτιός ἐστι καὶ συνεζευγμένος μὴ κρίσιμος ὤν · ὁ δὲ ἑπτὰ ἀριθμὸς περιττὸς καὶ οὐδὲ συνεζευγμένος καὶ διὰ τοῦτο κρίσιμος..., et Alexandre d'Aphr. (Ideler, *Phys. et Med. Gr. min.*, I, p. 65) : Διὰ τί τὰ ἑπταμηνιαῖα βρέφη ζώσιμα, τὰ δ' ὀκταμηνιαῖα οὐκέτι ; ὅτι ὁ ἑπτὰ ἀριθμὸς τέλειός ἐστι τῇ φύσει, ὡς μαρτυρεῖ Πυθαγόρας καὶ οἱ ἀριθμητικοὶ καὶ οἱ μουσικοί · ὁ δὲ ὀκτὼ ἀτελής...

3. « Premiers » ne se comprend que si on y voit, comme Grensemann, les jours qui suivent la naissance.

4. Témoignage important pour l'étude de la démographie antique.

5. L'auteur du π. φύσιος παιδίου hésite curieusement à ce propos ; cf. ch. XXVIII.

δὲ ἑϐδόμοισι καὶ ἄλλα πολλὰ γίνεται διαφέροντα τοῖσι σώμασι· τοῖσι δὲ παιδίοισιν οἱ ὀδόντες ἐκπίπτουσι καὶ ἕτεροι φύονται. [Τὰ γὰρ ἐπὶ σώμασι, τάδε γράψω.]

X. **1** Περὶ δὲ ὀκταμήνου γενέσιός φημι δισσὰς ἐφεξῆς κακοπαθείας γινομένας ἀδύνατον εἶναι [ποιέειν] φέρειν τὰ παιδία, καὶ διὰ τοῦτο οὐ περιγίνεσθαι τὰ ὀκτάμηνα· συγκυρεῖ γὰρ αὐτοῖσιν ἐφεξῆς κακοπαθεῖν τήν τε ἐν τῇ μήτρῃ γενομένην κακοπάθειαν καὶ τὴν ὅταν ὁ τόκος γένηται, καὶ διὰ τοῦτο τῶν ὀκταμήνων οὐδὲν περιγίνεται. Ἐπεὶ καὶ τὰ δεκάμηνα καλεόμενα λέγω ἐν ἑπτὰ τεσσαρακοντάσιν ἡμερέων μέλλοντα τίκτεσθαι, καὶ μάλιστα προσήκει ἐκτρέφεσθαι· καὶ τελειότατά ἐστιν ἐν τῇσι πρώτῃσι τεσσαράκοντα ἡμέρῃσι. Ἐπὴν δὲ γένηται, πλείω ἀπόλλυται· ἀναγκάζεται γὰρ πολλὰ μεταλαμϐάνοντα ἐν ὀλίγῳ χρόνῳ πολλὰ νοσεῖν, ἐξ ὧν οἱ θάνατοι γίνονται. **2** Ἄρχεται δὲ πονεῖν τὸ παιδίον πρὸ τοῦ τόκου γινομένου καὶ κινδυνεύει ἀπολέσθαι, ὅταν ἐν τῇ μήτρῃ στρέφηται· φύεται μὲν γὰρ πάντα ἄνω τὴν κεφαλὴν ἔχοντα· τίκτεται δὲ τὰ πολλὰ ἐπὶ κεφαλήν· καὶ ἀσφα- 454

1 ἄλλα Grens. : τὰ ἀλλὰ M || τοῖσι Grens. : τοῖς M || 3 Τὰ γὰρ — γράψω secl. Grens. || σώμασι recc. edd. : σώματα M add. καὶ παιδίοισι Erm. || τάδε recc. edd. : τὰ M. || Titulus περὶ ὀκταμήνου MV || 4 Περὶ — γενέσιος M : om. V || δισσὰς M : -ὰ V || 5 κακοπαθείας V : -θίας M || ἀδύνατον Erm. : -άτους MV || φέρειν Joly : ποιέειν φέρειν MV Littré πονεῖν Erm. || 6 τοῦτο M : ταῦτα V || περιγίνεσθαι M : -γίγνεται V || 7 αὐτοῖσιν Joly : -τοῖς M -έοις V || 8 γενομένην M : γιγν- V || κακοπάθειαν Erm. : -θείην M || τὴν ὅταν M : ἣν ὁκόταν V || 9 γένηται V : γιν- M || 10 δεκάμηνα V : -μήνια M || λέγω M : om. V ἃ λέγω Diller || 11 τεσσαρακοντάσιν V : -κονθ' M || ἡμερέων Joly : -ρῃσι V -ραις M secl. Erm. Grens. || μέλλοντα V : μᾶλλον M || 12 μάλιστα MV : μᾶλλον J Erm. || προσήκει M : -κειν V Erm. || καὶ : add. γὰρ Erm. || τελειότατα Grens. : -εώτατον M -ειότατος V || 13 τῇσι V : ταῖς M || πρώτῃσι V : πρώταις M ταύτῃσι Littré || τεσσαράκοντα ἡμέρῃσι V : -κονθ' ἡμέραις M || 14 ἀπόλλυται M : -υνται V || ἀναγκάζεται M : -ονται V || μεταλαμϐάνοντα : μεταϐάλλοντα Grens. || 16 Ἄρχεται M : -ονται V || πρὸ M : om. V Grens. πρὸς recc. Littré || 17 γινομένου Erm. : γινόμενον MV || κινδυνεύει suspicatus est Erm. : -ειν MV || ἀπολέσθαι M : -λλυσθαι V || ὅταν M : ὁκόταν V || 17-18 τῇ μήτρῃ M : τῇσι -ῃσι V || 18 στρέφηται V : -εται M || 19 τὰ V : om. M.

mieux que ceux qui viennent par les pieds ; car les parties repliées du corps ne sont pas un obstacle quand l'enfant vient par la tête[1], mais quand il vient par les pieds, il y a plus d'obstacles. Les rotations dans le ventre (maternel) sont aussi un autre danger ; souvent aussi on voit le cordon ombilical autour du cou de l'enfant. **3** En effet, si l'enfant, en culbutant, tourne la tête plutôt du côté où le cordon est tendu le long de la matrice, ce dernier s'enroule autour du cou ou de l'épaule et l'enfant tire dessus[2] ; dans ces conditions, il faut bien que la mère souffre davantage et que l'enfant meure ou s'en tire plus difficilement. Si bien que beaucoup d'enfants viennent avec, dès la matrice[3], le principe de la maladie dont les uns meurent et dont les autres réchappent finalement.

Prétendu gonflement à la naissance normale.

XI. **1** Ceux qui ont bien cheminé et qui viennent au jour sans risque, brusquement dégagés de la contrainte imposée dans le ventre, deviennent tout de suite plus gros et plus grands que la normale ; ce n'est pas de la croissance, mais un gonflement qui en fait mourir beaucoup. En effet, si le gonfle-

1. Ἐπὶ κεφαλήν qui, de toute façon, se rapporte à ἰόντος, est déplacé après κωλύει par plusieurs éditeurs. Cela ne nous paraît pas indispensable ; il n'y a pas d'autre façon de comprendre le texte de MV. Ce n'est donc pas en traduisant « Quand la tête sort d'abord », que le texte arabe pourrait faire la preuve de la supériorité de son modèle grec.

2. Cette phrase est difficile et altérée dans la tradition manuscrite. Nous suivons Grensemann, excepté que nous admettons ἀντιτείνει proposé par Cornarius, contre ἀντιτείνειν des manuscrits.

3. Grensemann veut tirer un grand parti du fait que les manuscrits arabes traduisent ἔσωθεν plutôt que ἔνδον. Il faut cependant remarquer que les *recentiores* ont très facilement rétabli ἔσωθεν d'après le ἐσώθη de M. Le sens étant très clair, le traducteur arabe a pu faire exactement comme eux, et cela, même au cas où son modèle grec aurait porté uniquement ἔνδον. Il n'y a pas là de preuve convaincante que l'archétype arabe est antérieur au modèle commun à M et à V.

λέστερον ἀπαλλάσσει τῶν ἐπὶ πόδας τικτομένων· τὰ γὰρ συγκαμπτόμενα τοῦ σώματος ἐπὶ κεφαλὴν οὐ κωλύει ἰόντος τοῦ παιδίου· ἀλλὰ μᾶλλον, ὅταν ἐπὶ πόδας ὁρμήσῃ, τὰ ἐμφράγματα γίνονται. Αἱ γὰρ στροφαὶ ἐν τῇ γαστρὶ καὶ ἄλλος κίνδυνος· καὶ οἱ ὀμφαλοὶ πολλάκις ἤδη τῶν παιδίων ἐφάνησαν ἀμφὶ τὰς δειράς· **3** ἢν γὰρ κατὰ τὸ μόριον, ὁκοτέρωθεν ἂν τύχῃ ὁ ὀμφαλὸς τῇ μήτρῃ μᾶλλον παρατεταμένος, ταύτῃ τὸ παιδίον τῆς κεφαλῆς τὴν περιαγωγὴν [τοῦ ὀμφαλοῦ] στρεφόμενον ποιήσηται ἢ περὶ τὸν αὐχένα ἢ καὶ κατὰ τὸν ὦμον τὴν περιβολὴν τοῦ ὀμφαλοῦ ἀντιτείνει, τούτου δὲ γενομέμου καὶ τὴν μητέρα ἀνάγκη πονῆσαι μᾶλλον καὶ τὸ παιδίον ἢ ἀπολέσθαι ἢ χαλεπώτερον ἐξελθεῖν. Ὥστε ἤδη πολλὰ καὶ ἔσωθεν τὴν ἀρχὴν τῆς νούσου [τῶν παιδίων] ἦλθεν ἔχοντα, ἐξ ἧς τὰ μὲν ἀπώλετο, τὰ δὲ νοσήσαντα περιεγένετο.

XI. **1** Ὁκόσα δ' ἂν εὐπορήσῃ καὶ ἀσφαλέως ἐς τοὐμφανὲς ἐξίῃ, ἀνεθέντα ἐξαίφνης ἐκ τῆς ἀνάγκης τῆς ἐν τῇ γαστρί, παχύτερα καὶ μέζω παραυτίκα ἢ κατὰ λόγον ἐγένετο, οὐκ αὐξήματος, ἀλλ' οἰδήματος γενομένου, ἐξ 456
ὧν δὴ πολλὰ ἀπώλετο· ἢν γὰρ μὴ συνίζῃ τὸ οἴδημα

1 τῶν, τικτομένων V : τὸν, -νον M ‖ 2 ἐπὶ κεφαλὴν post κωλύει pos. Corn. Erm. ‖ οὐ V : οὕτω M οὔπω Corn. Grens. ‖ 3 ἰόντος M : ὄντος V ‖ ὅταν M : ὁκόταν V Erm. ‖ 4 γίνονται M : γίγνεται ante τὰ ἐμφρ- pos. V ‖ 6 ἀμφὶ τὰς δειράς V : περὶ τοὺς τραχηλοὺς M ‖ 7 ὁκοτέρωθεν ἂν Littré (ὁποτ.) : ὁποτ- ἂν μόριον V ὁ^πο^τερον ἂν M ‖ ὁ M : om. V ‖ 8 μᾶλλον MV : post παρατεταμένος M ‖ 9 τοῦ ὀμφαλοῦ secl. Grens. ‖ ποιήσηται V : ·σεται M ‖ 10 ἢ V : om. M ‖ ἢ edd. : ἢν δὲ M ἤντε V ‖ 11 ἀντιτείνει Corn. Mack : -ειν MV Littré ἀμφιτείνει Grens. ‖ τούτου M : -έου V ‖ γενομένου M : γιν- V ‖ 12 πονῆσαι M : γενέσθαι καὶ πονέσαι V ‖ 13 Ὥστε V : ὥστ' M ‖ 13-14 καὶ ἔσωθεν Erm. Grens. : καὶ ἐσώθη ἔνδον M καὶ ἔσωθεν ἔνδον recc. ἔνδον V ‖ 14 τῶν παιδίων secl. Erm. fortasse ante πολλὰ transponenda ‖ 15 ἀπώλετο M : -οντο V ‖ περιεγένετο V : -οντο M ‖ 16 Ὁκόσα M : εἰκὸς V ‖ 17 ἐξίῃ M : om. V ‖ ἀνεθέντα M : τάδ' V ‖ 18 τῇ M : om. V ‖ μέζω M : πείζω V ‖ 19 γενομένου M : γιγν- V ‖ 20 δὴ M : ἤδη post πολλὰ pos. V ‖ ἢν γὰρ μὴ συνίζῃ M : εἰ μὴ γὰρ συνειδῆτε V.

ment ne s'affaisse pas assez vite[1], en trois jours ou un peu plus, il en résulte des maladies.

Milieu interne et milieu externe.

XII. **1** La nourriture et la respiration, quand elles sont modifiées, font courir des risques. Si (le nouveau-né) absorbe quelque chose de morbide, c'est par la bouche et le nez qu'il l'absorbe. Au lieu que les ingestions soient exactement suffisantes sans excès, elles sont beaucoup plus importantes, si bien que force leur est, de par cette abondance et la disposition où se trouve le corps de l'enfant, de ressortir par la bouche et le nez ou de s'en aller vers le bas par l'intestin et la vessie, alors que rien de tout cela n'avait encore eu lieu auparavant. **2** Et à la place de souffles et d'humeurs aussi apparentés, comme il faut bien que ce soit le cas dans la matrice, vu les relations favorables (entre la mère et le fœtus)[2], (l'enfant) est mis à l'usage d'(aliments) tous étrangers, plus crus, plus secs et moins humanisés[3] : il s'ensuit nécessairement beaucoup de souffrance et une forte mortalité. Chez les adultes même, les changements de lieux et de régime[4] provoquent souvent des maladies[5]. **3** Le même raisonnement s'ap-

1. L'idée de gonflement ne correspond à aucune réalité, mais sur le plan de la perception et de l'image, l'enfant est une baudruche qui reprend son volume quand on ne la comprime plus. On pourrait même dire que, pour notre auteur, l'enfant fait une compensation en devenant momentanément « plus gros et plus grand que la normale ».

2. Nous explicitons le texte grec et traduisons συνήθειαν simplement par le pluriel « relations » ; il est difficile de suivre littéralement le grec en ce passage.

3. Nous décalquons tout bonnement ce terme savoureux ἐξηνθρωπισμένοι, quoique « humaniser » n'ait d'ordinaire que le sens moral.

4. Le mot διαίτημα n'est pas spécifiquement coaque (Grensemann) : l'auteur du *Régime* l'utilise dix fois.

5. Ceci est un thème fréquent ; il est à la base de la doctrine du *Régime des maladies aiguës* et y occupe notamment toute la section XXVI-XLIX ; comme notre auteur dans ce chapitre, celui de *RMA* dramatise le changement, mais avec une insistance unique dans la *Collection*.

θᾶσσον, ἢ τριταῖον ἢ ὀλίγῳ πολυχρονιώτερον, νοῦσοι γίνονται ἀπ' αὐτοῦ.

XII. **1** Αἵ τε τροφαὶ καὶ αἱ ἀναπνοαὶ σφαλεραὶ μεταλλασσόμεναι· ἥν τι γὰρ νοσηλὸν ἐσάγωνται, κατὰ στόμα καὶ κατὰ τὰς ῥῖνας ἐσάγονται· καὶ ἀντὶ τοῦ τοσαῦτα εἶναι τὰ ἐσιόντα ὅσα ἐξαρκεῖ καὶ μὴ περιγίνεσθαι, πολλῷ πλέω ἐσέρχεται, ὥστε ἀναγκάζεσθαι ὑπὸ τοῦ πλήθεος τῶν ἐσιόντων καὶ ὑπὸ τῆς διαθέσιος ἧς διάκειται τὸ σῶμα τοῦ παιδίου ἤδη τὰ μὲν κατὰ τὸ στόμα τε καὶ τὰς ῥῖνας πάλιν ἐξιέναι, τὰ δὲ κατὰ τὸ ἔντερον καὶ τὴν κύστιν κάτω περαιοῦσθαι, πρόσθεν οὐδενὸς τούτων οὕτω γενομένου. **2** Καὶ ἀντὶ πνευμάτων τε καὶ χυμῶν οὕτω συγγενέων, ὅκως αἰεὶ ἀνάγκη ἐν τῇσι μήτρῃσι γίνεσθαι συνήθειαν τε ἔχοντα καὶ εὐμένειαν, πᾶσι ξένοισι χρῆται ὠμοτέροισι καὶ ξηροτέροισι καὶ ἧσσον ἐξηνθρωπισμένοισιν, ἐξ ὧν ἀνάγκη πόνους γενέσθαι πολλούς, πολλοὺς δὲ καὶ θανάτους· ἐπεὶ καὶ τοῖσιν ἀνδράσι πολλάκις αἱ μεταλλαγαὶ τῶν χωρίων τε καὶ τῶν διαιτημάτων τὰς νούσους ποιέουσιν. **3** Ὁ δ' αὐτὸς λόγος ἐστὶ καὶ ἀμφὶ

1 sec. ἢ M : om. V ‖ ὀλίγῳ M : add. πλείω V ‖ νοῦσοι M : αἱ ν. V ‖ 2 αὐτοῦ Grens. : -έου M -έων V ‖ 3 alt. αἱ V : om. M ‖ 4 τι M : om. V ‖ ἐσάγωνται H : -γονται MV ‖ 5 ἐσάγονται M : -εται V ‖ τοῦ V : om. M ‖ 6 ἐσιόντα M : εἰσ- V ‖ ὅσα M : ὁκόσα V ‖ 7 ἐσέρχεται M : εἰσ- V ‖ 8 ἐσιόντων M : εἰσ- V ‖ ἧς διάκειται V : ἣν διάκηται M ‖ 9 ἤδη τὰ M : τότε V ‖ τὸ στόμα recc. : στόμα V τὸ σῶμα M ‖ τε M : om. V ‖ 10 ἔντερον V : ἕτερον M ‖ 11 περαιοῦσθαι recc. : περεᾶσθαι M περ ἐοῦσαι V ‖ τούτων Grens. : -έων MV ‖ οὕτω V : -ς M ‖ γενομένου Littré : γινομένων MV γινομένου Erm. ‖ 12 πνευμάτων M : -τος V ‖ οὕτω V : -ς M ‖ συγγενέων M : συγγονέων V ‖ 13 ὅκως αἰεὶ Littré (ἀεὶ) : ὁκόσαι εἰ V οὓς δ' M οἷς δ' recc. οἷα Erm. ‖ τῇσι μήτρῃσι M : τῇ -ῃ V ‖ 13-14 συνήθειαν, εὐμένειαν Erm. : -είην (bis) MV ‖ 14 ξένοισι M : -οις V ‖ χρῆται recc. : χρή τε M χρῆσθαι V ‖ 15 pr. καὶ V : τε καὶ M ‖ ξηροτέροισι M : ξηροὺς ὅροισι V ‖ ἐξηνθρωπισμένοισι V : -οις M ‖ 16 ἐξ ὧν recc. : ἐξιὸν V ἔξω M ‖ γενέσθαι M : γίγν- V ‖ alt. πολλοὺς recc. : -οῖσ(ι) MV ‖ 17 τοῖσιν V : τοῖς M ‖ 18 τῶν M : om. V ‖ 19 ποιέουσιν edd. : -σι M εὖ ποιοῦσιν V ‖ ἀμφὶ V : περὶ M.

plique aux vêtements. Au lieu d'être enveloppés de chair et d'humeurs tièdes, fluides[1] et apparentées, les enfants ont les mêmes vêtements que les adultes. Le cordon ombilical qui est la seule voie d'accès au corps du fœtus, tient à la matrice et par lui l'enfant a sa part des ingestions ; tout le reste est fermé et rien n'est ouvert avant qu'il soit en train de sortir du ventre (maternel)[2]. Quand il en sort, le reste s'ouvre et le cordon s'amincit, se ferme et se dessèche. **4** Chez les plantes, les fruits, développés à point, se séparent au point d'attache et tombent ; de même quand l'enfant est à terme et parfaitement développé, le cordon se ferme et le reste s'ouvre, si bien qu'il peut recevoir les ingestions et être doté des issues naturelles, nécessaires aux êtres vivants. [En effet, chaque chose se sépare et va vers le rassemblement ; ce qui l'emporte est ce qui a le plus d'affinité avec le soleil[3].]

Le prétendu onzième mois est une illusion

XIII. **1** Les fœtus de dix et de onze mois naissent au sortir des sept quarantaines comme ceux de sept mois au sortir de la demi-

1. Il nous semble indispensable de préciser ainsi le sens de ὑγρός, sous peine de tomber dans une lapalissade.

2. Ce chapitre révèle certainement un auteur sagace et est généralement fort admiré. Nous avons nous-même cédé un peu trop à cette tendance, dans un écrit de jeunesse publié tardivement : *Hippocrate. Médecine grecque*, Paris, Gallimard, 1964 (coll. « Idées », nº 65), p. 42. Nous croyons mieux voir aujourd'hui que l'auteur, rivé par la force des choses à l'observation purement sensible, dramatise exagérément la naissance de l'enfant. Il est inévitable que le spectacle d'un accouchement donne d'abord l'impression que la naissance est une perturbation considérable. Il faudra une meilleure science pour résister à ces convictions sensibles et écrire par exemple : « La transition entre la vie prénatale et postnatale et la période qui suit, se fait très régulièrement sans aucun saut brusque » (N. L. Munn, *Traité de psychologie*, Paris, Payot, 1965, p. 85).

3. Nous considérons la fin du chapitre xii comme une glose tout à fait aberrante qui s'est introduite dans le texte par erreur. Grensemann ne commente pas ce passage, mais il marque son embarras dans la traduction par un (?). L'interpolation est antérieure à Galien, qui définit συλλοχίας dans son *Glossaire* (XIX, 143 K.).

τῶν ἐσθημάτων· ἀντὶ γὰρ τοῦ σαρκὶ καὶ χυμοῖσιν ἠμφιέσθαι χλιεροῖσι τε καὶ ὑγροῖσι καὶ συγγενέσι, τοιαῦτα ἀμφιέννυται τὰ παιδία οἷά περ οἱ ἄνδρες. Ὁ δὲ ὀμφαλός, δι' οὗ αἱ ἔσοδοί εἰσι τοῖσι παιδίοισι μοῦνον τοῦ σώματος, τῇ μήτρῃ προσέχεται καὶ διὰ τούτου κοινωνεῖ τῶν ἐσιόν- 458
των· τὰ δ' ἄλλα συμμύει· καὶ οὐκ ἀνεστομωμένα ἐστὶ πρόσθεν ἢ ἐν ἐξόδῳ ᾖ τὸ παιδίον ἐκ τῆς γαστρός· ὁκόταν δὲ ἐν ἐξόδῳ ᾖ, τὰ μὲν ἄλλα ἀναστομοῦται, ὁ δὲ ὀμφαλὸς λεπτύνεταί τε καὶ συμμύει καὶ ἀποξηραίνεται. **4** Ὥσπερ δὲ τοῖσιν ἐκ τῆς γῆς φυομένοισιν οἱ καρποὶ ἁδρυνόμενοι ἀποκρίνονται καὶ ἀποπίπτουσι κατὰ τὴν διάφυσιν, οὕτω καὶ τοῖσι παιδίοισιν ἁδρυνομένοισί τε καὶ τελείοισι γινομένοισιν ὁ μὲν ὀμφαλὸς συνέμυσε, τὰ δ' ἄλλα ἀνεστομώθη, ὥστε ἐσδέχεσθαί τε τὰ ἐσιόντα καὶ ἐξόδους ἔχειν κατὰ φύσιν, ᾗσιν ἀνάγκη τοὺς ζῶντας χρῆσθαι. [ἕκαστα γὰρ χωρίζεται ῥέποντα κατὰ τὰς συλλοχίας· κρατιστεύει δὲ τὰ τῷ ἡλίῳ συντροφώτατα.]

XIII. **1** Οἱ δὲ δεκάμηνοι τῶν τόκων καὶ ἑνδεκάμηνοι ἐκ τῶν ἑπτὰ τεσσαρακοντάδων τὸν αὐτὸν τρόπον γίνονται καὶ ἐκ τοῦ ἡμίσεος τοῦ ἐνιαυτοῦ οἱ ἑπτάμηνοι· τῇσι

1 ἐσθημάτων M : ἱμάτων V εἱμάτων Grens. || χυμοῖσιν Joly : -οῖς MV -οῖσι Erm. || 1-2 ἠμφιέσθαι V : ὑφίεσθαι M || 2 χλιεροῖσι Erm. : -ροῖς MV || ὑγροῖσι Erm. : -οῖς MV || καὶ συγγενέσι M : ξυγγενεῦσι V || 3 ἀμφιέννυται V : -νυνται M || Ὁ δὲ ὀμφαλὸς M : οἱ δὲ ὀμφαλοὶ V || 4 δι' οὗ αἱ εἴσοδοι M : ἔσιδοι V || 5 μήτρῃ M : μητρὶ καὶ V || προσέχεται L edd. : προσέρχ- M καὶ προσέχονται V || διὰ τούτου M (-έου) : om. V || κοινωνεῖ M Erm. (-έει) : κοινωνεύσει V || 6 δ' M : om. V || 7 πρόσθεν M : πρὸς V || ἢ ἐν recc. edd. : ἦν ἐν M ᾗ ἂν V || 8 δὲ (et 10) M : δ' V || 9 Ὥσπερ δὲ M : ὡς V || 10 τοῖσιν, φυομένοισιν V : τοῖς -οις M || οἱ καρποὶ ἁδρυνόμενοι M : om. V || 11 καὶ M : τε καὶ V || 12 τοῖσι M : τοῖς V || ἁδρυνομένοισί, τελείοισι γινομένοισιν V (γιγν-) : -οις (ter) M || 13 συνέμυσε V : ξυνέμυσσε M || δ' M : om. V || 14 ἐσδέχεσθαί Grens. : εἰσδ- M δέχ- V Erm. || τε τὰ M : τάτε V || 15 κατὰ M : καὶ κ. V || ᾗσιν recc. : ἧς M οἷσιν V οἷς recc. || χρῆσθαι V : -έεσθαι M || 15-17 ἕκαστα γὰρ — συντροφώτατα seclusi || 16 χωρίζεται M : γνωρίζεται V || συλλοχίας Gal. J : -είας M οὖν λοχείας V || 16-17 κρατιστεύει — συντροφώτατα om. V || 18-19 καὶ ἑνδεκάμηνοι ἐκ τῶν M : om. V || 20 τῇσι, πλείστῃσι V : ταῖς, -αις M.

année. Chez la plupart des femmes, en effet, la conception a nécessairement[1] lieu après les règles, si elles coulent. Il faut donc accorder à la femme la partie du mois pendant laquelle les règles couleront. Ce laps de temps, quand il est le plus court, est de trois jours ; chez la plupart, il est de beaucoup plus. **2** Il y a aussi beaucoup d'autres empêchements qui retardent la conception à la fois chez les femmes et chez les hommes[2]. Il faut, surtout en cette matière, réfléchir à ceci que la nouvelle lune, étant un seul jour, est à très peu de chose près la trentième partie du mois, deux jours font à peu près la quinzième partie ; trois jours, la dizième partie du mois et ainsi de suite, proportionnellement. Or, il n'est pas possible que ni les règles[3] ni la conception se produisent en de moindres fractions de temps. **3** De tout cela résulte nécessairement que la plupart des femmes conçoivent vers la moitié du mois ou plus tard, si bien que les deux cent quatre-vingts jours empiètent sur le onzième mois[4] ; car cela fait les sept quarantaines. Le laps de temps, quel qu'il soit, qui sépare la moitié du mois de la conception est de toute nécessité imputé au onzième mois, si (la grossesse) va jusqu'à la dernière période.

1. Ἀναγκαῖον, qui revient trois fois dans cette même page, a exactement la même valeur que ἀνάγκη, si fréquent dans la *Génération. Nature de l'enfant. Maladies IV*.

2. M ne mentionne que les hommes et V que les femmes, alors que le texte arabe mentionne les deux. Cela non plus ne prouve pas la thèse de Grensemann ; V a les mots suivants : καὶ τῇσι γυναιξὶ καὶ τῇσιν ἐξ ὧν... Le second τῇσιν a remplacé un τοῖσιν que Hunain a pu encore lire, sinon ἀνδράσι. Même le texte de V, avec ses deux καὶ et un article isolé, pourrait suggérer facilement la correction.

3. En *Nature de l'enfant*, xxx, 4, nous avons suivi Nachmanson, qui y restitue λύσιν d'après Érotien K 20. Mais on sait que l'attribution d'une glose d'Érotien à tel passage hippocratique n'est pas toujours certaine. Grensemann (1968, p. 75-66) rapporte au contraire la glose à ce passage (cf. aussi xiii, 1). Dans ce cas, ce serait le seul indice qu'Érotien eût commenté le *Fœtus de huit mois* : c'est là une difficulté, mais il est difficile de trancher la question.

4. Littré admet le δοκεῖν des *recentiores*, qui, logiquement, est excellent. Nous croyons cependant que l'auteur a pu se passer de cette précision, qui se dégage de toute son argumentation. On trouve des corrections du même genre dans le livre IV du *Régime*.

γὰρ πλείστῃσι τῶν γυναικῶν ἀναγκαῖόν ἐστιν ἐν γαστρὶ λαμβάνειν μετὰ τὰ καταμήνια, ἢν ἴῃ ἡ λύσις· δεῖ τοίνυν τῇ γυναικὶ χρόνον δοῦναι τοῦ μηνὸς ἐν ᾧ αὐτῇ ἡ κάθαρσις ἔσται· καὶ ὁ χρόνος οὗτος ᾗσιν ἐλάχιστος γίνεται, τρεῖς ἡμέραι, τῇσι δὲ πλείστῃσι καὶ πολὺ πλείονες. 2 Ἔστι δὲ καὶ ἄλλα πολλὰ κωλύματα καὶ τῇσι γυναιξὶ καὶ τοῖσιν ἀνδράσιν ἐξ ὧν βραδύνεται ἡ σύλληψις. Χρὴ δὲ ἐν τοῖσι μάλιστα καὶ τόδε λογίζεσθαι, ὅτι ἡ νεομηνίη μία ἡμέρη ἐοῦσα ἐγγύτατον τριηκοστημόριόν ἐστι τοῦ μηνός· αἱ δὲ δύο ἡμέραι σχεδὸν πεντεκαιδεκατημόριον τοῦ μηνός· αἱ δὲ τρεῖς ἡμέραι δεκατημόριον τοῦ μηνός, καὶ 460 **τἆλλα κατὰ λόγον τούτων· καὶ οὐχ οἷόν τε ἐν τοῖσιν ἐλάσσοσί γε μορίοισι γίνεσθαι οὔτε τὴν λύσιν τῶν καταμηνίων οὔτε τὴν σύλληψιν τῶν ἐμβρύων. 3 Ἐκ τούτων οὖν ἁπάντων ἀναγκαῖόν ἐστι τῇσι πλείστῃσι τῶν γυναικῶν περὶ διχομηνίην ἐν γαστρὶ λαμβάνειν καὶ πορρωτέρω, ὥστε πολλάκις ἐπιλαμβάνειν τοῦ ἑνδεκάτου μηνὸς τὰς ὀγδοήκοντα καὶ διακοσίας ἡμέρας· τοῦτο γάρ ἐστιν ἑπτὰ τεσσαρακοντάδες. Ὅ τι γὰρ ἂν ἔξω τῆς διχομηνίης συλλαμβάνῃ ἡ γυνή, τοῦτο πᾶν ἀναγκαῖόν ἐστι τοῦ ἑνδεκάτου μηνὸς ἐπιλαμβάνειν, ἥν περ ἐς τὴν τελευταίην περίοδον καταστῇ.**

2 ἴῃ M : om. V || λύσις V : -σεις M || δεῖ Corn. edd. : post τοίνυν pos. V om. M || 5 τῇσι δὲ πλείστῃσι V : ταῖς ἡδίσταις M || πολὺ M : πουλὺ V || πλείονες recc. : -ας M πλέον V || 6 τῇσι γυναιξὶ καὶ V : om. M || 6-7 τοῖσιν ἀνδράσιν M : τῇσιν V || βραδύνεται M : βραχύνεται V || σύλληψις Grens. : ξ. MV || δὲ M : δ' V || τοῖσι V : τοῖς M || 8 ὅτι ἡ νεομηνίη Grens. : ὅτι ην ου μην η M οἱ τῇ νουμενίη V || μία ἡμέρη Joly : μίη ἡ. V μιη ἡμερημιν M || 9 ἐγγύτατον M : -τα V || τοῦ M : τούτου τοῦ V || 11 αἱ δὲ τρεῖς — μηνὸς M : om. V || 12 τοῖσιν V : τοῖς M || 13 γε Littré : τε MV || μορίοισι Erm. : μορίοις V μορίοις μᾶλλον M || λύσιν M : add. εἶναι V || 14-15 ἐκ τούτων οὖν M : ἔξω τουτέων V || 16 περὶ διχομηνίην M : ἀπὸ διχομηνίας V || λαμβάνειν V : λαβοῦσα M || καὶ πορρωτέρω — 17 μηνὸς τὰς M : om. V || 17 πολλάκις M : add. δοκεῖν recc. || 18 ἡμέρας V : om. M || 19-20 Ὅ τι γὰρ — γυνὴ M : ἀπὸ δὲ διχομηνίης ἢν συλλάβῃ γυνὴ V || 19 ἂν recc. : ἢν M || 20 συλλαμβάνῃ JK : ξυλλαμβάνει M συλλάβῃ V Grens. || πᾶν M : πάλιν V || 21 ἐπιλαμβάνειν M : ἐπιλαβεῖν V || ἥν περ ἐς τελευταίην περίοδον καταστῇ V (τελευταίαν) : ἥν περ ἔχῃ τελ- περ- ἑκάστην M.

NOTES ADDITIONNELLES

1) IX, 4 EST-IL INTERPOLÉ?

Selon Grensemann, ce paragraphe perturberait l'ordre très précis du chapitre : jours, mois, quarantaines, années. Mais l'intention de l'auteur est de montrer que l'embryologie et la gynécologie sont régies par les mêmes périodes critiques que la santé et les maladies postnatales. Or, le développement concernant les jours ne contient qu'une mention très sèche de ces maladies (πολλαὶ μὲν περὶ νούσους) et celui qui concerne les mois n'en contient aucune, alors que le développement consacré aux quarantaines s'occupe longuement de l'enfant une fois né et que celui qui concerne l'année est consacré exclusivement à la vie postnatale. Il est donc normal qu'un développement plus étendu — notre § 4 — soit consacré aux jours critiques sans référence à l'embryologie ; il s'intercale normalement après la mention du mois, puisque le nombre de jours le plus important aux yeux de l'auteur est 42.

Mais précisément, Grensemann trouve que l'importance accordée au nombre 42 est incompatible avec le système des quarantaines. Il n'en est rien : 42 est un multiple de l'hebdomade, à laquelle l'auteur tient tant, et est cité après 14 et 28, qui ont le même caractère.

Grensemann constate aussi que c'est uniquement dans ce paragraphe que l'on trouve le génitif inséré entre l'article et le substantif auquel il se rapporte : τῆς τῶν καμνόντων σωτηρίης et τῷ τῆς ἁρμονίης λόγῳ. Le fait est exact, mais il est clair que l'auteur est ici soumis à une langue particulièrement technique qui n'est pas sa langue ordinaire.

Sans avoir vérifié la chose par de longues lectures, il nous semble que cette place du génitif est beaucoup moins courante dans la prose médicale du temps que dans la prose littéraire. Remarquons par exemple, à l'adresse de M. Grensemann, que l'auteur de la *Nature de l'homme* utilise aussi peu cette construction, mais autant toutefois que l'auteur du *Fœtus de huit mois* : on lit en effet τὰ τοῦ φλέγματος φάρμακα en VI, 36-37 Jones, sans compter τῇ τῶν διαιτημάτων μεταβολῇ en IX, 33 (texte quelque peu douteux), ni τῆς ἑωυτοῦ γνώμης à la fin du « *Régime salutaire* » (cas plus spécial du pronom).

Il y a enfin le verbe συγχρῆσθαι dont le premier emploi en dehors de notre texte n'apparaît que dans Polybe. Cela ne prouve rien non plus quand on se rappelle que beaucoup de mots de la prose ionienne sont passés à la κοινή sans avoir jamais été attestés de la prose attique, que nous connaissons bien. C'est le cas par exemple aussi de συγκυρεῖν, qui apparaît ici au chapitre x.

Présentons à notre tour une remarque positive. Ce paragraphe 4 contient une phrase remarquable : σκοπεῖν γὰρ χρὴ τὸν μέλλοντα ἰητρὸν ὀρθῶς στοχάζεσθαι κ. τ. λ. C'est là une tournure typique de la prose archaïque, comme l'a remarqué F. Heinimann [1] ; on la rencontre fréquemment dans les meilleurs textes hippocratiques et ailleurs [2]. N'est-ce pas là, somme toute, une garantie d'authenticité?

2) Les corrections de IX, 8

Grensemann n'admet pas la correction de Van der Linden et Kühlewein, cautionnée par deux textes d'Aristote. Il pense que, lorsque les enfants sont éveillés, ils rient et pleurent, selon notre auteur, sans cause extérieure, αὐτόματα représentant leur ἴδιον φρόνημα. Selon Aristote, au contraire, et notre

1. *Nomos und Physis. Herkunft und Bedeutung einer Antithese im griechischen Denken des 5 Jahrhunderts*, Bâle, 1945, p. 202, n. 92, et nos *Recherches sur le traité pseudo hippocratique Du régime*, Liège-Paris, 1961, p. 185 et n. 2.

2. Cf. *Pronostic*, 25 : χρὴ δὲ τὸν μέλλοντα ὀρθῶς προγινώσκειν; *Régime*, I, 2 : Φημὶ δὲ δεῖν τὸν μέλλοντα ὀρθῶς συγγράφειν... ; *Ancienne médecine*, 20 : τοῦτο δεῖ καταμαθεῖν τὸν μέλλοντα ὀρθῶς θεραπεύσειν τοὺς ἀνθρώπους... ; *Dialexeis*, 8, 4 : δεῖ γὰρ τὸν μέλλοντα ὀρθῶς λέγειν... ; Démocrite, B 3 : τὸν εὐθυμεῖσθαι μέλλοντα χρὴ μὴ πολλὰ πρήσσειν... Notons que Grensemann athétise le mot ἰητρόν dans cette phrase du περὶ ὀκταμήνου, ce qui la rapprocherait encore davantage des exemples que nous citons. Nous le gardons, mais en le considérant comme une apposition au sujet τὸν μέλλοντα.

texte, si on le corrige, il y a opposition entre le sommeil et la veille, l'auteur distinguant deux cas à propos de la veille. Si on songe à des spéculations comme celles du *Régime*, IV, 86, on trouvera la correction de Van der Linden plus acceptable que le texte des manuscrits. Il y a cependant plus important : le εὐθέως des manuscrits, entre αὐτόματα et γελᾷ, n'a strictement aucun sens ; c'est manifestement la répétition erronée de l'εὐθέως de la ligne précédente, lequel est bien à sa place ; et un peu plus loin, le οὐδὲ mis devant γελᾷ et que Grensemann coupe en οὐ δὲ, postule assez clairement une négation antérieure.

La pensée est dès lors la suivante : l'enfant de moins de quarante jours, quand il est éveillé, ne bénéficie plus de l'activité spéciale de l'âme pendant le sommeil (cf. *Régime*, IV, 86) ; et comme il n'a pas encore assez de perceptions, il ne rit ni ne pleure, sans excitation ou même si on l'excite modérément (ψαυόμενά τε καὶ ἐρεθιζόμενα). Mais l'auteur sait bien qu'une brûlure, par exemple, ferait crier le bébé !

Par contre, il n'est nul besoin d'ajouter οὔτε κλαίει après οὐδὲ γελᾷ ; on soupçonnerait plutôt une fausse analogie si les manuscrits nous donnaient οὔτε κλαίει. L'auteur ne songe qu'aux légers chatouillements grâce auxquels on essaie de faire rire les tout petits ; l'idée d'une brutalité quelconque qui devrait les faire pleurer ne l'effleure pas.

INDEX VERBORVM[1]

A

ἀδρός **1**, 2.
ἀδρύνομαι **1**, 2 ; **12**, 4 (*bis*).
ἀδύνατος **2**, 2 ; **5**, 2 ; **10**, 1.
αἰτίη **9**, 4.
ἀκούω **9**, 7.
ἀμβλύνομαι **9**, 8.
ἀμφιέννυμι **12**, 3 (*bis*).
ἀναγκάζω **1**, 2 (*bis*) ; **2**, 1 ; **10**, 1 ; **12**, 1.
ἀναγκαῖος **13**, 1 ; 3 (*bis*).
ἀνάγκη **3**, 3 ; **5**, 2 ; **10**, 3 ; **11**, 1 ; **12**, 2 (*bis*) ; 4.
ἀναμφισβήτητος **3**, 3.
ἀναπνοή **12**, 1.
ἀναστομόομαι **12**, 3 (*bis*) ; 4.
ἀνήρ **5**, 1 ; **12**, 2 ; 3 ; **13**, 2.
ἄνοσος **8**, 1.
ἀντιτείνω **10**, 3.
ἀπαλλάσσω **10**, 2.
ἀπέχω **7**, 1 (*bis*).
ἀπιστέω **4**, 1.
ἀπογίνομαι **9**, 9.
ἀποκρίνομαι **12**, 4.
ἀποκτείνω **2**, 1 ; 2.
ἀπολλύω **2**, 1 ; **3**. 2 ; **5** 1 ; **10**, 1 ; 2 ; 3 (*bis*) ; **11**, 1.
ἀπονοσέω **6**, 1.
ἀποξηραίνω **12**, 3.
ἀποπίπτω **12**, 4.
ἀπόστασις **5**, 1 (*bis*).
ἀπόφυσις **9**, 6.
ἀριθμός **9**, 4.
ἁρμονίη **9**, 4.
ἄρσην **9**, 6.
ἄρτιος **9**, 4.
ἀρτιφυής **9**, 4.
ἀρχαῖος **3**, 2.
ἀρχή **1**, 2 (*bis*) ; **9**, 3 ; **10**, 3.
ἄρχομαι **9**, 3 ; **10**, 2.
ἀσθενείη **9**, 6.
ἀσθενέω **5**, 2.
ἄσταχυς **1**, 2.
ἀσφαλέως **11**, 1.
ἀσφαλής **10**, 2.
αὐγή **9**, 7.
αὔξημα **11**, 1.
αὔξησις **9**, 1.
αὐτόματος **9**, 8.
αὐχήν **10**, 3.

B

βαρύς **3**, 2.
βιάομαι **1**, 2.
βούλομαι **4**, 1.
βραδύ **9**, 6.
βραδύνω **13**, 2.

Γ

γαστήρ **3**, 2 ; 3 ; **4**, 2 ; 3 ; **9**, 3 ; **10**, 2 ; **11**, 1 ; **12**, 3 ; **13**, 1 ; 3.
γελάω **9**, 8 (*ter*).
γενεηλογέω **4**, 2.

1. L'index de l'édition Grensemann, qui se veut complet, omet cependant quelques mots repris ici ; le plus intéressant est φιλότης.

γένεσις **10**, 1.
γῆ **12**, 4.
γηράσκω **9**, 6.
γινώσκω **3**, 3 ; **4**, 1.
γόνιμος **7**, 1.
γράφω (?) **9**, 9.
γυνή **3**, 2 ; 3 (*bis*) ; **4**, 1 ; 3 ; **5**, 1 ; **9** 1 ; 3 ; **13**, 1 (*bis*) ; 2 ; 3 (*bis*).

Δ

δειρή **10**, 2.
δέκα **3**, 3.
δεκάμηνον **4**, 1 ; **7**, 1 ; **10**, 1.
δεκάμηνος **2**, 1 ; 2 ; **13**, 1.
δεκατημόριον **13**, 2.
δεύτερος **9**, 4.
δῆλος **9**, 8.
διάγω **5**, 1.
διάδηλος **9**, 6.
διαζεύγνυμαι (?) **9**, 4.
διάθεσις **12**, 1.
δίαιτα **9**, 6.
διαίτημα **12**, 2.
διάκειμαι **12**, 1.
διακόσιοι **13**, 3.
διακρίνω **9**, 5.
διαρρήγνυμι **1**, 2.
διατελέω **5**, 2 ; **8**, 1.
διαφέρω **8**, 1 ; **9**, 3 ; 9.
διάφυσις **12**, 4.
διέρχομαι **9**, 4.
δισσός **10**, 1.
διχομηνίη **13**, 3 (*bis*).
δύναμαι **9**, 7.
δύναμις **9**, 3 ; 8.
δύο **1**, 1 (*bis*) ; **9**, 5 (*quater*) ; **13**, 2.
δυσκρίτως **3**, 3.

Ε

ἕβδομος **1**, 1 ; **3**, 2 ; 3 ; **4**, 2 ; 3 ; **9**, 2 ; 3 ; 9.
ἐγγύς **1**, 1 ; **13**, 2.
ἐγείρομαι **9**, 8.
εἴκοσι **1**, 1.
εἰκοστός **9**, 4.
εἶμι **10**, 2 ; **13**, 1.
εἷς **1**, 1 ; **3**, 2 ; 3 ; **5**, 2 ; **13**, 2.
ἑκατόν **1**, 1 (*bis*).
ἐκλύω **3**, 2.
ἐκπίπτω **9**, 9.
ἔκρυσις **9**, 2.
ἐκτελέω **1**, 1.
ἕκτος, **4**, 2.
ἐκτρέφω **6**, 1 ; **7**, 1 ; **10**, 1.
ἐκφεύγω **9**, 5.
ἐκχαλάω **1**, 2.
ἐλευθερόω **4**, 3.
ἔμβρυον **1**, 2 (*bis*) ; **3**, 1 ; 2 (*bis*) ; **4**, 2 (*bis*) ; 3 (*bis*) ; **5**, 1 ; 2 ; **9**, 1 ; 2 ; 3 ; 5 (*bis*) ; 7 ; **13**, 2.
ἐμφανής **2**, 2 ; **11**, 1.
ἔμφραγμα **10**, 2.
ἐναντίος **9**, 1.
ἔνατος **3**, 2 ; 3 ; **6**, 1 ; **7**, 1.
ἑνδεκάμηνον **4**, 1.
ἑνδέκατος **13**, 3 (*bis*).
ἐνιαυτός **1**, 1 ; **9**, 1 ; 9 ; **13**, 1.
ἐννεάμηνον **4**, 1 ; **8**, 1.
ἔντερον **12**, 1.
ἐξαδρύνομαι **1**, 2.
ἐξαίφνης **11**, 1.
ἐξαλλάσσω **2**, 2.
ἐξανθρωπίζω **12**, 2.
ἐξαρκέω **12**, 1.
ἔξειμι **11**, 1 ; **12**, 1.
ἐξέρχομαι **2**, 1 ; **10**, 3.
ἑξήκοντα **1**, 1.
ἔξοδος **7**, 1 ; **12**, 3 (*bis*) ; **4**.
ἐπιγίνομαι **2**, 2 ; **5**, 2.
ἐπιδίδωμι **1**, 2.
ἐπίδοσις **9**, 7.
ἐπίκειμαι **4**, 3.
ἐπιλαμβάνω **13**, 3 (*bis*).
ἐπιπυρεταίνω **3**, 2.
ἐπισημαίνω **9**, 1.

ἐπίσημος **9**, 2 (*bis*).
ἑπτά **1**, 1 ; **7**, 1 ; **10**, 1 ; **13**, 1 ; 3.
ἑπτάμηνον **4**, 1 ; **6**, 1 ; **8**, 1.
ἑπτάμηνος **1**, 1 ; **2**, 1 ; **3**, 1 ; **9**, 3 ; **13**, 1.
ἔργον **4**, 1.
ἐρεθίζω **9**, 8.
ἐσάγω **12**, 1 (*bis*).
ἐσδέχομαι **12**, 4.
ἔσειμι **12**, 1 (*bis*) ; 3 ; 4.
ἐσέρχομαι **12**, 1.
ἔσθημα **12**, 3.
ἔσοδος **12**, 3.
ἔσωθεν **10**, 3.
εὐθέως **9**, 8.
εὔλυτος **4**, 3.
εὐμένεια **12**, 2.
εὐμνημόνευτος **3**, 3.
εὐπετής **4**, 3 (*bis*).
εὐπορέω **11**, 1.
εὐπρεπής **8**, 1.
εὐτρέπεια **4**, 2.
ἐφεξῆς **10**, 1 (*bis*).

Z

ζάω **12**, 4.

H

ἡβάω **9**, 6.
ἡλικίη **3**, 1.
ἥλιος (?) **12**, 4.
ἥμισυς **1**, 1 (*bis*) ; **13**, 1.

Θ

θάνατος **9**, 1 (*bis*) ; 8 ; **10**, 1 ; **12**, 2.
θεωρέω **9**, 4 ; 5.
θῆλυς **9**, 6.
θυγάτηρ **9**, 6.

I

ἴδιος **9**, 3 ; 8.
ἰητρός **9**, 4.
ἱκνέομαι **9**, 8.
ἱστορίη **9**, 4.
ἰσχυρός **1**, 2 ; **5**, 1 ; **7**, 1 (*bis*) ; **9**, 5.
ἰσχυρῶς **5**, 1.
ἰσχύς **1**, 2.
ἰσχύω **9**, 7.

K

κάθαρσις **13**, 1.
καθίστημι **2**, 1 ; **4**, 3 ; **9**, 3 ; **13**, 3.
κακοπάθεια **2**, 1 ; **5**, 2 ; **8**, 1 ; **10**, 1 (*bis*).
κακοπαθέω **2**, 1 ; **5**, 2 ; **7**, 1 ; **9**, 7 ; **10**, 1.
κακός **5**, 1 (*bis*).
καλέω **10**, 1.
κάμνω **9**, 4.
καρπός **1**, 2 ; **12**, 4.
καταγράφω **4**, 2.
καταμήνια **9**, 3 ; **13**, 1 ; 2.
κενεών **4**, 2.
κεφαλή **10**, 2 (*ter*) ; 3.
κινδυνεύω **10**, 2.
κίνδυνος **10**, 2.
κλαίω **9**, 8 (*bis*).
κοινωνέω **12**, 3.
κοῦρος **9**, 6.
κρατιστεύω (?) **12**, 4.
κρίνω **4**, 1 ; **9**, 1 ; 2 ; 5 ; 6.
κρίσιμος **9**, 4.
κύστις **12**, 1.
κώλυμα **13**, 2.
κωλύω **10**, 2.

Λ

λαγχάνω **9**, 8.
λαμβάνω **3**, 3 ; **13**, 1 ; 3.
λεπτός **6**, 1 ; **8**, 1.
λεπτύνω **12**, 3.

λογίζω **1**, 1; **13**, 2.
λόγος **2**, 1; **3**, 2; **4**, 1 (*bis*); **9**, 3; 4 (*bis*); 7; 9; **11**, 1; **12**, 3; **13**, 2.
λύσις **13**, 1; 2.
λύω **4**, 2.

M

μακρός **9**, 4.
μαλάσσω **4**, 2.
μαλθακός **4**, 3.
μέγας **2**, 1; **11**, 1.
μέγεθος **8**, 1.
μέθοδος **5**, 2.
μέλος **9**, 5.
μέρος **1**, 1 (*bis*); **3**, 3.
μεταβάλλομαι **3**, 1.
μεταβολή **2**, 1; **3**, 1; **5**, 2; **9**, 8.
μετακίνησις **4**, 3.
μεὶς **3**, 2 (cf. μὴν).
μεταλαμβάνω **10**, 1.
μεταλλαγή **12**, 2.
μεταλλάσσω **12**, 1.
μεταχωρέω **3**, 1 (*bis*); 2.
μετέχω **2**, 1 (*bis*).
μήν **1**, 1 (*quater*); **2**, 2; **3**, 2 (*ter*); 3 (*quater*), **4**, 2 (*ter*); **5**, 1 (*bis*); **6**, 1 (*bis*); **7**, 1 (*bis*); **9**, 1; 3 (*quater*); 7; 9; **13**, 1; 2 (*ter*); 3 (*bis*).
μήτηρ **2**, 2; **3**, 1; 2; **4**, 2; **9**, 6; **10**, 3.
μῆτραι **12**, 2.
μήτρη **2**, 1 (*bis*); **5**, 2 (*bis*); **6**, 1 (*bis*); **8**, 1; **9**, 7; **10**, 1; 2; 3; **12**, 3.
μικρός **2**, 1; **13**, 1; 2.
μοῖρα **9**, 8.
μόριον **1**, 1; **10**, 3; **13**, 2.
μύξα **9**, 8.

N

νεομηνίη **13**, 2.
νικητήριον **4**, 1.
νοσέω **2**, 2; **5**, 1; 2 (*bis*); **7**, 1; **9**, 7; **10**, 1; 3.
νοσηρός **12**, 1.
νοῦσος **5**, 1 (*bis*); **7**, 1; **8**, 1; **9**, 1 (*bis*); 2; 9; **10**, 3; **11**, 1; **12**, 2.

Ξ

ξένος **12**, 2.
ξηρός **12**, 2.

O

ὀγδοήκοντα **1**, 1; **13**, 3.
ὄγδοος **2**, 2; **3**, 2 (*bis*); 3; **4**, 2; **5**, 1 (*bis*); **7**, 1; **9**, 4; 7.
ὄγκος **4**, 2.
ὀδούς **9**, 3; 9.
ὀδύνη **3**, 2,
οἶδα **4**, 1.
οἴδημα **11**, 1 (*bis*).
ὀκτάμηνον **4**, 1 (*bis*); **8**, 1; **10**, 1 (*ter*).
ὀκτάμηνος **2**, 2; **5**, 2; **7**, 1.
ὀλίγος **2**, 1; **6**, 1; **10**, 1; **11**, 1.
ὅμοιος **9**, 6 (*ter*).
ὀμφαλός **3**, 1; 2; **10**, 2; 3 (*ter*); **12**, 3 (*bis*); 4.
ὀνομάζω **9**, 2.
ὁράω **9**, 7.
ὀρθῶς **3**, 2; **9**, 4.
ὁρμάω **4**, 3; **10**, 2.
ὅρος **9**, 4.

Π

πάθη **2**, 2.
πάθημα **8**, 1.
παιδίον **2**, 2; **4**, 3; **5**, 1 (*bis*); **7**, 1; **9**, 3; 7; 8; 9; **10**, 1; 2 (*ter*); 3 (*ter*); **12**, 3 (*ter*); 4.

παράδειγμα **9**, 8.
παρατείνω **10**, 3.
παραυτίκα **11**, 1.
παρέρχομαι **4**, 2; **9**, 5.
πάχος **8**, 1.
παχύς **11**, 1.
παχύτης **6**, 1.
πείθω **4**, 1.
πέντε **1**, 1.
πεντεκαίδεκα **1**, 1.
πεντεκαιδεκατημόριον **13**, 2.
περαιόομαι **12**, 1.
περιαγωγή **10**, 3.
περιβολή **10**, 3.
περιγίνομαι **1**, 1; **2**, 1 (*ter*); **4**, 1; **5**, 2; **6**, 1; **10**, 1 (*bis*); 3; **12**, 1.
περίοδος **13**, 3.
περιρρήγνυμι **4**, 2.
περισσός **9**, 4.
περιφεύγω **9**, 7.
πηρόω **5**, 1.
πλανάομαι **3**, 3.
πλῆθος **8**, 1; **12**, 1.
πνεῦμα **12**, 2.
πολέμιος **9**, 1.
πολλάκις **12**, 2; **13**, 3.
πολυχρόνιος **11**, 1.
πονέω **3**, 1; **6**, 1; **10**, 2; 3.
πόνος **2**, 2; **3**, 1; **4**, 2; 3; **6**, 1; **12**, 2.
πορρωτέρω **1**, 1 (?); **3**, 3.
προλέγω **2**, 2; **5**, 2.
πρόσειμι **1**, 1; **3**, 2.
προσέχομαι **12**, 3.
προσήκει **10**, 1.
πρῶτος **1**, 1; **3**, 1; **4**, 2; **9**, 2; 5 (*ter*); 8.
πυκνός **4**, 3.

Ρ

ῥέπω (?) **12**, 4.
ῥῖνες **12**, 1 (*bis*).

Σ

σαρκόομαι **8**, 1.
σάρξ **9**, 6; **12**, 3.
σαφές **9**, 7.
σαφηνίζω **8**, 1; **9**, 9.
σκοπέω **9**, 4.
σπάω **3**, 1; 2.
στόμα **12**, 1 (*bis*).
στοχάζομαι **9**, 4.
στρέφω **4**, 3; **10**, 2; 3.
στροφή **10**, 2.
συγγενής **12**, 2.
συγκάμπτω **10**, 2.
συγκυρέω **10**, 1.
συγχρέωμαι **9**, 4.
συλλαμβάνω **13**, 3.
σύλληψις **9**, 1; **13**, 2 (*bis*).
συλλοχίη (?) **12**, 4.
συμμύω **12**, 3 (*bis*); 4.
σύμπας **9**, 1; 7.
συμφέρω **9**, 1 (*bis*).
συνάπτομαι **9**, 4 (*bis*).
σύνδεσμος **3**, 2.
συνεζευγμένος (?) **9**, 4.
συνήθεια **9**, 6; **12**, 2.
συνίζω **11**, 1.
σύντροφος (?) **12**, 4.
σφαλερός **12**, 1.
σφόδρα **5**, 2; **9**, 6.
σχεδόν **13**, 2.
σῴζω **7**, 1.
σῶμα **4**, 1; **8**, 1; **9**, 3 (*bis*); 5; 6; 7; 8; 9; **10**, 2; **12**, 3.
σωτηρίη **9**, 4.

Τ

ταχύ **9**, 6.
τείνω **3**, 2.
τέλειος **2**, 1; **6**, 1; **9**, 4; **10**, 1; **12**, 4.
τελείως **1**, 2.

τελείωσις **1**, 2 (*bis*) ; **9**, 3.
τελευταῖος **4**, 3 ; **13**, 3.
τελέω **9**, 9.
τεσσαρακονθήμερος **2** 1.
τεσσαράκοντα **1**, 1 ; **3** 1 ; **5**, 2 (*bis*) ; **7**, 1 (*bis*) ; **9**, 2 ; 5 ; 7 ; 8 ; **10**, 1.
τεσσαρακοντάς **4**, 2 (*ter*) ; 3 (*bis*) ; **9**, 1 ; 5 (*bis*) ; 7 ; **10**, 1 ; **13**, 1 ; 3.
τεσσαρακοστός **9**, 4.
τεσσαρεσκαιδέκατος **9**, 4.
τετράς **9**, 4 (*bis*).
τίκτω **4**, 1 ; **5**, 1 (*bis*) ; **7**, 1 ; **8**, 1 (*bis*) ; **10**, 1 ; 2.
τόκος **1**, 2 ; **4**, 1 ; 2 ; 3 ; **5**, 2 ; **9**, 1 ; **10**, 1 ; 2 ; **13**, 1.
τρεῖς **13**, 1 ; 2.
τρέφω **1**, 2 ; **2**, 1 ; **3**, 1.
τριάς **9**, 4 (*bis*).
τριηκοστημόριον **13**, 2.
τριταῖος **11**, 1.
τρίτος **9**, 7.
τροπή **4**, 2.
τροφή **3**, 1 ; **12**, 1.
τρωσμός **4**, 2 ; **9**, 1 ; 2 (*bis*) ; 5 (*bis*).
τυφλός **5**, 1.

Υ

ὑγιαίνω **5**, 2 ; **9**, 3.
ὑγιείη **9**, 1 (*bis*) ; 9.
ὑγρός **12**, 3.
ὑμήν **1**, 2 (*bis*) ; **3**, 1 ; 2 ; **4**, 2.
ὑπείκω **3**, 1.
ὑπερβάλλω **9**, 5.
ὕπνος **9**, 8.
ὑποκαταβαίνω **4**, 2.
ὑπολαμβάνω **4**, 2.
ὑποχόνδριον **4**, 2.
ὕστερον **4**, 3.

Φ

φαίνομαι **9**, 3 (*bis*) ; 6 ; 7 ; 8 ; **10**, 2.
φέρω **3**, 2 ; **4**, 3 ; **10**, 1.
φιλότης **9**, 6.
φλεγμονή **4**, 2.
φρονέω **9**, 6 ; 7.
φρόνημα **9**, 8.
φρόνησις **9**, 7.
φύομαι **9**, 9 ; **10**, 2 ; **12**, 4.
φύσις **5**, 2 ; **9**, 8 ; **12**, 4.

Χ

χαλάω **3**, 1.
χαλεπός **3**, 2 ; **5**, 1 ; **10**, 3.
χλιερός **12**, 3.
χρόνος **1**, 2 ; **2**, 1 ; **3**, 2 ; 3 ; **4**, 2 ; 3 ; **7**, 1 ; **8**, 1 (*bis*) ; **9**, 1 (*bis*) ; 3 ; 5 ; 6 (*bis*) ; 7 ; 8 (*bis*) ; 9 ; **10**, 1 ; **13**, 1 (*bis*).
χυμός **12**, 2 ; 3.
χωλός **5**, 1.
χωρίζω **9**, 6 ; **12**, 4 (?).
χωρίον **3**, 1 ; **4**, 2 ; 3 ; **12**, 2.

Ψ

ψαύω **9**, 8.
ψόφος **9**, 7.

Ω

ὠδῖνες **4**, 3.
ὦμος **10**, 3 ; **12**, 2.

CORRIGENDA ET ADDENDA

P. 25, l. 14, lire : 'Αττική (*bis*).
P. 46, app., l. 3, au lieu de πν, lire π ν.
P. 51, n. 2, l. 4, lire : (ligne 2).
P. 60, l. 22, lire : quarante-deux jours au plus.
P. 68, l. 13, lire : tettée.
L. 14 et 15, remplacer « larges » par « coulantes ».
P. 73, app., l. 7 et 9 : supprimer M.
P. 74, app., l. 2, remplacer « M » par « recc. » (*ter*).
L. 4-5, lire : ἀφ' edd. : ἀπ' V ἀπὸ recc.
P. 75, app., l. 8 et p. 76, app., l. 2, supprimer M.
P. 93, n. 3, l. 2, remplacer « besoin » par « boisson ».
P. 106, l. 23, lire : ταλαιπωρίην.
P. 113, n. 2, l. 1, lire : πονεόμενον.
P. 116, l. 17, lire : « il ne donne toutefois pas ».
P. 119, l. 2, lire : « sanguinolente ».
L. 27, lire : « les lèvres et la langue ».
P. 120, n. 3, l. 1, lire : « Libyens ».
P. 128, à ἀποφαίνω, ajouter **18**, 5.
P. 131, à δοκέω, ajouter **34**, 5.
P. 133, après εὐνοῦχος, ajouter : εὑρίσκω, *passim*.
P. 143, lire : τυρός.
P. 145, inverser ὥρη et ᾠόν.
P. 170, app., l. 12 et 13 : chaque unité critique doit commencer par ἐν.
P. 171, n. 1, l. 2, lire : III, 9.
L. 7, lire : VII.
P. 173, l. 29, lire : pseudo-Galien.
P. 175, app., l. 2, lire : οὔπω.
L. 6, supprimer M devant V.
P. 180, n. 2, ajouter : *AEL*, 1.

TABLE DES MATIÈRES

DE LA GÉNÉRATION, DE LA NATURE DE L'ENFANT, DES MALADIES IV 7

Notice 9

Texte et traduction 44

De la génération 44

De la nature de l'enfant 53

Des maladies IV 84

Note additionnelle 125

Index verborvm 127

DU FŒTUS DE HUIT MOIS 147

Notice 149

Texte et traduction 164

Notes additionnelles 179

Index verborvm 183

Ce volume,
de la Collection des Universités de France,
publié aux Éditions Les Belles Lettres,
a été achevé d'imprimer
en janvier 2003
sur presse rotative numérique
de Jouve
11, bd de Sébastopol, 75001 Paris

N° d'édition : 4606
Dépôt légal : janvier 2003

Imprimé en France